JN411445

International Business Transactions

# 국제상무론

이우영. 이양기. 이기영

# 머리말

국제정세의 불확실성과 국내외 경제환경의 급변 속에서도 우리가 결코 놓쳐서는 안 될 것은 기본에 충실하는 일입니다. 국제상무, 특히 무역실무의 세계는 다양한 외부 변수에 따라 민감하게 요동치지만, 그럴수록 이론적 기초와 실제 경험을 겸비한 지식의 중요성은 더욱 커집니다. 이 책은 변화무쌍한 환경 속에서도 흔들림 없이 무역의 본질을 이해하고 실천할 수 있도록 돕는 길잡이이자, 기본에 충실한 실천적 지침서가 되고자 합니다.

2024년 기준, 한국은 세계 6위의 무역대국으로 자리하고 있으며, 연간 무역 규모는 1조 2천억 달러를 상회하고 있습니다. 우리 경제는 자원과 내수의 한계를 뛰어넘어 외부 세계와의 활발한 교역을 통해 성장해 왔으며, 앞으로도 지속적인 발전을 위해 무역에 대한 의존도는 결코 낮아지지 않을 것입니다. 이러한 현실에서 무역의 흐름을 정확히 이해하고 주도할 수 있는 전문 인재의 양성은 국가 경쟁력 확보의 핵심 과제입니다.

특히, 무역 계약, 대금결제, 운송·보험, 통관 및 클레임 처리에 이르기까지 복잡하게 얽힌 상무 활동을 효율적으로 수행하려면, 단순한 정보의 습득을 넘어 문제를 발견하고 해결하는 능력이 반드시 요구됩니다. 이 책은 바로 그와 같은 실전적 문제해결 역량을 기를 수 있도록 구성되었습니다.

각 장은 국제상무의 핵심 이론을 체계적으로 설명하는 한편, 주요 실무 사례와 관련 문서, 판례 등을 함께 제시하여 학문과 실무의 균형을 도모하였습니다. 또한, 각 장 말미에는 실제 고시 및 무역 관련 자격시험을 염두에 둔 문제 풀이를 수록하여 독자 스스로 사고하고 응용할 수 있는 능력을 기를 수 있도록 하였습니다.

이 책은 지금까지 축적된 무역실무 관련 지식과 경험을 바탕으로 하여, 국제상무의 내용을 단순히 '배우는' 데 그치지 않고 실제 거래 현장에서 '활용할 수 있는' 살아 숨쉬는 지식으로 재구성하고자 하였습니다. 이를 통해 이 책이 독자 여러분의 사고력과 실무 역량을 키우는 데 기여하고, 변화하는 국제무역 환경 속에서도 흔들림 없는 전문성을 갖추는 데 도움이 되기를 진심으로 바랍니다.

부족한 내용을 출판하는 데 도움을 주신 도서출판 삼영사의 고성익 대표님과 편집부 직원들을 비롯한 여러분께 진심으로 감사드립니다.

2025년 12월 30일

공저자 드림

# 차 례

## Chapter 1 국제상무 일반론



## Chapter 2 무역업의 창업과 해외시장조사



## Chapter 3 Incoterms® 2020

# 차 례

# 차 례

# 차 례

# 차 례

## Chapter 7 신용장과 무역결제

### 제1절 신용장 / 215



### 제2절 주요 무역결제 방식 / 244



### 제2절 특수 결제 방식 / 275



## Chapter 8 통관과 관세

# 차 례

## Chapter 9 국제물품운송

# 차 례

# 차 례

# 차 례

Chapter

# 1

# 국제상무 일반론

Chapter

# 1 국제상무 일반론

## 제1절 국제상무의 개념

국제상무(International Commercial Transactions)는 국제 매매당사자 간의 물품(goods) 또는 서비스(services)와 관련된 상거래이다. 무역학 또는 국제통상학 연구 분야에서의 “국제상거래론”은 국제 간 개별기업의 입장에서 국제상관습과 국제상거래법규에 바탕을 두고 매매계약의 성립, 이행 및 종료에 수반되는 국제상거래행위를 연구하는 실천적 학문이다.

국제상무의 대상은 좁은 의미의 물품, 즉 상품(merchandises) 외에도 넓은 의미의 서비스(services), 이전거래(transfer transactions) 및 자본거래(capital transactions)를 모두 포함할 수 있지만, 국제매매의 기본이 될 수 있는 객체는 형식재인 물품이다. 따라서 국제상무의 요체는 국제물품매매(international sale of goods)라고 할 수 있다.

국내의 상거래가 같은 지역 내에서 같은 법률・상관습・통화・언어・정책에 의하여 규제를 받는 데 비하여 국제상거래는 한 국가와 다른 국가 간에 거주하는 경제 주체들 간의 상거래이므로 서로 상이한 법률・제도・관습・통화・언어 및 정책 등에 의해 규제를 받는다는 점이 다르다.

최근 정보통신기술의 발달에 따른 전자상거래(Electronic Commerce: EC) 방식에 의한 전자무역(Electronic Trade)의 활성화로 기존의 전통적 무역개념은 변하고 있다.

## 제2절 국제상무의 특성

① 생산요소 이동의 제약

국가 간의 생산물의 이동은 자유로우나 생산요소의 이동은 제한되어 있다.

② 경제정책과 국가 간의 제도의 차이

관세 및 비관세 장벽의 차이와 서로 다른 통화와 환율의 차이가 존재한다.

③ 기업의 위험성

물품의 인도까지 운송 및 보관의 위험과 대금회수의 위험성이 존재한다.

④ 관습 및 언어의 차이

언어와 상관습의 차이로 인한 국제성과 관습성의 특성이 존재한다.

오늘날 무역의 개념은 단순히 국경을 중심으로 국내거래와 국제거래로 구분하던 개념에서 해외시장과 국내시장을 구분하지 않고 전 세계의 장벽을 없애고 교역하는 세계무역(World Trade)으로 발전하였다.

## 제3절 무역관련 국제상관습 및 법규

무역은 각 국가 간의 상이한 관습, 문화, 법률, 언어, 종교 등의 차이로 인하여 계약의 체결에서 종료에 이르기까지 상당한 문제가 야기되어질 수 있다. 따라서 이러한 문제를 미연에 방지하고 문제가 발생되는 경우 이를 신속하게 해결하기 위하여 국제상관습과 관례가 만들어졌으며, 실제 이러한 국제상관습이나 국제법규 등은 계약서 작성시 준거법으로 뿐만 아니라 실제 재판에도 적용하고 있다.

그러므로 무역관련 국제상관습 및 법규에 대한 이해는 상당히 중요한 의미를 지닌다고 할 수 있으며, 따라서, 다음과 같은 많은 종류의 국제상관습 및 법규에 대한 이해가 요구된다.

### (1) 계약관련

① 국제물품매매계약에 관한 유엔 협약(UNCISG 또는 CISG) – 비엔나협약
② SGA1979(Sales of Good Act 1979)[1] – 영국의 물품 매매법
③ UCC(Uniform Commercials Code)[2] – 미국통일상법전
④ Incoterms 2010, 2000 등 – 정형거래조건
⑤ Warsaw–Oxford Rules for CIF contract 1932[3] – CIF계약에 관한 무역조건 통일규칙
⑥ 개정미국무역정의(Revised American Foreign Trade)[4]
⑦ UNCITRAL Model Law on Electronic Signatures 2001 – 전자서명모델법
⑧ ICC Guide for eContracting – 전자계약 관련 지침서
⑨ United Nations Convention on the Use of Electronic Communications in International Contracts – 전기통신에 관한 국제협약

### (2) 결제관련

① 신용장 – UCP 600(화환 신용장 통일규칙)
② 신용장 관련 서류의 전자적 제시 – eUCP
③ 환어음 – 추심에 관한 통일규칙(URC : Uniform Rules for Collections 1995)[5]
④ ISBP – 국제표준은행관행

---

1) 영국의 물품매매법에서는 물품매매계약에 대하여 다음과 같이 정의하고 있다. "물품대금이라는 반대급부에 대하여 매도인으로부터 매수인에게 물품의 소유권을 양도하든가 혹은 양도할 것을 약속하는 계약을 말한다." "A contract of sale of good is a contract whereby the seller transfers or agrees to transfer the property in goods to the buyer for money consideration, called the price."

2) 1952년 미국법률협회와 통일주법전국위원회에서 공포한 법으로 미국에 있는 여러 주 중 유일하게 대륙법 체계를 따르는 루이지애나주를 제외한 모든 주에 적용되는 상법 기본이다. 통일상법전의 초안은 주법통일위원회와 미국법위원회의 공동위원회가 심의하여 양 위원회 총회에서 전원 토론을 거쳤고 변호사와 법학교수들이 초안을 작성하였으며, 1942년 법률이 입안되어 1952년 공표되었다. 물품매매에 관한 일반 내용을 1,2편으로 나누어 종합적으로 규정하고 있으며 특히 FOB, FAS, CIF, C&F, EX SHIP 조건과 같은 무역에 관한 정형거래조건을 규정하고 있는 최초의 성문법이다.

3) 국제법협회(1873년 설립된 민간기관)가 ICC의 지원을 받아 제정한 CIF 인도조건에 대한 국제규칙이다.

4) 미국이 외국과 거래할 때 통용되는 거래조건과 의무를 규정한 '수출가격조건의 정의(definition of export quotations)'를 말한다. 1919년 전미국무역회의에서 채택한 미국무역정의를 개정하여 붙여진 명칭이다.

5) 처음 제정된 것은 1956년이며 그 후 1967년 및 1978년에 개정되어 이용되어 오다가 1995년 ICC Publication No. 522로 대폭 개정되기에 이르렀다. 우리나라는 1979년 6월부터 전국은행연합회에서 이를 채택하고 시행하여 오고 있다. URC 522는 총 26개 조항으로 구성되어 있다.

### (3) 운송관련

① 해상운송 및 선하증권 관련 – Hague Rules, Hague-visby Rules, 함부르크 Rules, 로테르담 규칙

② 항공운송 관련 – 와르소(Warsaw)조약, 몬트리올 조약, Hague 의정서

③ 철도운송 관련 – CIM Convention[6)]

④ 도로운송 관련 – 제네바 국제협약(CMR Convention)[7)]

⑤ 복합운송 관련 – 복합운송에 관한 UNCTAD/ICC 규칙, FCA, CIP, CPT

### (4) 보험관련

① MIA1906(Marine Insurance Act 1906) – 영국의 해상보험법

② ICC 협회적하약관 – ICC에서 제정한 해상보험적하약관

③ York Antwerp Rules(YAR)[8)] – 공동해손에 관한 국제적인 통일규칙

### (5) 중재관련

① 뉴욕협약(New York Convention) – 외국중재판정의 승인 및 집행에 관한 협약

② ICLOCA 규칙(Rules of Arbitration for Letter of Credit Disputes)[9)] – 신용장관련 중재에 관한 규칙

---

6) International Convention concerning the Carriage of Goods by Rail 1970.

7) the Convention de Marchandises par Route.

8) 공동해손의 성립과 범위 및 정산에 관하여 국제적으로 통일을 기하고자 하는 의도에서 제정된 것이 YAR인데, 1877년에 제정된 후 시대의 발전에 따라 1924년, 1950년, 1974년에 개정되었으며, 현재는 1994년에 개정된 YAR이 적용되고 있다. YAR은 공동해손을 구성하는 손해 및 비용에 관한 국제적인 통일규칙으로서 이해관계자가 공동해손에 관하여 이 규칙을 적용하기로 합의한 경우에는 각국의 법률 및 관습에 우선하여 이 규칙이 적용된다.

9) 신용장관련분쟁의 신속하고 원만한 해결을 위하여 1996년 미국의 은행업계의 주도하에 설립된 국제신용장중재센터(International Center for Letter of Credit Arbitration : ICLOCA)에서는 제정한 신용장분쟁을 위한 중재규칙(Rules of Arbitration for Letter of Credit Disputes : ICLOCA 규칙)으로 유엔국제무역법위원회(United Nations Commission on International Trade Law; UNCITRAL)에 의하여 제정된 중재규칙(UNCITRAL Arbitration Rules)을 기초로 하여 1996년 9월에 제정되었다. 동 규칙은 총 4장 43조로 구성되어 있다.

### (6) 무역관련 국내법규

대부분의 국가는 자국의 경제정책 또는 무역정책에 따라 무역 거래에 대하여 일정한 규제를 하고 있으며, 우리나라에서도 각종 법규 및 제도적 장치에 의하여 무역을 일부 규제하고 있다.

우리나라에서는 무역 3대 기본법인 관세법, 대외무역법, 외국환거래법과 기타 관세환급특례법, 검역법, 식품위생법 등 약 50여개의 법령[10]에서 무역에 대한 제한적 사항을 규제하고 있다.

10) 우리나라는 약사법, 검역법, 주세법, 개별소비세법, 부가가치세법, 농어촌특별세법, 특정범죄가중처벌법, 교육세법, 식품위생법 등의 50여개의 개별법에 의해 수출입에 대한 규제를 하고 있다.

Chapter

# 2

# 무역업의 창업과 해외시장조사

Chapter

# 2 무역업의 창업과 해외시장조사

## 제1절 무역업의 창업

무역업이란 무역을 업으로 영위하는 것을 말한다. 무역업의 경영주체는 무역업자(trader)이다. 무역거래의 기본법인 대외무역법에서는 무역업자를 다음과 같은 무역거래자로 규정하고 있다.

"'무역거래자'라 함은 수출 또는 수입을 하는 자, 외국의 수입자 또는 수출자에게서 위임을 받은 자 및 수출과 수입을 위임하는 자 등 물품 등의 수출행위와 수입행위의 전부 또는 일부를 위임하거나 행하는 자를 말한다."

여기에서 "수출 또는 수입을 하는 자"라 함은 수출을 업으로 하는 자인 수출자(exporter), 수입을 업으로 하는 자인 수입자(importer) 그리고 양쪽을 겸하는 자인 수출입자(exporter and importer)를 말한다.

또한 "외국의 수입자 또는 수출자에게서 위임을 받은 자"라 함은 오퍼발행 대리업자(offer agent) 또는 수출물품구매 대리업자(buying agent)를 말하며 "수출과 수입을 위임하는 자"라 함은 위탁자 또는 실수요자를 말한다.

무역거래자는 자기의 명의로 자기의 계산과 위험 아래 수출 또는 수입하는 자 및 자기명의 이외에 위임을 받아 간접적인 거래로 수수료를 받는 수출입 대리업자(agent)를 포함한다. 이와 같이 우리나라의 대외무역법상 무역거래자에는 수출입자 및 수출입 대리업자를 포함하는 개념으로 정의되고 있으므로 무역업자는 무역거래자라는 개념으로 이해되어야 한다.

무역업을 창업하고자 할 경우에는 먼저 사업계획을 수립하고 관할 세무서에 사업자 등록을 신청하여야 한다. 처음에는 개인사업자로 사업자 등록을 하고 기업이 성장한 이후에는 법인으로 전환하는 경우가 일반적이다. 그러나 처음부터 법인사업자로 등록할 수도 있다.

## 1 사업자등록 신청

### 1) 직접 신청

사업자등록신청은 사업개시일로부터 20일 이내에 사업을 하고자 하는 장소(사업장)의 관할세무서장에게 사업자등록신청서를 제출하여야 한다. 이 경우 직접 세무서에 가서 신청할 수도 있고 온라인으로도 신청이 가능하다.

직접 신청하는 경우에는 사업장을 임차한 경우에는 임대차계약서 사본, 법령에 의하여 허가를 받거나 등록 또는 신고를 하여야 하는 사업의 경우에는 사업허가증, 또는 신고필증의 사본 등 필요한 구비서류를 준비하여야 한다.

자신의 집에서 창업을 할 수도 있기 때문에 이 경우에는 임대차계약서 사본은 필요하지 않다. 다만 전세인 경우에는 전세임대차계약서 사본이 필요하다.

### 2) 온라인 신청

온라인으로 신청하고자 한다면 국세청 홈텍스(HTS: www.hometax.go.kr)에 접속하여 신청하면 된다. 온라인 신청의 경우 임대차계약서 등 기타 필요한 서류들을 사전에 스캔하여 준비하고 전자 사업자 등록 신청서를 작성한 후 스캔한 서류들을 첨부하여 제출하면 민원이 처리된다.

## 2 무역업고유번호 신청

무역질서의 확립과 대외신용유지 등을 목적으로 시행되어 오던 무역업 신고제도가 2000년 1월 1일부터 폐지됨으로써 우리나라는 무역업에 특별한 자격제한을 두지 않고 있다.[1)]

그 대신 이 신고제도가 폐지되면서 대외무역관리 규정에서는 대외무역통계시스템 및 전자문서교환(EDI) 등 과학적 무역업무의 처리기반을 구축하기 위한 전산관리체제의 개발·운영을 위하여 무역거래자별 '무역업고유번호'를 부여하도록 하고 있다. 2000년 1월 1일 이후 기존의 사업자는 기존의 무역업 신고번호는 그대로 사

1) 다만, 약사법 등 개별법의 소관품목을 수입하고자 할 경우에는 당해 법에서 정하고 있는 요건을 갖추어야 한다.

용하고, 신규의 경우에는 수출입신고시 이 고유 번호를 필수적으로 기재하도록 하여 무역거래자의 전산관리에 활용되고 있다.

따라서 무역업을 영위하기 위해서는 관할세무서에 사업자등록을 한 후 한국무역협회장으로부터 무역업고유번호를 부여받아야 하는 것이 전부이다. 무역업고유번호를 부여받으려는 자는 다음과 같은 소정의 서식[1-1]에 의하여 우편, 팩시밀리, 전자우편, 전자문서교환 등의 방법으로 한국무역협회장에게 신청하여야 하며, 한국무역협회장은 접수 즉시 신청자에게 고유번호를 부여하게 된다. 가까운 한국무역협회 본 지부를 방문하면 쉽게 처리될 수 있다. 특별히 관련 회원단체에 가입의무는 어디까지나 자유의사이고 법으로 강제되지 않고 있다.

이와 같이 무역업에 진출하는 것은 간편하므로 나름대로의 강한 도전 정신과 신뢰할 만한 거래선 및 유망한 아이템 발굴, 그리고 자신의 전문성을 갖추는 것이 중요하다고 할 수 있다.

## 3 무역업의 유형

무역경영의 주체는 무역을 업으로 영위하는 무역업자이다. 여기서 무역업이란 무역업자가 자기명의로 자기책임하에 물품의 수출과 수입을 업으로 영위하는 것을 말한다. 무역은 수출상과 수입상 사이에 소유권 이전을 전제로 한다. 따라서 일반무역업은 수출업과 수입업 그리고 수출과 수입을 동시에 영위하는 수출입업 등 다양한 형태로 운영될 수 있다.

### 1) 수출업

수출업(export merchant)은 수출을 전업으로 하여 생산설비를 갖추고 제품을 생산하여 수출하거나 또는 그 밖의 공급자로부터 상품을 구입하여 해외로 매각하는 것을 말한다. 따라서 수출업은 자신의 명의와 계산에 의하여 이윤(margin) 베이스로 거래하는 것이기 때문에 그 수익은 판매가격과 구입가격과의 차액으로 일정하지 않으며, 당연히 신용위험(credit risk)을 부담하게 된다.

### 2) 수입업

수입업(import merchant)은 자신의 명의와 계산으로 본인(principal)의 입장에서 해외의 수출상으로부터 직접 또는 자국에 있는 판매대리점을 통하여 계약하고 수입하여 자국의 도매상・제조업자에게 판매하거나 해외로 재수출하는 것을 말한다.

### 3) 해외현지수출법인

해외현지수출법인(overseas export subsidiary)이란 모회사가 해외에 설립한 자회사로서, 현지에서 자기 명의로 수출계약을 체결하고 무역거래의 당사자가 되는 법인을 말한다. 무역거래의 규모와 범위가 확대되면 해외현지시장의 정보수집과 조사, 시장개척을 위하여 해외현지시장에 직접 진출을 꾀하게 된다. 해외마케팅의 가장 유효한 방법은 수출을 직접 현지국에 할 수 있는 해외지점 또는 자회사를 설치하는 것이다.

### 4) 무역대리업

무역대리업(import or export agent)은 외국의 수입상 또는 수출상의 위임을 받은 자가 국내에서 수출품의 구매 또는 수입계약의 체결과 이들에 부대되는 행위를 업으로 영위하는 것을 말한다.

무역대리업자는 수출상 또는 수입상으로부터 수수료를 받고 수출입을 중개・알선・보조하는 자로서, 수출입 본거래에 자기명의를 사용하지 않는다. 즉, 본인(principal)이 아닌 계약대리인(agent)으로서 수출입계약단계에서만 개입하여 계약대리권만 행사하므로 수출입 본거래에 대하여는 법률적 책임이 없다.

### 5) 무역대행업

무역대행업(trade agency service)은 수출입업자가 대행위탁자와의 수출입대행계약에 따라 일정한 대행수수료를 받고서 자신의 명의로 거래하는 무역업자로서, 자기명의로 자기책임하에 거래한다는 점에서 무역대리업과 구별된다. 따라서 무역대행업자는 무역대행을 할 경우 대외무역법 및 금융거래상 무역업자로서의 책임을 져야 한다.

무역대행업은 수출 또는 수입의 대행계약에 따라 일정한 수수료를 받고서 자기명의로 수출입을 수행하는 것으로서 대행자는 자기명의로 거래함에 따른 수출입 승인・사후관리 등의 책임을 지며, 대행자와 위탁자의 관계는 대행계약에 의하여 정해진다.

### 6) 종합무역상사

종합무역상사(General Trading Company : GTC)란 광범위한 해외지역의 마케팅조직을 갖추고 대규모의 자본력과 신용력을 바탕으로 무역을 위주로 하는 기업조직으로서 일반수출입, 해외현지 생산판매, 3국간 거래중개, 자원개발, 연구개발, 합작투자 등에 이르기까지 종합적인 무역업무를 수행하는 대규모의 상사를 의미한다.

대외무역법에서 산업통상자원부장관은 해외시장의 개척 및 무역기능의 다양화를 기하고 중소기업과의 계열화 등을 통한 중소기업의 무역활동을 지원하기 위하여 무역거래자 중에서 종합무역상사를 지정할 수 있도록 규정하고 있다.

종합무역상사로 지정받을 수 있는 기준은 자본시장 육성에 관한 법률의 규정에 의한 상장법인으로서 전년도 수출통관액이 우리나라 전체 수출통관액의 2% 이상을 점유하고 있는 자로 한다. 다만 중소기업의 무역활동을 지원하기 위하여 특별히 필요하다고 인정하는 경우에는 그러한 실적기준을 적용하지 않는다.

[별지 제1호 서식]

# 무역업고유번호신청서

APPLICATION FOR TRADE BUSINESS CODE

| 처리기간(Handling Time) |
|---|
| 즉 시(Immediately) |

| | | | | |
|---|---|---|---|---|
| ① 상 호<br>(Name of Company) | | | ② 무역업고유번호<br>(Trade Business Code) | |
| ③ 주 소<br>(Address) | | | | |
| ④ | 전화번호<br>(Phone Number) | | ⑤ 이메일주소<br>(E-mail Address) | |
| | 팩스번호<br>(Fax Number) | | ⑥ 사업자등록번호<br>(Business Registry Number) | |
| ⑦ 대표자 성명<br>(Name of Rep.) | | | | |

「대외무역법 시행령」 제21조 제1항 및 대외무역관리규정 제24조에 따라 무역업고유번호를 위와 같이 신청합니다.

I hereby apply for the above-mentioned trade business code in accordance with Article 24 of the Foreign Trade Management Regulation.

신청일 : 년 월 일
Date of Application Year Month Day

신청인 : (서명)
Applicant Signature

사단법인 한국무역협회 회장
Chairman of Korea International Trade Association

유의사항 : 상호, 대표자, 주소, 전화번호 등 변동사항이 발생하는 경우 변동일로부터 20일 이내에 통보하거나 무역업데이타베이스에 수정입력하여야 함.

[별지 제2호 서식]

# 무역업고유번호신청사항 변경통보서

NOTIFICATION OF AMENDMENTS TO TRADE BUSINESS CODE

| 처리기간(Handling Time) |
|---|
| 즉 시(Immediately) |

| | | | |
|---|---|---|---|
| ① 상 호 (Name of Company) | | ② 무역업고유번호 (Trade Business Code) | |
| ③ 주 소 (Address) | | | |
| ④ 전 화 번 호 (Phone Number) | | ⑤ 전자우편주소 (E-mail Address) | |
| ④ 팩 스 번 호 (Fax Number) | | ⑥ 사업자등록번호 (Business Registry Number) | |
| ⑦ 대표자성명 (Name of Rep.) | | | |

| 변경내용(Contents of Amendment) | |
|---|---|
| 변경 전(Before Amendment) | 변경 후(After Amendment) |
| | |

대외무역관리규정 제24조에 따라 무역업고유번호 신청사항의 변경내용을 위와 같이 통보합니다.
I hereby notify the above-mentioned amendment(s) to the trade business code in accordance with Article 24 of the Foreign Trade Management Regulation.

신청일 : 년 월 일
Date of Application Year Month Day

신청인 : (서명)
Applicant Signature

사단법인 한국무역협회 회장
Chairman of Korea International Trade Association

※ 첨부서류 : 변경사항 증빙서류

# 제 2 절 해외시장조사[2)]

## 1 해외시장조사

### 1) 해외시장조사의 개념

해외시장조사(overseas market research)란 무역거래자가 해외시장의 환경 및 동향을 조사하고 고객이 원하고 있는 바를 파악하여 무역거래의 증진을 목적으로 행하는 시장조사를 말한다. 다시 말하면 특정물품에 대한 판매 또는 구매가능성(selling or buying feasibility)을 조사하는 것이다.

수출자의 입장에서 해외시장을 개척하고 이를 확대하는 데 있어서 제일 먼저 고려하여야 할 문제가 곧 해외시장조사이다. 수출자는 해외시장조사를 통하여 어느 지역의 시장에서 어떠한 거래처를 대상으로 어느 시기에 자신이 취급하고 있는 물품을 가장 합리적인 가격으로 유통비용을 최소화하여 많은 물량을 판매할 수 있는가를 과학적으로 조사・연구・분석하여야 한다. 해외시장조사는 지역적인 격리성, 상관습 및 언어 등의 차이로 인하여 조사에 어려움이 많이 따른다. 따라서 조사자의 충실하고 정확한 조사자료가 목적시장 진출여부와 성공적인 거래관계를 유지하기 위한 전제조건이 된다.

해외시장조사의 내용은 우선적으로 목적시장의 일반적인 환경조사를 한 다음 고객조사, 상품조사, 판매경로조사, 판매조사 등을 보다 구체적으로 실시하고 마지막으로 믿을 만한 거래처를 발굴하는 단계를 거치게 된다.

### 2) 해외시장조사의 내용

#### (1) 목적시장의 일반 환경조사

수출자가 가죽의류를 팔고자 한다면 목적시장은 열대지방이 아닌 계절적으로 어느 정도 추위를 느낄 수 있는 지역을 선정해야 할 것이다. 이처럼 지리적으로 어떠한 국가를 목적시장으로 할 것인가를 고려하여 다음과 같은 목적시장의 일반적인 제환경(surroundings)에 대하여 조사한다.

---

2) 강원진, 이양기, 최신국제상거래론, 박영사, 2014, 18-37면

① 정치(politics)에 관한 사항으로 정치체제, 정치적 안정도는 어떠하며 정치적인 위험(political risk)은 없는가?

② 경제(economy)에 관한 사항으로 전반적인 경제사정, 경제적 안정도, 국민소득, 국제수지, 경제성장률, 주요자원, 노동 및 고용사정, 임금, 물가, 조세체계, 금융기관, 산업구조는 어떠한가?

③ 사회일반(society general)에 관한 사항으로 인구, 인구증가율, 면적, 기후, 인종, 종교, 문화, 통신, 교통, 언어, 교육수준, 법률제도는 어떠한가?

④ 무역(international trade)에 관한 사항으로 품목별·지역별 수출입규모, 수출입 규제제도, 즉 수출입 장벽, 외환관리, 대금결제조건, 관세율, 환율, 특허, 항만사정, 운송수단, 상관습은 어떠한가?

### (2) 고객조사

고객(customer)은 당해물품을 직접적으로 수출할 수 있는 거래처와 실제 최종수요자 모두를 포함하는 개념이다. 고객조사는 다음과 같은 사항을 조사한다.

① 고객층에 관한 사항으로 소비자 또는 사용자의 지역적 분포, 소득분포, 계급별 분포, 구매능력은 어떠한가?

② 고객의 기호(taste) 및 이미지(image)에 관한 사항으로 기호, 취향 및 품질·상표·생산자 등의 이미지는 어떠한가?

### (3) 상품조사

상품조사(merchandise research)는 취급품에 대한 전반적인 조사가 이루어져야 하며 다음과 같은 사항을 조사한다.

① 당해상품의 수요에 관한 사항으로 수요품목·품질·규격, 현재의 수요량, 장래의 수요량, 계절적인 특별수요, 현지에서 국산품의 수요량은 어떠한가?

② 당해상품의 공급에 관한 사항으로 주요 공급처, 공급처의 상호, 계절적인 특별 공급 가능성, 현지에서 국산품 공급량은 어떠한가?

③ 경쟁품(competitive goods), 대체품(substitute goods) 및 유사품(similar goods)의 현황은 어떠한가?

④ 가격(price)에 관한 사항으로 수입품과 현지국산품의 가격은 어떠한가?

⑤ 할당품목(quota item)에 해당되지 않는가?

⑥ 해당상품은 특허권·상표권·공업소유권에 저촉될 수 있는 품목은 아닌가?

### (4) 판매경로조사

판매경로조사(sales route research)는 고객이 수입한 물품은 어떠한 경로를 통하여 판매되고 소비자 및 사용자에게 전달되는가를 조사하는 것으로 다음과 같은 사항을 조사한다.

① 시장기구 및 유통과정에 관한 사항으로 수입자, 판매점, 특약점, 백화점, 체인스토어, 도매상, 소매상 등의 기구와 유통경로는 어떠한가?

② 서비스(service)에 관한 사항으로 판매 전에 행하여지는 사전서비스(pre-service)와 판매 후에 행하는 사후서비스(after service)는 어떤 방법으로 행하여지고 있는가?

### (5) 판매조사

판매조사(sales research)는 상품계획(merchandising)과 효과적인 판매정책(sales policy)을 어떻게 수립할 것인가를 조사하는 것으로 다음과 같은 사항을 조사한다.

① 상품계획에 관한 사항으로 수출물품의 품목, 품질, 디자인, 상표, 특허, 포장, 운송 등에 대한 선택은 어떻게 할 것인가?

② 판매정책에 관한 사항으로 판매계획과 예측, 견본, 카탈로그, 안내서 제공 등 판매촉진(sales promotion), 광고, 전시 등은 어떻게 효율적으로 할 것인가?

이와 같이 해외시장조사의 내용은 조사범위가 넓고 또한 구체적으로 파악되어야 하므로 무역거래자 자신이 직접 수행하기보다는 다소 비용이 소요되더라도 전문기관에 의뢰하여, 특히 구체적으로 조사되어야 하는 항목 등에 대하여 보다 세밀한 조사를 요청하는 것이 효과적일 수 있다.

## 2 거래처의 발굴과 신용조회

### 1) 거래처의 발굴

철저한 해외시장조사를 통하여 자사 물품의 시장성을 판단하고 목적시장을 선정한 후 잠재적인 소비자나 유용한 거래처를 확보하기 위하여 다음과 같은 방법을 이용하게 된다.

### (1) 전통적인 방법

① 상공인명록, 우리나라의 재외공관 및 외국공관에 의뢰
② 기존의 해외 거래처를 통한 알선
③ 무역협회, KOTRA[3], 대한상공회의소, 중소기업 수출지원센터(www.esnet.go.kr) 등을 이용
④ 해외지점 또는 직접 현지 시찰

### (2) 온라인 무역 사이트를 활용하는 방법

① EC21(http://kr.ec21.com)

이 사이트는 한국 중소기업전문 해외마케팅 기업으로서 해외시장 조사, 바이어알선 서비스, 전시회 마케팅 대행, 전자카탈로그 제작 등 홍보 인프라를 구축하고 있다.

② tradeKorea.com(http://www.tradekorea.com)

이 사이트는 한국무역협회에서 운영하는 것으로 회원사의 온라인 글로벌시장 개척 및 중소기업과 동포기업, 해외기업과의 거래를 활성화하기 위한 이마켓플레이스를 제공하여 회사 및 물품정보, 전자카탈로그 또는 전자적 이미지 등이 게시되고 있어 관심 있는 거래처로부터 Inquiry를 받을 수 있도록 하고 있다. 이 서비스에서는 국내 생산품의 바이어 발굴 시 물품의 영문카탈로그 또는 영문 홈페이지를 보유한 경우 유료로 이용이 가능하다.

③ BUYKOREA(http://www.buykorea.org)

이 사이트는 KOTRA에서 운영하는 글로벌 기업 간 무역포털 사이트로서 신뢰성 있는 한국 수출자와 1:1로 온라인 상담이 가능하도록 지원하고 있다.

④ ecplaza(http://www.ecplaza.net)

이 사이트는 글로벌무역마켓플레이스를 제공하여 해외바이어 알선, 물품등록 및 홍보, 해외전시회 대행 등 해외마케팅 활동을 지원하고 있다.

⑤ GobizKorea(http://kr.gobizkorea.com)

이 사이트는 중소기업진흥공단이 국내 중소기업제품의 해외의 판로 확보 및 홍

---

3) KOTRA (Korea Trade Promotion Corporation) : 대한무역투자진흥공사는 1962년 설립된 비영리 국영기업체로 해외사장 조사활동, 통상 및 무역에 관한 연구, 물품전시 및 홍보활동, 거래 증진을 위한 활동 등을 주 업무로 한다.

보를 지원하기 위하여 운영하고 있는 마케팅 지원 서비스로 참여기업의 홈페이지를 유명 포털사이트에 일정기간 상위 등록하는 서비스 등을 통하여 해외 거래처를 발굴하는 수단을 제공하고 있다.

⑥ Kompass International-Coface(http://www.kompass.com)/
Kompass Korea(http://kr.kompass.com)

이 사이트는 1943년 설립된 콤파스가 모체가 되어 초창기엔 국가별 바이어 정보를 수집, 책으로 만들어 전 세계에 서비스했으나 정보기술의 발달로 온라인, 오프라인으로 바이어 및 공급업체 발굴부터 견적요청, 오프라인상의 마케팅 지원까지 토털서비스가 가능하도록 범세계적인 검색엔진을 통하여 기업 간 거래서비스를 제공하고 있다.

⑦ Alibaba(http://www.alibaba.com)

이 사이트는 중국의 알리바바사가 중소기업을 위하여 1999년에 설립하여 현재 세계에서 가장 규모가 큰 온라인 기업 간 마켓플레이스를 제공하는 포탈이다. 역사가 일천함에도 불구하고 알리바바 닷컴은 온라인 무역을 가능하게 하기 위하여 B2B 사이트에 제품을 등록하고 해외마케팅을 수행 및 바이어의 Inquiry를 받을 수 있도록 하여 국제적으로 활용도가 높은 사이트이다.

⑧ Global Sources(http://www.globalsources.com)

이 사이트는 홍콩에 기반을 둔 역사가 비교적 오래된 기업 간 미디어 회사이다. 글로벌소시즈는 물품공급자와 구매자 간의 정보를 온라인상에서 제공하고 바이어가 Inquiry를 통하여 제조업자와 직접 접촉할 수 있는 온라인 마켓플레이스 제공 및 홍보지원 서비스를 행하고 있다.

⑨ Tradekey(http://www.tradekey.com)

이 사이트는 세계의 매매당사자 간 도매업자, 특약점, 제조업자를 막론하고 온라인 글로벌 무역을 용이하게 하기 위하여 2005년에 설립된 세계 굴지의 마켓플레이스 중의 하나이다.

⑩ EUROPAGES(http://www.europages.com)

이 사이트는 유럽의 바이어와 공급자 특약점 및 수출자를 위한 온라인 상공인명부로 구매자와 판매자 간의 마켓플레이스를 온라인상에서 제공하고 유럽지역의 공급자의 데이터베이스를 바이어에게 제공하고 있다.

#### (3) 해외 홍보매체의 이용

해외 홍보용 카탈로그를 제작하여 예상 거래처에 배포하거나 국내의 해외 홍보매체를 이용하여 홍보하거나 또는 인터넷 포털사이트를 이용하여 거래처를 발굴할 수 있다. 최근에는 전자카탈로그를 제작하고 인터넷을 통하여 온라인상에서 대부분의 정보를 볼 수 있도록 홍보하기도 한다.

카탈로그 또는 홈페이지 제작 시에는 사전에 세심한 계획 아래 전문가를 활용하여 영문 또는 대상지역 언어로 제작한다. 특히 홍보물의 내용은 회사 또는 대표자의 홍보보다는 취급상품의 강점, 즉 규격·용도·재질 등 물품의 차별성에 주안점을 두어 제작하되 물품정보를 상세히 제공하여 구매자의 구매력을 자극할 수 있도록 제작되어야 한다.

#### (4) 전시회 참가 및 사절단으로 현지 방문

비용이 많이 들지만 박람회 및 전시회에 참가하여 거래처를 발굴하는 방법이 있다. http://www.biztradeshows.com 등과 같은 사이트를 이용하여 국제전시회 일정을 미리 파악하고 참가 준비를 할 필요가 있다. 또한 현지에 직접 출장 또는 무역유관기관에서 주선 및 파견하는 각종 민간무역사절단, 경제협력단, 구매상담회의 일원으로 참가하여 거래처를 발굴하는 방법도 있다.

### 2) 거래의 제의

#### (1) 거래제의와 거래제의 서신

해외시장조사를 통하여 거래처를 발굴하게 되면 "거래제의 서신(letter of business proposal)"을 발송한다. 거래제의 서신을 작성하여 보내는 곳은 해당 지역의 몇 개 회사로 한정하는 것이 효과적이며 시차를 두고 보내는 것이 바람직하다. 따라서 거래제의 서신은 남발하여서는 안 된다. 거래제의 서신은 거래처로 하여금 거래관계를 맺을 수 있도록 간결하고 명료하게 다음과 같은 내용과 순서를 참조하여 작성하여야 한다.

① 상대방을 알게 된 동기와 거래관계 개설의 희망
② 자기회사의 업계에서의 지위와 능력
③ 자기회사의 영업종목 및 거래물품의 명세와 특성
④ 추가정보 및 자료제공의 용의 표명

⑤ 주문에 응할 수 있는 예상 공급량 또는 사업규모
⑥ 자기회사의 신용조회처
⑦ 맺음말

〈서식 2-1〉 거래제의 서신(Letter of Business Proposal)의 예

March 16, 20xx

America International Inc.
350 Fifth Avenue
New York, NY10118
U.S.A.

Gentlemen:

Your name has been given by the Chamber of Commerce of New York as one of the reputable importers of general merchandise in your city.

We are large manufacturers and exporters in Korea producing all kinds of Leather Garments including Hand Bags using latest manufacturing facilities.

Our products are highly accepted by the importers of Japan, U. K., Germany and France, etc. In order to diversify our existing market, we are interested in supplying our quality products to you on favorable terms. Upon receipt of your drawings or samples, we could submit our samples with competitive prices, to you.

As for our company, we have two ultra modern factories, one in Seoul and the other in Daegu, with over 1,000 workers and our export record for last year was over Twenty Million U.S. Dollars and we are aiming to surpass Thirty Million U.S. Dollars this year.

As to our credit standing, we refer you to the Korea Exchange Bank or any of the commercial banks in Korea.

Your early reply would be appreciated.

Yours very truly,

Seoul Trading Co., Ltd.
Gildong Hong
Gil-dong Hong
President

### 3) 조회 및 회신

#### (1) 조회와 조회의 내용

조회(inquiry)라 함은 거래제의를 받은 자가 그 제의에 대한 관심이나 물품을 구매할 의사가 있을 때 문의하는 것을 말한다. 조회는 통신수단에 따라 전자우편(E-mail), 우편(mail), 전보(cable), 가입전신(telex), 모사전신(facsimile) 등으로 할 수 있으며, 그 내용에 따라 정가표나 오퍼 또는 견본 제공을 요청하는 조회가 있다.

한편, 거래조회에 대한 응답은 신속히 하되 간결하고 분명하게 정중한 문장으로 작성해야 한다. 조회는 주문의 첫 단계이므로 이에 대한 응답은 주문에 상당한 영향을 미치므로 유의하여 작성할 필요가 있다. 이와 같은 요령에 의한 모범적인 조회 및 조회에 대한 회신의 예는 다음과 같다.

〈서식 2-2〉 조회(Inquiry)의 예

March 19, 20xx

Seoul Trading Co., Ltd.
15, 1-ga, Sogong-dong, Joong-gu
Seoul, Korea

Gentlemen:

We have learned from the Korea Exchange Bank in New York that your company is a leading firm specializing in leather garments, we wish to make a purchase of men's split leather jackets from you.

We would appreciate receiving your lowest prices for CIF New York Incoterms® 2020 with earliest delivery schedule.

If your goods are satisfactory in quality and delivery, we will place an order of 4,000 pieces on a trial basis and can make repeat orders with you soon.

We look forward to your early reply.

Yours very truly,

America International Inc.
John F. Dolan
John F. Dolan
President

## 4) 거래처에 대한 신용조사

### (1) 신용조회에서의 3C

신용조사는 해당 업체의 거래규모, 자본 상태, 평판, 경영 능력 등을 대상으로 하여 이루어지며 이는 상대방과의 거래의 안정성을 위하여 반드시 필요한 절차라고 할 수 있다.

① 성격(character)

당해업체의 개성(personality), 성실성(integrity), 평판(reputation), 영업태도(attitude toward business), 채무변제 이행열의(willingness to meet obligation) 및 계약이행에 대한 도덕성에 관련된 내용 등을 조사한다.

② 자본(capital)

당해업체의 재무상태(financial status), 즉 수권자본(authorized capital)과 납입자본(paid-up capital), 자기자본과 타인자본, 기타 자산상태 등 지급능력과 직결되는 내용을 조사한다.

③ 능력(capacity)

당해업체의 연간매출액(turn-over), 개인 또는 법인 등 업체의 형태, 업종, 연혁(historical background) 내지 경력(career) 및 영업권(goodwill) 등 영업능력에 관한 내용을 조사한다.

한편 신용조회에서의 신뢰도 측정요소 중에 가장 중요한 것은 성격(character)으로 지적되고 있다. 격지자 간에 이루어지는 무역거래에 있어서는 무엇보다도 신용이 중시되어야 하기 때문이다. 고의적인 클레임(market claim)을 예방하기 위하여 거래처의 평판에 대하여 미리 파악하여야 한다. 특히 정치적 위험(political risks)이나 신용위험(credit risks)이 큰 국가인가를 기본적으로 고려하여야 한다.

### (2) 신용조회에서의 5C

상기 3C 이외에 거래조건(condition), 담보능력(collateral), 거래통화(currency), 소속국가(country) 가운데 두 가지를 추가시켜 5C라고도 한다.

## 연구과제

1. 무역업을 창업하기 위하여 사업계획서에 반영되어야 할 내용 및 창업절차에 대하여 설명하시오.
2. 해외시장을 개척하기 위하여 거래처와 접촉하는 과정에 관습과 문화의 차이로 인하여 중요한 약속이나 또는 상담이 결렬되는 경우가 있다. 해외의 여러 지역 중 특히 중국 및 중동 지역에 대한 상관습의 특성과 유의할 사항에 대하여 조사하시오.
3. 인터넷 웹사이트를 통하여 의류에 대한 해외의 거래처(수입자)를 발굴하고자 한다. 주요 지역별(미국, 남미, 유럽, 중국, 일본 등)로 활용도가 많은 거래처 알선 사이트들을 조사하시오.
4. 한국의 수출자가 해외시장조사를 통하여 거래처(수입자)를 발굴하였다. 동 거래처에게 거래제의를 위한 서신을 작성하여 E-mail로 발신하고자 한다. 모범적인 거래제의 서신(Letter of Business Proposal)을 작성하시오(단, 거래처, 취급품목, 기타 관련정보 등은 임의로 정함).

Chapter

3

# Incoterms® 2020

Chapter

# 3 Incoterms®2020

## 제1절 INCOTERMS의 적용범위

### 1 INCOTERMS의 목적과 범위

계약당사자는 각 국가 간의 상이한 무역관행을 인식하지 못하고 있다. 이로 인하여 시간 및 금전상의 낭비를 초래하는 오해, 분쟁 및 법정소송이 야기될 수 있다. 이러한 문제를 해소하기 위하여 국제상업회의소는 1936년에 거래조건의 해석에 관한 일련의 국제규칙을 출판하였다. 이 규칙을 "Incoterms 1936"이라고 한다.

그 후 이 규칙은 현재의 국제무역관행과 일치시키기 위해 1953년, 1967년, 1976년, 1980년, 1990년, 2000년, 2011년에 개정이 이루어졌으며 현행 버전은 2019년 개정 후 2020년 1월 1일부터 시행되고 있다.

Incoterms의 목적과 적용 범위는 다음과 같다.

① 외국무역에 가장 일반적으로 사용되는 정형거래조건의 해석에 관하여 일련의 국제규칙을 제공하는 것이다.

② Incoterms의 범위는 매각된 물품("유형물"을 의미하고, 컴퓨터 소프트웨어와 같은 "무형물"은 포함하지 않는다)의 인도에 관하여 매매계약당사자의 권리와 의무에 관련된 사항에 한정되어 있다.

③ 매매계약이 아니라 오히려 운송계약에 적용되는 것으로 오해받고 있다.

④ 당사자가 매매계약에 포함시키고자 하는 모든 의무를 규정하고 있는 것으로 잘못 추측되고 있다.

⑤ 매매계약 하에서 매도인과 매수인 간의 관계만을 취급하고 있다.

⑥ 수출입을 위한 물품의 통관의무, 물품의 포장, 인도를 받아야 하는 매수인의 의무 및 각각의 의무가 정당하게 이행되었다는 증거를 제공할 의무를 규정하고 있다.

⑦ 매매계약의 이행에 있어서 극히 중요하지만, 소유권 및 기타 재산권의 이전, 계약위반 및 그 위반에 따른 결과, 그리고 특정 상황에서의 책임의 면제와 같이, 그러한 계약에서 일어나는 수많은 문제는 전혀 취급되지 않고 있다.
⑧ 계약위반의 결과와 여러 가지 장애에 의한 책임의 면제를 규정하지 않고 있다.
⑨ 실제적으로 단순히 국내시장내의 물품매매계약에도 사용할 수 있다.

## 2 INCOTERMS®2020의 주요 개정 내용[1)]

① 설명문(Explanatory Note for Users)의 제시
Incoterms®2010 규칙에서는 각 거래 규칙의 대한 당사자 의무를 제시하시 전에 안내문(Guidance Note)을 제공하여 Incoterms®2010 규칙의 이해에 도움을 제공하였다. 개정 Incoterms®2020 규칙에서는 사용자를 위한 설명문(Explanatory Note for Users)으로 명칭을 변경하고 설명을 구체화하여 사용자가 좀 더 쉽게 이해할 수 있도록 하였다. 즉, 사용자가 이해하기 쉽도록 필요한 삽화를 구체화하였고, 예시를 제공하여 개별 규칙에 대한 정확한 이해를 제공하고 있다. Incoterms®2020 규칙의 설명문(Explanatory Note for Users)은 Incoterms®2010 규칙의 안내문(Guidance Note)과 마찬가지로 사용자들이 계약을 체결할 때 가장 적합한 거래조건을 찾도록 도움을 주고, Incoterms®2020 규칙이 적용되는 계약과 관련한 분쟁에 대한 대응 지침을 제공하는데 목적이 있다.[2)]

② 수평적 체제(horizontal format)를 도입한 당사자 의무 규정
Incoterms는 매매 당사자의 의무사항 10가지를 규정한다. 기존의 의무사항은 매도인의 의무사항 A1-A10을 나열한 후 매수인의 의무사항 B1-B10을 열거하였다. 기존의 체제는 당사자 간 의무 관계를 비교해 볼 수 없기 때문에 사용자 입장에서는 개별 규칙을 이해하지 않은 상태에서는 적절한 규칙을 적용하는 것이 어려웠다.

1) 이양기 · 이기영, "Incoterms®2020 선적매매 규칙의 실무 적용상 유의점", 「국제상학」, 제34권 제4호, 한국국제상학회, 2019.
2) ICC Publication: @723E, Incoterms®2020, Introduction, Para 77.

③ DAT규칙에서 DPU규칙으로 명칭변경

Incoterms®2010의 DAT(Delivered at Terminal)규칙을 DPU(Deliverd at Place Unloaded)규칙으로 명칭을 변경하였다.[3] 실무적으로 터미널이 아닌 장소에서 매도인이 매수인에게 운송수단으로부터 양하한 물품을 매수인의 임의처분 상태로 인도하는 경우도 빈번하다. 따라서 이번 개정에 이를 반영하여 터미널이 아닌 장소가 인도 장소인 경우에도 적용하기 위해 DAT 명칭을 DPU로 개정하고 DAP와의 순서도 변경하여 양하 전에 인도가 발생하는 경우와 양하 후 인도가 발생하는 경우로 명확하게 구분하여 체계화 하였다.

④ FCA규칙에서 본선적재선하증권에 관한 옵션 규정을 신설

Incoterms®2020 FCA규칙에서 인도는 지정장소가 매도인의 영업구내인 경우 매수인이 제공한 운송수단에 적재된 때 또는 지정장소가 그 밖의 장소인 경우 매도인이 운송수단에 적재되어 지정장소에 도착하고 매도인의 운송수단에 실린 채 양하 준비된 상태에서 매수인이 지정한 운송이나 제3자의 차분 하에 놓인 때 인도가 일어난다.[4]

⑤ 총중량검증제(Verified Gross Mass; VGM)의 도입

조선공학 기술의 발달과 운항 기술의 발전으로 선박의 고속화와 대형화가 추진되었고 해상 사고와 같은 문제도 과거의 항해과실보다는 선박의 안전 기준 준수 불이행과 컨테이너 적재 중량에 대한 하주의 불성실 신고와 관련된 사고들이 빈번히 발생하고 있다. 이러한 문제점을 해결하기 위해 국제해사기구(IMO: International Maritime Organization)가 제정한 국제해상인명안전협약(SOLAS: SOLAS)에서는 컨테이너 선적의 경우 화물의 중량과 빈 컨테이너의 중량을 정확하게 측정하여 합산하거나 정밀장비를 통한 컨테이너와 적재된 화물의 중량을 측정하도록 의무화하고 운송인에게 기륵되도록 규정하였다.[5]

---

3) ICC Publication: @723E, Incoterms®2020, Introduction, Para 74.

4) ICC Publication: @723E, Incoterms®2020, FCA Explanatory notes for users. 1.

5) 컨테이너 총중량 검증 제도는 국제해사기구의 해상인명안전조약의 개정안 에서 컨테이너 화물의 총중량을 의미하고 있으며 이는 화물 자체의 무게, 포장 및 운송용기를 포함한 전체의 무게를 검증하여 화물 과적 문제를 해결하기 위 한 방안으로 만들어진 제도이다. 김동윤·신학승·이양기, "해상운송에서 컨테이너 총중량검증제도(VGM)도입에 따른 문제점과 활성화 방안에 대한 연구", 「무역보험연구」, 제19권 제4호, 한국무역보험학회, 2018, pp.193-215.

⑥ 보험 부보의 변화

Incoterms®2010 규칙에서는 매도인이 매수인을 위해 자신의 비용으로 보험계약을 체결할 의무가 있는 CIF규칙과 CIP규칙에 대해 최소담보조건으로 보험을 취득함을 명시하였다. 반면 개정 Incoterms®2020 규칙에서는 CIF규칙은 기존대로 최소담보조건으로 보험을 취득하고 CIP규칙에서는 최대담보로 보험을 취득하도록 개정되었다.

⑦ FCA, DAP, DPU, DDP규칙에서 자신의 운송수단 사용 허용

자신이 운송 수단을 가지고 있는 경우에도 기존의 Incoterms®2010 규칙을 적용하는 경우 매수인의 지정을 받은 운송인 또는 매도인의 지정을 받은 운송인을 통해 운송을 해야 하는 문제가 있었다. 이에 대한 해결을 위한 규정의 부재로 일부 수출입업자들은 불편을 감수해야만 했다. 이에 대한 해결을 위해 Incoterms®2020 규칙에서는 FCA, DAP, DPU, DDP규칙에서 자신의 운송수단으로 운송하는 것에 대한 내용을 신설하였다.[6)]

⑧ 운송 및 비용 조항에 보안관련 내용의 명시적 규정화

보안과 관련된 규정이 Incoterms에 반영된 것은 Incoterms®2010 규칙부터이다. Incoterms®2010 규칙에서 보안 규정은 A2/B2 와 A10/B10 규정에서 보안관련 확인을 획득함에 있어서 매도인과 매수인 사이의 협력에 대한 의무를 부과하고 있다.

⑨ 검사, 인증, 수출입허가 등에 대한 의무 규정의 변화

Incoterms®2010 규칙은 당사자 의무사항 중 A9에서는 매도인의 점검(Checking)의무, B9에서는 매수인의 검사(Inspection)의무 등에 관하여 규정하였으나, 개정 Incoterms®2020 규칙은 A7/B7(수출/수입통관)에서 선적전검사 및 그 밖의 공적 인가, 수출/통과/수입허가, 수출/통과/수입을 위한 보안통관 등에 대한 의무를 통합하여 규정하고 있다.

---

6) Incoterms®2020 초안의 논의 과정에서 물품이 매도인으로부터 매수인에게 운송되는 경우 제3의 운송인 개입 없이 운송이 될 수 있는 경우가 명백해졌다. 따라서 개정 시 이를 반영하여 매매당사자가 운송계약을 체결하는 것 이외에 자신의 운송수단으로 운송하는 것에 대해 명시하였다. Incoterms® 2020, Introduction, Para 71.~73.

# 3 INCOTERMS® 2020의 구조

## 1) 2그룹 11개의 거래규칙

Incoterms®2020은 모두 11개의 거래규칙으로 구성되어 있으며, INCOTERMS 2010과 마찬가지로 운송수단의 사용 형태에 따라 2개의 명확한 그룹으로 구분하였다.

즉, 복합운송을 포함한 모든 형태의 운송 수단에 사용될 수 있는 규칙과 오로지 해상 및 내수로 운송에만 사용될 수 있는 규칙으로 분류하고, 각 거래 규칙별로 당사자의 의무 조항도 마찬가지로 10개의 표제로 상호 대칭되게 기술하였다. 다만 의무사항의 순서에 있어서 변화가 있었다.

〈표 3-1〉 Incoterms® 2020 규칙의 구분

| The 11 Incoterms®2020 rules are presented in two distinct classes | |
|---|---|
| 복합운송을 포함한 모든 형태의 운송에 사용되는 규칙 | 해상 및 내수로 운송에만 사용되는 규칙 |
| EXW(EX WORKS)<br>FCA(FREE CARRIER)<br>CPT(CARRIAGE PAID TO)<br>CIP(CARRIAGE AND INSURANCE PAID TO)<br>DAP(DELIVERED AT PLACE)<br>DPU(DELIVERED AT PLACE UNPAID)<br>DDP(DELIVERED DUTY PAID) | FAS(FREE ALONGSIDE SHIP)<br>FOB(FREE ON BOARD)<br>CFR(COST AND FREIGHT)<br>CIF(COST INSURANCE AND FREIGHT) |

## 2) 매매당사자간의 의무 규정

개정 Incoterms®2020 규칙은 매매 당사자 간의 의무사항을 동시에 비교하도록 편제를 바꾸어 사용자가 비용이나 의무 사항을 쉽게 확인할 수 있다.

의무 사항에 대한 수평적 체제(horizontal format)의 도입은 당사자들이 적절한 거래 조건을 선택하는데 매우 유용하다. 또한 의무사항의 순서에도 변화를 주어 실제 거래 당사자들의 계약 체결과 관련하여 중요도에 따라 새롭게 변경하였다.[7] A1/B1 일반 의무인 물품제공/대금지급의무에 바로 이어 A2/B2 인도/인도의 수령,

7) 당사자 의무 규정 A7/B7는 검사, 인증, 수출입허가 등에 대한 의무로 통합되었으며, A8/B8은 점검/포장/하인으로 규정하여 2010에서 A9 점검 B9 검사 규정이 변경되었다.

A3/B3 위험이전을 규정하여 사용자 입장에서 중요성에 따라 의무사항을 개편하였다.[8)]

〈표 3-2〉 Incoterms®2020 규칙의 당사자 의무 규정

| A 매도인의 의무 | B 매수인의 의무 |
|---|---|
| A1. General obligations | B1. General obligations |
| A2. Delivery | B2. Taking delivery |
| A3. Transfer of risks | B3. Transfer of risks |
| A4. Carriage | B4. Carriage |
| A5. Insurance | B5. Insurance |
| A6. Delivery/transport document | B6. Proof of delivery |
| A7. Export/Import clearance | B7. Export/Import clearance |
| A8. Checking/packaging/marking | B8. Checking/packaging/marking |
| A9. Allocation of costs | B9. Allocation of costs |
| A10. Notice | B10. Notice |

# 제2절 Incoterms®2020의 규칙들

## 1 RULES FOR ANY MODE OR MODES OF TRANSPORT

### 1) EXW(현장인도규칙)

EX WORKS

EXW(insert named place of delivery) Incoterms®2020

EXPLANATORY NOTES FOR USERS

1. Delivery and risk – "Ex Works" means that the seller delivers the goods to the buyer

8) ICC Publication: @723E, Incoterms®2020, Introduction, Para 57.

- when it places the goods at the disposal of the buyer at a named place (like a factory or warehouse), and
- that named place may or may not be the seller's premises.

For delivery to occur, the seller does not need to load the goods on any collection vehicle, nor does it need to clear the goods for export, where such clearance is applicable.

2. Mode of transport – This rule may be used irrespective of the mode or modes of transport, if any, selected.

3. Place or precise point of delivery – The parties need only name the place of delivery. However, the parties are well advised also to specify as clearly as possible the precise point within the named place of delivery. A named precise point of delivery makes it clear to both parties when the goods are delivered and when risk transfers to the buyer; such precision also marks the point at which costs are for the buyer's account. If the parties do not name the point of delivery, then they are taken to have left it to the seller to select the point "that best suits its purpose". This means that the buyer may incur the risk that the seller may choose a point just before the point at which goods are lost or damaged. Best for the buyer therefore to select the precise point within a place where delivery will occur.

4. A note of caution to buyers – EXW is the Incoterms rule which imposes the least set of obligations on the seller. From the buyer's perspective, therefore, the rule should be used with care for different reasons as set out below.

5. Loading risks – Delivery happens – and risk transfers – when the goods are placed, not loaded, at the buyer's disposal. However, risk of loss of or damage to the goods occurring while the loading operation is carried out by the seller, as it may well be, might arguably lie with the buyer, who has not

physically participated in the loading. Given this possibility, it would be advisable, where the seller is to load the goods, for the parties to agree in advance who is to bear the risk of any loss of or damage to the goods during loading. This is a common situation simply because the seller is more likely to have the necessary loading equipment at its own premises or because applicable safety or security rules prevent access to the seller's premises by unauthorised personnel. Where the buyer is keen to avoid any risk during loading at the seller's premises, then the buyer ought to consider choosing the FCA rule (under which, if the goods are delivered at the seller's premises, the seller owes the buyer an obligation to load, with the risk of loss of or damage to the goods during that operation remaining with the seller).

6. Export clearance – With delivery happening when the goods are at the buyer's disposal either at the seller's premises or at another named point typically within the seller's jurisdiction or within the same Customs Union, there is no obligation on the seller to organise export clearance or clearance within third countries through which the goods pass in transit. Indeed, EXW may be suitable for domestic trades, where there is no intention at all to export the goods. The seller's participation in export clearance is limited to providing assistance in obtaining such documents and information as the buyer may require for the purpose of exporting the goods. Where the buyer intends to export the goods and where it anticipates difficulty in obtaining export clearance, the buyer would be better advised to choose the FCA rule, under which the obligation and cost of obtaining export clearance lies with the seller.

1. 인도와 위험 – "공장인도"는 매도인이 다음과 같이 한 때 매수인에게 물품을 인도하는 것을 의미한다.
   매도인이 물품을 (공장이나 창고와 같은) 지정장소에서 매수인의 처분하에 두는 때, 그리고 그 지정장소는 매도인의 영업구내일 수도 아닐 수도 있다.
   인도가 일어나기 위하여 매도인은 물품을 수취용 차량에 적재하지 않아도 되고, 물품의 수출통관이 요구되더라도 이를 수행할 필요가 없다.

2. 운송방식 - 본 규칙은 선택되는 어떤 운송방식이 있는 경우에 그것이 어떠한 단일 또는 복수의 운송방식인지를 불문하고 사용할 수 있다.

3. 인도장소 또는 정확한 인도지점 - 당사자들은 단지 인도장소만 지정하면 된다. 그러나 당사자들은 또한 지정장소 내에 정확한 지점을 가급적 명확히 언급하는 것이 좋다. 그러한 정확한 지정인도지점은 양당사자에게 언제 물품이 인도되는지와 언제 위험이 매수인에게 이전하는지 명확하게 하며, 또한 그러한 정확한 지점은 매수인의 비용부담의 기준점을 확정한다. 당사자들이 인도지점을 지정하지 않는 경우에는 매도인이 "그의 목적에 가장 적합한" 지점을 선택하기로 한 것으로 된다. 이는 매수인으로서는 매도인이 물품의 멸실 또는 훼손이 발생한 지점이 아닌 그 직전의 지점을 선택할 수도 있는 위험이 있음을 의미한다. 따라서 매수인으로서는 인도가 이루어질 장소 내에 정확한 지점을 선택하는 것이 가장 좋다.

4. 매수인을 위한 유의사항 - EXW는 매도인에게 최소의 일련의 의무를 지우는 인코텀즈규칙이다. 따라서 매수인의 관점에서 이 규칙은 아래와 같은 여러 가지 이유로 조심스럽게 사용하여야 한다.

5. 적재위험 - 인도는 물품이 적재된 때가 아니라 매수인의 처분하에 놓인 때에 일어난다. 그리고 그때 위험이 이전한다. 그러나 매도인이 적재작업을 수행하는 동안에 발생하는 물품의 멸실 또는 훼손의 위험을 적재에 물리적으로 참여하지 않는 매수인이 부담하는 것은 으레 그렇듯이 논란이 될 수 있다. 이러한 가능성 때문에 매도인이 물품을 적재하여야하는 경우에 당사자들은 적재 중 물품의 멸실 또는 훼손의 위험을 누가 부담하는지를 미리 합의하여두는 것이 바람직하다. 단순히 매도인이 그의 영업구내에서 필요한 적재장비를 가지고 있을 가능성이 더 많기 때문에 혹은 적재가능한 안전규칙이나 보안규칙에 의하여 권한 없는 인원이 매도인의 영업구내에 접근하는 것이 금지되기 때문에 매도인이 물품을 적재하는 것은 흔한 일이다. 매도인의 영업구내에서 일어나는 적재작업 중의 위험을 피하고자 하는 경우에 매수인은 FCA 규칙을 선택하는 것을 고려하여야 한다(FCA 규칙에서는 물품이 매도인의 영업구내에서 인도되는 경우에 매도인이 매수인에 대하여 적재의무를 부담하고 적재작업 중에 발생하는 물품의 멸실 또는 훼손의 위험은 매도인이 부담한다).

6. 수출통관 - 물품이 매도인의 영업구내에서 또는 전형적으로 매도인의 국가나 관세동맹지역 내에 있는 다른 지정지점에서 매수인의 처분하에 놓인 때에 인도가 일어나므로, 미도인은 수출통관이나 운송 중에 물품이 통과할 제3국의 통관을 수행할 의무가 없다. 사실 EXW는 물품을 수출할 의사가 전혀 없는 국내거래에 적절하다, 수출통관에 관한 매도인의 참여는 물품수출을 위하여 매수인이 요청할 수 있는 서류와 정보를 취득하는 데 협력을 제공하는 것에 한정된다. 매수인이 물품을 수출하기를 원하나 수출통관을 하는 데 어려움이 예상되는 경우에, 매수인은 수출통관을 할 의무와 그에 관한 비용을 매도인이 부담하는 FCA 규칙을 선택하는 것이 더 좋다.

## 2) FCA(운송인 인도 규칙)

Free Carrier

FCA (insert named place of delivery) Incoterms®2020

EXPLANATORY NOTES FOR USERS

1. Delivery and risk – "Free Carrier (named place)" means that the seller delivers the goods to the buyer in one or other of two ways.

- First, when the named place is the seller's premises, the goods are delivered
  - When they are loaded on the means of transport arranged by the buyer.
- Second, when the named place is another place, the goods are delivered
  - When, having been loaded on the seller's means of transport,
  - They reach the named other place and
  - are ready for unloading from that seller's means of transport and
  - at the disposal of the carrier or of another person nominated by the buyer.

Whichever of the two is chosen as the place of delivery, that place identifies where risk transfers to the buyer and the time from which costs are for the buyer's account.

2. Mode of transport – this rule may be used irrespective of the mode of transport selected and may also be used where more than one mode of transport is employed.

3. Place or point of delivery – A sale under FCA can be conclude naming only the place of delivery, either at the seller's premises or elsewhere, without specifying the precis point of delivery within that named place. However, the parties are well advised also to specify as clearly as possible the precise point within the named place of delivery° A named precise point of delivery makes

it clear to both parties when the goods are delivered and when risk transfer to the buyer; such precision also marks the point at which costs are for the buyer's account. Where the precise point is not identified, however this may cause problems for the buyer. The seller in this case has the right to select the point"that best suits its purpose":that point becomes the point of delivery, from which risk and costs transfer to the buyer. If the precise point of delivery is not identified by naming it in the contract, then the parties are taken to have left it to the seller to select the point"that best suits its purpose". This means that the buyer may incur the risk that the seller may choose a point just before the point at which goods are lost or damaged. Best for the buyer therefore to select the precise point within a place where delivery will occur.

4. 'or procure goods so delivered' – The reference to "procure"here caters for multiple sales down a chain (string sales), particularly, although not exclusively, common in the commodity trades.

5. Export/import clearance – FCA requires the seller to clear the goods for export, where applicable. However, the seller has no obligation to clear the goods for import or for transit through third countries, to pay any import duty or to carry out any import customs formalities.

6. Bills of lading with an on-board notation in FCA sales – We have already seen that FCA is intended for use irrespective of the mode or modes of transport used. Now if goods are being picked up by the buyer's road-haulier in Las Vegas, it would be rather uncommon to expect a bill of lading with an on-board notation to be issued by the carrier from Las Vegas, which is not a port and which a vessel cannot reach for goods to be placed on board. Nonetheless, sellers selling FCA Las Vegas do sometimes find themselves in a situation where they need a bill of lading with an on-board notation (typically because of a bank collection or a letter of credit requirement), albeit necessarily stating that the goods have been placed on board in Los Angeles as well

as stating that they were received for carriage in Las Vegas. To cater for this possibility of an FCA seller needing a bill of lading with an on-board notation, FCA Incoterms®2020 has, for the first time, provided the following optional mechanism. If the parties have so agreed in the contract, the buyer must instruct its carrier to issue a bill of lading with an on-board notation to the seller. The carrier may or may not, of course, accede to the buyer's request, given that the carrier is only bound and entitled to issue such a bill of lading once the goods are on board in Los Angeles. However , if and when the bill of lading is issued to the seller by the carrier at the buyer's cost and risk, the seller must provide that same document to the buyer, who will need the bill of lading in order to obtain discharge of the goods from the carrier. This optional mechanism becomes unnecessary, of course, if the parties have agreed that the seller will present to the buyer a bill of lading stating simply that the goods have been received for shipment rather than that they have been shipped on board. Moreover, it should be emphasized that even where this optional mechanism is adopted, the seller is under no obligation to the buyer as to the terms of the contract of carriage. Finally ,when this optional mechanism is adopted, the dates of delivery inland and loading on board will necessarily be different, which may well create difficulties for the seller under a letter of credit.

1. 인도와 위험 – "운송인인도(지정장소)"는 매도인이 물품을 매수인에게 다음과 같은 두가지 방법 중 어느 하나로 인도하는 것을 의미한다.
   첫째, 지정장소가 매도인의 영업구내인 경우, 물품은 다음과 같이 된 때 인도된다.
   물품이 매수인이 마련한 운송수단에 적재된 때

   둘째, 지정장소가 그 밖의 장소인 경우, 물품은 다음과 같이 된 때 인도된다.
   매도인의 운송수단에 적재되어서
   지정장소에 도착하고
   매도인의 운송수단에 실린 채 양하준비된 상태로
   매수인이 지정한 운송인이나 제3자의 처분하에 놓인 때

   그러한 두 장소 중에서 인도장소로 선택되는 장소는 위험이 매수인에게 이전하는 곳이자 또한 매수인이 비용을 부담하기 시작하는 시점이 된다.

2. 운송방식 - 본 규칙은 어떠한 운송방식이 선택되는지를 불문하고 사용할 수 있고 둘 이상의 운송방식이 이용되는 경우에도 사용할 수 있다.

3. 인도장소 또는 인도지점 - FCA 매매는 지정장소 내에 정확한 인도지점을 명시하지 않고서 매도인의 영업구내나 그 밖의 정소 중에서 어느 하나를 단지 인도장소로 지정하여 체결될 수 있다. 그러나 당사자들은 지정인도장소 내에 정확한 지점도 가급적 명확하게 명시하는 것이 좋다. 그러한 정확한 지정인도지점은 양당사자에게 언제 물품이 인도되는지와 언제 위험이 매수인에게 이전하는지 명확하게 하며, 또한 그러한 정확한 지점은 매수인의 비용부담의 기준점을 확정한다. 그러나 정확한 지점이 지정되지 않는 경우에는 매수인에게 문제가 생길 수 있다. 이러한 경우에 매도인은 "그의 목적에 가장 적합한"지점을 선택할 권리를 갖는다. 즉 이러한 지점이 곧 인도지점이 되고 그곳에서부터 위험과 비용이 매수인에게 이전한다. 계약에서 이를 지정하지 않아서 정확한 인도지점이 정해지지 않은 경우에, 당사자들은 매도인이 "자신의 목적에 가장 적합한"지점을 선택하도록 한 것으로 된다. 이는매수인으로서는 매도인이 물품의 멸실 또는 훼손이 발생한 지점이 아닌 그 직전의 지점을 선택할 수도 있는 위험이 있음을 의미한다. 따라서 매수인으로서는 인도가 이루어질 장소 내에 정확한 지점을 선택하는 것이 가장 좋다.

4. '또는 그렇게 인도된 물품을 조달한다' – 여기에 "조달한다"(procure)고 규정한 것은 꼭 이 분야에서 그런 것만은 아니지만 특히 일차산품거래(commodity trades)에서 일반적인 수차에 걸쳐 연속적으로 이루어지는 매매('연속매매', 'string sales')에 대응하기 위함이다.

5. 수출/수입통관 - FCA에서는 해당되는 경우에 매도인이 물품의 수출통관을 하여야 한다. 그러나 매도인은 물품의 수입을 위한 또는 제3국 통과를 위한 통관을 하거나 수입관세를 납부하거나 수입통관절차를 수행할 의무가 없다.

6. FCA 매매에서 본선적재표기가 있는 선하증권 - 이미 언급하였듯이 FCA는 사용되는 운송방식이 어떠한지를 불문하고 사용할 수 있다. 이제는 매수인의 도로운송인이 라스베이거스에서 물품을 수거(pick up)한다고 할 때, 라스베이거스에서 운송인으로부터 본선적재표기가 있는 선하증권을 발급받기를 기대하는 것이 오히려 일반적이지 않다. 라스베이거스는 항구가 아니어서 선박이 물품적재를 위하여 그곳으로 갈 수 없기 때문이다. 그럼에도 FCA Las Vegas 조건으로 매매하는 매도인은 때로는 (전형적으로 은행의 추심조건이나 신용장조건 때문에) 무엇보다도 물품이 라스베이거스에서 운송을 위하여 수령된 것으로 기재될 뿐만 아니라 그것이 로스앤젤레스에서 선적되었다고 기재된 본선적재표기가 있는 선하증권이 필요한 상황에 처하게 된다. 본선적재표기가 있는 선하증권을 필요로 하는 FCA 매도인의 이러한 가능성에 대응하기 위하여 인코텀즈 2020 FCA에서는 처음으로 다음과 같은 선택적 기제를 규정한다. 당사자들이 계약에서 합의한 경우에 매수인은 그의 운송인에게 본선적재표기가 있는 선하증권을 매도인에게 발행하도록 지시하여야 한다. 물론 운송인으로서는 물품이 로스앤젤레스에서 본선적재된 때에만 그러한 선하증권을 발행할 의무가 있고 또 그렇게 할 권리가 있기 때문

에 매수인의 요청에 응할 수도 응하지 않을 수도 있다. 그러나 운송인이 매수인의 비용과 위험으로 매도인에게 선하증권을 발행하는 경우에는 매도인은 바로 그 선하증권을 매수인에게 제공하여야 하고 매수인은 운송인으로부터 물품을 수령하기 위하여 그 선하증권이 필요하다. 물론 당사자들의 합의에 의하여 매도인이 매수인에게 물품의 본선적재 사실이 아니라 단지 물품이 선적을 위하여 수령되었다는 사실을 기재한 선하증권을 제시하는 경우에는 이러한 선택적 기제는 불필요하다. 또한 강조되어야 할 것으로 이러한 선택적 기제가 적용되는 경우에도 매도인은 매수인에 대하여 운송계약조건에 관한 어떠한 의무도 없다. 끝으로, 이러한 선택적 기제가 적용되는 경우에 내륙의 인도일자와 본선적재일자는 부득이 다를 수 있을 것이고, 이로 인하여 매도인에게 신용장상 어려움이 발생할 수 있다.

### String sales(연속매매)

FAS · FOB · CFR · CIF조건에 규정되어있는 용어로 운송 중 전매가 이루어지는 경우 물품을 구매한 후속의 구매자는 물품의 인도가 사전에 이루어진 상태로 물품을 구매하기 때문에 어느 지점에서 물품의 위험과 비용이 이전하게 되는지 모르는 상황에서 거래가 이루어지게 된다. 따라서 인도 시점과 위험의 이전 시점에 대해 명확히 해야 한다.[9]

Incoterms 2010에서는 연속매매의 경우 물품의 인도시점은 본선의 선측이나 본선의 갑판 상에 물품을 적재하거나 이렇게 인도되어진 물품을 조달(procure)하는 것에 의해서 이행되어진다고 규정하고 있다.

또한 위험의 이전시점은 조달(procure)했을 때를 매매계약 체결시점으로 본다면 운송 중 전매에 관한 매매계약이 성립했을 때 위험이 매수인에게로 이전하게 되는 것으로 해석할 수 있으며 이는 비엔나 협약 제68조의 규정(“The risk in respect of goods sold in transit passes to the buyer from the time of the conclusion of the contract.…")과 일치한다.

---

9) String sales은 Incoterms 2010에서는 FAS · FOB · CFR · CIF규칙에만 규정하고 있다. 이는 일반적으로 bulk cargo가 중심인 물품(commodity)거래에서 FAS · FOB · CFR · CIF규칙이 주로 bulk cargo 운송에 사용되며 이 경우 대부분 선하증권이 사용되기 때문에 운송 중 전매가 원활히 이루어 질수 있다는 이유에서 해상운송 및 내수로 운송에서 사용가능한 규칙에 대해서만 규정하고 있다. 하지만 실무적으로 복합운송의 경우에도 운송 중 전매가 이루어지고 있기 때문에 컨테이너 규칙에 해당하는 FCA · CPT · CIP규칙에서도 String sales 개념이 적용된다.

## 3) CPT(운송비 지급 인도 규칙)

CARRIAGE PAID TO

CPT (insert named place of destination) Incoterms®2020

EXPLANATORY NOTES FOR USERS

1. Delivery and risk – "Carriage Paid To" means that the seller delivers the goods– and transfers the risk–to the buyer

- by handing them over to the carrier
- contracted by the seller
- or by procuring the goods so delivered.
- The seller may do so by giving the carrier physical possession of the goods in the manner and at the place appropriate to the means of transport used.

Once the goods have been delivered to the buyer in this way, the seller does not guarantee that the goods will reach the place of destination in sound condition, in the stated quantity or indeed at all. This is because risk transfers from seller to buyer when the goods are delivered to the buyer by handing them over to the carrier; the seller must nonetheless contract for the carriage of the goods from delivery to the agreed destination. Thus, for example, goods are handed over to a carrier in Las Vegas (which is not a port) for carriage to Southampton (a port) or to Winchester (which is not a port). In either case, delivery transferring risk to the buyer happens in Las Vegas, and the seller must take a contract of carriage to either Southampton or Winchester.

2. Mode of transport – This rule may be used irrespective of the mode of transport selected and may also be used where more than one mode of transport is employed.

3. Places (or points) of delivery and destination – In CPT, two locations are

important: the place or point (if any) at which the goods are delivered (for the transfer of risk) and the place or point agreed as the destination of the goods (as the point to which the seller promises to contract for carriage).

4. Identifying the place or point of delivery with precision – The parties are well advised to identify both places, or indeed points within those places, as precisely as possible in the contract of sale. Identifying the place or point (if any) of delivery as precisely possible is important to cater for the common situation where several carriers are engaged, each for different legs of the transit from delivery to destination. Where delivery, the default position is that risk transfers when the goods have been delivered to the first carrier at a point entirely of the seller's choosing and over which the buyer has no control. Should the parties wish the risk to transfer at a later stage (e.g. at a sea or river port or at an airport), or indeed an earlier one (e.g. an inland point some way away from a sea or river port), they need to specify this in their contract of sale and to carefully think through the consequences of so doing in case the goods are lost or damaged.

5. Identifying the destination as precisely as possible – The parties are also well advised to identify as precisely as possible in the contract of sale the point within the agreed place of destination, as this is the point to which the seller must contract for carriage and this is the point to which the costs of carriage fall on the seller.

6. 'or procuring the goods so delivered' – The reference to "procure" here caters for multiples sales down a chain (string sales), particularly common in the commodity trades.

7. Costs of unloading at destination – If the seller incurs costs under its contract of carriage related to unloading at the named place of destination, the seller is not entitled to recover such costs separately from the buyer unless

otherwise agreed between the parties.

8. Export/import clearance – CPT requires the seller to clear the goods for export, where applicable. However, the seller has no obligation to clear the goods for import or for transit through third countries, or to pay any import duty or to carry out any import customs formalities.

1. 인도와 위험 – "운송비지급인도"는 매도인이 다음과 같이 매수인에게 물품을 인도하는 것을 - 그리고 위험을 이전하는 것을 - 의미한다.
   매도인과 계약을 체결한 운송인에게
   물품을 교부함으로써
   또는 그렇게 인도된 물품을 조달함으로써
   매도인은 사용되는 운송수단에 적합한 방법으로 그에 적합한 장소에서 운송인에게 물품의 물리적 점유를 이전함으로써 물품을 인도할 수 있다.

   물품이 이러한 방법으로 매수인에게 인도되면 매도인은 그 물품이 목적지에 양호한 상태로 그리고 명시된 수량 또는 그 전량이 도착할 것을 보장하지 않는다. 왜냐하면 물품이 운송인에게 교부됨으로써 매수인에게 인도된 때 위험은 매도인으로부터 매수인에게 이전하기 때문이다. 그러나 매도인은 물품을 인도지로부터 합의된 목적지까지 운송하는 계약을 체결하여야 한다. 따라서 예컨대 (항구인) 사우샘프턴이나 (항구가 아닌) 윈체스터까지 운송하기 위하여 (항구가 아닌) 라스베이거스에서 운송인에게 물품이 교부된다. 이러한 각각의 경우에 위험을 매수인에게 이전시키는 인도는 라스베이거스에서 일어나고 매도인은 사우샘프턴이나 윈체스터로 향하는 운송계약을 체결하여야 한다.

2. 운송방식 - 본 규칙은 어떠한 운송방식이 선택되는지를 불문하고 사용할 수 있고 둘 이상의 운송방식이 이용되는 경우에도 사용할 수 있다.

3. 인도장소(또는 인도지점)와 목적지– CPT에서는 두 곳이 중요하다. 물품이 (위험이전을 위하여) 인도되는 장소 또는 지점(있는 경우)이 그 하나이고, 물품의 목적지로서 합의된 장소 또는 지점이 다른 하나이다(매도인이 이 지점까지 운송계약을 체결하기로 약속하기 때문이다).

4. 장확한 인도장소 및 인도지점 지정 - 당사자들은 매맥약에서 가급적 정확하게 두 장소(인도장소 및 목적지) 또는 그러한 두 장소 내의 실제 지점들을 지정하는 것이 좋다. 인도장소나 인도지점(있는 경우)을 가급적 정확하게 지정하는 것은 복수의 운송인이 참여하여 인도지로부터 목적지까지 사이에 각자 상이한 운송구간을 담당하는 일반적인 상황에 대응하기 위하여 중요하다. 이러한 상황에서 당사자들이 특정한 인도장소나 인도지점을 합의하지 않는 경우에 [본

규칙이 규정하는] 보충적 입장은, 위험은 물품이 매도인이 통제할 수 없는 지점에서 제1운송인에게 인도된 때 이전한다는 것이다. 그 후의 어느 단계에서 (예컨대 바다나 강의 항구에서 또는 공항에서) 또는 그 전의 어느 단계에서 (예컨대 바다나 강의 항구로부터 멀리 있는 내륙의 어느 지점에서) 위험이 이전되길 원한다면, 당사자들은 이를 매매계약에 명시하고 물품이 실제로 멸실 또는 훼손되는 경우에 그렇게 하는 것의 결과가 어떻게 되는지를 신중하게 생각할 필요가 있다.

5. 가급적 정확한 목적지 지정 - 당사자들은 또한 매매계약에서 합의된 목적지 내의 지점을 가급적 정확하게 지정하는 것이 좋다. 그 지점까지 매도인은 운송계약을 체결하여야 하고 그 지점까지 발생하는 운송비용을 매도인이 부담하기 때문이다.

6. '또는 그렇게 인도된 물품을 조달함' – 여기에 "조달한다"(procure)고 규정한 것은 특히 일차산품거래(commodity trades)에서 일반적인 수차에 걸쳐 연속적으로 이루어지는 매매("연속매매", 'string sales')에 대응하기 위함이다.

7. 목적지의 양하비용 - 매도인이 자신의 운송계약상 지정목적지에서 양하에 관하여 비용이 발생한 경우에 매도인은 당사자간에 달리 합의되지 않은 한 그러한 비용을 매수인으로부터 별도로 상환받을 권리가 없다.

8. 수출/수입통관 - CPT에서는 해당되는 경우에 매도인이 물품의 수출통관을 하여야 한다. 그러나 매도인은 물품의 수입을 위한 또는 제3국 통과를 위한 통관을 하거나 수입관세를 납부하거나 수입통관절차를 수행할 의무가 없다.

## 4) CIP(운송비 · 보험료 지급 인도 규칙)

CARRIAGE AND INSURANCE PAID TO

CIP (insert named place of destination) Incoterms®2020

EXPLANATORY NOTES FOR USERS

1. Delivery and risk – "Carriage and Insurance Paid To" means that the seller delivers the goods– and transfers the risk– to the buyer

- by handing them over to the carrier

- contracted by the seller
- or by procuring the goods so delivered.
- The seller may do so by giving the carrier physical possession of the goods in the manner and at the place appropriate to the means of transport used.

Once the goods have been delivered to the buyer in this way, the seller does not guarantee tht the goods will reach the place of destination in sound condition, in the stated quantity or indeed at all. This is because risk transfers from seller to buyer when the goods are delivered to the buyer by handing them over to the carrier; the seller must nonetheless contract for the carriage of the goods from delivery to the agreed destination. Thus, for example, goods are handed over to a carrier in Las Vegas (which is not a port) for carriage to Southampton (a port) or to Winchester (which is not a port). In either case, delivery transferring risk to the buyer happens in Las Vegas, and the seller must make a contract of carriage to either Southampton or Winchester.

2. Mode of transport – This rule may be used irrespective of the mode of transport selected and may also be used where more than one mode of transport is employed.

3. Place (or points) of delivery and destination – In CIP two locations are important: the place or point at which the goods are delivered (for the transfer of risk) and the place or point agreed as the destination of the goods (as the point to which the seller promises to contract for carriage).

4. Insurance – The seller must also contract for insurance cover against the buyer's risk of loss of or damage to the goods from the point of delivery to at least the point of destination. This may cause difficulty where the destination country requires insurance cover to be purchased locally: in this case the parties should consider selling and buying under CPT. The buyer should also note

that under the CIP Incoterms® 2020 rule the seller is required to obtain extensive insurance cover complying with Institute Cargo Clauses (A) or similar clause, rather than with the more limited cover under Institute Cargo Clauses (C). It is, however, still open to the parties to agree on a lower level of cover.

5. Identifying the place or point of delivery with precision – The parties are well advised to identify both places, or indeed points within those places, as precisely as possible in the contract of sale. Identifying the place or point (if any) of delivery as precisely as possible is important to cater for the common situation where several carriers are engaged, each for different legs of the transit from delivery to destination. Where this happens and the parties do not agree on a specific place or point of delivery, the default position is that risk transfers when the goods have been delivered to the first carrier at a point entirely of the seller's choosing and over which the buyer has no control. Should the parties wish the risk to transfer at a later stage (e.g. at a sea or river port or at an airport), or indeed an earlier one (e.g. an inland point some way away from a sea or river port), they need to specify this in their contract of sale and to carefully think through the consequences of so doing in case the goods are lost or damaged.

6. Identifying the destination as precisely as possible– The parties are also well advised to identify as precisely as possible in the contract of sale the point within the agreed place of destination, as this is the point to which the seller must contract for carriage and insurance and this is the point to which the costs of carriage and insurance fall on the seller.

7. 'or procuring the goods so delivered'– The reference to "procure" here caters for multiple sales down a chain (string sales), particularly common in the commodity trades.

8. Costs of unloading at destination– If the seller incurs costs under its

contract of carriage related to unloading at the named place of destinaion, the seller is not entitled to recover such costs separately from the buyer unless otherwise agreed between the parties.

9. Export/import clearance– CIP requires the seller to clear the goods for export, where applicable. However, the seller has no obligation to clear the goods for import or for transit through third countries, or to pay any import duty or to carry out any import customs formalities.

1. 인도와 위험 – "운송비·보험료지급인도"는 매도인이 다음과 같이 매수인에게 물품을 인도하는 것을 –그리고 위험을 이전하는 것을 – 의미한다.

   매도인과 계약을 체결한 운송인에게
   물품을 교부함으로써
   또는 그렇게 인도된 물품을 조달함으로써.
   매도인은 사용되는 운송수단에 적합한 방법으로 그에 적합한 장소에서 운송인에게 물품의 물리적 점유를 이전함으로써 물품을 인도할 수 있다.
   물품이 이러한 방법으로 매수인에게 인도되면, 매도인은 그 물품이 목적지에 양호한 상태로 그리고 명시된 수량 또는 그 전량이 도착할 것을 보장하지 않는다. 왜냐하면 물품이 운송인에게 교부됨으로써 매수인에게 인도된 때 위험은 매도인으로부터 매수인에게 이전하기 때문이다. 그러나 매도인은 물품을 인도지로부터 합의된 목적지까지 운송하는 계약을 체결하여야 한다. 따라서 예컨대 (항구인) 사우샘프턴이나 (항구가 아닌) 윈체스터까지 운송하기 위하여 (항구가 아닌) 라스베이거스에서 운송인에게 물품이 교부된다. 이러한 각각의 경우에 위험을 매수인에게 이전시키는 인도는 라스베이거스에서 일어나고 매도인은 사우샘프턴이나 윈체스터로 향하는 운송계약을 체결하여야 한다.

2. 운송방식 – 본 규칙은 어떠한 운송방식이 선택되는지를 불문하고 사용할 수 있고 둘 이상의 운송방식이 이용되는 경우에도 사용할 수 있다.

3. 인도장소(또는 인도지점)와 목적지 – CIP에서는 두 곳이 중요하다. 물품이 (위험이전을 위하여) 인도되는 장소 또는 지점이 그 하나이고, 물품의 목적지로서 합의된 장소 또는 지점이 다른 하나이다(매도인은 이 지점까지 운송계약을 체결하기로 약속하기 때문이다).

4. 보험 – 매도인은 또한 인도지점부터 적어도 목적지점까지 매수인의 물품의 멸실 또는 훼손 위

험에 대하여 보험계약을 체결하여야 한다. 이는 목적지 국가가 자국의 보험자에게 부보하도록 요구하는 경우에는 어려움을 야기할 수 있다. 이러한 경우에 당사자들은 CPT로 매매하는 것을 고려하여야 한다. 또한 매수인은 인코텀즈 2020 CIP 하에서 매도인은 협회적하약관의 C-약관에 의한 제한적인 담보조건이 아니라 협회적하약환의 A-약관이나 그와 유사한 약관에 뜨른 광범위한 담보조건으로 부보하여야 한다는 것을 유의하여야 한다. 그러나 당사자들은 여전히 더 낮은 수준의 담보조건으로 부보하기로 합의할 수 있다.

5. 정확한 인도장소 또는 인도지점 지정 - 당사자들은 매매계약에서 가급적 정확하게 두 장소(인도장소 및 목적지) 또는 그러한 두 장소 내의 실제 지점들을 지정하는 것이 좋다. 인도장소나 인도지점(있는 경우)을 가급적 정확하게 지정하는 것은 복수의 운송인이 참여하여 인도지부터 목적지까지 사이에 각자 상이한 운송구간을 담당하는 일반적인 상황에 대응하기 위하여 중요하다. 이러한 상황에서 당사자들이 특정한 인도장소나 인도지점을 합의하지 않는 경우에 [본 규칙이 규정하는] 보충적 입장은, 위험은 물품이 매도인이 전적으로 선택하고 그에 대하여 매수인이 전혀 통제할 수 없는 지점에서 제1운송인에게 인도된 때 이전한다는 것이다. 그 후의 어느 단계에서 (예컨대 바다나 강의 항구에서 또는 공항에서) 또는 그 전의 어느 단계에서 (예컨대 항구로부터 멀리 있는 내륙의 어느 지점에서) 위험이 이전되길 원한다면, 당사자들은 이를 매매계약에 명시하고 물품이 실제로 멸실 또는 훼손되는 경우에 그렇게 하는 것의 결과가 어떻게 되는지를 신중하게 생각할 필요가 있다.

6. 가급적 정확한 목적지 지정 - 당사자들은 매매계약에서 합의된 목적지 내의 지점을 가급적 정확하게 지정하는 것이 좋다. 그 지점까지 매도인은 운송계약과 보험계약을 체결하여야 하고 그 지점까지 발생하는 운송비용과 보험비용을 매도임이 부담하기 때문이다.

7. '또는 그렇게 인도된 물품을 조달함' – 여기에 "조달한다"(procure)고 규정한 것은 특히 일차산품거래(commodity trades)에서 일반적인 수차에 걸쳐 연속적으로 이루어지는 매매('연속매매', 'string sales')에 대응하기 위함이다.
8. 목적지의 양하비용 - 매도인이 자신은 운송계약상 지정목적지에서 양하에 관하여 비용이 발생한 경우에 매도인은 당사자간에 달리 합의되지 않은 한 그러한 비용을 매수인으로부터 별도로 상환받을 권리가 없다.

9. 수출/수입통관 - CIP에서는 해당되는 경우에 매도인이 물품의 수출통관을 하여야 한다. 그러나 매도인은 물품의 수입을 위한 또는 제3국 통관를 위한 통관을 하거나 수입관세를 납부하거나 수입통관절차를 수행할 의무가 없다.

## 5) DAP

DELIVERED AT PLACE

DAP(insert named terminal at port or place of destination) Incoterms®2020

EXPLANATORY NOTES FOR USERS

1. Delivery and risk – "Delivered at Place" means that the seller delivers the goods–and transfer risk–to the buyer

- when the goods are placed at the disposal of the buyer
- on the arriving means of transport ready for unloading
- at the named place of destination or
- at the agreed point within that place, if any such point is agreed.

The seller bears all risks involved in bringing the goods to named place of destination or to the agreed point within that place. In this Incoterms rule, therefore, delivery and arrival at destination are the same.

2. Mode of transport – This rule may be used irrespective of the mode of transport selected and may also be used where more than one mode of trans–port is employed.

3. Identifying the place or point of delivery/destination precisely – the par–ties are well advised to specify the destination place or point as clearly as possible and this for several reasons. First, risk of loss of or damage to the goods transfers to the buyer at that point of delivery/destination–and it is best for the seller and the buyer to be clear about the point at which that critical transfer happens. Secondly, the costs before that place or point of deliv–ery/destination are for the account of the seller and the costs after that place or point are for the account of the buyer. Thirdly, the seller must contract or arrange for the carriage of the goods to the agreed place or point of deliv–

ery/destination. if it fails to do so, the seller is in breach of its obligations under the Incoterms DAP rule and will be liable to the buyer for any ensuing loss. thus, for example, the seller would be responsible for any additional costs levied by the carrier to the buyer for any additional on-carriage.

4. 'or procuring the goods so delivered' – The reference to "procure" here caters for multiple sales down a chain (string sales), particularly common in the commodity trades.

5. Unloading costs – the seller is not required to unload the goods from the arriving means of transportation. However, if the seller incurs costs under its contract of carriage related to unloading at the place of delivery/destination, the seller is not entitled to recover such costs separately from the buyer unless otherwise agreed between the parties.

6. Export/import clearance – DAP requires the seller to clear the goods for export, where applicable. However, the seller has no obligation to clear the goods for import or for post-delivery transit through third countries, to pay any import duty or to carry out any import customs formalities. As a result, if the buyer fails to organise import clearance, the goods will be held up at a port or inland terminal in the destination country. who bears the risk of any loss that might occur while the goods are thus held up at the port of entry in the destination country? The answer is the buyer: delivery will not have occurred yet, B3(a) ensuring that the risk of loss of or damage to the goods is with the buyer until transit to a named inland point can be resumed. if, in order to avoid this scenario, the parties intend the seller to clear the goods for import, pay any import duty or tax and carry out any import customs formalities, the parties might consider using DDP.

1. 인도와 위험 – "도착지인도"는 다음과 같이 된 때 매도인이 매수인에게 물품을 인도하는 것을 – 그리고 위험을 이전하는 것을– 의미한다.

물품이 지정목적지에서 또는
지정목적지 내에 어떠한 지점이 합의된 경우에는 그 지점에서
도착운송수단에 실어둔 채 양하준비된 상태로
매수인의 처분하에 놓인 때

매도인은 물품을 지정목적지까지 또는 지정목적지 내의 합의된 지점까지 가져가는 데 수반되는 모든 위험을 부담한다. 따라서 본 인코텀즈 규칙에서 인도와 목적지의 도착은 같은 것이다.

2. 운송방식 - 본 규칙은 어떠한 운송방식이 선택되는지를 불문하고 사용할 수 있고 둘 이상의 운송방식이 이용되는 경우에도 사용할 수 있다.

3. 정확한 인도장소/목적지 또는 인도/목적지점 지정 - 당사자들은 몇 가지 이유로 가급적 명확하게 목적지나 목적지점을 명시하는 것이 좋다. 첫째, 물품의 멸실 또는 훼손의 위험은 그러한 인도/목적지점에서 매수인에게 이전한다. – 따라서 매도인과 매수인은 그러한 결정적인 이전이 일어나는 지점에 대하여 명확하게 해두는 것이 가장 좋다. 둘째, 그러한 인도장소/목적지 또는 인도/목적지점 전의 비용은 매도인이 부담하고 그 후의 비용은 매수인이 부담한다. 셋째, 매도인은 물품을 합의된 인도장소/목적지 또는 인도/목적지점까지 운송하는 계약을 체결하거나 그러한 운송을 마련하여야 한다. 그렇게 하지 않는 경우에 매도인은 인코텀즈 DAP 규칙상 그의 의무를 위반한 것이 되고 매수인에 대하여 그에 따른 손해배상책임을 지게 된다. 따라서 예컨대 매도인은 추가적인 후속운송(on-carriage)을 위하여 운송인이 매수인에게 부과하는 추가비용에 대하여 책임을 지게 된다.

4. '또는 그렇게 인도된 물품을 조달함' – 여기에 "조달한다"(procure)고 규정한 것은 특히 일차산품거래(commodity trades)에서 일반적인 수차에 걸쳐 연속적으로 이루어지는 매매('연속매매', 'string sales')에 대응하기 위함이다.

5. 양하비용 - 매도인은 도착운송수단으로부터 물품을 양하(unload)할 필요가 없다. 그러나 매도인이 자신의 운송계약상 인도장소/목적지에서 양하에 관하여 비용이 발생한 경우에 매도인은 당사자간에 달리 합의되지 않은 한 그러한 비용을 매수인으로부터 별도로 상환받을 권리가 없다.

6. 수출/수입통관 - DAP에서는 해당되는 경우에 매도인이 물품의 수출통관을 하여야 한다. 그러나 매도인은 물품의 수입을 위한 또는 인도 후 제3국 통과를 위한 통관을 하거나 수입관세를 납부하거나 수입통관절차를 수행할 의무가 없다. 따라서 매수인이 수입통관을 못하는 경우에 물품은 목적지 국가의 항구나 내륙터미널에 묶이게 될 것이다. 그렇다면 물품이 목적지 국가의 입국항구(port of entry)에 묶여있는 동안에 발생하는 어떤 멸실의 위험은 누가 부담하는가? 그 답은 매수인이다. 즉 아직 인도가 일어나지 않았고, B3(a)는 내륙의 지정지점으로의 통과가 재개될 때까지 물품의 멸실 또는 훼손의 위험을 매수인이 부담하도록 하기 때문이다. 만일 이

러한 시나리오를 피하기 위하여 물품의 수입통관을 하고 수입관세나 세금을 납부하고 수입통관절차를 수행하는 것을 매도인이 하도록 하고자 하는 경우에 당사자들은 DDP를 사용하는 것을 고려할 수 있다.

## 6) DPU(도착지 양하비 지급인도 규칙)

DELIVERED AT PLACE UNLOADED

DPU(insert named place of destination) Incoterms®2020

EXPLANATORY NOTES FOR USERS

1. Delivery and risk – "Delivered at Place Unloaded" means that the seller delivers the goods – and transfers risk – to the buyer

- when the goods,
- once unloaded from the arriving means of transport,
- are placed at the disposal of the buyer
- at a named place of destination or
- at the agreed point within that place, if any such point is agreed.

The seller bears all risks involved in bringing the goods to and unloading them at the named place of destination. In this Incoterms® rule, therefore, the delivery and arrival at destination are the same. DPU is the only Incoterms® rule that requires the seller to unload goods at destination. The seller should therefore ensure that it is in a position to organise unloading at the named place. Should the parties intend the seller not to bear the risk and cost of unloading, the DPU rule should be avoided and DAP should be used instead.

2. Mode of transport – This rule may be used irrespective of the mode of transport selected and may also be used where more than one mode of transport is employed.

3. Identifying the place or point of delivery/destination precisely - The parties are well advised to specify the destination place or point as clearly as possible and this for several reasons. First, risk of loss of or damage to the goods transfers to the buyer at that point of delivery/destination–and it is best for the seller and the buyer to be clear about the point at which that critical transfer happens. Secondly, the costs before that place or point of delivery/destination are for the account of the seller and the costs after that place or point are for the account of the buyer. Thirdly, the seller must contract or arrange for the carriage of the goods to the agreed place or point of delivery/destination. If it fails to do so, the seller is in breach of its obligations under this rule and will be liable to the buyer for any ensuing loss. The seller would, for example, be responsible for any additional costs levied by the carrier to the buyer for any additional on-carriage.

4. 'or procuring the goods so delivered' – The reference to "procure" here caters for multiple sales down a chain (string sales), particularly common in the commodity trades.

5. Export/import clearance - DPU requires the seller to clear the goods for export, where applicable. However, the seller has no obligation to clear the goods for import or for post-delivery transit through third countries, to pay any import duty or to carry out any import customs formalities. As a result, if the buyer fails to organise import clearance, the goods will be held up at a port or inland terminal in the destination country. Who bears the risk of any loss that might occur while the goods are thus held up at the port of entry in the destination country? The answer is the buyer: delivery will not have occurred yet, B3(a) ensuring that the risk of loss of or damage to the goods is with the buyer until transit to a named inland point can be resumed. If, in order to avoid this scenario, the parties intend the seller to clear the goods for import, pay any import duty or tax and carry out any import customs formalities, the parties might consider using DDP.

1. 인도와 위험 – "도착지양하인도"는 다음과 같이 된 때 매도인이 매수인에게 물품을 인도하는 것을 – 그리고 위험을 이전하는 것을 – 의미한다.

   물품이
   지정목적지에서 또는
   지정목적지 내에 어떠한 지점이 합의된 경우에는 그 지점에서
   도착운송수단으로부터 양하된 상태로
   매수인의 처분하에 놓인 때.

   매도인은 물품을 지정목적지까지 가져가서 그곳에서 물품을 양하하는 데 수반되는 모든 위험을 부담한다. 따라서 본 인코텀즈 규칙에서 인도와 목적지의 도착은 같은 것이다. DPU는 매도인이 목적지에서 물품을 양하하도록 하는 유일한 인코텀즈 규칙이다. 따라서 매도인은 자신이 그러한 지정장소에서 양하를 할 수 있는 입장에 있는지를 확실히 하여야 한다. 당사자들은 매도인이 양하의 위험과 비용을 부담하기를 원하지 않는 경우에는 DPU를 피하고 그 대신 DAP를 사용하여야 한다.

2. 운송방식 – 본 규칙은 어떠한 운송방식이 선택되는지를 불문하고 사용할 수 있는 둘 이상의 운송방식이 이용되는 경우에도 사용할 수 있다.

3. 정확한 인도장소/목적지 또는 인도/목적지점 지정 – 당사자들은 몇 가지 이유로 가급적 명확하게 목적지나 목적지점을 명시하는 것이 좋다. 첫째, 물품의 멸실 또는 훼손의 위험은 그러한 인도/목적지점에서 매수인에게 이전한다 – 따라서 매도인과 매수인은 그러한 결정적인 이전이 일어나는 지점에 대하여 명확하게 해두는 것이 좋다. 둘째, 그러한 인도장소/목적지 또는 인도/목적지점 전의 비용은 매도인이 부담하고 그 후의 비용은 매수인이 부담한다. 셋째, 매도인은 물품을 합의된 인도장소/목적지 또는 인도/목적지점까지 운송하는 계약을 체결하거나 그러한 운송을 마련하여야 한다. 그렇게 하지 않는 경우에 매도인은 본 규칙상 그의 의무를 위반한 것이 되고 매수인에 대하여 그에 따른 손해배상책임을 지게 된다. 따라서 예컨대 매도인은 추가적인 후속운송(on-carriage)을 위하여 운송인이 매수인에게 부과하는 추가비용에 대하여 책임을 지게 된다.

4. '또는 그렇게 인도된 물품을 조달함' – 여기에 "조달한다"(procure)고 규정한 것은 특히 일차산품거래(commodity trades)에서 일반적인 수차에 걸쳐 연속적으로 이루어지는 매매('연속매매', 'string sales')에 대응하기 위함이다.

5. 수출/수입통관 – DPU에서는 해당되는 경우에 매도인이 물품의 수출통관을 하여야 한다. 그러나 매도인은 물품의 수입을 위한 또는 인도 후 제3국 통과를 위한 통관을 하거나 수입관세를 납부하거나 수입통관절차를 수행할 의무가 없다. 따라서 매수인이 수입통관을 못하는 경우에 물품은 목적지 국가의 항구나 내륙터미널에 묶이게 될 것이다. 그렇다면 물품이 목적지 국가의

입국항구(port of entry)나 내륙터미널에 묶여있는 동안에 발생하는 어떤 멸실의 위험은 누가 부담하는가? 그 답은 매수인이다. 즉 아직 인도가 일어나지 않았고, B3(a)는 내륙의 지정지점으로의 통과가 재개될 때까지 물품의 멸실 또는 훼손의 위험을 매수인이 부담하도록 하기 때문이다. 이러한 시나리오를 피하기 위하여 물품의 수입신고를 하고 수입관세나 세금을 납부하고 수입통관절차를 수행하는 것을 매도인이 하도록 하는 경우에 당사자들은 DDP를 사용하는 것을 고려할 수 있다.

## 7) DDP(관세지급 인도 규칙)

DELIVERED DUTY PAID

DDP (insert named place of destination) Incoterms®2020

EXPLANATORY NOTES FOR USERS

1. Delivery and risk – "Delivered Duty Paid" means that the seller delivers the goods to the buyer

- when the goods are placed at the disposal of the buyer,
- cleared for import,
- on the arriving means of transport,
- ready for unloading,
- at the named place of destination or at the agreed point within that place, if any such point is agreed.

The seller bears all risks involved in bringing the goods to the named place of destination or to the agreed point within that place. In this Incoterms rule, therefore, delivery and arrival at destination are the same.

2. Mode of transport – This rule may be used irrespective of the mode of transport selected and may also be used where more than one mode of transport is employed.

3. A note of caution to sellers: maximum responsibility – DDP, with delivery happening at destination and with the seller being responsible for the payment of import duty and applicable taxes is the Incoterms rule imposing on the seller the maximum level of obligation of all eleven Incoterms rules: From the seller's perspective, therefore, the rule should be used with care for different reasons as set out in paragraph 7.

4. Identifying the place or point of delivery/destination precisely – The parties are well advised to specify the destination place or point as clearly as possible and this for several reasons. First, risk of loss of or damage to the goods transfers to the buyer at that point of delivery/destination–and it is best for the seller and the buyer to be clear about the point at which that critical transfer happens. Secondly, the costs before that place or point of delivery/destination are for the account of the seller, including the costs of import clearance, and the costs after that place or point, other than the costs of import, are for the account of the buyer. Thirdly, the seller must contract or arrange for the carriage of the goods to the agreed place or point of delivery/destination. If it fails to do so, the seller is in breach of its obligations under the Incoterms rule DDP and will be liable to the buyer for any ensuing loss. Thus, for example, the seller would be responsible for any additional costs levied by the carrier to the buyer for any additional on–carriage.

5. 'or procuring the goods so delivered' – The reference to "procure" here caters for multiple sales down a chain (string sales), particularly common in the commodity trades.

6. Unloading costs – If the seller incurs costs under its contract of carriage related to unloading at the place of delivery/destination, the seller is not entitled to recover such costs separately from the buyer unless otherwise agreed between the parties.

7. Export/import clearance – As set out in paragraph 3, DDP requires the seller to clear the goods for export, where applicable, as well as for Import and to pay any import duty or to carry out any customs formalities. Thus if the seller is unable to obtain import clearance and would rather leave that side of things in the buyer's hands in the country of import, then the seller should consider choosing DAP or DPU, under which rules delivery still happens at destination, but with import clearance being left to the buyer. There may be tax implications and this tax may not be recoverable from the buyer: see A9(d).

1. 인도와 위험 – "관세지급인도"는 다음과 같이 된 때 매도인이 매수인에게 물품을 인도하는 것을 의미한다.

   물품이 지정목적지에서 또는 지정목적지 내의 어떠한 지점이 합의된 경우에는 그러한 지점에서
   수입통관 후
   도착운송수단에 실어둔 채
   매수인의 처분 하에 놓인 때.

   매도인은 물품을 지정목적지까지 또는 지정목적지 내의 합의된 지점까지 가져가는 데 수반되는 모든 위험을 부담한다. 따라서 본 인코텀즈 규칙에서 인도와 목적지의 도착은 같은 것이다.

2. 운송방식 – 본 규칙은 어떠한 운송방식이 선택되는지를 불문하고 사용할 수 있는 둘 이상의 운송방식이 이용되는 경우에도 사용할 수 있다.

3. 매도인을 위한 유의사항: 최대책임 – DDP에서는 인도가 도착지에서 일어나고 매도인이 수입관세와 해당되는 세금의 납부책임을 지므로 DDP는 11개의 모든 인코텀즈 규칙 중에서 매도인에게 최고수준의 의무를 부과하는 규칙이다. 따라서 매도인의 관점에서, 본 규칙은 아래 7번 단락에서 보는 바와 같이 여러 가지 이유로 조심스럽게 사용하여야 한다.

4. 정확한 인도장소/목적지 또는 인도/목적지점 지정 – 당사자들은 몇 가지 이유로 가급적 명확하게 목적지나 목적지점을 명시하는 것이 좋다. 첫째, 물품의 멸실 또는 훼손의 위험은 그러한 인도/목적지점에서 매수인에게 이전한다 – 따라서 매도인과 매수인은 그러한 결정적인 이전이 일어나는 지점에 대하여 명확하게 해두는 것이 좋다. 둘째, 수입통관비용을 포함하여 그러한 인도장소/목적지 또는 인도/목적지점 전의 비용은 매도인이 부담하고 수입비용을 제외한 그 후의 비용을 매수인이 부담한다. 셋째, 매도인은 물품을 합의된 인도장소/목적지 또는 인도/목적지점까지 운송하는 계약을 체결하거나 그러한 운송을 마련하여야 한다. 그렇게 하지 않는 경우에 매도인은 인코텀즈 DDP 규칙상 그의 의무를 위반한 것이 되고 매수인에 대하여 그

에 따른 손해배상책임을 지게 된다. 따라서 예컨대 매도인은 추가적인 후속운송(on-carriage)을 위하여 운송인이 매수인에게 부과하는 추가비용에 대하여 책임을 지게 된다.

5. '또는 그렇게 인도된 물품을 조달함' – 여기에 "조달한다"(procure)고 규정한 것은 특히 일차산품거래(commodity trades)에서 일반적인 수차에 걸쳐 연속적으로 이루어지는 매매('연속매매', 'string sales')에 대응하기 위함이다.

6. 양하비용 – 매도인은 자신의 운송계약상 인도장소/목적지에서 양하에 관하여 비용이 발생한 경우에 당사자간에 달리 합의되지 않은 한 그러한 비용을 매수인으로부터 별도로 상환받을 권리가 없다.

7. 수출/수입통관 – 위의 3번 단락에서 보듯이, DDP에서는 해당되는 경우에 매도인이 물품의 수출통관 및 수입통관을 하여야 하고 또한 수입관세를 납부하거나 모든 통관절차를 수행하여야 한다. 따라서 매도인은 수입통관을 완료할 수 없어서 차라리 이러한 부분을 수입국에 있는 매수인의 손에 맡기고자 하는 경우에 인도는 여전히 목적지에서 일어나지만 수입통관은 매수인이 하도록 되어 있는 DAP나 DPU를 선택하는 것을 고려하여야 한다. 세금문제가 개재될 수 있는데 이러한 세금은 매수인으로부터 상환받을 수 없다. A9(d)를 보라.

## 2 RULES FOR SEA AND INLAND WATERWAY TRANSPORT

### 1) FAS(선측 인도 규칙)

FREE ALONGSIDE SHIP

FAS (insert named port of shipment) Incoterms®2020

EXPLANATORY NOTES FOR USERS

1. Delivery and risk – "Free Alongside Ship" means that the seller delivers the goods to the buyer

- when the goods are placed alongside the ship (e.g. on a quay or a barge)
- nominated by the buyer
- at the named port of shipment
- or when the seller procures goods already so delivered.

The risk of loss of or damage to the goods transfers when the goods are alongside the ship, and the buyer bears all costs from that moment onwards.

2. Mode of transport – This rule is to be used only for sea or inland waterway transport where the parties intend to deliver the goods by placing the goods alongside a vessel. Thus, the FAS rule is not appropriate where goods are handed over to the carrier before they are alongside the vessel, for example where goods are handed over to a carrier at a container terminal. Where this is the case, parties should consider using the FCA rule rather than the FAS rule.

3. Identifying the loading point precisely – The parties are well advised to specify as clearly as possible the loading point at the named port of shipment where the goods are to be transferred from the quay or barge to the ship, as the costs and risks to that point are fore the account of the seller and these costs and associated handling charges may vary according to the practice of the port.

4. 'or procuring the goods so delivered' – The seller is required either to deliver the goods alongside the ship or to procure goods already so delivered for shipment. The reference to "procure" here caters for multiple sales down a chain (string sales), particularly common in the commodity trades.

5. Export/import clearance – FAS requires the seller to clear the goods for export, where applicable. However, the seller has no obligation to clear the goods for import or for transit through third countries, to pay any import duty or to carry out any import customs formalities.

1. 인도와 위험 – "선측인도"는 다음과 같이 된 때 매도인이 물품을 마수인에게 인도하는 것을 의미한다.
지정선적항에서

매수인이 지정한 선박의
선측에 (예컨대 부두 또는 바지(barge)에) 물품이 놓인 때
또는 이미 그렇게 인도된 물품을 조달한 때.
물품의 멸실 또는 훼손의 위험은 물품이 선측에 놓인 때 이전하고, 매수인은 그 순간부터 향후의 모든 비용을 부담한다.

2. 운송방식 – 본 규칙은 당사자들이 물품을 선측에 둠으로써 인도하기로 하는 해상운송이나 내수로운송에만 사용되어야 한다. 따라서 FAS 규칙은 물품이 선측에 놓이기 전에 운송인에게 교부되는 경우, 예컨대 물품이 컨테이너터미널에서 운송인에게 교부되는 경우에는 적절하지 않다. 이러한 경우에 당사자들은 FAS 규칙 대신에 FCA 규칙을 사용하는 것을 고려하여야 한다.

3. 정확한 적재지점 지정 – 당사자들은 지정선적항에서 물품이 부두와 바지(barge)로부터 선박으로 이동하는 적재지점을 가급적 명확하게 명시하는 것이 좋다. 그 지점까지의 비용과 위험은 매도인이 부담하고, 이러한 비용과 그와 관련된 처리비용(handling charges)은 항구의 관행에 따라 다르기 때문이다.

4. '또는 그렇게 인도된 물품을 조달함' – 매도인은 물품을 선측에서 인도하거나 선적을 위하여 이미 그렇게 인도된 물품을 조달하여야 한다. 여기에 "조달한다"(procure)고 규정한 것은 특히 일차산품거래(commodity trades)에서 일반적인 수차에 걸쳐 연속적으로 이루어지는 매매('연속매매', 'string sales')에 대응하기 위함이다.

5. 수출/수입통관 – FAS에서는 해당되는 경우에 매도인이 물품의 수출통관을 하여야 한다. 그러나 매도인은 물품의 수입을 위한 또는 제3국 통과를 위한 통관을 하거나 수입관세를 납부하거나 수입통관절차를 수행할 의무가 없다.

## 2) FOB(본선 인도 규칙)

FREE ON BOARD

FOB(insert named port of shipment) Incoterms®2020

EXPLANATORY NOTES FOR USERS

1. Delivery and risk – "Free on Board" means that the seller delivers the goods to the buyer

- on board the vessel
- nominated by the buyer
- at the named port of shipment
- or procures the goods already so delivered.

The risk of loss of or damage to the goods transfers when the goods are on board the vessel, and the buyer bears all costs from that moment onwards.

2. Mode of transport – This rule is to be used only for sea or inland waterway transport where the parties intend to deliver the goods by placing the goods on board a vessel. Thus, the FOB rule is not appropriate where goods are handed over to the carrier before they are on board the vessel, for example where goods are handed over to a carrier at a container terminal. Where this is the case, parties should consider using the FCA rule rather than the FOB rule.

3. 'or procuring the goods so delivered' – The seller is required either to deliver the goods on board the vessel or to procure goods already so delivered for shipment. The reference to "procure" here caters for multiple sales down a chain (string sales), particularly common in the commodity trades.

4. Export/import clearance – FOB requires the seller to clear the goods for export, where applicable. However, the seller has no obligation to clear the goods for import or for transit through third countries, to pay any import duty or to carry out any import customs formalities.

1. 인도와 위험 – "본선인도"는 매도인이 다음과 같이 물품을 매수인에게 인도하는 것을 의미한다.
   지정선적항에서
   매수인이 지정한
   선박에 적재함
   또는 이미 그렇게 인도된 물품을 조달함.

물품의 멸실 또는 훼손의 위험은 물품이 선박에 적재된 때 이전하고, 매수인은 그 순간부터 향후의 모든 비용을 부담한다.

2. 운송방식 - 본 규칙은 당사자들이 물품을 선박에 적재함으로써 인도하기로 하는 해상운송이나 내수로운송에만 사용되어야 한다. 따라서 FOB 규칙은 물품이 선박에 적재되기 전에 운송인에게 교부되는 경우, 예컨대 물품이 컨테이너터미널에서 운송인에게 교부되는 경우에는 적절하지 않다. 이러한 경우에 당사자들은 FOB 규칙 대신에 FCA 규칙을 사용하는 것을 고려하여야 한다.

3. '또는 그렇게 인도된 물품을 조달함' – 매도인은 물품을 선박에 적재하여 인도하거나 선적을 위하여 이미 그렇게 인도된 물품을 조달하여야 한다. 여기에 "조달한다"(procure)고 규정한 것은 특히 일차산품거래(commodity trades)에서 일반적인 수차에 걸쳐 연속적으로 이루어지는 매매('연속매매', 'string sales')에 대응하기 위함이다.

4. 수출/수입통관 - FOB에서는 해당되는 경우에 매도인이 물품의 수출통관을 하여야 한다. 그러나 매도인은 물품의 수입을 위한 또는 제3국 통과를 위한 통관을 하거나 수입관세를 납부하거나 수입통관절차를 수행할 의무가 없다.

FOB ST

FOB의 변형 조건으로 FOB STOWED를 의미한다. 일반적으로 개품 화물보다는 특수화물이나 BULK 화물에 많이 사용되는 조건이다.
화물을 본선 상에 선적하는 비용뿐만 아니라 청소비용, 화물정리 비용 등에 대한 부담도 Seller가 하는 조건이다.
즉, FOB는 매도인의 비용분기점이 본선의 갑판이지만, FOB ST는 본선 상에 화물을 안전하게 장치하고 선내에서 발생되는 청소비용, 화물정리 비용도 수출자가 부담하는 조건이다.

## 3) CFR(운임 포함 규칙)

COST AND FREIGHT
CFR(insert named port of destination) Incoterms®2020

EXPLANATORY NOTES FOR USERS

1. Delivery and risk – "Cost and Freight" means that the seller deliver the

goods to the buyer

- on the board the vessel
- or procures the goods already so delivered.

The risk of loss or damage to the goods transfers when the goods are on board the vessel, such that the seller is taken to have performed its obligation to deliver the goods actually arrive at their destination in sound condition, in the stated quantity or, indeed, at all. In CFR, the seller owes no obligation to the buyer to purchase insurance cover: the buyer would be well-advised therefore to purchase some cover for itself.

2. Mode of transport – This rule is to be used only for sea or inland water-way transport. where more than one mode of transport is to be used, which will commonly be the case where goods are handed over to a carrier at a container terminal, the appropriate rule to use is CPT rather than CFR.

3. 'or procuring the goods so delivered'– The reference to "procure" here caters for multiple sales down a chain(string sales), particularly common in the commodity trades.

4. Ports of delivery and destination – In CFR, two ports are important: the port where the goods are delivered on board the vessel and the port agreed as the destination of the goods. Risk transfers from seller to buyer when the goods are delivered to the buyer by placing them on board the vessel at the shipment port or by procuring the goods already so delivered. However, the seller must contract for the carriage of the goods from delivery to the agreed destination. Thus, for example, goods are placed on board a vessel in Shanghai(which is a port) for carriage to Southampton(also a port). Delivery here happens when the goods are on board in Shanghai, with risk transferring to the buyer at that time; and the seller must make a contract of carriage from Shanghai to Southampton.

5. Must the shipment port be named? – while the contract will always specify a destination port, it might not specify the port of shipment, which is where risk transfers to the buyer. If the shipment port is of particular interest to the buyer, as it may be, for example, where the buyer wishes to ascertain that the freight element of the price is reasonable, the parties are well advised to identify it as precisely as possible in the contract.

6. Identifying the destination point at the discharge port – the parties are well advised to identify as precisely as possible the point at the named port of destination, as the costs to that point are for the account of the seller. The seller must make a contract or contracts of carriage that cover(s) the transit of the goods from delivery to the named port or to the agreed point within that port where such a point has been agreed in the contract of sale.

7. Multiple carriers – It is possible that carriage is effected through several carriers for different legs of the sea transport, for example, first by a carrier operating a feeder vessel from Hong Kong to Shanghai, and then onto an ocean vessel from Shanghai to Southampton. The question which arises here is whether risk transfers from seller to buyer at HongKong or at Shanghai: where does delivery take place? The parties may well have agreed this in the sale contract itself. Where, however, there is no such agreement, the default position is that risk transfers when the goods have been delivered to the first carrier, i.e Hong Kong, thus increasing the period during which the buyer incurs the risk of loss or damage. Should the parties wish the risk to transfer at a later stage(here, Shanghai) they need to specify this in their contract of sale.

8. Unloading costs – If the seller incurs costs under its contract of carriage related to unloading at the specified point at the port of destination, the seller is not entitled to recover such costs separately from the buyer unless otherwise agreed between the parties.

9. Export/import clearance – CFR requires the seller to clear the goods for export, where applicable. However, the seller has no obligation to clear the goods for import or for transit through third countries, to pay any import duty or to carry out any import customs formalities.

1. 인도와 위험 – "운임포함인도"는 매도인이 물품을 매수인에게 다음과 같이 인도하는 것을 의미한다.
   선박에 적재함
   또는 이미 그렇게 인도된 물품을 조달함.
   물품의 멸실 또는 훼손의 위험은 물품이 선박에 적재된 때 이전하고, 그에 따라 매도인은 명시된 수량의 물품이 실제로 목적지에 양호한 상태로 도착하는지를 불문하고 또는 사실 물품이 전혀 도착하지 않더라도 그의 물품인도의무를 이행한 것으로 된다. CFR에서 매도인은 매수인에 대하여 부보의무가 없다. 따라서 매수인은 스스로 부보하는 것이 좋다.

2. 운송방식 – 본 규칙은 해상운송이나 내수로운송에만 사용되어야 한다. 물품이 컨테이너터미널에서 운송인에게 교부되는 경우에 일반적으로 그러하듯이 둘 이상의 운송방식이 사용되는 경우에 사용하기 적절한 규칙은 CFR이 아니라 CPT이다.

3. '또는 그렇게 인도된 물품을 조달함' – 여기에 "조달한다"(procure)고 규정한 것은 특히 일차산품거래(commodity trades)에서 일반적인 수차에 걸쳐 연속적으로 이루어지는 매매('연속매매', 'string sales')에 대응하기 위함이다.

4. 인도항(port of delivery)과 목적항(port of destination) – CFR에서는 두 항구가 중요하다. 물품이 선박에 적재되어 인도되는 항구와 물품의 목적항으로 합의된 항구가 그것이다. 위험은 물품이 선적항에서 선박에 적재됨으로써 또는 이미 그렇게 인도된 물품을 조달함으로써 매수인에게 인도된 때 매도인으로부터 매수인에게 이전한다. 그러나 매도인은 물품을 인도지부터 합의된 목적지까지 운송하는 계약을 체결하여야 한다. 따라서 예컨대 물품은 (항구인) 사우샘프턴까지 운송을 위하여 (항구인) 상하이에서 선박에 적재된다. 그러면 물품이 상하이에서 적재된 때 여기서 인도가 일어나고, 그 시점에 위험이 매수인에게 이전한다. 그리고 매도인은 상하이에서 사우샘프턴으로 향하는 운송계약을 체결하여야 한다.

5. 선적항은 반드시 지정되어야 하는가? – 계약에서 항상 목적항을 명시할 것이지만, 위험이 매수인에게 이전하는 장소인 선적항은 명시하지 않을 수도 있다. 예컨대 매수인이 매매대금에서 운임요소가 합리적인지 확인하고자 하는 경우에 그러하듯이 선적항이 특히 매수인의 관심사항인 경우에 당사자들은 계약에서 선적항을 가급적 정확하게 특정하는 것이 좋다.

6. 양륙항 내 목적지점 지정 – 당사자들은 지정목적항 내의 지점을 가급적 정확하게 지정하는 것

이 좋다. 그 지점까지 비용을 매도인이 부담하기 때문이다. 매도인은 물품을 인도지로부터 지정목적항까지 또는 그 지정목적항 내의 지점으로서 매매계약에서 합의된 지점까지 물품을 운송하는 단일 또는 복수의 계약을 체결하여야 한다.

7. 복수의 운송인 – 예컨대 먼저 홍콩에서 상하이까지 피더선(feeder vessel)을 운항하는 운송인이 담당하고 이어서 상하이에서 사우샘프턴까지 항해선박(ocean vessel)이 담당하는 경우와 같이, 상이한 해상운송구간을 각기 담당하는 복수의 운송인이 운송을 수행하는 것도 가능하다. 이때 과연 위험은 매도인으로부터 매수인에게 홍콩에서 이전하는지 아니면 상하이에서 이전하는지 의문이 발생한다. 즉 인도는 어디서 일어나는가? 당사자들이 매매계약 자체에서 이를 잘 합의하였을 수도 있다. 그러나 그러한 합의가 없는 경우에 [본 규칙이 규정하는] 보충적 입장은, 위험은 물품이 제1운송인에게 인도된 때 즉 홍콩에서 이전하고, 따라서 매수인이 멸실 또는 훼손의 위험을 부담하는 기간이 증가한다는 것이다. 당사자들은 그 뒤의 어느 단계에서 (여기서는 상하이) 위험이 이전하기를 원한다면 이를 매매계약에 명시하여야 한다.

8. 양하비용 – 매도인은 자신의 운송계약상 목적항 내의 명시된 지점에서 양하에 관하여 비용이 발생한 경우에 당사자간에 달리 합의되지 않은 한 그러한 비용을 매수인으로부터 별도로 상환받을 권리가 없다.

9. 수출/수입통관 – CFR에서는 해당되는 경우에 매도인이 물품의 수출통관을 하여야 한다. 그러나 매도인은 물품의 수입을 위한 또는 제3국 통과를 위한 통관을 하거나 수입관세를 납부하거나 수입통관절차를 수행할 의무가 없다.

## 4) CIF(운임 · 보험료 포함 규칙)

COST INSURANCE AND FREIGHT
CIF (insert named port of destination) Incoterms®2020

EXPLANATORY NOTES FOR USERS

1. Delivery and risk – "Cost Insurance and Freight" means that the seller delivers the goods to the buyer

- on board the vessel
- or procures the goods already so delivered.

The risk of loss of or damage to the goods transfers when the goods are on board the vessel. such that the seller is taken to have performed its obligation to deliver the goods whether or not the goods actually arrive at their destination in sound condition in the stated quantity or. indeed at all.

2. Mode of transport – This rule is to be used only for sea or inland waterway transport. Where more than one mode of transport is to be used. which will commonly be the case where goods are handed over to a carrier at a container terminal, the appropriate rule to use is CIP rather than CIF.

3. 'or procuring the goods so delivered' – The reference to "procure" here caters for multiple sales down a chain (string sales). particularly common in the commodity trades.

4. Ports of delivery and destination – In CIF two ports are important: the port where the goods are delivered on board the vessel and the port agreed as the destination of the goods. Risk transfers from seller to buyer when the goods are delivered to the buyer by placing them on board the vessel at the shipment port or by procuring the goods already so delivered. However, the seller must contract for the carriage of the goods from delivery to the agreed destination Thus for example, goods are placed on board a vessel in Shanghai (which is a port) for carriage to Southampton (also a port). Delivery here happens when the goods are on board in Shanghai, with risk transferring to the buyer at that time and the seller must make a contract of carriage from Shanghai to Southampton.

5. Must the shipment port be named? – While the contract will always specify a destination port. it might not specify port of shipment, which is where risk transfers to the buyer. the shipment port is of particular interest to the buyer, as it may be, for example, where the buyer wishes to ascertain that the freight or the insurance element of the price is reasonable, the parties are well

advised to identify it as precisely as possible in the contract.

6. Identifying the destination point at the discharge port – The parties are well advised to identify as precisely as possible the point at the named port of destination, as the costs to that point are for the account of the seller. The seller must make a contract or contracts of carriage that cover the transit of the goods from delivery to the named port or to the agreed point within that port where such a point has been agreed in the contract of sale.

7. Multiple carriers – It is possible that carriage is effected through several carriers for different legs of the sea transport for example, by a first comer operating feeder vessel from Hong Kona to Shanghai, and then onto an ocean vessel from Shanghai to Southampton. The question which arises here is whether risk transfers from seller to buyer at Hong Kong or at Shanghai: where does delivery take place? The parties may well have agreed this in the sale contract itself. Where however, there is no such agreement, the default position is that risk transfers when the goods have been delivered to the first carrier, ie Hong Kong, thu increasing the period during which the buyer incurs the risk of loss or damage. Should the parties wish the risk to transfer at a later stage (here Shanghai) they need to specify this in their contract of sale.

8. Insurance – The seller must also contract for insurance cover against the buyer's risk of loss of or damage to the goods from the port of shipment to at least the port of destination This may cause difficulty where the destination country requires insurance cover to be purchased locally. in this case the parties should consider selling and buying CFR. The buyer should also note that under the CIF Incoterms®2020 rule the seller is required to obtain limited insurance cover complying with Institute Cargo Clauses (C) or similar clause. rather than with the more extensive cover under Institute Cargo Clauses (A). It is, however, still open to the parties to agree on a higher level of cover.

9. Unloading costs – If seller incurs costs under its contract of carriage related to unloading at the specified point at the port of destination, the seller is not entitled to recover such costs separately from the buyer unless otherwise agreed between the parties.

10. Export/import clearance – CIF requires the seller to clear the goods for export, where applicable. However, the seller has no obligation to clear the goods for import or for transit through third countries, to pay any import duty or to carry out any import customs formalities. Seller's export Buyer's import customs formalities.

1. 인도와 위험 – "운임 · 보험료포함인도"는 매도인이 물품을 매수인에게 다음과 같이 인도하는 것을 의미한다.
   선박에 적재함
   또는 이미 그렇게 인도된 물품을 조달함.
   물품의 멸실 또는 훼손의 위험은 물품이 선박에 적재된 때 이전하고, 그에 따라 매도인은 명시된 수량의 물품이 실제로 목적지에 양호한 상태로 도착하는지를 불문하고 또는 사실 물품이 전혀 도착하지 않더라도 그의 물품인도의무를 이행한 것으로 된다.

2. 운송방식 - 본 규칙은 해상운송이나 내수로운송에만 사용되어야 한다. 물품이 컨테이너터미널에서 운송인에게 교부되는 경우에 일반적으로 그러하듯이 둘 이상의 운송방식이 사용되는 경우에 사용하기 적절한 규칙은 CIF가 아니라 CIP이다.

3. '또는 그렇게 인도된 물품을 조달함' – 여기에서 "조달한다"(procure)고 규정한 것은 특히 일차산품거래(commodity trades)에서 일반적인 수차에 걸쳐 연속적으로 이루어지는 매매('연속매매', 'string sales')에 대응하기 위함이다.

4. 인도항(port of delivery)과 목적항(port of destination) – CIF에서는 두 항구가 중요하다. 물품이 선박에 적재되어 인도되는 항구와 물품의 목적항으로 합의된 항구가 그것이다. 위험은 물품이 선적항에서 선박에 적재됨으로써 또는 이미 그렇게 인도된 물품을 조달함으로써 매수인에게 인도된 때 매도인으로부터 매수인에게 이전한다. 그러나 매도인은 물품을 인도지부터 합의된 목적지까지 운송하는 계약을 체결하여야 한다. 따라서 예컨대 물품은 (항구인) 사우샘프턴까지 운송을 위하여 (항구인) 상하이에서 선박에 적재된다. 그러면 물품이 상하이에서 선적된 때 여기서 인도가 일어나고, 그 시점에 위험이 매수인에게 이전한다. 그리고 매도인은 상하이에서 사우샘프턴으로 향하는 운송계약을 체결하여야 한다.

5. 선적항은 반드시 지정되어야 하는가? – 계약에서 항상 목적항을 명시할 것이지만 위험이 매수인에게 이전하는 장소인 선적항은 명시하지 않을 수도 있다. 예컨대 매수인이 매매대금에서 운임요소 또는 보험요소가 합리적인지 확인하고자 하는 경우에 그러하듯이 선적항이 특히 매수인의 관심사항인 경우에 당사자들은 계약에서 선적항을 가급적 정확하게 지정하는 것이 좋다.

6. 양륙항 내 목적지점 지정 – 당사자들은 지정목적항 내의 지점을 가급적 정확하게 지정하는 것이 좋다. 그 지점까지 비용을 매도인이 부담하기 때문이다. 매도인은 물품을 인도지로부터 지정목적항까지 또는 매매계약에서 그러한 지점이 합의된 경우에는 그 지정목적항 내의 지점까지 운송하는 단일 또는 복수의 계약을 체결하여야 한다.

7. 복수의 운송인 – 예컨대 먼저 홍콩에서 상하이까지 피더선(feeder vessel)을 운항하는 운송인이 담당하고 이어서 상하이에서 사우샘프턴까지 항해선박(ocean vessel)이 담당하는 경우와 같이, 상이한 해상운송구간을 각기 담당하는 복수의 운송인이 운송을 수행하는 것도 가능하다. 이때 과연 위험은 매도인으로부터 매수인에게 홍콩에서 이전하는지 아니면 상하이에서 이전하는지 의문이 발생한다. 즉 인도는 어디서 일어나는가? 당사자들이 매매계약 자체에서 이를 잘 합의하였을 수도 있다. 그러나 그러한 합의가 없는 경우에, [본 규칙이 규정하는] 보충적 입장은, 위험은 물품이 제1운송인에게 인도된 때 즉 홍콩에서 이전하고, 따라서 매수인이 멸실 또는 훼손의 위험을 부담하는 기간이 증가한다는 것이다. 당사자들은 그 뒤의 어느 단계에서 (여기서는 상하이) 위험이 이전하기를 원한다면 이를 매매계약에 명시하여야 한다.

8. 보험 – 매도인은 또한 선적항부터 적어도 목적항까지 매수인의 물품의 멸실 또는 훼손 위험에 대하여 보험계약을 체결하여야 한다. 이는 목적지 국가가 자국의 보험자에게 부보하도록 요구하는 경우에는 어려움을 야기할 수 있다. 이러한 경우에 당사자들은 CFR로 매매하는 것을 고려하여야 한다. 또한 매수인은 인코텀즈 2020 CIF 하에서 매도인은 협회적하약관의 A-약관에 의한 보다 광범위한 담보조건이 아니라 협회적하약관의 C-약관이나 그와 유사한 약관에 따른 제한적인 담보조건으로 부보하여야 한다는 것을 유의하여야 한다. 그러나 당사자들은 여전히 더 높은 수준의 담보조건으로 부보하기로 합의할 수 있다.

9. 양하비용 – 매도인은 자신의 운송계약상 목적항 내의 명시된 지점에서 양하에 관하여 비용이 발생한 경우에 당사자간에 달리 합의되지 않은 한 그러한 비용을 매수인으로부터 별도로 상환받을 권리가 없다.

10. 수출/수입통관 – CIF에서는 해당되는 경우에 매도인이 물품의 수출통관을 하여야 한다. 그러나 매도인은 물품의 수입을 위한 또는 제3국 통과를 위한 통관을 하거나 수입관세를 납부하거나 수입통관절차를 수행할 의무가 없다.

## 연구과제

1. 국제매매계약에서 인코텀즈(Incoterms)의 적용범위는 무엇이며 인코텀즈에서 다루지 아니하는 것은 어떠한 것들이 있는가?

2. 한국의 수입자 A는 어떠한 물품을 수입하기 위하여 미국의 수출자 B의 offer를 acceptance하고 "Terms of Delivery: FOB Chicago"로 구매계약을 체결하였다. 이 경우, 특히 수입자 A의 입장에서 발생될 수 있는 문제점은 무엇인가?

3. Incoterms® 2010에서 목적지인도와 관련된 규칙은 DAT, DAP 및 DDP 규칙이 있다. 2010 Incoterms에서 새로 규정된 DAT 규칙과 DAP 규칙의 차이점을 구체적으로 비교하여 설명하시오. 또한 매매계약에서 이 두 규칙 및 DDP 규칙을 사용할 경우, 특히 매도인의 입장에서 유의하여야 할 사항은 무엇인가?

4. Incoterms 2020의 CIF 규칙에서 복수의 운송인이 존재하는 경우에 관한 다음 물음에 답하시오. (2021년도 제38회 관세사 2차 기출문제 10점)
   1) 당사자 간에 선적항에 대한 합의가 있는 경우 (1) 복수의 운송인이 존재하는 운송구간 및 (2) 위험이전시기에 관하여 설명하시오. (4점)
   2) 당사자 간에 선적항에 대한 합의가 없는 경우 (1) 복수의 운송인이 존재하는 운송구간, (2) 위험이전시기 및 (3) 위험부담시점의 연장방법에 관하여 설명하시오. (6점)

5. Incoterms® 2020 소개문에서 'Incoterms 규칙이 하지 않는 역할(What the Incoterms® rules do not do)'에 대해 10가지를 쓰시오. (2020년도 제37회 관세사 2차 기출문제 10점)

6. 국제물품매매계약에서 비엔나협약(CISG)과 Incoterms® 2010의 위험의 이전에 관한 규정을 각각 설명하고, 양 규정의 유사점과 차이점을 논하시오.
   (2015년도 제32회 관세사 2차 기출문제 50점)

Chapter

# 4

# 국제무역계약

Chapter

# 4 국제무역계약

## 제1절 국제무역계약의 체결

### 1 무역계약의 의의

#### 1) 무역계약의 개념

무역계약은 무역물품[1)]에 대한 매매계약으로 당사자간의 의사합의에 의한 법률행위이다. 무역계약은 매매계약을 주계약으로 하고 운송계약, 보험계약, 외국환거래계약 등의 거래이행을 위한 종속계약을 수반한다. 영국 물품매매법(The Sale of Goods Act, 1979 : SGA)은 물품매매계약[2)]에 대해 다음과 같이 정의하고 있다.

> "A contract of sale of goods is a contract by which the seller transfers or agrees to transfer the property in goods to the buyer for a money consideration, called the price."
> (물품매매계약이라 함은 대금을 표시하는 화폐를 가지고자 하는 반대급부에 대해서 매도인으로부터 매수인에게 물품의 소유권을 양도하든가 혹은 양도할 것을 약속하는 계약을 말한다.)

#### 2) 형태별 무역계약의 종류

##### (1) 개별계약(Case by Case Contract)

특정품목을 거래할 때마다 구체적인 거래조건에 대해 합의하는 방식으로 체결되는

---

1) CISG 제2조 : 주식, 지분, 서비스, 선박, 헬리콥터, 항공기, 전기 등의 매매에는 이 협약이 적용되지 않는다.

2) UCC에서는 금전의 대가를 받고 매도인으로부터 매수인에게 권리를 이전하는 것으로 정의하고 있으며, 우리나라의 민법에서는 당사자 일방의 재산권을 상대방에게 이전할 것을 약정하고 상대방이 그 대금을 지급할 것을 약정함으로써 그 효력이 생기는 것으로 정의하고 있다.

계약으로 계약 물품이 인도된 후 대금이 결제되면 계약이 종료된다. Sales Confirmation Notes(매매확약서)[3], Purchases Order Sheet(주문서)[4], Memorandum 방식[5]으로 교환한다.

### (2) 포괄계약(Master Contract)

동일한 당사자간에 동일한 물품을 계속 반복적으로 거래하게 되는 경우 일반적인 거래조건에 대한 포괄적인 합의를 담은 계약서를 작성하고 필요할 때마다 선적을 하는 방식의 무역계약 형태로 Agreement on General Terms and Conditions of Business(일반거래조건협정서)를 교환한다.

### (3) 독점판매계약(Exclusive Contract)

독점판매계약은 수출업자는 수입국의 지정수입자 이외에 다른 수입자에게 Offer하지 않으며, 수입업자는 수출국 다른 업자의 해당물품을 취급하지 않을 것을 조건으로 성립되는 계약이다.

이러한 독점판매 계약서에는 매매당사자간에 준수해야 할 의무가 명시되어야 하는데 매도인은 저렴한 가격의 Offer, 매수인 시장의 다른 업자에게 Offer하지 않을 것, 다른 명의나 제3자를 통해서 우회적으로 침투하지 않을 것, 일정수준의 품질을 보장해 줄 것을 약정해야 한다.

또한 매수인은 최대한 물품을 판매할 것, 가장 좋은 값을 받도록 노력할 것, 수출국 다른 회사의 동종물품을 취급하지 않을 것, 연간 최소판매량을 보장해 줄 것을 약정해야 한다.

독점판매계약을 체결하는 수입업자는 계약을 체결하는 경우 병행수입(Parallel Import, Gray Import)에 대한 대비책을 위하여 가격조건을 협상함에 있어 추후 병행수입으로 인하여 다른 수입업자가 당해 물품을 수입하여 국내에 유통시키는 경우 기존 계약에서 가격 조건을 변경할 수 있음을 명확하게 계약서에 삽입하는 것이 바람직하다.

---

3) Selling offer를 발행한 seller가 sales notes를 두 통 작성, 서명하여 Buyer에게 보내면 Buyer는 내용에 이의가 없는 경우 서명하여 한 통은 보관하고 다른 한 통은 돌려보냄으로써 정식계약서가 된다.

4) 정기적으로 대량 구매하는 Buyer인 경우 필요한 상품의 제조건을 일방적으로 기재, 서명하여 두 통을 보내면 seller는 이를 검토, 이의가 없을 경우 서명하여 한 통은 보관하고 한 통은 돌려보낸다.

5) 매매당사자들이 직접 모여서 offer를 중심으로 합의된 사항을 계약서로 작성하여 서명, 확인하는 방식으로 Plant 수출과 같이 거액이면서 내용이 복잡한 경우 효용이 큰 방식이다.

〈표 4-1〉 무역계약의 체결 형태

| 계약방식 | 구성 | 내용 | 특징 |
|---|---|---|---|
| 개별계약방식 (Case by case contract) | 전면조항(Face) | 개별거래에 관한 구체적 약정 | 최초거래 또는 소액거래시 적용 전면조항 · 이면조항을 동시에 약정 |
| | 이면조항(Back) | 일반거래조항과 계약위반구제조항 | |
| 포괄계약방식 (Master contract) | 일반거래조건협정 | 거래의 기본준칙을 포괄적으로 약정 | 계속 거래시 적용 일반거래조건과 오퍼 · 오더 별도로 약정 |
| | 오퍼 · 오더계약 | 개별거래에 관한 거래내용 약정 | |

### (4) 병행수입[6)]

해외의 유명브랜드(Brand) 물품은 한국의 총판매대리점(Exclusive Selling Agent)을 통해서 수입되고 있다. 이러한 수입은 수입품의 가격을 안정시키고 수입품의 판매이익을 확보하기 위하여 수입총대리권을 가진 수입업자 이외에는 그 물품을 수입하지 못하게 하는 배타적(독점적) 특권을 확립시킨다. 반면에 독점적인 수입 및 국내에서 수입품의 판매에 의한 독점적 이익의 취득에 의하여 일반소비자는 보다 싼 물품을 살 수 없게 된다. 수입물품의 명성이나 신용이나 상표권을 침해하지 않는 것을 전제로 하여 독점적인 수입총대리권을 갖고 있는 수입업자 이외의 수입자가 제조국 이외의 제3국이나 홍콩이나 마카오 등의 자유무역항 등의 판매업자를 경유하여 물품을 수입하는 것을 허가하는 제도를 병행수입이라 한다. 병행수입에 의하여 소비자는 총대리점에서 판매하는 브랜드 물품을 보다 싸게 구입할 수 있다. 동일의 권리자가 동일의 상표, 발명, 저작물 등을 객체로 하는 지식재산권을 다수의 국가에서 가지고 있는 경우(이와 같은 경우를 병행특허, 병행상표 등이라고 한다)에, 그것들의 권리의 실시, 이용이 허락된 총대리점 등의 정규 경로를 거치지 않고 외국에서 적법하게 확산된 해당의 지식소유권에 관한 제품을 내국에 수입하는 행위를 말한다. 지식재산은 무형의 재산으로 그 내용을 알 수 있다면 누구라도, 언제라도, 어디에서나 이용할 수 있는 성질을 갖는다. 그러나 지식재산을 보호하는 법적인 권리는 각각의 국가에서 그 국가의 속지법에 의해 그 영역 내에서만 효력을 갖는 것에 불과하고, 그와 같은 장소적 한계를 갖는 권리라고 생각되고 있다. 바꾸어 말하

6) 정치학대사전 편찬위원회, 21세기 정치학대사전, 한국사전연구사, 2010.1.5.

면 동일의 발명, 고안, 표장 등의 무체 재산을 대상으로 하는 권리일지라도 그 보호를 받고 있는 국가별로 별개의 권리가 된다고 생각할 수 있다. 이와 같은 지식재산권의 속지성에서 보면 예를 들면 등록상표가 붙여진 진품, 즉 그 출소가 상표권자 또는 그 동의를 얻고 있기 때문에 그것과 동일시할 수 있는 자이며, 또한 그 상표가 그들의 자에 의해 붙여진 제품의 병행수입일지라도 상표권자 또는 전용 이용권자는 이와 같은 병행수입을 저지할 수 있도록 하는 것이 지식재산권법의 분야에서의 전통적인 견해였다. 다른 법 분야, 예를 들면 독점금지법의 분야에서도 이와 같은 견해를 기초로서 병행수입을 저지하기 위한 권리행사를 원칙으로서 그와 같은 지식재산권의 정당한 행사로써 독점금지법의 적용 제외(23조)가 된다고 해석되고 있다.

## 2 국제무역계약의 법적 성격

무역거래에서의 매매의 대상은 물품이며, 대부분의 매매는 불특정물의 매매로 소유권의 이전[7], 점유권의 이전[8], 위험의 이전[9]문제로서 이들 문제에 관한 각종 관습 및 국제규칙을 연구의 대상으로 한다.

### 1) 협의계약(Consensual Contract)

협의계약(Consensual Contract)이란 물품을 일정한 조건으로 매매하고자 하는 일당사자의 거래의사표시, 즉 청약(Offer)에 대하여 피청약자가 이를 승낙(Acceptance)함으로써 합의가 이루어져 성립하는 계약을 말한다. 매매계약은 매도인의 청약에

---

7) 소유권은 법률의 범위 내에서 그 물품을 처분하는 권리로서 일반적으로 소유권자는 그 소유물에 대한 위험과 비용을 부담하기 때문에 소유권의 이전 여부가 중요한 의미를 갖는다. 현실적 인도에서는 물품의 인도와 대금의 지급이 동시이행관계에 놓이므로 대금의 지급이 동시에 이행되지 않는 경우 매도인은 대금의 수령시까지 소유권을 유보할 수 있다.

8) 점유권은 물품을 현실적으로 지배할 수 있는 권리로서 물품이 선하증권에 의한 상징적 인도일 경우에는 이 권리증권의 인도에 의하여 점유가 이전된다. 특약이 있는 경우를 제외하고는 점유권을 이전하지 아니하면 매도인은 대금청구를 할 수 없으며 대금지급을 받지 못한 경우에는 유치권, 운송유치권 및 재매각의 권리를 갖는다.

9) 물품이 멸실 또는 손상을 입은 때에 당사자의 일방이 그 손실을 부담하는 경우를 위험부담이라 한다. 위험은 원칙적으로 소유권자가 부담한다. 특약이 없는 한, 위험은 물품이 매도인의 보관에서 이탈할 때 이전한다. FOB나 CIF계약에서는 물품이 본선의 갑판 상에 놓여질 때 이전한다.

대하여 매수인의 승낙으로 성립되기 때문에 낙성계약의 전형적인 것으로서 실질적인 계약이 이행되기 전의 상태에서 무역계약이 성립된다.

낙성계약은 합의계약이라고도 하며, 이와 반대되는 개념으로서 합의 이외에 물품인도 등의 급부이행을 성립요건으로 하는 계약을 요물계약이라 한다.

### 2) 유상계약(Remunerative Contract)

유상계약(Remunerative Contract)이란 계약당사자가 서로 대가의 관계에 있는 급부를 할 것을 목적으로 하는 계약을 말한다. 무역계약은 수출상의 물품인도에 대하여 수입상의 대금지급이라는 상호대가관계를 원칙으로 한다.

이와는 반대로 당사자 간에 아무런 반대급부 없이 이루어지는 계약은 무상계약이라 한다.

### 3) 쌍무계약(Bilateral Contract)

쌍무계약(Bilateral Contract)이란 계약의 성립에 의하여 당사자는 상호 채무를 부담하는 계약, 즉 매도인의 물품인도의무에 대해 매수인은 대금지급의무를 부담하게 되는 것을 말한다. 바꾸어 말하면 계약에 의하여 매도인은 대금청구의 권리를, 그리고 매수인은 매도인에 대하여 물품인도청구의 권리를 가지게 된다.

쌍무계약과 반대되는 개념으로 양당사자 중 일방만이 의무를 부담하는 조건의 계약을 편무계약이라 한다.

**편무계약**

편무계약은 당사자 쌍방이 상호간의 대가적인 채무를 부담하는 쌍무계약에 대한 상대적인 개념으로 계약 당사자 일방만이 채무를 부담하는 계약을 말한다. 편무계약의 가장 일반적인 형태로 서로 잘 알고 있는 사람들 사이에서 대가 없이 돈을 빌려주는 거래인 사용대차가 여기에 해당된다.

### 4) 불요식계약(Informal contract)

불요식계약(Informal Contract)이란 문서(Writing)와 구두(Oral)에 의한 명시적(Express) 또는 묵시적(Implied) 의사표시에 의해 성립되는 것을 말한다. 따라서 무역계약은 계약의 내용이나 형식이 자유로운 특성을 지니고 있다.

무역계약은 계약자유의 원칙(Principles of the freedom of Contract)[10)]에 따라 계약의 성립에 어떤 형식요건이 필요없이 증인을 포함한 어떤 방법으로라도 입증이 가능한 경우 계약의 효력이 인정된다.

한편, 불요식계약과 반대되는 개념으로 요식계약(Formal Contract)은 계약의 효력요건으로서 일정한 형식을 요구하는 계약을 의미한다.

〈표 4-2〉 무역계약의 법적성격

| 법적성격 | 구분기준 | 당사자간 관계 |
|---|---|---|
| 낙성계약 | 계약의 성립 | 청약자 : 거래의사 표시<br>승낙자 : 거래조건 승낙 |
| 유상계약 | 대가의 급부 | 매도인 : 계약물품의 급부<br>매수인 : 금전적 · 물질적 반대급부 |
| 쌍무계약 | 당사자 채무 | 매도인 : 물품인도의무<br>매수인 : 대금지불의무 |
| 불요식계약 | 계약의 형식 | 계약자유의 원칙, 사적자치의 원칙 적용 |

## 3 국제무역계약의 대상

국제매매의 대상은 물품(goods)이며, 무역계약의 중심은 물품매매계약이라고 할 수 있다.

영국 물품매매법에 의하면 "물품(goods)은 무체동산(things in action)과 금전을 제외한 모든 순수동산(chattels personal)을 포함하며, 스코틀랜드에서는 금전 이외의 모든 유체동산(corporeal moveables)을 포함한다"[11)]고 정의하고 있다.

한편 미국 통일상법전에서는 "물품(goods)이라 함은 매매계약에 특정될 당시에 이동시킬 수 있는 것으로서 지급수단인 금전, 투자증권 및 무체동산 이외의 특히 제조품을 포함한 모든 것을 말하며, 동물의 태아, 성장 중의 수확물, 기타 부동산에 부착한 특정물로서 부동산으로부터 분리될 수 있는 것을 포함한다"[12)]고 규정함

10) 계약자유의 원칙은 국가의 사회 정책적 개입에 의하여 제한되는 경우가 많은데 우리나라의 소비자보호법, 공정거래법 등이 그 예이다.

11) SGA 1979, §61(1).

으로써 영국법의 경우보다 상세하게 물품의 정의를 내리고 있다.

그러나 비엔나 협약(Vienna Convention)이라고 일컫는 국제물품매매계약에 관한 유엔 협약(United Nations Convention on Contracts for the International Sale of Goods: CISG)에서는 물품의 정의를 내리지 않고 있다.[13) ] 한국 민법 제98조는 "본법에서 물건이라 함은 유체물 및 전기 기타 관리할 수 있는 자연력을 말한다"고 정하고, 제99조에는 "토지 및 그 정착물은 부동산이며, 부동산 이외의 물건은 동산"이라고 규정하고 있다.

위와 같은 정의를 종합하여 볼 때, 무체동산(things in action)은 채권이나 소송청구의 목적물과 같이 소유자가 현재 점유하고 있지 아니한 동산을 의미하며, 유체동산은 소유자가 현재 점유하고 있는 동산을 말한다. 따라서 물품매매계약상의 물품에 해당될 수 있는 것은 유체동산에 국한되는 것으로 보아야 할 것이다. 이와 같이 유체동산이 매매계약의 목적물로 되는 경우에는 그것이 계약 당시 이미 매도인이 소유 또는 점유하고 있는 현물(existing goods)이거나 계약체결 후 매도인이 제조 또는 취득할 물품, 즉 선물(future goods)도 해당된다.

## 제2절 국제무역계약의 원칙

### 1 계약자유의 원칙

계약자유의 원칙이란 개인이 자기의 의사에 따라 계약의 내용이나 형식을 자유롭게 정할 수 있는 원칙을 말한다. 이를 "당사자자치의 원칙" 또는 "사적자치의 원칙"이라고도 한다. 또한 계약은 법률행위 중에서도 가장 중요한 분야여서 "법률행

12) UCC, Article 2-103(1)(k).

13) CISG 제2조에서는 "이 협약은 다음의 물품매매에는 적용하지 않는다"라고 규정하고 있다. 즉 (a) 개인, 가족 또는 가정용으로 매입한 물품. 그러나 매도인의 계약체결 시 또는 그 이전에 물품이 그와 같은 용도로 매입된 것을 알지 못하고, 또는 알아야 할 것도 아닌 때에는 그러하지 아니하다. (b) 경매(auction), (c) 강제집행 기타 법률의 규정에 의한 매매, (d) 주식, 지분(shares), 투자증권(investment securities), 유통증권(negotiable instruments) 또는 통화의 매매, (e) 선박, 부선, 헬리콥터 또는 항공기의 매매, (f) 전기(electricity)의 매매.

위자유의 원칙"이라고도 한다.

"계약자유의 원칙"은 경제적으로는 자유경쟁 내지 자유방임주의로 나타난다. 이 원칙은 사람은 모두 누구나 합리적인 판단력을 가지고 있다는 평등을 전제로 하고 있고, 개인의 활동에 있어서 국가가 간섭하지 않고 각자의 자유에 맡겨두면 사회는 조화롭게 유지된다는 근대 초기의 자유를 주로 하고 평등을 종의 개념에 그 바탕을 두고 있다.

## 2 신의성실의 원칙과 금반언의 원칙

### 1) 신의성실의 원칙

"신의성실의 원칙"에서 우선 신의성실이라 함은 사회공동생활의 일원으로서 상대방의 신의를 헛되이 하지 않도록 성의를 가지고 행동하는 것으로서, 사람의 행위나 태도에 대해 윤리적 평가를 나타내는 말이다. 이를 토대로 "신의성실의 원칙"은 그러한 윤리적 평가를 법적 가치판단의 한 내용으로서 도입한 것이다. CISG에서는 이 신의성실의 준수를 일반적인 원칙으로는 규정하지 않고, 다만 국제거래에 있어서 신의성실의 준수를 CISG의 해석원칙으로 사용하고 있다.[14] CISG에서 이를 해석원칙으로 규정한 것은 체약국이 국내법에 의해 협약을 해석하는 것을 막고 협약에 통일성을 증진하는 데 그 목적을 두고 있기 때문이다.

### 2) 금반언의 원칙

"금반언의 원칙(doctrine of estoppel)"이란 자신이 전에 한 법률행위에 의해 일정한 법률관계가 형성된 이후 이에 대하여 자신이 모순된 발언을 하는 것을 방지하는 일반적인 원칙이라 할 수 있으며, 현대의 약인 대체 논리로 상당한 신뢰이익손해를 요구하지 않는다. 한편 이러한 "금반언의 효과(effect of estoppel)"가 실제로 금반언에 의하여 금지된 당사자에 대하여 유효한 권리를 이전하는가에 대하여는 명확하지 않다. 한 견해에 따르면 금반언은 이론이 적용되는 경우에 당사자가 종전에 작성한 진술을 부정하는 것이 인정되지 않은 것과 같이 당사자가 법원에 어

14) CISG 제7조(1)항.

떤 증거를 제시하는 것을 부정하는 단순한 증명의 법칙이라고 한다. 이 견해에 따르면 진정한 법적 지위는 금반언에 의하여 영향을 받지 않는다. 종전 소유자는 소유자로 그대로 남아 있지만 금반언을 주장할 수 있는 사람에 대하여 자신의 권리를 주장할 수 있다.[15] 하지만 Eastern Distributors Ltd v. Goldring 사건[16]에서 항소법원은 물품매매와 관련된 사건에서 금반언의 효과는 진정한 권리를 이전하는 것이라고 판시하였다. 이후의 사건에서 물품이 불특정물이기 때문에 SGA 제16조(불특정물의 확정)에 의하여 소유권이 이전되지 않은 경우에서 금반언에 따라 소유권은 이전되지 않을 수 없다고 판시되었다.

이러한 관계에서 "금반언의 원칙"과 유사한 사건은 권리 없이 물품을 판매한 매도인이 추후 권리를 획득한 경우, 예를 들어 원 소유자에게 대금을 지급한 경우이다. 이 경우에 매도인의 추후의 권리의 취득은 매수인과 매수인으로부터 권리를 양도받은 자의 하자 있는 권리를 치유한다.[17]

## 3 과실책임의 원칙

"과실책임의 원칙"이란 개인이 타인에게 손해를 끼친 경우, 그 행위가 위법할 뿐만 아니라 동시에 고의 또는 과실[18]에 기인한 경우에만 책임을 지고, 고의·과실이 없는 경우에는 책임을 지지 않는다는 원칙을 말한다. 따라서 개인은 자기가 고의·과실에 의한 행위에 대하여서만 책임을 지고, 타인의 행위에 대하여서는 책임을 지지 않는다는 의미에서 "자기책임의 원칙"이라고도 한다.

이러한 "과실책임의 원칙"이 인정되면서 개인은 자기의 행위에 대해서만 충분한 주의를 기울이면 책임을 지게 될 일이 없게 되므로 안심하고 대외활동을 할 수 있게 되었다. 한편, CISG에서는 의무불이행에서 고의·과실을 요하지 않는다. 즉, "무과실책임"에 의한 의무불이행의 객관적 사실 초래만으로 책임을 지게 된다.[19]

---

15) P.S.Atiyah, op. cit., pp.381-382.

16) Eastern Distributors Ltd. v. Goldring [1957] 2 Q.B. 600.

17) Butterworth v. Kingsway Motor Ltd [1954] 1 W.L.R. 1286.

18) 여기서 "고의"란 자신의 행위로부터 일정한 결과를 인식하면서도 그러한 행위를 하는 것을 가리키며, 이에 대해 "과실"은 그 일정한 결과의 발생을 인식하였어야 함에도 불구하고 부주의로 말미암아 인식하지 못하는 것을 의미한다. 다시 말해 고의는 인식 또는 예견한 결과를 만들어 낸다는 심리적 의식의 상태이고, 과실은 상당한 주의의 부족이다.

19) CISG상의 책임체계는 계약위반책임으로서 일원적이며 "무과실책임"을 원칙으로 하는 데 반해, 한

# 제3절 국제무역계약의 성립

## 1 무역계약의 체결과정

일반적으로 무역계약은 사적자치의 원칙(The principle of party's autonomy)에 의거하여 당사자 간의 의사의 합치, 즉 합의에 의하여 성립하는데, 의사의 합치는 당사자 일방의 청약(Offer)과 상대방의 승낙(Acceptance)에 의하여 이루어진다.

## 2 계약체결의 구성요소

### (1) 계약체결의 구성요소

무역계약의 성립은 계약당사자 일방의 청약(Offer)과 상대방의 승낙(Acceptance)으로 이루어지는 합의(Agreement)에 의해 계약이 성립되지만, 그 합의가 계약으로서의 당사자를 법적으로 구속하는 효과를 가지기 위해서는 다음 요건을 갖추어야 계약이 유효하게 성립된다.

① 일반적으로 당사자의 행위로 나타나는 의사표시가 존재하며, 당사자의 계약의 내용에 대한 협상이 진행된 후 청약과 승낙의 과정을 통한 합의가 존재하게 된다. 이러한 계약은 거래목적과 내용이 위법이거나 실현이 불가능한 것이어서는 안 된다.

② 합의는 반드시 자발성을 갖추고 있어야 하며 무엇보다도 약인이 반드시 존재해

---

국 민법은 채무불이행의 일반책임과 특별책임인 담보책임이라는 이원적 책임체계로서, 이때 일반책임은 "과실책임"을 원칙으로 하지만 특별책임은 "무과실책임"이다. 그리고 한국 민법은 채무불이행책임의 일반조항(제390조 이하)을 가지고 있지만 동시에 이행지체 등을 비롯한 계약위반의 유형을 인정하고 또한 그 위반유형에 따라 요건과 효과(구제수단)를 달리 규정하고 있다. 이에 대해 CISG는 계약위반이라는 통일적 개념하에서 그 효과인 구제수단도 통일적으로 운영하고 있다. 한편 채무불이행에 대해 한국 민법은 유책성을 요구하는데 반해, CISG는 유책성을 요구하지 않는 것을 원칙으로 하고 있다. 구제수단의 측면에서 이행청구권, 손해배상청구권, 계약해제권, 이자청구권, 부가기간지정권(CISG, 제47조와 제63조) 등은 한국 민법이나 CISG에서나 모두 가능하다. 그러나 한국 민법에는 CISG에서 인정하고 있는 매도인의 재이행권(제48조)과 운송정지권(제71조 2항) 및 매수인의 하자보완(수리)청구권(제46조 3항)에 관한 조항이 없다.

야 한다. 또한 거래수행능력(Capacity),[20] 계약의 본질적 내용에 있어서의 합법성이 있어야만 유효한 계약이 성립하게 된다.

③ 당사자의 의사표시가 착오(Mistake), 사기(Fraud)나 강박(Duress)에 의한 경우가 아니라야 한다. 착오 등에 의한 계약은 하자 있는 계약으로서 처음부터 무효이거나 또는 취소될 수 있다.

④ 이 경우 계약의 본질적 요소는 아니지만, 중요한 요소로서 문면성[21]의 유무가 필요한데, 만일 문면성을 갖추지 않고 있다면 계약은 존재하지만 강행성이 상실되기 때문에 계약은 문면성을 갖추어야 한다. 즉, 문서성은 계약 성립을 위한 필수적인 요소는 아니지만 문서(Writing)에 의한 형식적인 요건을 갖춤으로 강제력을 부가시킬 수 있다.

### (2) 청약과 승낙

① 일반적으로 청약은 피청약자로 하여금 승낙에 의해 계약을 체결할 수 있는 권한을 부여하는 의사표시로 유효한 청약이 되기 위해서는 확정, 취소불능청약이어야 하며 청약서상에 구체적인 종료기간을 표시해야 하며, 도달주의를 원칙으로 한다.

② 청약의 내용에 따라 승낙이 이루어진다. 즉, 편무계약에서는 행위로 승낙이 이루어지며, 쌍무계약에서는 약속에 의해 승낙이 이루어진다.

### (3) 약인(Consideration)

약인(Consideration)이란 법적 손실을 대사로 교환하는 것으로 법적으로 할 의무가 없는 어떤 것을 하겠다는 약속 또는 법적 권리를 가진 사람이 어떤 일을 하지 않겠다는 약속으로 경제적인 손해를 의미하는 것이 아니라, 법적 권리를 포기, 법적 의무의 포기에 대한 손해를 의미한다.

---

20) 계약당사자가 행위능력(Capacity)이 있어야 한다. 즉, 법률행위의 무능력자인 미성년자, 금치산자, 한정치산자가 아닌 경우 행위능력이 있다고 본다.

21) 미국 통일상법전(UCC) 제2-201조에서는 매매가격이 “$500 이상인 계약(Contracts for the sale of goods of $500 or more)”은 반드시 문서의 작성이 요구된다. 그러나 이러한 문서작성원칙에 대하여 미국 통일상법전(UCC) 제2-202조에서는 상인 간의 물품매매에 관해서는 그 예외를 인정하고 있다.

# 3 청약

## 1) 청약의 의의

### (1) 청약의 개념

법적 구속력을 가지는 거래제의로 청약(Offer)은 청약자(Offerer)가 피청약자(Offeree)와 일정한 조건으로 계약을 체결하고자 하는 의사표시를 말하며, 우리나라의 대외무역법상의 용어로는 '물품매도확약'이라고 한다. 청약의 법적 개념으로는 일방의 청약에 대하여 상대방이 승낙하면 매매계약은 성립되어 즉시 청약자를 구속하게 될 것이라는 명시적 또는 묵시적 의사표시를 의미한다.

청약의 방법은 반드시 서면(Writing)으로 행할 필요는 없고 구두(Oral)로 행하는 것도 가능하나, 실무에서는 보통 팩스, 이메일, 전보(Cable)나 텔렉스(Telex)를 이용하여 청약서(Offer Sheet)를 보냄으로써 거래의사를 표시한다. Selling Offer가 주를 이루며 Inquiry에 의해서 또는 일방적으로 발행한다.

### (2) 청약의 기재사항

청약은 특정한 형식이나, 방식에 의하는 것이 아니고 거래대상물품, 거래방식 등에 따라 다양한 형태를 취하며, 기재사항 또한 거래특성에 따라 다양하다.

일반적으로 청약에는 품목, 수량, 가격 등이 필수적으로 기재되어야 하고 이외에도 대금결제방법, 유효기간, 선적일, 규격, 원산지, 포장방법 등이 포함되어야 한다.

그러나 Offer에 위 기재사항 모두가 반드시 명시되어야 하는 것은 아니다. 거래초기 신규거래선에게 청약을 할 때에는 거래를 성사시키는 데 영향을 미칠 만한 중요한 조건들만 명시하고, 나머지는 추후 거래조회 과정에서 또는 계약의 체결시에 추가 또는 보완하면 된다.

## 2) 청약의 종류

청약의 종류를 청약의 주체, 청약의 발행지, 청약의 확정력을 기준으로 살펴보면 다음과 같다.

### (1) 청약의 주체기준

① 매도청약(selling offer)

매도인의 매도의사를 말하며 무역거래에서의 일반적인 청약이라 하면 매도청약을 의미한다.

② 매수청약(buying offer)

매수인의 매입의사를 말하며, 보통 매입주문서(purchase order: P/O)와 같은 형식으로 이루어진다.

### (2) 청약의 발행지 기준

① 국내발행청약

청약의 주체가 거래상대국의 물품공급업자 및 본사를 대리하여 국내에서 발행 또는 의사표시한 매도청약을 말한다.

② 국외발행청약

청약의 주체가 거래상대국의 물품공급업자나 제3자가 국외에서 발행 또는 의사표시한 매도청약을 말한다.

### (3) 청약의 확정력기준

① 확정청약(firm offer)

청약자가 청약내용에 대하여 승낙(응답)의 유효기간(validity of offer)을 지정하고 그 기간 내에 승낙하면 계약이 성립되는 청약이다. 또한 유효기간을 정하지 아니한 경우라도 그 청약이 확정적(firm) 또는 취소불능(irrevocable)[22)]이라는 표시가 있거나, 승낙의 유효기간과 확정적 또는 취소불능이라는 표시가 동시에 있는 청약도 확정청약이 된다.

확정청약(firm offer)의 예문을 보면 다음과 같다.

"We offer you firm subject to your acceptance reaching us by May 10 as follows…"

② 불확정청약(free offer)

청약자가 청약 시에 승낙(응답)의 유효기간이나 확정적(firm)이라는 표시를 하지

22) CISG 제16조에서는 취소불능청약(irrevocable offer)을 규정하고 있다.

아니한 청약이다. 불확정청약의 경우 상대방이 승낙을 받기 전까지는 청약자가 청약내용을 일방적으로 철회하거나 변경할 수 있다.

불확정청약(free offer)의 예문을 보면 다음과 같다.

"We offer you the following merchandise on the terms and conditions mentioned hereunder."

③ 반대청약(counter offer)

청약자의 청약에 대하여 피청약자가 수량, 가격, 선적, 결제 등 청약내용을 일부 추가, 제한 및 변경 등 새로운 조건을 제의해오는 청약을 말한다.[23] 반대청약은 원청약(original offer)에 대한 거절이 되고 동시에 새로운 청약이 된다. 따라서 원청약은 반대청약에 의하여 소멸된다.

반대청약(counter offer)의 예문을 보면 다음과 같다.

"Your offer dated May 7 is too high. We can accept the offer at U.S. Dollars 15 per piece CIF New York Incoterms® 2010."

④ 교차청약(cross offer)

청약자와 피청약자 상호 간에 동일한 내용의 청약이 상호 교차되는 청약을 말한다. 즉 우연히 각 당사자가 상호 청약을 하였는데 그 청약내용이 완전히 일치하고 있을 경우에 동일내용에 대해 쌍방이 동시에 의사표시가 교차하여 행해지는 것이다.

이러한 경우에는 청약과 승낙을 구분하기란 어렵지만 계약이 성립된다는 데에는 의심의 여지가 없다.[24]

⑤ 조건부청약(conditional offer)

청약자의 청약내용에 단서가 있는 청약을 조건부청약(Conditional Offer)이라고 한다. 조건부청약은 피청약자의 승낙만으로는 계약이 성립하지 않고 다시 청약자의 최종 확인이 있어야만 계약이 성립한다.

㉠ 반품허용조건부 청약(Offer subject to sale or return/Offer on sale or return)

피청약자에게 위탁판매하게 하고 잔여물품을 반납하는 조건으로 서적판매 등에

---

23) CISG 제19조(1)항.

24) 한국 민법 제533조에서는 "당사자 간에 동일한 내용의 청약이 상호 교차된 경우에는 양청약이 상대방에 도달한 때에 계약이 성립한다"고 규정한다.

서 주로 이용된다.

㉡ 점검매매조건부 청약(Offer on Approval)

Offer와 함께 물품을 보내어 점검 후 구매의사가 있으면 대금지급, 없으면 반품하는 조건부 청약이다.

㉢ 최종확인 조건부 청약(Offer subject to final confirmation / Sub-con offer)

피청약자가 승낙해도 청약자의 최종 확인이 있어야 계약이 성립됨. 곧 피청약자의 승낙이 Offer에 해당된다.

㉣ 재고잔류 조건부 청약(Stock Offer / Offer subject to being unsold)

피청약자가 승낙해도 유효재고가 있는 경우에만 계약이 성립된다.

㉤ 선착순 오퍼(Offer Subject to prior sale)

유효재고 범위 내에서 선착순으로 판매하는 것을 조건으르 한다.

㉥ 무확약청약(Offer Subject to market fluctuation / Offer without engagement)

미확정 가격을 제시하고 시세변동에 따라 예고 없이 가격이 변경될 수 있다는 조건부 청약을 의미한다.

## 3) 청약의 유인

청약의 유인(Invitation to treat; Invitation to offer)이란 상대방을 유인하여 자기에게 청약하도록 하는 행위로 청약과는 구별된다. 청약의 유인으로 인하여 유인된 자가 거래의사표시를 하여도 계약은 성립되지 않으며 다시 유인한 측으로부터 승낙의 표시가 있어야 비로소 계약은 성립한다. 따라서 청약의 유인과 청약을 구별하는 것은 개별적 상황에 따라 결정지어야 한다.

예를 들면, 최종확인 조건부 청약(Offer subject to final confirmation / Sub-con offer)처럼 제의 받은 이의 제의에 대해 제의자의 최종 확인 있어야지만 계약이 성립되는 경우로 최초의 제의자의 제의는 청약이 아니라 제의받은 이로 하여금 청약을 하도록 유인한 것이다. 또한 상대방이 특정되지 아니하고 신문이나 텔레비전 또는 방송에 의한 광고, 견적서, 가격표, 물품목록 등의 배포를 통하여 불특정의 1인 또는 그 이상의 일반대중을 상대로 하고 있는 경우와 경매 및 입찰과 같은 것들은 단지 청약의 유인에 불과한 것으로 본다.

〈표 4-3〉 청약과 청약의 유인 비교

| 구분 | 청약 | 청약의 유인 |
|---|---|---|
| 계약성립 | 청약에 대한 승낙으로 계약성립 | 피청약자가 승낙하여도 계약이 성립되지 않고 청약자의 확인으로 계약이 성립 |
| 청약자의 의도 | 피청약자의 승낙으로 자신의 의사표시에 구속되려는 의도 | 피청약자의 승낙만으로 구속되지 않고 청약자의 확인으로 구속되려는 의도 |
| 청약의 대상 | 특정인, 특정집단 | 불특정인, 불특정집단 |

## 4) 청약의 효력발생

일반적으로 청약은 피청약자에게 도달하였을 때에 비로소 그 효력이 발생한다. 왜냐하면 청약은 피청약자에게 도달하지 않으면 청약자의 청약내용을 상대방이 인지할 수 없기 때문이다. 영미법에서는 청약의 효력발생 시기는 피청약자에게 도달해야 한다는 도달주의 입장을 취하고 있고, 한국법도 "상대방 있는 의사표시는 그 통지가 상대방에게 도달한 때로부터 그 효력이 생긴다"라고 하고 있어 역시 도달주의 원칙이 적용되고 있음을 알 수 있다.[25)]

## 5) 청약의 효력소멸

### (1) 청약의 철회

청약의 철회(Withdrawal)란 청약으로서의 효력이 아직 발생하기 이전의 상태에서 청약자가 임의로 청약의 효력을 소멸시키려고 하는 의사표시로 취소(Revocation)와 구별된다.

비엔나협약(CISG)에서는 청약은 취소불능이라도 그 철회가 청약의 도달 전 또는 그와 동시에 피청약자에게 도달하는 경우에 이를 철회할 수 있다. 청약은 의사표시가 상대방에게 도달할 때 효력이 발생되는 도달주의를 따르는 일반원칙이므로 도달 전의 청약에 대한 취소는 당연하다고 할 수 있다.

### (2) 승낙통지 이전의 청약의 취소

청약의 취소(Revocation of offer)는 청약이 상대방에게 일단 도착하여 효력을 발생시킨 후 승낙의 통지를 보내기 전에 취소시킬 수 있는 요인에 의하여 청약이 소

25) 한국 민법 제111조 제1항.

멸하게 되는 것을 말한다.

비엔나협약(CISG)에서는 청약은 계약이 체결될 때까지 피청약자가 승낙의 통지를 발송하기 전에 취소의 통지가 피청약자에게 도달하는 경우에는 이를 취소할 수 있다고 규정하고 있다. 따라서 청약은 승낙이 이루어지기 전에는 언제나 취소가능하다. 또한 청약은 승낙기간을 정하고 있거나 혹은 그것이 취소불능임을 나타내고 있는 경우 또는 피청약자가 청약을 취소불능으로 만든 것이 합리적이고, 또 피청약자가 그 청약을 신뢰하여 행동한 경우에는 취소될 수 없다고 규정하고 있다.

### (3) 피청약자의 청약거절

청약의 거절(Rejection of offer)이란 청약자의 청약에 대하여 승낙하지 않는다는 의사표시를 말한다. 따라서 청약은 피청약자에 의하여 거절되면 효력이 소멸된다. 청약의 거절은 그 통지가 청약자에게 도달하여야 효력을 갖는다. 청약거절의 통지는 청약철회의 통지와 같이 도달주의를 취하고 있다.

비엔나협약(CISG)에서는 청약은 취소불능이라도 거절이 청약자에게 도달하는 때에 그 효력을 잃게 된다고 규정하고 있는데 현재 대부분의 법제의 취지와 거의 같다. 그러나 한국 상법에서는 상인이 상시 거래관계에 있는 자로부터 청약을 받을 때에는 지체없이 승낙의 통지를 발송하여야 하며, 이를 해태한 때에는 승낙한 것으로 본다고 규정하고 있지만 무역거래에서는 비엔나협약의 취지를 받아들이고 있는 것이 일반적이다.

### (4) 피청약자의 반대청약

청약의 내용에 조건을 붙여 그 일부만을 승낙하는 부분적 승낙, 청약내용의 일부변경 또는 새로운 조건을 추가하는 청약은 반대청약(Counter Offer)이 되어 최초의 청약에 대하여 거절하는 효과를 가지므로 최초의 청약의 효력은 상실된다.

### (5) 당사자의 사망

청약자가 청약이 승낙되기 전에 당사자가 사망(Death of parties)하면 피청약자가 청약자의 사망을 알거나 모르거나를 막론하고 청약의 효력은 당연히 소멸된다. 그러나 청약이 승낙된 후에 청약자가 사망한 경우에는 청약은 승낙에 의해서 합의가 성립되었으므로 청약의 효력에는 아무런 영향을 주지 않는다.

비엔나협약(CISG)은 이에 관한 명시규정이 없지만 영국법에서는 당사자가 사망하는 경우, 미국법에서는 피청약자나 청약자가 사망하거나 계약체결을 할 수 있는 법적 능력을 박탈당하였을 때에 소멸한다고 규정하고 있다.

### (6) 오퍼내용의 이행불능 또는 후발적 위법

청약 이후에 매매계약이행이 위법이 된, 이른바 후발적 위법(Subsequent Illegality)일 경우에는 청약의 효력은 소멸된다.

예컨대 청약자가 피청약자에게 어떤 물품을 매도청약한 후 청약을 승낙하기 이전에 수출금지 또는 수출제한 조치의 법률이 제정되어 시행되었다면 청약의 효력은 소멸된다. 또한 계약이 성립한 후에 전쟁의 발발, 당사자의 파산이나 지급불능과 같은 후발적인 위법인 이행불능(Frustration)도 계약을 자동적으로 소멸시킨다.

### (7) 청약의 유효기간 경과

확정청약(firm offer)의 경우에는 유효기간(validity of offer)이 명시되는 것이 일반적이다. 그러나 유효기간이 명시되어 있더라도 그 기간 내에 승낙의 의사표시가 청약자에게 도달되어야 할 것인지 아니면 발신만으로 효력이 있는지에 대하여 미리 다음과 같이 명확히 할 필요가 있다.

"We offer you firm subject to your acceptance reaching us by May 10"
"Validity of Offer: Until May 10 our time."

확정청약의 실질적 요건으로서 미국 통일상법전[26]에 따르면 ① 청약은 서명된 문서로서 발행되고, ② 상인(merchant)이 발행하고, ③ 청약의 유효기간은 3개월을 초과하지 않을 것이며 만일 3개월을 초과하는 경우에는 피청약자가 청약자에게 대가(consideration)를 지급하여야 하며, ④ 피청약자로부터 제공된 서식(form)에 유효기간이 있는 경우에는 청약자가 별도 서명할 것을 규정하고 있다.

그런데 유효기간이 명시되어 있지 아니한 경우의 청약에 대하여는 언제까지 그 효력이 있는지가 문제된다. 청약의 유효기간이 확정되지 않는 이른바 불확정청약(free offer)이라도 그 청약이 무한정 유효하다고는 볼 수 없다. 다수국의 법에서는 "합리적인 기간" 또는 "상당한 기간" 이내에 승낙을 하면 계약이 유효하게 성립된다고 규정하고 있다.[27] 그러나 사실상의 문제로서 합리적 기간 또는 상당한 기간의 결정에는 어려운 점이 많다.

따라서 피청약자는 유효기간이 없거나 조건부청약을 받은 경우에는 청약자에게 다시 문의하여야 할 것이다.

---

26) UCC, Article 2-205.
27) 독일 민법 제147조; 일본 민법 제542조.

〈서식 4-1〉 Paper based Offer Sheet

SEOUL TRADING CO. LTD.

15, 1-ga, Sogong-dong Joong-gu, Seoul 100-070, Korea

Tel. 82-2-753-1200, Fax : 82-2-753-1201, E-mail : seoultrade@hanmail.net

OFFER SHEET

Date : April 20, 20xx

Ref. No. 12

John F. Dolan
America International Inc.
350 Fifth Avenue
New York, NY10018, U.S.A

Dear Sirs,

We take much pleasure in offering you as follows:

| Style No. | Description | Quantity | Unit Price | Amount |
|---|---|---|---|---|
| | Men's Split Leather Jackets | | CIF New York | Incoterms® 2020 |
| ST-101 | ................................ | 2,000 pcs | @US$25 | US$50,000,- |
| ST-102 | ................................ | 2,000 pcs | @Us$25 | US$50,000,- |
| | Total | 4,000 pcs | | US$100,000- |

**Packing** : Each piece to be packed in a P. E. bag, 20 pcs in an Export Standard Carton Box.

**Origin** : R. O. K.

**Shipment** : Within 60 days after the date of Contract Sheet.

**Payment** : Under irrevocable L/C at sight to be issued in favor of Seoul Trading Co., Ltd.

**Insurance** : Covering ICC(B) for 110% of the invoice value.

**Inspection** : Seller's inspection to be final.

**Validity** : Until June 31, 20xx subject to your acceptance reaching us by E-mail.

**Remarks** :

Seller(Offeror),

Seoul Trading Co., Ltd

*GildongHong*

Gil-dong Hong

President

〈서식 4-2〉 Offer to Sell by Internet

From: Gil-dong Hong <seoultrade@hanmail.net>
To: clover@hotmail.com
Subject: Offer for Men's Split Leather Jackets
Date: Fri. June 10, 20xx 16:04:27

..................................................................................................................

John F. Dolan
President
America International Inc.
350 Fifth Avenue, New York, NY10118, U.S.A.

Gentlemen:

We are pleased to offer you as follows:

**Commodity** : Men's Split Leather Jackets
**Quantity** : 4,000 pcs.(2,000 pcs. for Style No. ST-101 and 2,000 pcs. for ST-102 respectively)
**Price** : @US$25 per pc. CIF New York Incoterms® 2020
**Payment** : Under irrevocable L/C at sight to be issued in favor of Seoul Trading Co., Ltd.
**Shipment** : Within 60 days after the date of formal contract.
**Insurance** : Covering ICC(B) for 110% of the Invoice value.
**Packing** : Export standard packing.
**Inspection** : Seller's inspection to be final.
**Validity of Offer** : Until May 25, 20xx subject to your reply reaching us by E-mail.

This is the best offer we can make and this kind of offer cannot be repeated in the future. We can guarantee that this price will be available by the validity because the cost of materials is steadily advancing.

We hope you will give your prompt attention to this offer.

Very truly yours,

Seoul Trading Co., Ltd.

*GildongHong*
Gil-dong Hong
President

*Other informations:
E-mail : seoultrade@hanmail.net
Phone : 82-2-753-1200
Fax : 82-2-753-1201
Telex : K23456 SELTRDCO
Mailing Address : 15, 1-ga, Sogong-dong Joong-gu, Seoul 100-070, Korea
Home Page : http://web.seltrd.co.kr

## 4 승낙

### 1) 승낙의 의의

승낙(Acceptance)이라 함은 청약자에 대하여 그 청약에 일치하여 계약의 성립을 목적으로 하는 피청약자의 의사표시를 말한다. 따라서 피청약자의 승낙의 의사표시가 있으면 청약자의 의사표시의 내용 그대로 계약이 성립한다.

승낙은 청약자의 청약조건과 일치해야 하며, 무조건적(Unconditional)이고 절대적이어야 한다. 그렇지 않은 경우에는 승낙으로서의 효력은 발생하지 않고, 반대청약으로서 원청약에 대한 거절이 된다.

피청약자의 승낙과 관련하여 상대방이 영미법계인 경우에는 확정청약의 철회도 언제나 가능하므로 계약의 성립을 위해서는 청약에 대한 승낙의 통지를 신속히 발송하는 것이 무엇보다도 중요하다.

### 2) 승낙의 방법

승낙(acceptance)에 대하여 어떠한 방법 또는 수단으로 하여야 할 것인가를 청약서상에 미리 지정하였을 경우에는 그 지정된 방법에 따라야 한다. 예를 들면, 우편(post), 전보(telegram), 텔렉스(telex), 팩시밀리(facsimile), 전화(telephone), 전자우편

(E-mail) 등으로 지정되어 있다면 그것에 따라야 한다. 청약의 승낙방법을 지정하지 않은 경우에는 합리적인 방법과 수단에 의하여야 한다.[28] 즉, 청약이 전자우편으로 된 경우에는 전자우편으로, 텔렉스로 된 경우에는 텔렉스로, 항공우편으로 된 경우에는 항공우편과 같이 그에 상응하는 수단에 의하여 승낙의 통지를 하면 된다. 승낙의 방법에 관한 법률문제에 대하여 대륙법 계통의 각국 민법에는 특별한 언급이 없는 실정이고 한국의 입장도 마찬가지이다. 청약에 대하여 피청약자가 승낙의 회신을 하지 않는 경우에는 계약이 성립하지 않는다.

## 3) 승낙의 효력 발생

### (1) 승낙의 효력 발생 시기

원칙적으로 계약은 피청약자가 청약자의 청약을 승낙함으로써 성립되지만, 국제계약의 경우에는, 청약자와 피청약자가 상이한 국가에 거주하고 있기 때문에 문제가 된다. 왜냐하면, 승낙의 효력발생 여부에 따라 국제계약의 성립 여부가 결정되기 때문이다.

일반적으로 승낙의 효력 발생 시기에 관하여 다음의 3가지 견해가 대립되고 있다.

첫째, 피청약자가 승낙의 의사표시를 발신한 시점에서 계약이 성립한다는 측면에서, 승낙의 효력 발생에 대한 발신주의의 입장이다.

둘째, 피청약자의 승낙의 의사표시가 청약자에게 도달한 시점에서 계약이 성립한다는 측면에서, 승낙의 효력 발생에 대한 도달주의의 입장이다.

셋째, 물리적으로 단순하게 승낙의 의사표시가 청약자에게 도달한 시점뿐만 아니라, 청약자가 현실적으로 그러한 내용을 인지한 시점에서 계약이 성립한다는 측면에서, 승낙의 효력발행에 대한 요지주의의 입장이다.

사실상 각 나라마다 승낙의 효력 발생 시기에 관하여 입장을 달리할 수도 있고, 또한 승낙의 방법에 대해서도 각각 상이한 견해를 취할 수도 있다. 예컨대, 비록 청약자와 피청약자가 각기 상이한 국가에 거주하고 있다고 하더라도, 승낙이 전화 또는 텔렉스에 의하여 이루어지는 경우에는 양 당사자는 대화자로 취급되며, 또는 우편이나 전보에 의한 경우에는, 그 내용의 송달시간이 소요되기 때문에 격지자로 인정된다. 따라서 대화자와 격지자의 경우에 있어서 승낙의 효력 발생 시기의 원

28) Restatement, Contract 2nd., St. Paul, 1981, § 30(2).

칙이 상이하게 나타난다.

전자계약의 경우, 계약의 성립 시기가 문제될 수 있는데 결론적으로 인터넷상의 거래의 경우에는 즉시성이 강하고 기술의 발달로 청약과 승낙이 거의 동시에 이루어져 실시간으로 계약이 체결될 수 있다. 따라서 격지자 간의 계약 성립 시기에 관한 논의는 실익이 없다. 전자거래기본법에서도 전자문서의 도달 시기는 그 발신인이 보낸 메시지가 수신인의 컴퓨터 파일에 기록된 때에 그 상대방에게 도달한 것으로 본다고 규정하고 있다. 그러므로 전자계약은 정해진 승낙 기간 내에 청약자에게 도달한 때, 즉 도달주의에 따라 성립 시기를 결정함이 타당하다.

〈표 4-4〉 승낙의 효력 발생에 대한 입법주의

| 구분 | 입법주의 내용 |
|---|---|
| 발신주의 | 피청약자가 승낙의 의사표시를 발송한 때에 계약이 성립한다고 인정 |
| 도달주의 | 피청약자의 승낙의 의사표시가 청약자에게 도달한 때에 계약의 성립을 인정 |
| 요지주의 | 승낙의 의사표시가 물리적으로 청약자에게 도달할 뿐만 아니라 현실적으로 청약자가 그 내용을 인지한 때에 계약의 성립을 인정 |

승낙의 효력은 승낙이 청약자에게 전달되었을 때 계약이 성립된다는 도달주의를 따르는 것이 일반적이다. 그러나 우편이나 전보 등 격지자 간의 거래에 의한 계약인 경우 대부분의 국가에서는 그 계약의 성립을 승낙의 발신 시에, 즉 발신주의를 채용하고 있다.

〈표 4-5〉 승낙의 효력 발생 시기

| | 우리나라 | 일본 | 영국 | 미국 | CISG | ULFCIS[29] |
|---|---|---|---|---|---|---|
| 직접대화 | 도달주의 | 도달주의 | 도달주의 | 도달주의 | 도달주의 | 도달주의 |
| 전 화 | 도달주의 | 도달주의 | 도달주의 | 도달주의 | 도달주의 | 도달주의 |
| 텔렉스 | 도달주의 | 도달주의 | 도달주의 | 도달주의 | 도달주의 | 도달주의 |
| 우 편 | 발신주의 | 발신주의 | 발신주의 | 발신주의 | 도달주의 | 도달주의 |
| 전 보 | 발신주의 | 발신주의 | 발신주의 | 발신주의 | 도달주의 | 도달주의 |

예) We offer you firm subject to your reply received ourselves by email by March 9, 2010

29) 국제물품매매의 계약 성립에 관한 통일법(Uniform Law on the Formation of Contracts for International Sale of Goods)

청약을 받은 당사자에게 승낙의 통지의무가 있는지의 여부에 대해 우리나라 상법에서는 상인이 어느 정도의 계속적 거래관계가 있는 상대방으로부터 청약을 받았을 경우에는 즉시 승낙 여부의 통지를 하여야 하는데 이를 해태한 때에는 청약자의 청약을 승낙한 것으로 본다.

따라서 승낙 여부의 통지를 하지 않고 침묵하고 있을 경우에도 승낙으로 간주될 수 있으므로 상대방으로부터 송부되어 온 서면을 방치하는 것은 매우 위험하다.

### (2) Acceptance by Conduct(행위에 의한 승낙)[30]

승낙의 효력은 청약에 대한 동의의 의사표시가 청약자에게 도달한 때 발생한다. 이때 도달은 유효한 기간 이내에 이루어져야 하며 구두로 청약(oral offer)되었을 때는 즉시 승낙되어야 한다.[31] 다만, 승낙의 통지없이 관행상 유효기간 내에 계약 내용을 이행함으로써 승낙의 의사를 표시할 수 있는 경우에는 그 이행으로서 승낙의 효력이 발생한다.[32] 이때 승낙의 효력 발생 시점은 이행을 한 때가 됨으로써 그 이행의 사실을 청약자가 모르고 있는 상황에서 계약이 성립한다는 문제가 발생한다. 따라서 승낙으로서 효력이 인정되는 이행은 당사자 간에 확립된 관행 혹은 관습의 결과 이루어진 경우에만 인정되는 특유의 상황에 국한해야 할 것이고 그 이행의 사실을 신속하게 청약자에게 통지하는 신의성실이 지켜져야 할 것이다.

### (3) The Effect of a late Acceptance(지연승낙의 효력)

청약, 청약의 취소, 승낙 그리고 승낙의 철회는 효력 발생을 위해 반드시 다른 당사자에게 도착해야 하기 때문에, 지연승낙의 효력 발생을 위한 통지를 할 때의 진행 요소로써의 발송의 선택은 상당한 신중함을 필요로 한다.

승낙이 유효기간을 지나서 청약자에게 도달한 경우에는 그 지연승낙을 받은 청약자가 그 지연승낙이 유효함을 지체없이 상대방에게 통지한 경우에는 유효한 승낙이 될 수 있고 계약은 성립한다.[33] 따라서 지연된 승낙도 청약자가 이를 수용할 의사를 표시한 경우에는 승낙으로서 효력이 인정되고 계약은 그 지연된 승낙이 도

---

30) CISG에서는 "피청약자의 진술 혹은 그 밖의 행위"를 통해 청약자에게 "표시"하는 것을 동의할 것을 요구하기는 하지만, 만약 청약이 명시적 혹은 묵시적으로 그러한 승낙을 허용한다면, 피청약자가 "청약자에 대한 통지 없이" 계약 내용의 실행을 통해 승낙을 하는 것을 허용함을 보여준다.

31) CISG 제18조(2)항.

32) CISG 제18조(3)항.

33) CISG 제21조(1)항.

달한 때 성립한 것으로 인정한다.

또한 지연도착된 승낙에 승낙자가 유효한 기간 내에 충분히 도달될 수 있도록 발송한 사실을 표시하고 있는 경우에는 청약자가 그 승낙의 실효를 지체없이 상대방에게 통지하지 않는 한 승낙으로서 효력이 있다.[34] 이때는 승낙자는 승낙이 청약자에게 유효기간 내에 도달했을 것으로 신뢰하고 행동할 것이 추정되는 상황이므로 청약자가 지연도착을 이유로 이를 거절하지 않는 한 이를 신뢰한 승낙자의 행위를 존중하여야 할 필요성이 있는 것이다.

승낙의 경우에도 청약에서와 같이 청약자에게 승낙이 도달되기까지 철회통지가 도달하는 경우에는 철회가 가능하다.[35] 승낙이 효력을 얻었다는 것은 바로 계약이 체결되었음을 의미한다. 따라서 승낙의 경우에는 철회는 가능하나 취소는 불가능하다. 승낙의 취소는 계약의 취소를 의미하기 때문이다.

### (4) Different or Additional terms in the acceptance – The Battle of the Forms under CISG(승낙에서 상이한 혹은 부가적인 조건 – CISG 하에서의 "서식전쟁")[36]

보통법상의 계약법에서 신성시하는 규칙 중 하나는, 청약에 대한 답신이 승낙으로 이어진다면 답신의 내용에 실질적인 차이가 있어서는 안 된다는 "Matching Acceptance(정합승낙)" 또는 "Mirror Image(경상)의 원칙"이다. UCC의 가장 쟁점이 되는 부분은 대체로 보통법의 "Matching Acceptance" 규칙을 무기력하게 하는 구절이다.

UCC 2-207은 답신이 분명하고 적절한 승낙의 표현이 아니라면, 승낙에 영향을 미치는 별개 혹은 추가 조건을 답신에 추가하는 것을 허가한다.

### (5) CISG and the Parol Evidence Rule(CISG와 구두증거배제원칙)

영미법상 서면으로 행한 법률행위의 내용을 구두증거에 의하여 그 서면의 기재와는 다른 내용을 증명 할 수 없다는 원칙이 있는데 이를 구두증거배제원칙(Parol Evidence Rule)이라 한다.

관습법이나 UCC를 필요로 하는 계약당사자는 그들의 서류가 협정의 단독적이고 독점적인 성명을 구성한다는 의도를 표현하기 위해 그들의 계약에 대한 서류

---

34) CISG 제21조(1)항.

35) CISG 제22조.

36) An Essay on the Formation of Contracts and Related Matters under the United Nations Convention on Contracts for the International Sale of Goods, John E. Murray, Jr.

증거에 합병(통합 또는 Zipper) 조항을 삽입한다.

### (6) Interpretations - Objectives vs. Subjective Manifestations

계약체결의 교섭경위, 거래관행, 관습, 당사자의 행위 등이 충분히 검토되어야 한다. 구두증거개념의 배제를 제외한, 잘 알려진 판단규칙을 포함한, 모든 관련된 상황은 무역관습, 최근의 거래방식, 이행 방침 등을 포함한 당사자의 의도 결정에 고려되어야 한다는 제8조(3)항을 살펴보았다. 제8조(2)항은 다른 익숙한 개념을 적용한다. 당사자의 진술 또는 행위는 합리적인 개인이 같은 상황 하에서 가질 수 있는 이해력에 따라 해석되어야 한다는 것이 바로 그것이다. 그러나 제8조(2)항은 "전항의 규정이 적용될 수 없는 경우에만" 적용되는데, 그 전항인 제8조(1)항인 "이 협약을 적용하는 데 있어 당사자의 진술 또는 기타 행위는 상대방이 그 의도를 알았거나, 또는 알지 못하였을 리가 없는 경우에는 당사자의 의도에 따라 해석되어야 한다"는 일반의 법률가들에게 혼란을 준다.

〈표 4-6〉 승낙의 의사표시에 대한 효력발생 시기

| 통신수단 \ 준거법 | | | 한국법 | 일본법 | 영국법 | 미국법 | 독일법 | CISG |
|---|---|---|---|---|---|---|---|---|
| 의사표시에 관한 일반원칙 | | | 도달주의 | 도달주의 | 도달주의 | 도달주의 | 도달주의 | 도달주의 |
| 승낙의 의사표시 | 대화자간 | 대면 | 도달주의 | 도달주의 | 도달주의 | 도달주의 | 도달주의 | 도달주의 |
| | | 전화 | 도달주의 | 도달주의 | 도달주의 | 도달주의 | 도달주의 | 도달주의 |
| | | 텔렉스 | 도달주의 | 도달주의 | 도달주의 | 도달주의 | 도달주의 | 도달주의 |
| | 격지자간 | 우편 | 발신주의 | 발신주의 | 발신주의 | 발신주의 | 도달주의 | 도달주의 |
| | | 전보 | 발신주의 | 발신주의 | 발신주의 | 발신주의 | 도달주의 | 도달주의 |

## 4) 승낙의 효력 소멸

일반적으로 승낙은 청약자에게 의사표시를 할 때까지는 완전하지 않기 때문에 승낙의 의사가 도달되기 전에는 철회될 수 있다. 그러나 승낙은 그 의사표시가 청약자에게 도달하여 일단 승낙으로 효력이 발생된 이후에는 원칙적으로 이를 소멸시킬 수 없다. 왜냐하면 승낙과 동시에 계약 그 자체가 성립되기 때문이다. 승낙이 효력 발생 이후 그 효력을 소멸시키는 것은 계약 자체의 취소 또는 해제에 해당하는 것이다. 따라서 승낙의 효력소멸을 위한 승낙의 철회에 대한 문제는 계약성립을 위한 의사표시의 효력 발생 시기를 발신주의로 하느냐 아니면 도달주의로 하느냐에 따라 달리 처리되는 것이지만 이는 도달주의 입장을 취하는 경우에 논의의 대상이 될 것이다.

CISG에 의하면 승낙은 승낙의 효력이 발생하기 이전에 또는 그와 동시에 그 취소통지가 청약자에게 도달하는 경우에 철회될 수 있음을 규정하고 있다. 또한 영국에서는 일반원칙으로 승낙은 도달주의의 입장을 취하고 있기 때문에 승낙은 언제든지 철회가능하다. 무역거래에서 승낙의 의사표시를 철회하고자 할 경우에는 당초의 승낙의 의사표시보다 철회의 의사가 먼저 청약자에게 도달될 수 있도록 하여야 하며 만일 승낙에 의하여 효력이 발생된 경우에는 계약의 취소 또는 해제사유를 들어 계약을 해제하도록 하여야 한다.

## 제4절 국제무역계약의 이행[37)]

매매계약의 이행은 일반적으로 매매계약서에 약속된 내용을 이행하는 것으로서 매도인과 매수인이 공평하게 부담하는 것이다. 매매계약 이행의 양대 산맥은 매도인의 물품인도의무와 매수인의 대금지급의무이다. 이외에도 매매계약서에 따라 준수되어야 할 여러 가지 의무들이 존재한다.

### 1 물품의 인도

#### 1) 물품인도의 의미

물품인도(delivery)의 개념은 무역법규와 관행에서 다양한 의미를 가지고 있다. 먼저 무역계약조건에서 뜻하는 물품의 인도는 물품의 점유권과 소유권을 어느 특정인이 타인에게 임의적으로 이전하는 것으로 무역거래에서는 곧 선적을 의미한다. 이러한 선적의 의미는 해상운송에서의 적재(loading on board), 항공운송에서의

37) 강원진, 이양기, 최신국제상거래론, 박영사, 2014, 125-131면

발송(dispatch), 복합운송에서의 수탁(taking in charge)을 포괄하고 있다.

한편, CISG는 인도의 정의규정을 삭제하고 단지 계약내용 및 CISG의 제규정에 따라서 매도인이 물품을 매수인의 임의처분에 맡기는 것(placing the goods at the buyer's disposal), 즉 특정(identification)[38]을 통하여 인도의무를 이행하는 것으로 보고 있다. CISG는 제31조부터 제34조까지 물품인도 의무를 규정하고 있다.[39]

한국 민법에서 인도는 점유의 이전을 말하며 점유는 물품을 사실상 지배하는 것을 의미하고, 인도를 동산물권변동의 공시방법으로 인정하고 있으며 현실의 인도 외에도 관념적 인도를 포함하는 것으로 정하고 있다.[40]

## 2 소유권의 이전

### 1) 소유권의 의미

소유권은 엄밀하게 말하자면 물권, 채권, 무체재산권으로 구성된 재산권(property) 중에서 물권만을 의미하는 것이나, 영미법이나 CISG 및 각종의 무역법규에서 물품만을 그 적용대상으로 제한시키고 있기 때문에 "property"를 통상적으로 소유권으로 칭하여 재산권과 동의어로 사용하고 있다. 또한 "property", "ownership" 및 "title"이라는 세 용어가 통상적으로 소유권이라는 동일한 의미로 사용되고 있다.

CISG 제30조에서는 소유권의 이전에 관하여 "매도인은 계약 및 이 협약이 요구하는 바에 따라 물품을 인도하고, 그 관계서류를 제공하며 그리고 그 물품의 소유권을 이전하여야 한다."라고만 포괄적인 규정을 두고 있을 뿐 구체적인 규정은 없다.

---

38) "identification"이란 일반적으로 사람・문서・사물 등의 동일성을 식별함을 가리키나, UCC §2-501에서는 매매계약이 체결되면 계약물품의 권리가 매수인에게 이전되기 이전에도 가급적 빠른 시점에서 매수인에게 피보험이익을 인정하는 것이 바람직하다는 고려에서 매수인의 피보험이익은 계약물품의 특정이 있은 시점부터 발생하며 그러한 특정이 이루어지는 시점에 관하여 규정하고 있다. 또한 UCC에서는 이러한 특정을 표현하는 데 있어서 종래의 권리이전이나 위험부담 시기의 관념과 결부되기 쉬운 충당(appropriation)이라는 용어를 피하고 "identification"이라는 용어를 사용하고 있다.

39) CISG상의 물품의 인도는 현실적 인도만을 의미한다.

40) 한국 민법 제19조 제1항.

## 2) 소유권 이전의 일반원칙

소유권[41] 이전(passing of property)에 관한 학설은 크게 의사주의와 형식주의로 나눌 수 있다. 의사주의는 소유권의 이전을 위해서는 당사자의 의사표시가 결정적이라는 입장으로서 일본, 프랑스 및 영미법에서 채택되고 있다. 반면에 형식주의는 소유권의 이전을 위해서는 물품의 인도, 요식 또는 불요식적인 행위가 필요하다고 보는 입장으로서 로마법을 필두로 독일법에서 계승하였고, 한국 민법에서도 이를 채택하고 있다.[42]

소유권 이전의 대원칙으로 SGA에서는 매매계약의 본질을 소유권 이전의 문제로 보아 불특정물과 특정물로 대별하여 규정하고 있다. 불특정물의 매매계약에 있어서 물품이 특정되기까지 물품의 소유권은 이전하지 않는다는 점이다. 특정물의 매매계약에 있어서 물품의 소유권은 계약당사자가 그 이전을 의도한 때에 매수인에게 이전하며, 당사자의 의사를 확정할 때에는 계약의 내용, 당사자의 행위 및 경우의 상황을 고려하여야 한다고 하고 있다.[43]

SGA에서는 매매당사자 간에 별도의 의사표시가 없는 한 물품의 소유권이 매수인에게 이전하는 시기에 관한 당사자의 의사확정 기준에 대하여 다음과 같이 규정하고 있다.[44]

첫째, 인도가능한 상태에 있는 특정물(ascertained goods; specific goods)[45]에 대한 무조건의 매매계약에 있어서 물품의 소유권은 계약성립시에 매수인에게 이전한다. 지급 및 인도의 시기 중 일방 또는 쌍방이 연기를 하는 것은 물품의 소유권 이전에 영향을 미치지 않는다.

---

41) 소유권이란 물품에 대한 완전지배권을 의미하는 것이며 한국 민법의 정의에 따르자면 물품을 사용, 수익, 처분할 권리를 말한다(제211조). 소유권은 엄밀하게 말하자면 물권, 채권, 무체재산권으로 구성된 재산권(property) 중에서 물권만을 의미하는 것이나, 영미법이나 CISG 및 각종의 무역법규에서 물품만을 그 적용대상으로 제한시키고 있기 때문에 "property"를 통상적으로 소유권으로 칭하여 재산권과 동의어로 사용하고 있다. 또한 "property", "ownership" 및 "title"이라는 세 용어가 통상적으로 소유권이라는 동일한 의미로 사용되고 있다.

42) SGA 1979, §17; UCC, Article 2-401(1); 독일 민법 제929조; 일본 민법 제176조 · 한국 민법 제188조.

43) Schmitthoff는 SGA의 소유권 이전에 관한 규정을 정리하여 ① 불특정물에 있어서 소유권은 이전하지 않으며, ② 특정물의 소유권은 당사자의 의사에 의하여 이전한다는 2가지 기본원칙을 제시하고 있다; 임홍근 역, Clive. M. Schmitthoff 저, 「수출무역계약의 법리」, 삼영사, 1984, p.30.

44) SGA 1979, §18.

45) 특정물이란 매매계약성립시 계약의 대상으로 확정하고 합의된 물품을 말하며 확정물이라고도 한다; SGA 1979, §61(1).

둘째, 특정물의 매매계약에 있어서 물품을 인도가능한 상태로 하기 위하여 매도인이 일정한 행위를 해야 할 경우에는 매도인이 그 행위를 하고 매수인이 그 통지를 받기 전까지는 소유권은 이전하지 않는다.[46)]

셋째, 인도가능한 상태에 있는 특정물의 매매계약에 있어서 대금을 확보하기 위하여 매도인이 물품에 관한 중량, 용적의 측정, 실험, 검사 또는 기타의 행위를 해야 할 필요가 있는 경우에는 매도인이 그 행위를 하고, 매수인이 그 통지를 받기 전까지는 소유권은 이전하지 않는다.

넷째, 승인조건부(on approval) 또는 반환조건부(on sale or return), 기타 이와 유사한 조항에 의하여 물품이 매수인에게 인도되는 경우에는 매수인이 승인 또는 승낙을 매도인에게 표명하거나 또는 그 거래를 시인하는 일정한 행위를 한 때, 또는 매수인이 승인 또는 승낙을 매도인에게 표명하지 않고 거절의 통지도 없이 물품을 유치한 경우에는 물품의 반환기간이 정해져 있는 때에는 그 기간이 완료한 때, 또는 그 기간이 정해져 있지 않은 때에는 상당한 기간이 경과한 때에 물품의 소유권이 이전한다.

다섯째, 불특정물(unascertained goods)[47)] 또는 장래 취득될 물품(future goods)에 관한 명세서에 의한 매매계약에 있어서는 명세서에 적합하고 인도가능한 상태에 있는 물품이 매수인의 동의를 얻어 매도인에 의하여 또는 매도인의 동의를 얻어 매수인에 의하여 무조건으로 계약에 충당(appropriation)[48)]된 경우에는 그 물품의 소유권은 그 충당된 시점에 매수인에게 이전한다.

동의는 명시적 또는 묵시적으로 할 수 있으며, 또는 충당의 전후에 어느 시점에라도 할 수 있다. 계약에 따라 매도인이 매수인에게 송부할 목적으로 물품을 매수인, 운송인 또는 기타의 수탁자(bailee) 혹은 보관자에게 인도하고 그 처분권을 유보하지 않은 경우에는 매도인은 무조건으로 물품을 계약에 충당한 것으로 간주한다.

---

46) 이러한 경우 매도인이 물품을 인도할 수 있는 상태로 하기 위한 일정한 행위의 의무는 계약조건의 일부가 된다; A.G. Guest, *Benjamin's Sale of Goods*, 3rd. ed., Sweet & Maxwell, 1987, p.186.

47) 불특정물이란 매매계약 체결 시 계약의 대상으로서는 확정하지 않은 것으로 당사자가 오직 참조할 수 있는 물품으로서 불확정물이라고도 말하며, 매도인에 의하여 제조·육성되고 있는 물품, 순수한 종류 전체를 나타내는 물품 그리고 특정물 전체 가운데 불확정 부분 등이 이에 속한다: P.S. Atiyah, *The Sale of Goods*, 6th ed., London, 1980, p.337.

48) Sassoon은 "충당"이란 물품을 계약에 귀속시키는 행위이며 이는 반드시 소유권을 이전시키는 행위는 아니지만 매도인으로 하여금 계약에 충당된 물품을 매수인에게 인도할 의무를 부담하게 한다"라고 정의하고 있다; D. M. Sassoon, *C.I.F. & F.O.B. Contracts*, 3rd ed., Stevens & Sons, 1980, p.216.

이상의 다섯 가지 기준에 있어서 첫 번째에서 네 번째까지는 특정물매매에 적용될 수 있고, 다섯 번째는 불특정물의 매매에 적용될 수 있는 소유권 이전의 의사결정 기준이다.[49]

## 3) 소유권 이전에 관한 제규정

SGA에서는 소유권 이전에 대해 의사주의를 채택하고 있는데,[50] 계약물품의 성격에 따라서 계약의 목적물이 특정물인 경우에는 매매당사자의 의사에 따라 매매계약 체결 시에 소유권은 이전하고, 계약의 목적물이 불특정물인 경우에는 물품에 대한 특정이 이루어진 때 당사자의 의사에 따라 소유권이 이전한다.

UCC에서는 물품이 현실적으로 인도되는 경우와 그렇지 않은 경우로 구분하여 소유권 이전의 시기를 규정하고 있다.[51] 매매계약상 현실적인 인도가 필요한 경우 매도인이 물품을 현실적으로 인도를 이행하여 그 이행이 종료한 시기와 장소에서 물품의 소유권이 이전된다. 또한 현실적인도가 필요치 않은 경우 당사자 간의 별도의 명시적인 합의가 없는 한 매도인이 권리증권을 교부한 시기에 소유권이 이전되고, 권리증권의 교부가 필요 없는 경우 계약체결 시에 계약의 목적물이 특정되면 그 시기에 소유권이 이전된다.

이와 같이 UCC에서는 매매는 대금을 획득하기 위하여 매도인이 매수인에게 권원(權原; title)[52]을 이전하는 것이라 정의하고 있으므로[53] 소유권의 이전을 매도인의 주요한 의무로 간주하고 있다. 또한 물품에 대한 소유권은 당사자 간의 명백히 합의된 방법 및 조건에 따라 매도인으로부터 매수인에게 이전한다고 규정하여, 영국의 SGA와 같이 불특정물인 경우에는 소유권은 이전하지 아니하고, 특정물인 경우에는 당사자의 의사에 의해 이전한다는 의사주의를 채택하고 있다.

한국 민법은 동산의 소유권 이전에 관하여 형식주의를 채턱하고 있는데,[54] 이는 당사자의 의사표시만으로는 효력이 발생하지 않고 인도를 하여야 비로소 그 효력

---

49) 무역매매는 특수한 경우를 제외하고 거의 모두가 불특정물을 대상으로 하고 있으므로 실제적으로 불특정물에 대한 소유권 이전에 관한 규칙이 중요성을 가진다.

50) SGA 1979, §17.

51) UCC, Article 2-401, 402.

52) UCC에서는 "title(권원)"이라는 용어와 "property(재산권)"이라는 용어를 혼용하고 있다.

53) UCC, Article 2-106(1).

54) 한국 민법 제188조 및 제190조.

이 발생하는 것으로 규정하고 있다.

환어음에 의한 매매의 경우 물품의 소유권은 매수인이 어음지급과 상환으로 선하증권을 취득할 때 매수인에게 이전한다. 그때까지 운송물의 소유권은 매입은행에 의한 선하증권의 취득이 동산질의 취득인 경우에는 매도인에게 있다. 또한 운송증권의 수화인이 매수인인 경우에는 은행은 매수인의 증권취득에 이르기까지의 단순한 전달기관에 불과한 것으로 보고 있다. 이 경우에도 매수인이 환어음의 지급과 상환으로 선하증권을 취득한 때에 매수인에게 소유권이 이전되며 그때까지는 소유권이 매도인에게 유보된다.

CISG는 소유권의 이전에 관한 구체적인 규정은 없이 매도인의 의무에 관한 총칙인 제30조에서 매도인이 물품의 소유권을 이전하여야 한다고 규정하고 있을 뿐이다. 이는 영미법과 대륙법에 있어서 형식주의와 의사주의 간의 상충관계를 고려하여 통일법이라는 성격상 대립을 회피하고자 한 것으로 보인다.

인코텀즈에서도 소유권의 이전에 관하여 규정하고 있지 않기 때문에 기타의 규정, 즉 물품의 인도와 인도의 수령에 관한 규정, 대금지급에 관한 규정, 위험의 이전과 비용의 분담에 관한 규정 등을 이용하여 각 정형거래규칙별로 소유권 이전에 관련한 사항들을 유추하여야 할 것이다. 대부분의 정형거래규칙들의 경우에는 물품의 인도 시에 소유권이 이전되는 것으로 해석된다 할 것이다.

CIF계약에 관한 와르소·옥스포드 규칙(Warsaw-Oxford Rules for CIF Contract 1932)[55]에서는 매도인이 해상선하증권과 수령선하증권을 포함하는 계약상 요구되는 제반서류를 매수인에게 인도할 때 소유권은 이전한다고 규정하고 있으며,[56] 대금지급의 문제에 대해서는 언급하고 있지 않지만 계약에서 물품의 인도와 대금지급은 동시이행조건이라고 정하고 있다.

일반적으로 무역거래에 있어서의 소유권의 이전은 선하증권의 발행방식과 그에 따른 적법한 배서 또는 교부에 의해서 결정되는 것이다.[57] 즉 선하증권이 지시식으로 발행되었는지 또는 기명식으로 발행되었는지에 따라서 물품의 선적 시에 소유권이 이전하느냐 또는 대금지급 시에 이전하느냐가 결정되는 것이다.[58]

---

55) 해상무역에 있어서 매매관습의 국제적 통일을 위하여 1932년에 국제법협회(International Law Association: ILA)에 의하여 채택된 것으로서 서문과 21개조로 구성되어 있다.

56) 이는 CIF 규칙이 FOB 규칙과 같이 물품의 현실적 인도에 의하여 이루어지는 거래가 아니라 서류의 상징적 인도에 의하여 이루어지는 거래이기 때문이다.

57) 한국의 경우 은행의 담보권확보를 위하여 발행하는 모든 수입신용장상의 운송서류에 관한 조건으로서 반드시 선하증권을 은행의 지시식으로만 발행하고 있다.

# 제5절 국제무역계약의 위반과 구제

## 1 계약위반의 의의

계약위반(breach of contract)이란 매매당사자가 자신에게 귀책되는 사유로 계약 내용에 일치된 이행을 하지 않는 것을 말한다. 다시 말하면 계약 내용의 불이행(non-performance)을 의미하는 것이다. 국제물품매매계약은 계약이 성립되면 매도인은 매수인에게 약정된 물품을 인도할 의무가 있고 이에 반하여 매수인은 매도인에게 대금지급의무를 부담하는 것과 같이 동시이행의무를 부담하게 된다. 그런데 이행기가 도래하여도 매도인이 약정물품을 인도하지 않거나, 매수인이 수령한 물품대금을 지급하지 않는 것은 가장 전형적인 계약위반이다.

계약위반은 영미법계에서 사용되는 용어로 금전채무를 대상으로 하나 한국 민법이나 대륙법계에서는 금전채무에 국한하지 않고 모든 종류의 채무를 대상으로 하며 계약불이행 또는 채무불이행이라 하고 있다. 계약위반 유형에 대한 표현이나 정의는 학설 또는 각국의 입법례에 따라 약간 차이가 있다. 일반적으로 계약위반의 유형에 대하여 영미법계에서는 이행지체(delay in performance), 이행거절(repudiation; renunciation), 이행불능(impossibility of performance)으로 구분하고 있으며, 한국 등 대륙법계에서는 채권자지체를 포함한 이행지체, 이행불능, 불완전이행(incomplete performance)으로 구분하고 있다. 또한 CISG에서는 매도인의 계약위반과 매수인의 계약위반으로만 규정하여 계약의 특성과 국제성을 고려하여 영미법계와 대륙법계의 조화를 시도하고 있다.[59)]

## 2 계약위반과 계약해제의 사유

당사자의 일방에게 의무불이행 등의 사유가 있는 경우에 타방당사자로 하여금 계약의 구속으로부터 벗어나게 하는 일반적 계약해제는 대륙법계의 것이며, 영미법계에는 이러한 제도가 발달하지 아니하였으나 계약의 취소사유로 부실표시

58) 강원진, 전게서, p.378.
59) 강원진, 이양기, 최신국제상거래론, 박영사, 2014, 140–146면

(misrepresentation), 강박(duress), 부당위압(undue influence), 착오(mistake)[60] 외에 계약상 의무불이행이 포함되어 있고 그 불이행이 심한 경우 및 조건위반인 경우 등에는 계약의 취소를 인정하고 있다.

영미법계의 경우 영국의 물품매매법(SGA)에서는 조건(condition)과 담보(warranty)를 구별하고 조건위반인 경우에는 그 물품의 수령을 거절할 수 있으나 담보위반인 경우에는 손해배상청구만 할 수 있도록 규정하고 있다.[61] 미국의 통일상법전(UCC)은 완전이행제공원칙(perfect tender rule)에 따라 매수인의 거절권을 인정하면서 실질적 위반여부의 기준을 보충적으로 채택하고 있다. 또한 계약위반이 전부위반이라고 법원에서 인정하게 되면 상대방은 계약을 해제하여 이후의 채무이행을 거절할 수 있다.

또한 한국법에서는 이행지체로 상당한 기간 최고(催告) 후 최고기간 안에 이행이 없으면 해제가 되거나,[62] 정기행위, 즉 계약의 성질상 또는 당사자의 의사표시에 의하여 일정한 이행기에 이행하지 않으면 계약이 해제되고,[63] 또한 이행불능[64] 외에 불완전이행, 채권자지체, 사정변경으로 인한 경우에도 계약이 해제될 수 있는 것으로 보고 있다.

한편 CISG에서는 매수인 또는 매도인이 계약을 해제할 수 있는 사유로 매도인의 의무불이행이 중대한(본질적인) 계약위반(fundamental breach of contract)[65]으로 되는 경우와 인도의 불이행에 관하여 추가기간 내에 매도인이 목적물을 인도하지 아니한 경우, 또는 매도인이 정한 기간 내에 그 의무를 이행하지 아니함을 명확히 한 경우에 관하여 규정하고 있고,[66] 계약해제의 의사표시는 상대방에게 통지를 한 경우에 효력이 있다고 규정하고 있다.[67] 또한 CISG에서 당사자는 계약체결 후 "이행기 전 계약위반(anticipatory breach of contract)"에 대하여 상대방에게 의무이행 정지권[68]과 계약해제권[69]을 부여하고 있고 목적물을 분할하여 인도하는 계약에서

60) 이와 같은 계약은 처음부터 무효이거나 또는 취소될 수 있는 것으로 하자 있는 계약이다.
61) SGA 1979, §11.
62) 한국 민법 제544조는 보통의 이행지체를 말한다.
63) 한국 민법 제545조는 정기행위의 경우를 말한다.
64) 한국 민법 제546조.
65) 본질적인 계약위반 사유가 되기 위해서는 매도인이 매수인에게 물품을 인도하여야 하며, 인도한 물품이 계약목적에 부적합(non-conformity)하여야 하고, 그 가치를 실질적으로 박탈하는 결과가 초래하여야 하며, 이와 같은 결과를 예견할 수 있는 것이어야 한다.
66) CISG 제49조(1)항, 제64조(1)항.
67) CISG 제26조.

어느 분할부분에 관한 일방 당사자의 의무의 불이행이 그 븐할부분에 대하여 중대한 계약위반으로 되는 경우에는 상대방은 계약을 해제할 수 있다고 규정하고 있다.[70]

## 3 계약위반에 대한 매매당사자의 구제

### 1) 구제의 의의

구제(救濟; remedy)란 일정한 권리가 침해되는 경우에 그러한 침해를 방지하거나, 보상하게 하는 것을 말한다. 국제물품매매계약에서 계약을 위반한 경우에는 그 계약위반으로 인하여 계약상대방이 입은 손해를 배상하여야 하는 것은 당연하다. 매매계약을 위반하였을 경우 매도인에 대한 배상을 매수인의 구제(buyer's remedy)라 하고, 매수인에 대한 배상을 매도인의 구제(seller's remedy)라 한다.

계약위반에 대한 구제방법으로는 현실적 이행을 강제하는 방법과 손해를 배상하게 하는 방법으로 크게 나누어 살펴볼 수 있다. 영미법계에서는 계약위반의 경우 약속된 채무에 대체되는 수단으로서의 보상적 구제(substitutional relief), 즉 금전배상을 명하는 손해배상을 원칙으로 하고 예외적으로 현실적 강제이행을 인정하고 있다. 한편 한국 민법을 비롯한 대륙법계에서는 될 수 있는 대로 본래 계약에서 약속되었던 급부의 내용을 그대로 실현토록 함이 채권자에게 유리하며, 계약의 본래 취지에도 부합한다는 이유로 현실적 강제이행 방식을 원칙으로 하되 예외적으로 손해배상에 대한 구제방식을 채택하고 있다. CISG는 일방 당사자가 국제물품매매계약을 위반하였을 경우 상대방이 어떻게 구제되고 보호될 수 있는가의 문제를 다룸에 있어 대륙법계와 영미법계의 법리를 적절히 조화시킨 내용의 구제방식을 채택하고 있다.[71]

이와 같은 계약위반에 대한 매매당사자의 구제는 당사자 간에 원만하게 해결하는 것이 바람직하지만 그렇지 못할 경우, 법정(court)이나 중재판정부(arbitration

68) CISG 제71조(1)항.
69) CISG 제72조.
70) CISG 제73조.
71) 조경근, "국제물품매매협약에 있어서 당사자의 권리구제", 「국제물품매매계약에 관한 UN협약상의 제문제」, 삼지원, 1991, p.170.; Allan Farnswort, "Damages and Specific Relief", *The American Journal of Comparative Law*, 1979, p.247.

tribunal) 중 어느 곳에 그 구제를 청구할 것인가에 대하여 검토하여야 한다.

### 2) 구제의 방법

#### (1) 영미법상의 구제방법

영국의 물품매매법(SGA)에서 매수인의 구제방법으로는 인도불이행에 따른 손해배상(damages for non-delivery)[72]과 특정이행(specific performance)[73] 및 담보위반에 대한 구제(remedy for breach of warranty)[74]가 있다.

인도불이행에 대한 매수인의 손해배상청구는 인도불이행에 대한 손해배상청구와 인도된 물품의 조건위반에 대한 손해배상청구이다. 매도인이 불법으로 매수인에게 물품의 인도를 해태하거나 또는 거절한 때에는, 매수인은 인도불이행에 대하여 매도인에게 손해배상청구의 소를 제기할 수 있다. 손해배상액은 매도인의 계약위반으로 인하여 통상적인 경우에 직접적이고 당연히 발생하는 추정손실(estimated loss)에 의하여 정한다. 손해배상액의 산정은 계약가액과 물품을 인도하여야 할 때의 시가 또는 당시가격(market or current price)과의 차액에 의하는 것으로 추정한다. 인도의 시기에 관하여 정함이 없을 때에는 인도를 거절할 당시의 시가 또는 당시 가격에 의하는 것으로 추정한다.

특정이행은 금지명령(injunction)과 더불어 모두 형평법(衡平法; equity)상의 구제방법으로 보통법에 의하여 충분한 구제를 받을 수 없는 경우에 한하여 이것을 보완하기 위한 것이다.[75] 특정이행이란 계약 내용인 채무를 약속대로 적극적으로 이행할 것을 명하는 구제방법이다.[76] 또한 금지명령은 일정한 행위를 금지하는 법원의 명령, 즉 행위금지의무의 준수를 강행시키는 것을 말한다. 영국 SGA의 특정물의 인도에 따른 계약위반에 대한 소송에서 법원은 당연하다고 인정할 경우에는 원

---

72) SGA 1979, §51.

73) SGA 1979, §52; UCC, Article 2-716.

74) SGA 1979, §53.

75) 中村 弘, 前揭書, p.321.

76) 계약위반으로 인하여 입은 손해는 돈으로 배상하는 것이 원칙이지만, 돈으로 배상하는 것으로는 입은 손해를 보상하기에 부적합한 경우에는 계약위반 당사자로 하여금 특정이행을 행하도록 하게 된다. 예컨대 희귀품, 저작권 등의 경우에는 금전배상이 부적합하고 계약을 이행하는 것만이 당사자가 입은 손해를 보상하는 유일한 방법이 된다. 법원이 특정이행을 명했음에도 불구하고 채무자가 이 명령에 위반하여 채무를 약속대로 이행하지 않은 때에는 법원모욕(contempt of court)이 되어 처벌된다.

고(plaintiff)의 신청에 의하여 피고(defendant)에 대하여 손해를 배상하고 물품을 보유할 자유를 인정하지 아니하고 약속대로 이행할 것을 판결로써 명할 수 있다.

담보위반에 대한 구제에 대하여 매도인이 담보책임에 위반하거나 또는 매수인이 매도인의 계약조건위반(breach of condition)을 담보책임으로 취급하거나 담보책임으로 취급하는 것이 부득이한 경우에는 매수인은 그 담보책임만을 이유로 물품의 수령을 거절할 수 없다.[77] 그러나 매수인은 담보책임의 위반을 이유로 대금의 감액 또는 소멸로써 매도인에게 대항할 수 있고, 손해배상의 소송을 제기할 수 있다.

SGA에서 매도인의 구제방법으로는 대금청구소송(action for the price),[78] 물품수령불이행으로 인한 손해배상의 청구권(damages for non-acceptance)[79]이 있다. 이 밖에 대금을 지급받지 못한 매도인에 대해서는 물품에 대한 유치권(留置權; lien),[80] 운송정지권(運送停止權; right of stoppage in transit)[81] 및 재매각권(right of resale)[82]이 있다. 여기서 유치권이란 매수인에 의하여 대금지급이 될 때까지 물품을 보유하는 권리를 말한다. 유치권이 발생되기 위해서는 대금지급을 받지 못한 매도인이어야 하고,[83] 매도인이 물품을 점유하고 있어야 한다. 또한 운송정지권은 특정인에게 매각된 물품을 재취득하여 그 물품이 특정인의 부채의 지급에 적용되는 것을 막는 권리로서 대금지급을 받지 못한 매도인의 권리이다. 유치권과 운송정지권은 매도인으로 하여금 점유를 시켜 대금지급이 있을 때까지 유치할 수 있으나[84] 매수인으로부터 나중에 대금지급을 받게 되면 물품을 재송부하여야 한다.

또한 대금지급을 받지 못한 매도인은 물품을 점유하였을 경우에 비록 소유권이

77) 당사자 간에 체결되는 계약 중에는 보통 몇 개의 조항(terms)이 포함되어 있다. 물품매매법은 이들 중요한 조항으로서 그 위반으로 하여금 계약해제권을 발생시키게 되는 것을 조건(condition)이라 부르고, 중요하지 않는 조항으로서 부수적이라고 할 수밖에 없는 그 약속조항의 위반과 같이 손해배상청구권만을 발생시키는 것을 담보(warranty) 또는 보증이라고 부른다. 따라서 매도인에게 조건위반이 있을 때에는 계약을 해제하여 물품의 수령 및 대금지급을 거절할 수 있고, 만일 대금을 지급한 후라면 그 상환을 청구할 수 있다. 담보위반의 경우에는 계약을 해제할 수 없으며 대금감액 또는 손해배상을 청구할 수 있다.

78) SGA 1979, §49.

79) SGA 1979, §50.

80) SGA 1979, §41.

81) SGA 1979, §44; UCC §2-705.

82) SGA 1979, §24; UCC §2-706.

83) 물품을 외상으로 계약하였다면 매도인은 유치권을 갖지 못한다.

84) UCC, Article 2-702.

이전하였다 하더라도 매도인이 유치권 또는 운송정지권을 행사한 경우에 물품에 대한 재매각권을 갖는다.

한편 미국의 통일상법전(UCC)에서 계약위반에 대한 매수인의 구제방법은 계약위반이 계약전체의 가액을 멸손하였을 경우에는 계약해제권,[85] 이미 지급한 대가에 대한 손해배상청구권,[86] 불인도에 대한 손해배상청구권[87]이 있으며, 매도인의 구제방법은 물품인도유보권,[88] 운송정지권,[89] 재매각권,[90] 수령거절에 대한 손해배상청구권,[91] 매매계약취소권[92]이 있다. 이와 같이 미국의 법제도 영국의 법제와 근본적으로 취지를 공유하고 있다.

### (2) 한국법상의 구제방법

한국 민법에서는 매매의 목적물에 하자 또는 수량부족이 있는 경우에는 매도인이 하자담보책임을 부담한다. 담보책임은 매매에 의하여 매수인이 취득하는 권리 또는 권리의 객체인 물건에 하자(흠) 내지 불완전한 점이 있는 때에 매도인이 매수인에게 부담하는 책임을 말한다.[93] 매수인의 구제방법으로는 대금감액청구권, 계약해제권, 손해배상청구권이 있다.[94] 이 밖에 계약해제나 손해청구는 하지 않고 하자가 있는 물품을 하자 없는 물품으로 대체청구할 수 있는 이른바 종류매매에 관하여 규정하고 있다.[95]

### (3) CISG상의 구제방법

물품매매계약에서 매도인의 주된 의무는 약정된 기간 내에 매수인에게 약정물품을 인도하는 것이다. 이러한 매도인의 의무를 이행하지 아니하는 경우 CISG에

---

85) UCC, Article 2-711.
86) UCC, Article 2-713.
87) UCC, Article 2-713~714.
88) UCC, Article 2-703(a).
89) UCC, Article 2-703(b).
90) UCC, Article 2-703(d).
91) UCC, Article 2-703(e).
92) UCC, Article 2-703(f).
93) 곽윤직, 「채권각론」, 박영사, 1992, pp.204-205.
94) 한국 민법 제570조에서 제582조에 따르면, 악의인 때에는 계약체결한 때로부터 1년 내에, 선의인 때에는 사실을 안 때로부터 1년 또는 6월 이내에 행사할 수 있다. 매수인의 검사 및 통지의무는 상법 제69조 제1항 참조.
95) 한국 민법 제581조 제2항.

서 규정하고 있는 매수인의 구제방법으로는 매수인은 매도인에게 손해배상청구권,[96] 의무이행청구권,[97] 계약해제권,[98] 대금감액권[99]이 있고 매도인의 구제방법으로는 손해배상청구권,[100] 의무이행청구권,[101] 계약해제권[102]이 있다.

CISG는 국제물품매매당사자의 의무로서 매도인의 계약책임과 매수인의 계약위반으로만 구분하여 총괄적으로 규정하면서 계약의 특성과 국제성을 고려하여 영미법계를 그 바탕으로 삼으면서도 대륙법계와의 조화를 시도하려는 입장을 취하고 있다.

## 4 프러스트레이션에 의한 해제

프러스트레이션(frustration)이란 계약목적의 달성불능 또는 계약의 좌절 또는 이행불능이라고 할 수 있다. 영국법에서는 프러스트레이션은 당사자의 고의나 과실 없이 발생한 후발적 사정(supervening circumstances)으로 계약이 해제됨으로써 당사자가 추구하였던 계약목적이 좌절되는 법리를 말한다. 프러스트레이션에 의한 해제(discharge by frustration)는 계약이 성립되는 경우 어떠한 사건이 발생되면 당해 사건 발생시점으로부터 계약은 자동적으로 해제(소멸)되는 것을 말한다.[103] 예컨대, 당사자의 사망, 목적물의 멸실, 후발적 위법, 사정의 본질적 변화 등의 경우에 프러스트레이션이 성립된다.[104]

프러스트레이션과 불가항력사태 발생과의 관계는 계약이행이 불가능한 점에서는 공통점이 있으나 전자는 계약 자체가 해제되지만, 후자는 계약조건의 불이행에 따른 면책을 인정할 따름이다.

---

96) CISG 제45조(1)항(b)호.
97) CISG 제46조(1)항, (2)항, (3)항, 제47조; 의무이행청구권에는 ① 특정이행청구권, ② 대체물인도청구권, ③ 하자 보수청구권, ④ 추가기간설정권이 있다.
98) CISG 제46조(1)항.
99) CISG 제50조.
100) CISG 제61조(1)항(b)호.
101) CISG 제62조; 의무이행청구권은 계약의무, 즉 채무를 약속한 대로 이행할 것을 법원이 명령하는 구제방법이다.
102) CISG 제64조(2)항.
103) John Tillotson, *Contract Law in Perspective*, Butler worth & Co., Ltd., 1981, p.145.
104) 그러나 스스로 이행불능을 자초하거나, 계약서상에 명시규정이 있거나, 예측된 사건, 단기간의 이행불능, 의도되거나 다른 대안이 존재할 때에는 프러스트레이션 성립이 배제될 수 있다.

연구과제

1. 청약자(offeror)가 수량이 한정된 재고품을 경쟁적인 가격으로 조속히 처분하기 위하여 해외의 다수인에게 청약(offer)하면서 무심코 유효기일이 명시된, 즉 확정청약(firm offer)을 하게 되었다. 이 경우의 문제점은 무엇인가? 무역거래에서 이와 관련된 청약은 어떻게 하여야 할까?

2. 청약의 유인(invitation to offer)의 예를 들고, 이에 따른 계약성립의 법적 효력에 대하여 설명하시오.

3. 국제매매계약의 성립을 위한 승낙(acceptance)의 효력발생시기는 국가에 따라 "발신주의(dispatch theory)" 또는 "도달주의(receipt theory)"를 채택하는 경우가 있다. 특히 유효기간을 정한 확정청약의 경우에는 승낙의 의사표시에 따른 효력이 언제부터 유효한지 여부에 대하여 당사자 간에 분쟁이 야기되기 쉽다. 이러한 분쟁을 예방하기 위한 방안은 무엇인가?

4. 청약자(offeror)의 청약(offer)과 피청약자(offeree)가 승낙(acceptance)과 관련하여, (1) 계약이 성립되기 위해서는 청약과 승낙은 "완전일치"(mirror image rule)의 원칙이 예외 없이 적용되어야 하는지 여부에 대하여 CISG의 제19조 실질적(본질적) 변경 등을 참조하여 설명하시오. (2) 승낙의 의사표시, 즉 승낙(동의) 여부에 대한 의사표시 대신 승낙자가 청약자 앞으로 신용장을 발행하는 경우 계약은 성립된 것으로 볼 수 있는가? 이 경우의 문제점은 무엇인가?

5. 다음과 같은 상황 및 조건 등을 참조하여 Internet based "Offer to Sell"을 작성하시오.

[상황]
미국의 수입자 America International Inc.는 인터넷 홈페이지의 광고를 보고 한국의 수출자 Seoul Trading Co., Ltd. 앞으로 Men's Backpack 2,000개에 대한 구매의사를 밝히면서 offer를 요청하였다. 이에 수출자는 인터넷을 이용하여 offer 하고자 한다.

[조건]
① 품목 : Tiger Brand Men's Backpack
② 수량 : 아이템별로 1,000개씩 총 2,000개
③ 단가 : #GB-307 : 미화 70 달러
#BB-308 : 미화 80 달러

④ 가격조건 : 인코텀즈 2010에 의한 뉴욕항까지 운임・보험료포함인도
⑤ 선적조건 : 계약체결 이후 60일 이내 선적
⑥ 결제조건 : Seoul Trading Co., Ltd.를 수익자로 하여 발행된 일람후 90일 출급 취소불능신용장
⑦ 검사조건 : 매수인 대리인의 선적전 검사를 최종으로 함
⑧ 포장 : 물품은 개당 1개씩 P.E Bag에 담고 수출자가 한상자에 10개씩 포장
⑨ 원산지 : 대한민국
⑩ 수입자/피청약자 : John F. Dolan, President
America International Inc.
350 Fifth Avenue, New York, NY10018, U. S. A.
⑪ 수출자/청약자 : 대표이사 홍길동
Seoul Trading Co., Ltd.
서울특별시 중구 소공동 1가 15번지
⑫ 유효기일 : 승낙은 전자우편으로 20xx년 3월 31일까지 당사에 도착하는 조건
⑬ 작성일 : 20xx년 3월 10일
* 단, 언급되지 아니한 사항은 임의로 작성함

6. 국제물품매매계약에서 본질적 계약위반이란 무엇이며 그 구체적인 예를 매도인과 매수인의 입장에서 설명하시오.

7. 국제물품매매계약에서 불가항력조항의 설정은 어떻게 하여야 하며, 불가항력조항을 적용시키기 위하여 특히 매도인의 경우 어떠한 조치를 행하여야 하는가?

8. 불가항력조항의 적용과 관련하여 매도인이 면책되는 경우와 귀책되는 경우의 예를 들어 설명하시오.

9. “Force Majeure”와 “Frustration”의 차이점을 설명하시오.

10. 국제물품매매계약에서 매도인의 약정기간 내에 선적불이행 하였을 경우 매수인의 구제방법은 어떠한 것들이 있는지 CISG에 기초하여 설명하시오.

11. 무역계약에 있어서 청약의 효력이 소멸되는 사유 5가지를 쓰시오.
(2020년도 제37회 관세사 2차 기출문제 10점)

12. 국제물품매매계약에서 정지조건과 해제조건을 비교・설명하시오.
(2018년도 제35회 관세사 2차 기출문제 10점)

Chapter

# 5

# 국제상거래계약의 기본조건과 계약서

제1절 거래조건에 관한 협정

제2절 계약물품에 관한 기본조건

제3절 분쟁해결을 위한 조건

Chapter

# 5 국제상거래계약의 기본조건과 계약서

## 제 1 절 거래조건에 관한 협정

### 1 무역계약조건의 구성

무역계약은 매도인인 수출상이 약정한 물품에 대한 인도를 이행함으로써 소유권과 점유권을 수입상에게 이전하고, 수입상은 이에 대해 대금지급을 서면상으로 약속하는 것이다. 따라서 무역거래의 당사자 간에 체결되는 매매계약에는 물품의 인도와 대금의 지급 그리고 계약위반 시의 구제조항 등에 관한 계약의 제조건이 확정되어야 한다.

매매계약에서 약정하여야 할 주요조건에는 우선 계약기본조건으로서 계약당사자와 관련하여 본인(principal), 대리인(agent)의 여부, 계약목적, 계약확정문언, 약인 등이다.

또한 계약물품 및 계약이행조항과 관련하여서는 품질조건, 수량조건, 가격조건, 포장조건, 선적조건, 결제조건, 보험조건 등을 포함하며, 계약의 불이행에 따른 분쟁구제조항과 관련하여서는 불가항력조항, 클레임조항, 중재조항, 준거법조항, 재판관할조항 등을 포함하고 있다.

### 2 계약기본조건

#### 1) 전문

##### (1) 표제

전문(nonoperative part)의 표제(title of agreement)는 계약내용을 한눈으로 알아보

기 쉽도록 하기 위한 것으로서 당사자 간의 계약목적 및 관계에 따라 자유롭게 정할 수 있다. 표제는 계약 내용에 특별한 법적효과를 갖는 것은 아니며, 표제가 이하 서술한 계약조건의 내용을 구속하거나 한정하지는 않는다. 따라서 가능한 한 간단 명료하게 작성하는 것이 좋으며, 실무상 많은 경우에 기재를 생략하기도 한다.

#### (2) 계약당사자

계약당사자(parties)를 표시하는 데 있어서 개인의 경우에는 그 주소와 회사명, 대표자 성명을, 법인의 경우에는 주된 사무소의 소재지, 법인명, 대표자명 등을 포함하여 기재하여야 한다.

### 2) 설명조항(Whereas Clause)

계약체결에 있어서는 이유, 경과, 계약의 목적 및 의사 또는 당사자의 간단한 사업설명 등이 기재되는 것이다.

이것은 엄격하게 말해서 법적인 효력을 갖지 못함으로 최근에는 점차 간단한 표현으로 변하고 있으며 경우에 따라서는 전혀 생략되어 버린 때도 있지만, 이 Whereas Clause에는 계약당사자가 계약을 체결함에 있어서 동기 내지는 목적이 기재되어 있기 때문에 계약 각 조항의 해석을 할 때에 당사자의 진정한 의사를 발견할 수 있고 계약체결의 정신을 살리기 위해서도 전문의 일부에 계약의 중요한 Principle을 명시하여 두는 것이 바람직하다.

이 조항에 있어, in consideration of(~을 '대가'로 하여)라는 영문이 기재되는 경우가 많은데, 이때 Consideration이라고 하는 것은 영미법의 특유한 것으로서 계약이 유효하게 성립하기 위한 요건이다.

〈Whereas Clause〉

WHEREAS, Seller is desirous of exporting the products stipulated in Article 4 hereof to the territory stipulated in Article 3 hereof ; and WHEREAS, Agent is desirous of soliciting orders for the said products from customers in the said territory ;

Now, THEREFORE, in consideration of the premises and the mutual con-venants to

be faithfully performed herein contained
IT IS HEREBY AGREED AND UNDERSTOOD AS FOLLOWS:

매도인은 제4조에 약정된 제조품을 제3조에 약정된 지역에 수출함을 희망하고 대리상은 위 언급된 지역에서 고객으로부터 위 제조품에 대한 주문권유를 희망하여 이에 따라 이 계약에 포함된 전제사항과 상호약정이 성실히 이행됨을 대가로 하여 아래와 같이 합의, 이해된다.

〈서식 5-1〉 일반무역조건협정서

AGREEMENT ON GENERAL TERMS AND CONDITIONS OF BUSINESS

This Agreement entered into between Seoul Trading Co., Ltd., Seoul, Korea, herein-after called the Sellers, and America International Inc., New York, U.S.A. hereinafter referred to as the Buyers, witnesses as follows:

1. **Business**: Both Sellers and Buyers act as Principals and not as Agents.

2. **Goods**: Goods in Business, their unit to be quoted, and their mode of packing shall be stated in the attached list.

3. **Quotations and Offers**: Unless otherwise specified in E-mail or letters, all quotations and offers submitted by either party to this Agreement shall be in U.S. Dollars on a CIF New York Incoterms® 2010 basis.

4. **Firm Offers**: All firm offers shall be subject to a reply within the period stated in respective E-mail. When "immediate reply" is used, it shall mean that a reply is to be received within three days and in either case, however, Sundays and all public holidays are excepted.

5. **Orders**: Any orders shall not be cancelled unless by mutual consent.

6. **Credit**: Banker's Irrevocable Letter of Credit shall be issued in favor of the Sellers immediately upon confirmation of sale; credit shall be made available twenty-one(21) days beyond shipping promises in order to provide for unavoidable delays of shipment.

7. **Payment**: Drafts shall be drawn under credit at sight, documents attached, for the full invoice amount.

8. **Shipment**: All goods sold in accordance with this Agreement shall be shipped

within the stipulated time. The date of Bill of Lading shall be taken as conclusive proof of the day of the shipment. Unless expressly agreed upon, the port of shipment shall be at the Seller's option.

9. **Cargo Insurance:** All shipment shall be covered ICC(B) Clauses for a sum equal to the amount of the invoice plus ten(10) percent, if no other conditions are particularly agreed upon. All policies shall be made out in U.S. Dollars and payable in New York.

10. **Quality:** The Sellers shall guarantee all shipments to confirm to samples, types, or descriptions, with regard to quality and condition.

11. **Damage in Transit:** The Sellers shall ship all goods in good condition, and buyers shall assume all risk of damage, deterioration, or breakage during transportation.

12. **Claims:** Claims, if any, shall be submitted by E-mail within fourteen(14) days after arrival of goods at destination. Certificates recognized by surveyors shall be sent by mail without delay. All claims which cannot be amicably settled between Sellers and Buyers shall be submitted to arbitration in Seoul, the arbitrators are consist of three members, the decision of an umpire selected by the arbitrators shall be final, and the losing party shall bear expenses thereof.

13. **Force Majeure:** The Sellers shall not be responsible for the delay of shipment in all cases of force majeure, including mobilization, war, riots, civil commotion, terrorism, hostilities, blockade, requisition of vessels, prohibition of export, fires, floods, earthquakes, tempest, and any other contingencies, which prevent shipment within the stipulated period. In the event of any of the aforesaid causes arising, documents proving its occurrence or existence shall be sent by the Sellers to the Buyers without delay.

14. **Delayed Shipment:** In all cases of force majeure provided in Article 13, the period of shipment stipulated shall be extended for a period of twenty one (21) days. In case shipment within the extended period should still be prevented by a continuance of the causes mentioned in Article 13 or the consequences of any of them, it shall be at the Buyers' option either to allow the shipment of late goods or to cancel the order by giving the Sellers the notice of cancellation by cable.

15. **Shipping Notice:** Shipment effected against the contract of sale shall be immediately E-mailed.

16. **Shipment Samples:** In case shipment samples be required, the Sellers shall for-

ward them to the Buyers prior to shipment.

17. **Marking:** All shipments shall be marked as arranged otherwise.

18. **Tele-transmission Expenses:** Expenses relating to tele-transmission shall be borne by the respective senders.

In witness whereof, Seoul Trading Co., Ltd. have hereunto set their hand on the 20th day of April, 20××, and America International Inc., have hereunto set their hand on the 25th day of April, 20××. This Agreement shall be valid on and from the 1st day of May, 20××, and any of the Articles in the Agreement shall not be changed or modified unless by mutual consent.

Buyer,
America International Inc.
*John F. Dolan*
John F. Dolan
President

Seller,
Seoul Trading Co., Ltd.
*Gildong Hong*
Gil-dong Hong
President

## 일반무역조건협정서

이 협정서는 한국 서울특별시의 서울무역주식회사(이하 매도인이라 칭함) 및 미국 뉴욕의 아메리카인터내셔널주식회사(이하 매수인이라 칭함) 간에 다음과 같은 사항을 정한다.

1. **거래:** 매도인・매수인의 쌍방은 본인으로서 거래하며 대리인으로서 행하는 것이 아니다.

2. **물품:** 거래물품, 제시단위 및 포장형태를 별표에 기재한다.

3. **견적 및 청약:** 전자우편 또는 서신에 별도의 규정이 없는 한 이 협정 당사자에 의한 견적 및 청약은 모두 Incoterms® 2020에 의한 뉴욕항 운임・보험료포함으로 하고 미화를 기준으로 한다.

4. **확정청약:** 확정청약은 모두 개개의 전자우편에 제시되어 있는 기한 내의 응답을 조건으로 한다. "즉시응답"이라는 용어를 사용하였을 때에는 응답이 3일 내에 도착한다는 것을 뜻한다. 다만 어떠한 경우에도 일요일 및 공유일은 제외한다.

5. **주문:** 모든 주문은 당사자 쌍방의 동의에 의하지 않는 한 취소할 수 없는 것으로 한다.

6. **신용장:** 매매가 확인되는 즉시 은행은 취소불능신용장이 매도인 앞으로 발행되도록 한다. 신용장은 부득이한 선적지연에 대비하기 위하여 그 유효기간을 선적약정기일보다 21일간 길게 한다.

7. **대금결제:** 환어음은 신용장에 의거하여 일람출급으로 하고 서류를 첨부, 송장금액 전액에 대하여 발행되는 것으로 한다.

8. **선적:** 이 협정에 의해 매매되는 물품은 모두 약정기한 내에 선적되는 것으로 한다. 선하증권의 일자는 선적일을 최종적으로 입증하는 것으로 간주한다. 별도의 약정이 없는 한 선적항은 매도인이 자유로이 선정한다.

9. **적화보험:** 특히 다른 조건을 약정하지 않는 한 모든 물품은 송장금액에 10%를 가산한 것에 ICC(B)조건의 보험을 부보하는 것으로 한다. 모든 보험증권은 미화로써 표시되며 또한 보험금은 '뉴욕'에서 지급되는 것으로 한다.

10. **품질:** 매도인은 모든 선적물품의 품질 및 상태에 관하여 견본, 표준 혹은 기술과 일치할 것을 보증한다.

11. **운송 중의 손상:** 매도인은 모든 물품을 양호한 상태로 선적하고 매수인은 운송도중의 손상·변질 혹은 파손에 관한 모든 위험을 부담하는 것으로 한다.

12. **클레임:** 클레임이 있을 때에는 물품이 목적지에 도착한 후 14일 이내에 전자우편으로 행하고 검정인이 인정한 증명서를 지체 없이 우편으로 제시하도록 한다. 매도인과 매수인 간에 화해할 수 없는 클레임은 모두 서울에서 중재에 붙여지고 그 중재인은 3명으로 구성되며 중재인의 결정에 최종적으로 따르기로 한다. 패자는 그 중재비용을 부담하도록 한다.

13. **불가항력:** 약정기간 내에 선적을 방해하는 동원, 전쟁, 소요, 폭동, 테러행위, 적대행위, 항만봉쇄, 선박징발, 수출금지, 화재, 홍수, 지진, 폭풍, 기타 예측하기 어려운 사건 등의 불가항력적인 사건이 발생했을 경우에는 매도인은 선적지연에 대하여 책임을 부담하지 않는다. 전기한 제요인이 발생하였을 때에는 매도인은 이것의 발생 혹은 존재를 증명하는 서류를 지체 없이 매수인에게 송부하여야 한다.

14. **선적지연:** 이 협정서 제13조에 규정한 불가항력일 경우에는 약정된 선적기간을 21일간 연장하는 것으로 한다. 유예기간 내의 선적이 제13조에 기재된 제요인의 계속 혹은 그 결과에 의하여 아직 방해되고 있을 경우에는 지연물품의 선적을 용인하든가 아니면 전자우편으로 해약통지를 매도인에게 행함으로써 주문을 취소할 것인가 하는 것은 매수인이 자유로이 결정하도록 한다.

15. **선적통지:** 매매계약에 대하여 행한 선적은 즉시 전자우편으로 통지한다.

16. **선적견본:** 선적견본을 요구할 때에는 매도인은 그와 같은 견본을 선적 전에 매수인에게 송부하도록 한다.
17. **화인:** 모든 선적물품에는 별도 약정한 대로 화인을 표시한다.
18. **전송료:** 전송료는 각각의 발신인이 이를 부담한다.

상기 사항의 증거로서 서울무역주식회사는 20××년 4월 20일 이에 서명을 하고 또 아메리카인터내셔널주식회사는 20××년 4월 25일 이에 서명을 하였다. 이 협정은 20××년 5월 1일부터 효력을 발생하며 이 협정서의 조항 어느 것이든 당사자 쌍방의 동의가 없는 한 변경 혹은 수정되지 아니한다.

(매도인) 서울무역주식회사
대표이사 홍길동
(매수인) 아메리카인터내셔널주식회사
대표이사 존 에프 돌란

## 제 2 절 계약물품에 관한 기본조건

계약물품에 관한 기본적 조건으로 ① 품질(quality), ② 수량(quantity), ③ 가격(price), ④ 선적(shipment), ⑤ 지급(payment), ⑥ 보험(insurance), ⑦ 포장(packing) 등에 대하여 약정해 두어야 한다.[1)]

### 1 품질조건

국제매매계약서에서 매매의 객체인 물품의 품질(quality)은 거래당사자 간 매우 중요한 관심사이기 때문에 이 문제로 인하여 상거래분쟁이 야기되는 경우가 많다.

1) 강원진, 이양기, 최신국제상거래론, 박영사, 2014, 155-161면

따라서 ① 품질의 결정방법, ② 품질의 결정시기, ③ 품질의 증명방법 등을 명확히 약정하여야 한다.

### 1) 품질의 결정방법

품질의 결정방법으로는 관습적으로 견본・상표・규격・명세서・표준품에 의한 방법을 이용하고 있다.

#### (1) 견본에 의한 매매(sales by sample)

무역거래에서 가장 널리 이용되고 있는 방법으로 실제 매매될 물품의 품질을 매매당사자가 제시된 견본에 의하여 인도할 것을 약정하는 방법이다. 견본을 송부하는 데 있어서는 매도인이 매수인에게 송부하는 매도인견본(seller's sample)과 매수인이 매도인에게 송부하는 매수인견본(buyer's sample)이 있는데 이는 품질의 기준을 약정하기 위한 원견본(original sample)이 된다. 매도인견본이나 매수인견본, 즉 원견본에 대해서 색상(color)이나 무늬(pattern) 등을 수정하여 매매당사자 간 새로운 견본을 제시하게 되면 이 견본을 역견본(counter sample)이라고 한다. 역견본에 대하여 상대방이 승낙하게 되면 승인견본(approval sample)이 되며 이 품질을 기준으로 물품을 생산하게 된다. 만일 선적물품과 동일한 품질의 것임을 알기 위하여 매수인의 요청에 의하여 생산완료된 물품을 보내게 되면 이는 선적견본(shipping sample)이 된다.

견본은 만일 후일에 야기될지 모르는 분쟁에 대비하여 최소한 동일 견본을 2개 내지 3개를 만들어 교부 이후에도 상당한 기간 동안 보관하여 두어야 한다. 견본은 매도인 및 매수인이 각각 1개씩 보관하고 나머지 1개는 물품생산자가 제3자일 경우에 생산자가 보관하도록 한다.

매매계약 시에 특히 주의해야 할 사항은 견본의 품질은 견본과 완전히 일치하는 것으로 표현하지 말고 대체로 견본과 비슷한 것이라고 하여 다소 융통성 있는 표현을 하는 것이 좋다. 즉 "Quality to be fully equal to sample"이나 "Quality to be same as sample"보다는 "Quality to be considered as being about equal to sample"처럼 완곡하게 표현하여야 마켓클레임(market claim)을 예방할 수 있다.

#### (2) 상표에 의한 매매(sales by mark or brand)

국제적으로 널리 알려진 물품에 대해서는 견본을 제시할 필요 없이 상표(trade

mark)나 통명(brand)에 의하여 품질기준으로 삼는 거래를 말한다. 예를 들면, Nikon 카메라, Parker 만년필, Omega 손목시계 등과 같은 상표를 이용하는 방법이다.

### (3) 규격에 의한 매매(sales by type or grade)

물품의 규격이 국제적으로 통일되어 있거나 수출국의 공적 규격으로 특정되어 있는 경우에 이용되는 매매방법이다. 국제표준화기구, 즉 ISO(International Organization for Stand- ardization), 영국의 BSS(British Standard Specification), 일본의 JIS(Japan Industrial Standard), 한국의 KS(Korean Industrial Standard) 등과 같은 규격을 이용하는 방법이다.

### (4) 명세서에 의한 매매(sales by specification)

명세서에 의한 매매란 거래대상물품의 소재, 구조, 성능 등에 대하여 상세한 명세서(specification)나 설명서(description), 설계도(plan) 등에 의하여 매매기준으로 삼는 방법이다. 예컨대, 선박, 철도차량, 의료용구, 중장비루 등이 해당된다.

### (5) 표준품에 의한 매매(sales by standard)

수확예정의 농산물, 어획예정의 수산물 또는 벌채예정의 원목 등은 매매계약 시에 현품이 없고 견본제공이 곤란하다. 이러한 물품에 대해서는 그 표준품(standard)을 정하고 실제 인도된 물품과 표준품 사이에 차이가 있을 경우 대금을 증감하여 조정하는 매매방법이다. 따라서 품질의 차이에 대하여 견본 매매에서는 클레임 사유가 되지만 표준품매매에서는 사후 정산하면 된다. 표준품에 의한 품질의 결정방법에는 다음과 같은 것이 있다.

① 평균중등품질(Fair Average Quality: F.A.Q.)

주로 곡물류의 매매에 사용되는 품질조건으로 인도물품의 품질은 선적 시, 선적장소에서 당해 계절의 선적물품의 평균중등품질(fair average quality of the season's shipments at the time and place of shipment)을 조건으로 하는 것을 의미한다. 이 조건은 물품의 선물거래(future transaction)에 많이 이용된다.

② 판매적격품질(Good Merchantable Quality: G.M.Q.)

목재, 냉동어류와 같이 견본이용이 곤란하고 그 내부의 품질을 외관상으로 알 수 없는 거래에 이용되는 방법으로 매도인이 인도한 물품은 판매적격성(merchantability)을 지닌 것임을 보증하는 조건을 말한다.

③ 보통품질(Usual Standard Quality: U.S.Q.)

주로 원면거래에 이용되는 품질조건으로 공인검사기관 또는 공인표준기준에 의하여 보통품질을 표준품의 품질로 결정하는 조건을 말한다.

## 2) 품질의 결정시기

무역거래에서의 물품운송은 대부분이 장거리의 해상운송에 의하여 이루어지기 때문에 선적시점과 양륙시점에서의 품질 차이가 발생할 가능성이 크다. 따라서 후일의 분쟁을 피하기 위하여 계약 시에 품질의 결정시기를 미리 선적시점으로 할 것인가 또는 양륙시점의 품질을 기준으로 할 것인가의 여부를 명확하게 약정하여 두는 것이 중요하다.

### (1) 일반물품의 품질결정시기

① 선적품질조건(shipped quality terms)

인도물품의 품질이 약정한 품질과 일치하는가의 여부를 선적 시의 품질에 의해 결정하는 방법으로 일반공산품 등에 널리 이용되고 있다. 매도인은 운송 중에 변질된 물품에 대해서는 책임을 부담하지 않는 조건이다. 일반적으로 FCA, CFR, CIF, CPT, CIP 규칙은 선적품질조건이라고 할 수 있고, 표준품매매의 F.A.Q. 역시 선적품질조건이다.

② 양륙품질조건(landed quality terms)

인도물품의 품질이 계약품질과 일치하는가의 여부를 도착지에서 양륙시의 품질에 의하여 결정하는 방법을 말한다. 매도인은 운송 중 변질된 물품에 대하여 책임을 부담하여야 한다. 도착지 인도조건(delivered terms)인 DAT, DAP, DDP 규칙은 양륙품질조건으로 볼 수 있으며, 표준품매매의 G.M.Q. 역시 양륙품질조건이다.

### (2) 곡물의 품질결정시기

곡물류의 거래에 있어서는 선적 시와 양륙 시의 품질 상이에 대하여 매매당사자 중 누가 책임을 부담하느냐에 대하여 관용되는 특수한 조건들이 있다.

① Tale Quale(T.Q.)

이 조건[2)]은 선적품질조건(shipped quality terms)으로 매도인은 약정한 물품의 품

질을 선적할 때까지만 책임을 부담하는 조건이다.[3]

② Rye Terms(R.T.)

이 조건은 호밀(rye)거래에 사용되면서 물품도착 시 손상되어 있는 경우에 그 손해에 대하여 매도인이 변상하는 관례에서 생긴 것으로 양륙품질조건(landed quality terms)이다.

③ Sea Damaged(S.D.)

이 조건은 조건부선적품질조건이다. 즉 해상운송 중에 발생한 바닷물 등의 조유(潮濡) 또는 응고(condensation) 등에 기인하는 품질손해에 대하여 매도인이 부담하는 이른바 선적품질조건과 양륙품질조건을 절충한 조건이다.[4]

### 3) 품질의 증명방법

계약체결 시 당사자 간 협의에 의해 결정되는데, 통상 선적품질조건에서는 매도인, 양륙품질조건에서는 매수인이 품질검사의무를 진다. 즉, 선적품질조건에서는 이러한 거증책임이 매도인에게 있으며, 그리고 양륙품질조건인 경우에는 매수인에게 품질수준의 미달 또는 운송 중의 변질에 대한 거증책임이 귀속된다. 이에 따라 객관적이고 권위있는 검사기관 또는 감정인(surveyor)의 감정보고서(survey re-port)에 의해 사실을 증명하고 배상을 청구하게 된다. 권위있는 검사기관 내지 감정인으로는 Lloyd's Surveyor, Lloyd's Agent, SGS, Del-Corporation 등이 세계적으로 유명하다.

품질검사를 누가 할 것인지에 관하여는 계약체결 시에 보통 다음과 같이 약정한다.

"Seller's (or buyer, agency) inspection to be final."

2) Tale Quale은 불어로는 Tel Quel이라고도 하며 "Such as it is" 또는 "Just as they come"이라는 의미이다.

3) 이 조건에서는 보통 다음과 같이 약정한다. "Shipment in good condition but tale quale as regards condition on arrival"

4) 이 조건에서는 보통 다음과 같이 약정한다. "Damaged by sea water, if any, to be seller's account." 또는 "All sweeping and damaged by sea water or condensation to be rejected."

## 2 수량조건

무역거래에서는 수량에 대한 관습이 나라에 따라 서로 다르기 때문에 분쟁이 일어나기 쉽다. 수량에 관한 조건에서는 ① 수량의 단위, ② 수량결정의 시기, ③ 과부족의 용인 등에 대하여 명확히 약정하여야 한다.

### 1) 수량의 단위

수량의 단위는 물품의 성질에 따라 중량(weight), 용적(measurement), 개수(piece), 포장(package), 길이(length), 면적(square) 등으로 구분하여 표시한다.

중량은 kg, lb(pound), ton을 단위로 하는데 이 중 ton의 경우에는 Long Ton(L/T), Short Ton(S/T), Metric Ton(M/T)[5]가운데 어떤 ton으로 할 것인가를 명시하여야 한다. 영국계의 Long Ton(English Ton; Gross Ton)은 2,240lbs(1,016kgs), 미국계의 Short Ton(American Ton; Net Ton)은 2,000lbs(907kgs), 프랑스계의 Metric Ton(French Ton; Kilo Ton)은 2,204lbs(1,000kgs)를 나타낸다.[6]

용적의 단위로 목재에는 cubic meter($M^3$; CBM), cubic feet(cft), super feet(S.F.),[7] 석유 등 액체에는 barrel, gallon, liter가, 곡물에는 bushel 등이 사용된다. 액체의 경우 영국의 1 English gallon(imperial gallon)은 4.546 liters이고, 미국의 1 American gallon(wine gallon)은 3.7853 liters이므로 어떠한 gallon인가를 확인하여 수량 단위를 정하여야 한다.

1. CBM(Cubic Meter)

Cubic Meter의 약자로서 가로, 세로, 높이가 각 1미터인 부피를 환산하는 단위이다.
또 다른 표현으로는 MTQ란 표현도 쓰고 1 M/T(Measurement Ton)=40 cubic feet 무게단

---

5) M/T는 용적톤(measurement ton)으로 운송회사가 화물의 운임(freight)을 계산할 때 사용되기도 하는데 1M/T는 40cft(cubic feet), 즉 480S.F.(super foot)에 해당한다.

6) 그러나 물품의 중량에 대한 계량방법은 총중량(gross weight)으로 내·외포장과 충진물, 내용물을 모두 포함하는 것, 순중량(net weight)으로 총중량에서 포장용기의 무게를 제외한 것, 정미중량(net net weight)으로 내·외포장물과 충진물 등을 제외한 물품 내용물만의 순수한 중량을 기준으로 하는 것이 있다.

7) 1 S.F.는 square foot x 1 inch에 해당하는 부피이다.

위 상의 표현이다. 한정된 공간에 물건을 넣게 되면 물건이 차지하는 공간이 중요한데 이 공간을 효율적으로 관리하기 위해 필요하다.

가로×세로×높이를 계산하면 되는데 기준이 되는 단위는 m이다. 따라서, cm, mm을 m로 환산하여 구하면 된다. 이 경우 소수점 이하 넷째 자리 반올림하여 세 자리까지 표기한다.

컨테이너 적재 능력은 중량과 부피로 가늠이 되는데 중량은 Ton 또는 kg으로 부피는 CBM으로 표시하고 있다. 컨테이너 최대 적재 부피는 그 내장 Size에 의해 결정이 되지만 컨테이너 내, 외장 Size는 운송단위 규격화를 위해 국제적으로 통일되어 있다(제작사에 따라 약간의 차이는 있음).

2. CBM 계산 방법

길이(L) X 폭(W) X 높이 (H) M = CBM

그러면 20' CNTR과 40' CNTR 에는 얼마만큼의 화물이 적재가 될 수 있을까?

- 20FT CNTR(Dry) ; 5.8M (L) × 2.3M (W) × 2.3M(H) / = 30.682 CBM
- 40FT CNTR(Dry) ; 12M (L) × 2.3M (W) × 2.3M(H) / = 63.480 CBM

그런데 위의 CBM은 물이 아닌 다음에는 실제 화물을 계산된 CBM만큼 적재를 할 수는 없다. 왜냐하면 화물 적재 시 Dead Space(빈 공간)가 생기기 때문인데 이는 화물의 외장 Size에 달려 있기 때문이다.

예로 어느 1개 화물의 포장 후의 외장 높이가 1.2M를 넘게 되면 컨테이너 내 2단 적재가 안 되므로 화물을 많이 적재할 수 없다. 물론 폭이 좁고 물건을 옆으로 뉘어도 상관이 없다면 문제가 달라지겠지만 일반적으로 화물의 단위당 용적(CBM)이 작을수록 화물은 많이 적재할 수 있다.

개수는 보통 전자제품과 같은 일반물품의 경우는 piece, set, 연필・양말 등은 dozen(12개)으로, Pin이나 조화(artificial flower) 등 값싼 잡제품의 경우에는 gross(12×12=144개), small gross(12×10=120개)또는 great gross(12×12×12=1,728개)를 단위로 한다.

포장단위로는 bale, bag, drum, case, can, bundle 등이 있으며 면화, 비료, 밀가루, 유류, 과자, 통조림 등의 거래 시 사용된다. 길이의 단위로는 meter, yard, inch, foot 등이 있고 전선, 원단 등에 사용된다. 또한 면적의 단위로는 square foot(sft) 등이 있고 유리, 합판, 타일(tile) 등에 사용된다.

## 2) 수량결정의 시기

품질조건의 시기와 마찬가지로 수량조건에서도 수량결정의 시기는 선적수량조건(shipped quantity terms)과 양륙수량조건(landed quantity terms)으로 구분할 수 있다.

선적수량조건은 선적시점에 검량한 수량이 계약에서 명시한 수량과 합치되면 운송 중에 감량이 되더라도 매도인은 이에 대하여 아무런 책임을 부담하지 않는 조건으로 선적시의 수량을 최종으로 하는 것이다. 일반적으로 FOB 규칙이나 CIF 규칙에 의한 거래는 선적지인도로 선적수량조건에 의한다.

양륙수량조건은 목적항에서 양륙하는 시점에서 검량하여 수량이 계약수량과 합치되어야 하는 조건이며 만일 운송 중 감량이 있는 경우에는 매도인이 책임을 부담하는 조건이다. DAT 규칙이나 DAP 규칙에 의한 거래는 도착지인도로 양륙수량조건이라고 할 수 있다.

## 3) 과부족용인조건(more or less clause; M/L clause)

유류와 같이 휘발성이 있거나 광물이나 곡물처럼 살물(撒物; bulk cargo)인 경우 운송 도중 감량이 생길 우려가 있는 물품에 대하여 매매계약 시 과부족 한도를 정해 두고 그 범위 내에서 물품인도가 이루어지면 수량부족에 대한 클레임을 제기하지 않기로 약정하는 수량표시방법을 과부족용인조건이라고 한다.

### (1) 특약에 의한 과부족용인조항의 설정

물품의 성질에 따라 수량과부족을 인정해야 할 경우에 얼마만큼 허용할 것인가와 과부족 선택권자를 누구로 할 것인가에 대하여 계약 시에 명시해 두는 것이 좋다. 예를 들면, "Quantity shall be subject to a variation of 3% more or less at seller's option." 또는 "Seller shall have the option of shipment with a variation of more or less 3% of the quantity contracted, unless otherwise agreed."와 같이 약정하도록 한다.[8)]

---

8) 신용장거래방식 이외의 추심방식인 D/P, D/A 거래나 송금방식거래에서 과부족이 생기기 쉬운 Bulk Cargo에 대해서는 특별히 more or less 조항을 명시하여 두는 것이 중요하다. 수량조건을 약정하면서 최소인수가능수량(minimum quantity acceptable) 또는 최대인수가능수량(maximum quantity acceptable)의 경우처럼 막연한 표현보다는 명확한 수량을 표시하거나 개산수량조건(approximate quantity term)을 사용하는 것이 바람직하다.

### (2) 신용장거래 시의 과부족용인

과부족용인조항(More or Less Clause : M/L Clause)이란 일정한 수량의 과부족 한도를 정해두고 그 범위 내에서 물품이 인도되면 계약불이행으로 다루지 않고 수량 클레임을 제기하지 않는다는 수량조건에 관한 계약상의 명시조항을 말한다. 과부족 인정분에 대해서는 계약위반 사유가 아니다.

곡물·광산물과 같은 살물(Bulky Cargo)은 그 성질상 계약수량을 정확하게 인도하기가 어렵다. 그러므로 계약에 수량의 과부족을 용인하는 조항을 삽입해 두어야 한다.

신용장방식의 살물의 거래 시 M/L clause가 없는 경우의 해석은 신용장에 과부족을 인정하지 않는다는 금지조항이 없고 환어음발행금액이 신용장금액을 초과하지 않는 한 5%의 과부족이 허용되는 것으로 본다. D/P, D/A 등과 같은 무신용장방식거래에서는 M/L clause가 없는 경우 5%의 과부족이 허용되지 않으므로 계약상에 M/L clause를 포함하는 것이 필요하다.

인도수량에 "약 얼마", 즉 "ABC(about)", "Circa", "Approximately" 등의 용어를 사용한 경우 이를 개산수량조건(Approximate quantity terms)이라 한다. 신용장거래 시에는 이에 대해 10%의 과부족을 인정하는 것으로 해석하며, 무신용장방식 거래에서는 계약상 구체적인 약정이 없는 경우 해석상의 문제로 분쟁의 소지가 있다.

이와 같이 살물의 거래에서는 그 성질상 신용장이 요구하는 대로 정확한 수량을 선적한다는 것은 사실상 불가능하기 때문에 과부족용인을 통하여 상거래분쟁을 예방하고자 하는 취지로 볼 수 있다.

## 3 가격조건

무역거래에서 매매당사자가 가장 관심을 두는 것은 무엇보다도 좋은 품질의 물품을 적정한 가격으로 계약을 체결하고자 하는 것이다. 가격조건(price terms)은 적정한 매매가격을 채산(estimation)하는 데 기본적인 조건이며 중요한 조건이다. 가격조건을 약정하는 데는 ① 매매가격의 산출근거, ② 매매가격의 원가요소, ③ 매매가격의 표시통화에 대하여 검토하여야 한다.

## 1) 매매가격의 산출근거

매매가격은 매도인과 매수인이 부담해야 할 여러 가지의 원가요소와 물품의 인도장소 등을 감안하여 정하여진다. 그러나 매매당사자가 이러한 점을 고려하여 모든 거래마다 계약서상에 구체적으로 정한다는 것은 번잡하고 불편한 일이다. 따라서 실제 거래에서는 국제적으로 보편화된 "Incoterms® 2020"에 규정된 정형거래규칙에 의하여 매매가격이 산출되고 있다. 이를테면 FOB나 CIF 규칙 등의 간단한 정형을 사용하는 것이다.

따라서 매매당사자는 계약자유의 원칙에 따라 어떠한 거래관습의 조건을 채택할 것인가를 계약 시에 명시적으로 약정하는 것이 무엇보다도 중요하다.[9] 왜냐하면 FOB, CIF 규칙이라도 미국의 관습과 인코텀즈의 관습이 상이하여 상거래분쟁이 야기될 수 있기 때문이다.

## 2) 매매가격의 표시통화

통화(currency)는 국가마다 고유의 통화를 사용하고 있기 때문에 무역거래에서는 매매당사자 간에 어느 나라의 어떠한 통화를 사용할 것인지에 대하여 약정해 두어야 한다. 예컨대 달러(Dollar)라고만 표시하였다면 달러를 사용하는 나라가 미국을 포함하여 캐나다, 오스트레일리아, 싱가포르, 홍콩 등 여러 나라가 있고 그 대외가치도 서로 달라 대금결제 시에 문제가 된다. 그러므로 미국 달러는 USD(또는 US$), 캐나다 달러는 CAD(또는 C$), 오스트레일리아 달러는 AUD(또는 A$), 싱가포르 달러는 SGD(또는 S$), 그리고 홍콩 달러는 HKD(또는 HK$)와 같이 국가별통화단위를 명확히 표시하여야 한다.[10] 또한 무역거래에 사용되는 통화는 안정성(stability)과

---

9) 매매계약서상에서의 약정은 "The trade rules used under this contract shall be governed and interpreted by the provisions of Incoterms® 2020"과 같이 한다.

10) 국제표준화기구(ISO)의 국별 통화코드(currency code) 기준에 의거 외국환은행이 고시하고 있는 주요국별 통화는 다음과 같다. 미국 USD(US Dollar), 일본 JPY(Yen), 유럽연합 EUR(Euro), 영국 GBP(Great Britain Pound), 스위스 CHF(Swiss Franc), 캐나다CAD(Canadian Dollar), 호주 AUD(Australian Dollar), 스웨덴 SEK(Swedish Krone), 덴마코 DKK(Danish Krone), 노르웨이 NOK(Norwegian Krone), 뉴질랜드 NZD(New Zealand Dollar), 홍콩 HKD(Hong Kong Dollar), 태국 THB(Baht), 싱가포르 SGD(Singapore Dollar), 인도 INR(Indian Rupee), 인도네시아 IDR(Indonesian Rupiah), 말레이시아 MYR(Malaysian Ringgit), 사우디 SAR(Saudi Riyal), 아랍에미레이트 AED(UAE Dirham), 쿠웨이트 KWD(Kuwaiti Dinar), 바레인 BHD(Bahraini Dinar), 중국 CNY(Yuan Renminbi), 대만 TWD(New Taiwan Dollar), 파키스탄 PKR(Pakistan Rupee), 방글라데시 BDT(Bangladesh

교환성(convertibility) 및 유동성(liquidity)이 있는 통화를 고려하여야 한다.

### 3) 수출가격의 요소

일반적으로 수출가격은 직접제조 또는 구입한 원가에 간접원가 및 부대비용과 예상이윤을 합하여 결정한다.

① 물품원가(Prime cost, goods cost)

제1원가라고도 하는데 제조수출업체의 경우 제조원가를 의미하며, 단순 도매수출상의 경우 국내의 제조업자 기타의 공급자로부터 매입하는 대가를 말한다. 물품원가에는 매입비(buying charges)를 포함하기도 하는데 매입비는 물품을 매입하기 위한 비용이다.

② 포장비(Packing charge)

수출포장이 끝난 상태에서 매입하는 경우가 적지 않으나, 물건에 따라서는 수출포장이 안된 상태에서 인수하여 수출상 스스로가 검사 또는 손질을 해서 수출포장하는 경우도 많은데 이 경우 포장비는 수출상의 직접원가에 별도로 산입해야 한다.

③ 국내운송료(Inland transportation charge)

매입한 물품을 공급자의 창고 또는 특정 장소에서 수출상이 지정하는 특정 장소까지 인수하는데 소요되는 국내운임이다.

④ 국내보험료(Inland insurance premium)

수출 시 국내에서 매입한 물품을 선박에서 수출항창고까지 운송하기까지의 구간에 대한 보험료, 혹은 FOB, FAS 계약의 경우는 본선적재까지 또는 본선선측까지의 운송보험료이다. CIF계약의 경우 수출항창고 반출 이후의 위험은 해상보험으로서 커버한다.

⑤ 원산지증명료(Certificate of origin fee)

수출물품의 원산지증명서(C/O)를 발급받는 비용으로서 원산지증명은 현재 각 지

---

Taka), 필리핀 PHP(Philippine Peso), 피지 FJD(Fiji Dollar), 에집트 EGP(Egyptian Pound), 맥시코 MXN(Mexican Peso), 브라질 BRL(Brazilian Real), 브르네이 BND(Brunei Dollar), 이스라엘 ILS(New Israeli Sheqel), 요르단 J0D(Jordanian Dinar), 터키 TRL(Turkish Lira) 등.

방의 상공회의소에서 일괄적으로 발급한다.

⑥ 영사사증료(Consular fee)

수입국영사에 지급하는 서류사증료이다. 주로 영사송장의 사증료인데, 이에는 건당 가격이 정해져 있는 것과 종가에 의한 것이 있다. 이 영사사증료는 CIF나 FOB에 있어 종래는 매입인의 부담에 속하는 것이나, 관습 또는 당사자 간의 특약에 따라 수출자가 부담하는 경우는 반드시 견적에 계상해야 한다.

⑦ 창고보관료(Storage)

수출화물을 선적할 때까지 영업창고에 보관하기 위해 필요한 보관 및 화물취급비용(keeping and handling charges)을 말한다. 통상 이 보관료 중에는 창고보관 중의 화재보험료도 포함된다. 그리고 검량비(weighing), 정선비(garbling), 견본적출비(sampling), 입출고비(in and out charges) 등은 화물취급비용에 포함된다.

⑧ 검사비(Inspection fee)

공적 검사기관이 발행하는 성분검사증명서나 품질검사증명서를 필요로 하는 물품인 경우에는 이것을 입수하기 위해서 이에 대한 성분분석이나 품질시험을 해주는 기관에 지급하는 검사료이다.

⑨ 검수비(Tally fee)

부선 또는 본선에 적재함에 있어 검수업자(tally man)에 의하여 적재수의 검수를 하는 경우 검수인에게 지급하는 비용이다.

⑩ 검량비(Measuring charge)

해상운임을 결정하는 용적·중량을 정하거나 수입업자에게 선적량을 제시하기 위해서 공인의 검량업자에게 의뢰하여 검량하게 되는데, 이 경우 지급하는 비용이다.

⑪ 화차비(Cartage charge)

화차비란 수출상 또는 수출항의 영업창고에서 터미널 또는 기타 운송회사의 화물인수장소까지의 운반비이다.

⑫ 본선적재비(Loading charge)

상기 화물인수장소에서 본선 선측까지 운반하여 본선에 선적하는데 소요되는 비용이다.

⑬ 통관비(Customs clearance fee)

통관에 따른 비용에는 타소장치허가 수수료, 파출검사 수수료, 임시개청 수수료, 관세사 통관 수수료 등이 있다.

⑭ 유전스이자(Usance interest)

신용장(L/C) 또는 환어음을 이용한 추심방식으로 대금을 회수할 경우 수출상은 환어음을 발행해서 자신의 주거래은행 또는 기타 외국환은행을 통해 환어음 매입(negotiation)을 신청한다. 이때 환어음을 매입한 은행이 환어음에 대한 대금을 수출상에게 선지급하고 이를 신용장 발행은행으로부터 회수하게 될 경우 대금회수에는 상당 일수가 소요된다.

매입은행은 수출상에게 대금지급 시 대금을 회수하기까지의 기간에 대한 금리만큼 감하고 지급하는데 이 기간이자비용(Term charge)을 환가료(Exchange premium)라고 한다.

⑮ 은행수수료(Banking charge)

수출대금을 외환으로 수령한 수출상은 환율수준을 고려하여 외환을 원화로 환전하게 되는데 이때 필요한 서비스비용으로 소정의 환전수수료(exchange charge)를 은행에 지불해야 한다.

⑯ 선적부대비용(Shipping sub-costs)

해상운송 시 운임 외에 별도로 부과되는 부대비용으로는 화물집화장(Container Freight Station Charge : CFS 사용료), 터미널화물처리비(Terminal Handling Charge : THC), 항만이용료(Wharfage : WFG), 서류발급비(Document Fee : Doc. Fee), 컨테이너세(Container Tax), 통화할증료(Currency Adjustment Factor : CAF), 유가할증료(Bunker Adjustment Factor : BAF) 등이 있다.

⑰ 전신료 및 전보료 등 잡비(Petties)

해당 거래에 요하는 전신료 및 전보요금을 미리 측정한다는 것은 불가능하므로 이것은 오히려 간접비에 포함하는 것이 타당하지만, 무역에서 전신료 및 전보요금은 국내상거래인 경우와 달라 매우 큰 금액이 될 경우가 많으므로 별도의 한 항목으로서 계상하는 것이 바람직하다.

⑱ 예상손비(Expected loss)

물품의 종류에 따라 운송 중에 감량(Leakage) 등이 발생할 수 있는데 이런 물품의 매매에서 만일 수량에 대해서 양륙지 수량조건(Landed weight terms)에 의하여 계약할 경우는 예상손비를 원가계산에 넣고 견적을 하거나 수입상과의 계약서상에 과부족용인조항(More or Less : MOL)을 삽입함으로써 추후 거래상의 마찰이 생기지 않도록 사전에 준비해야 한다.

⑲ 희망이익(Margin)

수출상이 바라는 희망이익으로서 수출시장의 동향과 타경쟁업자의 가격 등을 충분히 고려해서 결정한다.

⑳ 해상운송료(Ocean freight)

수출제비용 중에서 가장 비중이 높은 비용과목이며, 화물에 따라서는 기본원가의 절반 또는 그 이상을 요하는 경우가 있다. 물론 FOB와 같이 운임이 수입상 부담인 경우는 계산할 필요는 없으나, CIF조건과 같이 수출상이 운임을 부담하는 경우에는 가장 중요한 비용요소가 된다.

㉑ 해상보험료(Marine insurance premium)

선적화물을 보험에 부보할 경우 보험회사에 지급하는 해상보험료는 해상운임에 비한다면 소액이지만 무역이 원격지자 간의 장거리운송을 필요로 하고 이 과정에서 다양한 위험에 노출될 수 있으므로 보험은 상당히 중요한 부분이다.

㉒ 대리점 등 커미션(Selling commission)

수출거래가 해외의 판매대리점 또는 대리인을 통해서 이루어질 경우 그에 대해서 지급하는 대가를 말한다.

### 4) 수입가격의 구성요소

수입가격은 매도인이 선적원가에 간접비 및 부대비용과 예상이익을 모두 합산하여 수입가격을 결정한다.

〈표 5-1〉 수출입 일반비용 산출기준

| 비용항목 | 소요비용 |
|---|---|
| 선적전검사 수수료(*) | • 품목, 검사내용, 지역, 검사기관별로 상이 (예: SGS검사 등) |
| 원산지증명발급 수수료 | • 관세양허대상 수출품(GSP, GATT, ESCAP)에 한해 건당 5,000원 |
| 보세장치장 보관료(*) | • 요율은 종가율과 종량률을 합산하여 산정<br>– 종량률 : 톤수×[기본료+(1일할증료×장치일수)]<br>– 종가율 : (CIF+관세)×[기본할증료+(1일할증료×장치기간)]<br>단, 수출의 경우 1/2 |
| 타소장치허가 수수료 | • 수입 : 건당 18,000원 |
| 파출검사 수수료 | • 타소장치허가 물품에 대한 검사수수료<br>• 수출 : 교통비 실비 지급<br>• 수입 : 시간당 2,000원 + 교통비 실비 상당액 지급 |
| 임시개청 수수료 | • 세관의 개청시간 외 공휴일, 일요일에 제공한 행정서비스 수수료<br>• 기본료 : 평일 4,000원, 휴일 12,000원(수출은 1/4)<br>• 가산료 : 오전 6시~오후 6시 시간당 3,000원<br>오후 6시~오후 10시 시간당 4,800원<br>오후 10시~오전 6시 시간당 7,000원 |
| 관세사 통관 수수료(*) | • 수출 : 감가(FOB)×0.15% 최저 12,000원~최고 350,000원<br>• 수입 : 감가(CIF)×0.2% 최저 27,000원~최고 950,000원<br>• 실제수수료는 관세사에 따라 자율적 적용 |
| 내륙운송비(*) | • TEU 또는 톤 기준 부과<br>• 운송구간에 따라 상이 |
| 해상운임 | • FCL화물은 TEU 기준, LCL화물은 CBM 기준<br>• 일반적으로 국제해상운임요율표(Tariff rate) 적용<br>• 운송구간에 따라 상이 |
| 화물집화장 사용료(CFS) | • LCL화물인 경우만 적용, CBM 기준 부과<br>• 평균 4,500원~10,165원/CBM<br>• 항로별로 상이 |
| 터미널 사용료(THC) | • FCL화물은 TEU 기준<br>– 20FT : 80,000원~101,000원(TEU)<br>– 40FT : 113,000원~137,000원(FEU)<br>• LCL화물은 CBM 기준 부과<br>• 항로별로 상이 |
| 항만이용료<br>= 화물입항료(WFG) (*) | • FCL화물은 TEU기준, LCL화물은 CBM 기준<br>• 기본료 200원/CBM(외항), 장치료 : 1,370원/CBM(창고) |

| | |
|---|---|
| 서류발급비 = (DOC.)(*) | • B/L, D/O 발급건당 15,000원<br>• 항로별, 선사별로 상이 |
| 컨테이너세 | • 항만 보유 지방자치단체가 부과하는 지방자치세로 현재는 폐지되었다.<br>– 20FT : 20,000원/TEU<br>– 40FT : 40,000원/FEU<br>• LCL화물은 CBM 기준 부과 |
| 적화보험료 | • 보험금액(CIF가격×110%)에 보험요율 곱해 산정<br>• 보험부보 범위에 따라 상이 |
| 통화할증료(CAF) | • US$의 환율하락으로 인한 선박회사의 운임수입 감소분의 보전을 위해 일시적 부과<br>• 항로별로 부과액 및 산출 공식이 상이 |
| 유가할증료(BAF) | • 원유가의 상승으로 인한 운임수입 감소분의 보전을 위해 선박회사가 일시적으로 부과<br>• 기본운임에 일정비율(%) 또는 일정액 부과<br>• 북미지역 경우의 연료할증료(Fuel Adjustment Factor : FAF) |

주) (*)표는 부가가치세(VAT)가 부가되는 항목임.

## 4 포장조건

포장(packing)이란 물품의 운송, 보관, 적재 및 양화, 진열, 판매 등을 하는 데 있어 그 물품의 내용 및 외형을 보호하고 상품으로서의 가치를 유지하기 위하여 적절한 재료나 용기로 둘러싸는 작업을 말한다. 수출포장은 원격지 운송물의 안전을 위하여 견고하면서도 경제성이 있고 취급하기가 용이하여야 한다.

무역계약에서 포장조건(packing terms)은 ① 포장의 방법(packing method), ② 포장의 종류(kinds of package), ③ 화인(shipping marks) 등에 관하여 약정하여야 한다.

### 1) 포장의 방법

포장하는 방법은 소매(retail)의 단위가 되는 개품 또는 최소의 묶음을 개별적으로 하는 소포장인 개장(個裝; unitary packing)과 개장물품을 운송 또는 취급하기에 편리하도록 몇 개의 개장을 합하여 내부결속, 충진, 칸막이 등을 하는 내장(inner or interior packing), 그리고 한 개의 포장물의 외부용기에 대한 포장, 즉 용기의 종류에 따라 상자 또는 부대에 넣은 것과 같은 외장(outer packing)이 있다.

무역계약 시에는 “inner packing”은 어떠한 방법으로 하고 모두 몇 개씩을 담아 “outer packing”을 하도록 할 것인가를 검토하여 약정하여야 한다.

## 2) 포장의 종류

### (1) 공업포장

물류분야에 속하며 내용물품의 보호는 물론 취급의 편리성에 대한 기능으로 수송, 하역, 보관 시 물품의 파손을 방지하고 수송비, 하역비, 보관비를 삭감할 수 있는 적정포장을 하는 것이 공업포장의 역할을 한다.

### (2) 상업포장

내용보호와 판매촉진을 위한 것으로 단위포장이 이에 해당된다.

〈표 5-2〉 포장의 종류

| 구분 | 포장종류 | 재질 | 포장명 | 약호 | 포장대상물품 |
|---|---|---|---|---|---|
| 용기포장 | 상자 | 나무 | wooden box; case; chest | W/B<br>C/S; CST | 식료품, 손상하기 쉬운 잡화, 홍차 |
| | | 종이 | carton | C/; CTN | 가벼운 일반잡화 |
| | | 금속지 | tin-lined case | C/S | 통조림 |
| | | 투시상자 | crate; skelton case | CRT | 자동차 |
| | 베일(bale) | 마 | burlap; hessian, cloth | – | 면사, 원모 |
| | | 압축베일 | pressed bale | BL | 원면 |
| | | 가마니 | straw mat | – | 쌀 |
| | 부대(bag) | 마대 | gunny bag | BG | 미곡, 잡곡 |
| | | 면대 | sack | SK | 소맥 |
| | | 지대 | paper made bag | BT | 시멘트, 석회 |
| | | 폴리에틸렌 | polyethylene bag | BG | 소금,사료,분말약품 |
| | 통 | 나무통(대) | barrel | BRL | 술, 간장 |
| | | 나무통(중) | cask | CSK | 염료 |
| | | 나무통(소) | keg | KG | 못, 볼트 |
| | 특수용기 | 드럼판 | drum | DR | 화공약품, 유지 |
| | | 양철판 | tin; can | – | 석유, 통조림 |
| | | 용기, 유리 | jar; pot; carboy | – | 유산, 음료수 |
| | | 대나무 | basket; hamper | BKT | 과일 |
| | | 철제원통 | cylinder; iron flask | – | 탄소 |

| 무용기 포장 | 두루마리<br>다발<br>궤 | | roll; coil<br>bundle<br>ingot | RL;CL<br>BDL<br>– | 철판, 신문지, 철사<br>철근<br>철강, 알미늄 |
|---|---|---|---|---|---|

## 3) 화 인

### (1) 화인의 정의

① 포장화물의 표면에 기입하는 특정한 기호, 번호, 목적지, 취급상의문구 등을 총칭하는 것으로 화물취급자로 하여금 다른 물건과 구분하여 매수인의 사용편의 및 선적서류와 물품과의 대조에 편의를 주는 데 있다.

② 화인은 보통 매수인이 요청하는데 매수인의 별도 요청이 없으면 매도인이 임의대로 할 수 있다.

③ 수입자가 물품의 확인을 쉽게 하고, 화물의 취급 시 주의사항 등을 알 수 있게 해준다.

### (2) 화인의 종류

① 주화인

- 화물을 쉽게 구별하기 위한 기호로서 삼각형과 마름모꼴·타원형 등의 도형 안에 수입상호의 약자 등을 써 넣는다(문자나 숫자만으로 된 경우도 있음).
- 주로 수입자를 표시하지만 경우에 따라서 수출자를 표시하기도 한다.

② 부화인(Counter Mark)

주화인의 보조마크로 보통 수출업자를 표시한다.

③ 품질표시

내용물의 품질이나 등급을 기호로 표시(수출검사를 받았을 경우에는 합격표시)한다.

그림 5-1 화인의 형태

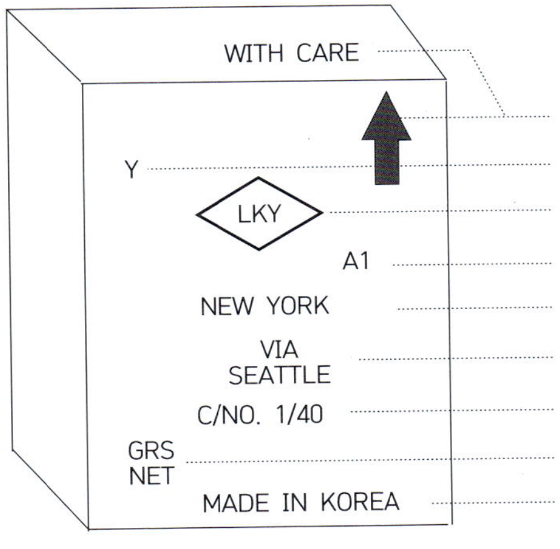


주의표시(caution mark)
부화인(counter mark)
주화인(main mark)
품질표시(quality mark)
목적지표시(port mark)
경유지표시(via)
화물번호(case number)
중량표시(quantity mark)
원산지표시(country of origin)

④ 중량표시

운임계산과 하역작업에 도움이 되도록 총무게와 순무게를 표시한다.

⑤ 목적항 표시

화물의 하역작업을 용이하게 하고 화물이 다른 장소로 운송되는 것을 막기 위한 표시한다.

⑥ 화물의 일련번호

포장물이 여러 개일 경우 포장에 표시한 고유번호로 총 개수 중 몇 개째임을 표시한다.

⑦ 원산지 표시

화물의 원산지를 나타낸다.

⑧ 주의사항(Side mark)

화물의 선적이나 운반에 주의할 점을 나타낸다.

# 5 선적조건

무역거래에 있어서는 매매당사자 간의 매매계약의 이행을 위해서는 필연적으로 국제 물품운송이 수반된다. 이러한 국제 물품운송은 인적, 물적 자원의 장소적 이동을 통하여 자원의 효율을 높이는 데 의의가 있는 바, 사람 또는 재화를 장소적으로 이전시키는 것을 말한다.

## 1) 선적조건

① 무역계약의 이행을 위하여 언제, 어떻게 약정물품을 인도할 것인가를 규정하는 선적조건은 필수적 요소이다.

② 여기서 선적(Shipment)이란 선박적재뿐만이 아니고 모든 운송수단(비행기, 철도, 도로운송, 특송 등)에 있어서 적재, 인수, 발송, 수탁, 수령을 포괄하는 의미이다.

③ 인도(Delivery)는 점유권 이전의 의미를 가지고 있기 때문에 인도조건보다는 선적조건(Shipment terms)으로 약정하는 것이 혼란을 방지할 수 있다.

## 2) 선적시기의 약정

선적시기는 특정한 달(月) 또는 일정한 기간 내에 약정하는 방법이 일반적이다. 특정한 달로 거래할 경우에는 보통 단월(單月)로 "March Shipment" 또는 연월(連月)로 "Shipment shall be effected from March to April, 20xx"와 같이 명시한다. 3월 선적이란 3월 중(during March), 즉 3월 1일에서 3월 31일 사이에 편리한 날에 선적하여도 된다는 의미이며, 3~4월 선적조건으로 합의하면 3월에서 4월 사이에 선적이 이행되어야 함을 의미한다.

### (1) 특정 달 또는 기일로 약정

선적시기를 일정한 기간으로 하거나 특정 기일로까지 하는 방법.

ex) Last shipping date : August 19, 2000

/ Shipment shall be made on or about August 19, 2000

/ Shipment should be made within 3 months after seller' receipt of L/C

☞ 신용장거래 시
① until, till, from, between의 경우 언급된 일자를 포함하며, before, after의 경우는 언급된 일자를 제외한다.
② beginning, middle, end 각각 10일 20일 말일을 포함하는 것으로 해석
③ first half, second half는 15일, 말일을 포함하는 것으로 해석

### (2) 즉시선적조건

선적시기를 특정 월, 일, 기간으로 명시하지 않고 immediately, promptly, as soon as possible과 같은 용어로 표현하는 조건 → UCP에서는 이를 무시하도록 규정하고 있다.

### (3) on or about

선적이 지정된 일자의 양 끝 일자를 포함하는 것으로 해석한다.
"Shipment shall be effected on or about March 10, 2008"
– 3월 10일부터 5일 전후까지의 기간을 포함한 기간 내에 선적이 이루어져야 한다.

## 3) 분할선적과 환적의 허용 여부

### (1) 분할선적(Partial shipment)

① 분할선적이란 매매목적물을 일정한 경우에 전량선적하지 않고 나누어 선적하는 것으로 분할선적의 여부와 회수 등은 계약서상에 특약되어야 한다.
② 특약이 없는 경우 UCP에서는 명시적 분할금지 약관이 없는 한, 분할선적을 인정하고 있다.
③ 집화(集貨)장소가 상이하여 수회에 걸쳐서 다른 항구에서 선적되어 발행일자와 장소가 상이한 여러 장의 B/L이 발행된 경우라도 동일항르, 동일운송수단에 선적되고 동일목적지로 향하는 경우 1회 선적으로 간주한다.
④ 단 할부의 한 부분이 소정기간 내에 선적되지 않은 경우, 별도 명시가 없는 한 당해분은 물론 이후 할부분에 대해서도 신용장은 효력을 상실한다(할부선적은 분할선적의 일종으로 분할의 기간과 수량이 정해진 것).

### (2) 환적(Transhipment)

① 환적이란 선적된 화물을 목적지로 가는 도중에 다른 선박이나 운송수단에 옮겨 싣는 것을 말한다.

② 환적은 화물의 손상우려가 있기 때문에 바람직하지 못하지만 복합운송에 있어서 일반적으로 예상되는 것이다.

③ UCP에서는 일반적 환적요건으로 L/C상 환적금지조항이 없고, 전 운송구간이 단일 및 동일 B/L로 부보되는 경우 환적표시 B/L을 수리가능하다고 규정한다.

④ 또한 절대적 환적조건으로 Container, Trailer, Lash barge에 적재될 것이라는 내용이 B/L상 표시되어 있거나 운송인의 환적권리유보조항이 있는 B/L의 경우 L/C상 금지하고 있더라도 환적이 가능함을 규정하고 있다.

⑤ 단 직항선적으로 약정되거나, L/C상 어음의 분할발행이 허용되지 않는 경우는 환적이 금지되는 것으로 해석된다.

## 4) 선적지연에 따른 면책조항의 설정

매도인이 고의, 과실 또는 태만으로 인하여 약정된 기간 내에 선적불이행이 되거나 선적지연(delayed shipment)이 되었을 경우에는 당연히 매도인의 책임이다. 그러나 선적지연의 원인이 천재지변(act of God)이나 전쟁(war) 등 기타 불가항력(force majeure)인 경우에는 수출지에 주재하는 상대방의 공관장이나 수출지 상업회의소 등 공공기관의 입증을 통하여 선적을 일시지연 또는 선적의무를 완전히 면제받을 수도 있다. 이와 같은 불가항력사태가 발생할 경우를 대비하여 매매계약서상에 불가항력조항(force majeure clause)[11)]을 설정하여 두는 것이 중요하다.

## 5) 선적일자의 해석기준

선적일자는 보통 운송서류(transport documents)의 일자를 기준으로 약정된 기간 내에 선적이행이 되었는지, 지연선적이 되었는지를 판단하게 된다. 운송서류 중 예컨대, 선적해상선하증권(on board marine bill of lading)의 경우에는 본선적재일(loading on board date)과 발행일(date of issue)이 동시에 기재되기 때문에 선적일자에 대한 증명과 해석기준이 문제가 된다. 따라서 무역계약 시에는 이를 명확히 하

11) 불가항력조항을 약정하는 예문은 5장 3.4를 참조.

기 위하여, 예컨대 UCP 600에 규정하는 것에 의한다고 다음과 같이 약정하도록 한다.

"The date of Bill of Lading(or transport document) shall be taken as the conclusive proof of the date of shipment and the date of issuance of transport document determined in accordance with UCP 600 shall be taken to be the date of shipment."

이처럼 선하증권(운송서류)상의 일자는 선적일자의 결정적 증거로 간주되고, 화환신용장통일규칙에 따라 운송서류별로 발행일자를 해석할 수 있다.

UCP 600에 의한 운송방식에 따라 요구되는 운송서류의 발행일자에 대한 해석기준은 다음과 같다.

① 해상/해양선하증권(Marine/Ocean Bill of Lading)의 경우에는 본선적재일(date of loading on board) 또는 선적일(date of shipment)[12)]
② 비유통 해상화물운송장(Non-Negotiable Sea Waybill)의 경우에는 발행일(date of issuance) 또는 본선적재일(date of loading on board)[13)]
③ 용선계약 선하증권(Charter Party Bill of Lading)의 경우에는 발행일(date of issuance) 또는 본선적재일(date of loading on board)[14)]
④ 복합운송서류(Multimodal Transport Document)의 경우에는 발송일(date of dispatch), 수탁일(date of taking in charge), 본선적재일(date of loading on board)[15)]
⑤ 항공운송서류(Air Transport Document)의 경우 신용장이 실제의 선적일에 관한 특정표기를 포함하지 아니한 경우 외에는 발행일(date of issuance)[16)]
⑥ 도로·철도·내수로 운송서류(Road, Rail or Inland Waterway Transport Document)의 경우에는 운송서류가 물품수령스탬프가 되어있으면 수령스탬프 일자(date of the reception stamp) 그렇지 않으면 발행일(date of issuance)[17)]
⑦ 특사(Courier)를 이용할 경우에는 접수일(date of pick-up) 또는 수령일(date of re-

12) UCP 600, Article 20-a-ii.
13) UCP 600, Article 21-a-ii.
14) UCP 600, Article 22-a-ii.
15) UCP 600, Article 19-a-ii.
16) UCP 600, Article 23-a-iii.
17) UCP 600, Article 23-a-ii.

ceipt)[18]

⑧ 우편수령증(Post Receipt)의 경우에는 발송지에서의 스탬프 일자(date of stamp)[19]

〈표 5-3〉 운송서류별 선적일자의 해석

| 운송서류 | 선적일자의 해석 |
| --- | --- |
| 해상선하증권(marine/ocean B/L)<br>용선선하증권(charter party B/L) | 본선적재일 또는 선하증권(B/L) 발행일 |
| 비유통성 해상화물운송장<br>(non-negotiable sea waybill)<br>복합운송서류<br>(multimodal transport document) | 발송일, 인수일, 본선적재일 또는 발행일 |
| 항공운송서류<br>(air transport document) | 항공운송서류의 발행일 또는 비행일 발송서류상의 인수 스템프 일자 또는 발행일 |
| 도로, 철도, 내수로 운송서류<br>(road, rail or inland waterway transport document) | 수취스템프의 일자 또는 발행일자 |
| 운송주선인발행 운송서류<br>(freight forwarder's transport documents) | 서명이나 확인일 cf. House B/L |

## 6 대금결제조건

매매당사자는 물품매매계약을 체결할 때 대금결제조건(payment terms)으로 ① 대금결제의 방식, ② 대금결제의 시기, ③ 결제통화 등에 대하여 약정하여야 한다.[20]

### 1) 대금결제의 방식

무역대금의 결제방식으로는 신용장방식(L/C basis)에 의한 결제, 추심방식(collection basis)에 의한 결제 및 송금방식(remittance basis)에 의한 결제로 크게 구분할 수 있는데, 이 중 신용장방식에 의한 결제가 가장 전통적인 방식이다.

18) UCP 600, Article 25-a-ii.

19) UCP 600, Article 25-c.

20) 강원진, 이양기, 최신국제상거래론, 박영사, 2014, 172-177면

### (1) 신용장방식에 의한 결제

신용장이란 그 명칭이나 기술에 관계없이 일치하는 제시(complying presentation)를 인수・지급(honour)하기 위한 발행은행의 취소불능적인 그리고 분명한 확약을 구성하는 모든 약정을 말한다.[21] 이를 한 마디로 표현하면 "은행의 조건부 지급확약(conditional bank undertaking of payment)"이라고 할 수 있다.[22]

신용장에 의한 결제는 추심방식이나 송금방식에 비하여 금융기능과 지급확약기능을 갖고 있어 금융적 불편이나 신용위험을 대폭 감소시킬 수 있는 편리성과 매매당사자에게 유용성이 있기 때문에 가장 많이 이용되고 있다.

신용장을 결제수단으로 이용하고자 할 경우에는 다음의 예와 같이 약정한다.

"Payment Terms: Under irrevocable L/C at sight to be issued in favor of Seoul Trading Co., Ltd., Seoul."

"Payment Terms: By an irrevocable L/C at 30 days after sight to be issued in our favor. Usance interest to be covered by buyer."

### (2) 추심방식에 의한 결제

추심방식에는 어음지급서류인도조건(Documents against Payment: D/P)과 어음인수서류인도조건(Documents against Acceptance: D/A)이 있다. D/P조건은 수출자가 수입자와의 매매계약에 따라 물품을 선적하고 준비된 서류에 일람출급환어음(sight bill of exchange)을 발행하여 수출자의 거래은행, 즉 추심의뢰은행(remitting bank)을 통하여 수입자의 거래은행인 추심은행(collecting bank) 또는 제시은행(presenting bank)이 수입자에게 어음을 제시하여 그 어음금액을 일람출급 받는 거래방식을 말하며, D/A 조건은 D/P 거래와 추심경로는 같으나 다른 점은 일람후 정기 또는 확정일부 환어음을 발행하고 수입자는 그 제시된 어음을 일람출급 함이 없이 인수만 함으로써 서류를 인도받은 후 만기일(maturity)에 대금을 지급하는 거래방식이다.

이처럼 D/P, D/A 거래방식은 은행이 대금지급에 대한 확약은 없이 오직 수입자의 신용만을 믿고 매매당사자 간의 계약서[23]만을 근거로 대금을 추심하는 방식이기 때문에 본・지사 간 거래[24]나 신용있는 거래처 사이에만 이용하는 것이 결제상

---

21) UCP 600, Article 2.

22) I.C.C., *Guide to Documentary Credit Operations*, ICC Publishing S.A., 1985, p.6.

23) 일반수출계약서와 구별하여 선수출계약서라고 부른다.

24) 해외지점이나 해외현지법인과의 거래를 포함한다.

의 위험을 줄일 수 있다.[25] D/P, D/A 거래방식을 사용하기 위해서는 다음의 예와 같이 결제조건을 약정한다.

"Payment Terms: Under D/P in U.S. Dollars."

"Payment Terms: Under D/A at 30 days after sight in U.S. Dollars. Usance interest to be covered by buyer."

### (3) 송금방식에 의한 결제

송금방식은 수입자가 수출자 앞으로 물품대금을 송금하여 주는 방식으로 수출자의 입장에서는 수출대금의 회수불능과 같은 위험은 없어 좋은 조건이라고 할 수 있으나, 수입자로서는 계약물품을 수출자가 선적이행하지 않거나 품질・수량 등 계약조건을 이행하지 않을 수도 있기 때문에 불리한 입장에 있다고 할 수 있다. 송금방식에는 송금수표(Demand Draft: D/D),[26] 우편송금환(Mail Transfer: M/T), 전신송금환(Telegraphic Transfer: T/T) 등 세 가지가 있다.[27]

송금수표는 일람출급송금환을 말하며 은행이 발행하는 수표를 수취인에게 송금인이 직접 보내기 때문에 우송사고의 위험성은 다소 있지만 소액송금 시 많이 사용되고 있다. 수출자가 대금결제수단으로 수표를 받았을 경우에는 신용있는 은행이 발행한 이른바, 은행수표(banker's check)인지 회사나 개인자격으로 발행한 개인수표(personal check)인지를 잘 검토하고 개인수표는 공신력이 없으므로 가급적 은행수표를 이용하도록 하는 것이 좋다.[28]

우편송금환은 은행이 수취인에 대하여 일정한 금액지급을 위탁하는 지급지시서(payment order)를 우편에 의해 통지하는 방법으로 긴급을 요하지 않는 소액송금 시에 많이 사용된다.

전신송금환은 우편송금환과 비슷하나 지급지시를 우편에 의하지 않고 전신(cable)으로 하는 점이 다르고 많은 금액을 긴급히 송금하고자 할 경우 이용된다.

이상과 같은 세 가지 방법 중 수취인인 수출자측에서 가장 안전하고 매입 시 환

25) 대금결제상의 위험을 감소하기 위하여 무역보험공사의 무역보험 중 "단기무역보험"에 부보하면 수출자의 귀책사유가 없을 때에는 어음금액의 일정범위 이내에서 보상받을 수 있다.

26) 보통 송금환이라고도 한다.

27) 이와 같은 세 가지 송금방식을 단순송금방식이라고 하며, 후술하는 CAD와 COD 방식과 구별하고 있다.

28) 수표상에 지급은행(paying bank)이 기재되어 있다 하더라도 수표발행자격이 은행인지 회사 또는 개인인지를 잘 검토하여야 한다.

율 적용면에서 유리한 것은 전신송금환에 의한 것이다.[29]

대금결제수단으로 송금방식을 이용하고자 할 경우에는 다음과 같이 약정한다.

"Payment Terms: Under T/T basis in U.S. Dollars within ten days after date of contract."

"Payment Terms: Under Banker's Check basis in U.S. Dollars within ten days after date of contract."

## 2) 대금결제의 시기

### (1) 환어음의 지급기일

신용장방식과 추심결제방식인 D/P, D/A 조건은 보통 환어음(draft)에 의하여 결제가 이루어진다. 수출자는 계약물품을 선적한 후 대금결제를 위하여 요구하는 서류를 준비하고 환어음을 발행한다. 이때 발행되는 환어음은 일람출급환어음(sight draft; sight bill of exchange)과 기한부환어음(usance draft; usance bill of exchange)이 있다. 환어음의 지급기일(tenor of draft)은 일람출급 또는 기한부환어음에 의해 결정된다. 일람출급환어음이란 매도인이 발행한 어음이 어음지급인(drawee)[30]에게 제시되면 이를 일람함과 동시에[31] 환어음금액을 지급하는 것으로 무역거래에서 결제가 이루어지는 기간은 그 결제기간에 소요되는 우편일수(mail day) 이내이므로 신속히 이루어지게 된다. 일람출급환어음 요구문언은 보통 "...drafts drawn at sight..."과 같이 표현된다. 한편 기한부환어음은 매도인이 발행한 환어음이 어음지급인에게 제시되면 지급인이 그 환어음을 인수(acceptance)하여 일정기간 지급유예를 받고 만기일(maturity)에 지급하는 것으로 여기에는 "at 30 days after sight"와 같이 일람 후 30일 되는 날에 지급이 이루어지는 일람후정기출급, "at 30 days from date of B/L"과 같이 선하증권일자[32]로부터 만기일에 지급이 이루어지는 일

---

29) 외국환은행이 전신송금환(T/T)을 매입할 경우의 환율적용은 매입 당일의 대고객 전신환매입률(T/T buying rate)을 적용한다. 그러나 은행수표는 지급은행 앞으로 동 수표를 송부하여 지급요청을 해야 하기 때문에 외국환은행이 추심전 매입 시에는 표준우편일수만큼의 환가료(exchange commission)를 공제하는 이른바 일람출급환어음매입률(at sight rate)을 적용한다. 따라서 전신송금환은 수출자(수취인)의 입장에서는 적용 환율면에서 송금환 방식 중 가장 유리하다.

30) 신용장거래일 경우에는 은행이 지급인이 된다. 보통 신용장상에는 "drafts drawn on xx bank"와 같이 on 뒤에 지급인(drawee)을 명시한다.

31) 일람출급어음의 결제기간은 국가마다 그 나라의 어음법 등에 따라 상이하다.

자후정기출급, "on May 30, 20 xx"처럼 특정일에 지급이 이루어지는 확정일출급(on a fixed date)이 있다. 매매계약 시에 주의하여야 할 사항은 기한부환어음의 경우에 지급을 유예하여 주는 기간 동안의 이자(usance interest)는 매도인과 매수인사이에 어느 편에서 부담하는가를 확인하는 일이다. 예컨대, "Usance interest(or Discount charge) to be covered by buyer"와 같이 약정하여야 수입자가 신용장 발행을 의뢰할 때 동 기간의 이자부담자는 "applicant(buyer)"라고 신용장에 명시하도록 요청하게 된다.

### (2) 선지급(payment in advance)

선지급이란 물품이 선적 또는 인도되기 전에 미리 대금을 지급하는 조건이다. 선지급방식으로는 주문과 함께 송금수표나 우편송금환 또는 전신송금환 등에 의해 송금되는 단순송금방식(remittance basis), 수출자가 신용장 수령과 더불어 미리 대금을 결제받을 수 있는 선대신용장(red clause L/C), 그리고 주문과 동시에 현금결제가 이루어지는 주문시지급(cash with order: CWO)이 있다. 이 경우 수출자는 대금을 미리 받고 물품을 선적하게 되므로 수출자에게는 매우 유리한 지급조건이다.[33)]

### (3) 동시지급(concurrent payment)

동시지급이란 물품을 인도받거나 물품을 화체한 서류를 인도받음과 동시에 대금지급이 이루어지는 방식이다. 이에는 매도인이 비용과 위험을 부담하고 수입지에서 현품과 교환하여 대금지급이 이루어지는 현품인도지급(cash on delivery: COD)[34)] 선하증권을 포함한 기타 계약 시 요구된 결제서류와 교환하여 수출지에서 대금지급이 이루어지는 서류상환지급(cash against documents: CAD)이 있는데[35)] COD는 매수인에게 매우 유리한 방식이다. 이와 같이 동시지급이 이루어지기 위해서는 COD방식은 수입지에 매도인의 지점(branch)이나 대리인 또는 지정은행이 있어야 하고, CAD방식은 수출지에 매수인의 지점이나 대리인 또는 지정은행이 있어야 거래가 가능하기 때문에 계약 시에 이와 같이 동시상환지급이 가능한지를 검토하여야 한다.

---

32) 신용장에서 운송서류 발행일자의 해석기준은 UCP 600 제19조 내지 제25조를 참조.
33) 지급시기가 혼합된 지급방식에는 누진지급(progressive payment)과 할부지급(instalment payment)이 있는데, 이는 물품대금의 주문과 동시에 대금의 일부를 지급하고 선적 시 및 물품도착 후 일정기간(수년)에 걸쳐 나누어 누진적으로 지급하는 결제방식이다.
34) 보석 등 귀금속류의 거래에 사용되고 있다.
35) COD와 CAD를 대금교환도조건이라고 한다.

### (4) 연지급(deferred payment)

물품의 선적 또는 서류의 인도 후 일정한 기간이 경과된 이후에 대금지급이 이루어지는, 즉 외상거래방식이 연지급조건이다. 보통 기한부신용장(usance L/C)이나 D/A 거래와 같이 1년 이내의 기간에 지급되는 것을 단기 연지급, 1년 이상의 거래를 중장기 연지급이라고 한다. 연지급의 대표적인 예는 외상판매(sales on credit), 위탁판매(sales on consignment) 및 청산계정(清算計定; open account)[36] 등이 있다.

### (5) 분할지급조건

분할지급(Progressive payment; Installment payment)이란 거래가 이루어지는 과정을 계약 시, 선적 시, 도착 시 등 한 건의 거래를 여러 단계로 나누어서 그 단계마다 일정 금액씩 분할하여 지급하는 것으로서 누진지급방식이라고도 한다.

분할지급방식은 연지급방식의 하나로 볼 수 있는데 예를 들면 선박, 기계 및 플랜트 수출 시 착수금은 선지급하고, 나머지 잔금은 선적서류나 물품이 인도된 후 1회 이상 분할하여 지급하는 방식이 있을 수 있다.

## 3) 결제통화

앞서 언급한 바와 같이 무역매매가격의 산출 시에 통화는 어느 국가의 통화로 할 것인가를 약정하여야 한다. 보통 품목(commodity), 수량(quantity), 단가(unit price), 금액(amount)이 명시될 때에는 단가와 금액란에 "@US$5.30, US$53,000"과 같이 각각 표시하면 되지만, 결제조건(payment terms)을 언급할 때는 "Payment Terms: Under T/T basis in U.S. Dollars"와 같이 결제통화를 명시하여야 한다.

# 7 보험조건

보험자와 피보험자 사이에 체결되는 일종의 손해보상계약으로 "보험자가 피보험자에 대하여 그 계약에 의해 합의된 방법과 범위 내에서 해상손해, 즉 해상사업에 수반하여 발생하는 손해를 보상할 것을 약속하는 계약이다(영국 해상보험법 1조)."[37]

---

36) open account란 거래관계가 빈번히 이루어지는 매매당사자 간에 모든 거래 시 대금을 결제하지 않고 이것을 장부상에 상쇄하고 일정 기간마다 그 차액만을 청산하는 방식을 말한다.

37) 이양기, 무역실무(2판), 삼영사, 2021, 166면

물품을 운송하는 과정에 선박의 좌초(stranding), 침몰(sinking), 충돌(collision) 등과 같은 해상 고유의 위험(perils of the seas)이나 전쟁(war) 등과 같은 인위적 위험을 만날 가능성이 있다. 이러한 위험을 담보받기 위해서는 적화보험(cargo insurance)을 부보(cover)하여 만일의 손해발생에 대비하여야 한다.

적화보험을 부보하기 위해서는 보험금액(insured amount)을 얼마로 할 것인가를 고려하여야 한다. 보험금액이란 보험사고 또는 소정의 손해가 발생한 경우, 보험자(insurer; assurer)가 지급해야 하는 금액 또는 그 최고한도의 금액으로 보험계약의 체결에 있어 보험자와 피보험자(insured; assured) 간에 약정된 금액을 말한다.

보험금액을 정하기 위해서는 매도인과 매수인 사이에 매매계약을 체결하면서 "the amount of invoice plus 10%" 또는 "115 percent of the CIF invoice value"와 같이 송장금액에 10%를 가산한 금액으로 부보할 것인가 또는 그 이상을 가산한 금액으로 부보할 것인가를 약정하여야 한다. 가산비율에 따라서 보험료(insurance premium)도 달라지기 때문에 부보금액을 약정할 때는 보통 최소부보금액으로 송장금액에 10%를 가산하여 부보하는 것이 일반적이다.

## 제3절 분쟁해결을 위한 조건

무역계약을 체결할 때는 물품매매와 관련된 기본적인 조건 외에도 기본조건을 보완할 수 있는 조건과 향후 발생될지도 모르는 분쟁대비 및 해결방법에 관하여 약정하여 두는 것이 매우 중요하다. 이에 대해서는 적어도 ① 클레임(claim), ② 권리침해(infringement), ③ 완전합의(entire agreement), ④ 불가항력(force majeure), ⑤ 이행곤란(hardship), ⑥ 중재(arbitration), ⑦ 재판관할(jurisdiction), ⑧ 준거법(governing law; applicable law) 및 무역거래규칙(trade rules) 등에 대하여 약정하여야 한다.[38)]

38) 강원진, 이양기, 최신국제상거래론, 박영사, 2014, 179-186면

## 1 클레임조항

무역거래에서 클레임(claim)이란 매매당사자가 약정된 계약을 위반함으로써 상대방에게 단순한 불평을 넘어서 권리의 회복을 요구하거나 손해배상을 청구하는 것을 말한다. 클레임조건에서는 물품인도 또는 서류 도착 후 몇 일 이내에 클레임 제기를 할 것인지 클레임 제기기간을 명시해야 한다. 클레임 제기기간을 특약하지 않으면 장기간에 걸쳐 클레임을 제기할 수 있는 빌미를 제공하게 된다. 또한 클레임이 제기되었을 경우 정당성을 입증할 수 있는 공인된 검정인의 검정보고서(Surveyor's Report)를 첨부하도록 클레임 제기기간 설정문언에 언급되어야 한다.

클레임 제기기간 설정에 대한 약정은 다음 예와 같이 한다.

"Claim: No claim shall be entertained before the payment is made or draft is duly honored. Each claim shall be advised by E-mail to seller within fourteen(14) days after the arrival of the goods at destination specified in the relative Bill of Lading and shall be confirmed by registered airmail with surveyor's report within fifteen(15) days thereafter. No claims shall be entertained after the expiration of such fourteen days."

## 2 권리침해조항

무역거래 시 매수인이 제시한 규격, 디자인, 상표에 따라 매도인이 물품을 생산하여 매수인에게 인도한 후 특허권, 지식재산권을 침해하는 경우 이에 따른 책임은 매수인이 부담하고 매도인에게 아무런 피해를 주지 아니하기로 하는 조항을 권리침해조항(infringement clause)이라고 한다.

권리침해조항의 설정은 다음의 예와 같이 한다.

"Infringement: Seller shall not be liable for infringements of patents, designs, trademarks or copyrights involving the goods. If any dispute arises concerning patents, designs, trademarks or copyrights as the result of the sale of the goods by seller, buyer shall, at its own expense, take all such steps as may be necessary to protect itself."

## 3 완전합의조항

계약서의 작성에 있어서 기존계약과의 관계를 검토하고 본 계약이 성립한 이상 기존의 서면 또는 구두에 의한 합의, 교섭, 언질 등은 모두 본 계약에 흡수되고 소멸하는 것을 명시하여 두는 것이 완전합의조항(entire agreement clause)이다. 이것은 새로운 계약과 기존계약과의 관계를 명확히 함으로써 먼저 작성한 서식과 나중에 작성한 서식 중 어느 서식이 우선할 것인지에 대한 서식분쟁(battle of form) 예방 및 해결에 크게 도움이 된다.

완전합의조항은 보통 다음 예와 같이 약정한다.

"Entire Agreement: This agreement constitutes the entire agreement between the parties, all prior representations having been merged herein, and may not be modified except by a writing signed by a duly authorized representatives of both parties."

## 4 불가항력조항

불가항력(force majeure)이란 당사자의 통제를 넘어서는 모든 사건을 말한다. 특히 계약당사자는 계약체결 시에 미리 예기하지 못한 사태로 인하여 이행지체나 이행불능이 되는 경우를 대비하여 계약조항 가운데 불가항력조항을 삽입하여 면책을 주장할 수 있도록 하는 것이 실무상 일반화되어 있다. 불가항력조항에는 불가항력사태가 발생하였을 경우 매도인이 그 사실을 매수인에게 지체없이 통지하고 그 입증자료도 제시하도록 하여야 한다.

특히 유의하여야 할 점은 불가항력조항과 영미법상의 프러스트레이션(frustration)[39]의 법리와는 구별하여야 한다. 프러스트레이션의 법리는 당사자의 책임으로 돌릴 수 없는 사유에 의하여 사정이 현저하게 달라진 경우, 예컨대 전쟁의 발발, 법령의 개정과 폐지에 따른 후발적 위법 시에 계약은 소멸된다는 점이다. 그러나 프러스트레이션의 성립여부는 상황에 따라 결정된다. 따라서 당사자가 계약체결 시에 미리 일정한 사유가 발생한 경우에 계약상의 책임을 면한다는 취지의

---

39) frustration이란 당사자 자신들의 고의나 과실이 없이 발생한 계약성립 후의 후발적사정으로 인하여 계약이 해제됨으로써 당사자가 추구했던 "계약목적의 달성불능" 또는 "계약의 좌절"됨을 말한다.

불가항력 조항을 구체적으로 설정하여 두는 것이 바람직하다.

불가항력조항은 다음의 예와 같이 약정한다.

"Force Majeure: The seller shall not be responsible for the delay of shipment due to force majeure, including mobilization, war, strike, riots, civil commotion, terrorism, hostilities, blockade, requisition of vessels, prohibition of export, fires, floods, earthquakes, tempests, and any other contingencies, which prevent shipment within the stipulated period. In the event of any of the aforesaid causes arising, documents proving its occurrence or existence, shall be sent by the seller to the buyer by registered airmail within seven days of occurrence. Immediately after the cause is removed, the affected party shall perform the obligations with all due speed unless the agreement is previously terminated."

## 5 이행곤란조항

이행곤란(hardship)이란 경제적, 법적, 정치적 또는 기술적 요소 등이 변화하여 계약의 일방당사자에게 심각한 경제적 영향을 주는 사태라고 할 수 있다. 일반적으로 계약체결 후 계약의 이행과정에서 이러한 이행곤란이 발생하는 경우에 대비하여 계약에 삽입한 이행곤란조항은 직접 가격을 결정하거나 수정하는 조항은 아니고, 오히려 불가항력조항과 비슷한 것으로 사정변화에 의하여 당사자 의무의 당초의 균형이 근본적으로 변한 경우에 계약의 수정을 규정한 조항이다. 그러나 이 조항은 사정변경의 원칙을 명문화한 것에 지나지 않는다. 불가항력과의 차이점으로 이행곤란조항에서는 교섭의 재개될 수 있다는 것이다. 일반적으로 이행곤란조항은 불가항력조항과 함께 계약에 삽입되어 있는 경우가 브통인데, 이들 조항은 상호보완적인 역할을 한다.

이행곤란의 요건은 대체로 불가항력의 요건보다 엄격하지 않은 편이며, 다음과 같은 세 가지 요건이 충족되어야 한다. 첫째, 이행곤란이라는 장애를 일으키는 사건은 불가항력과 마찬가지로 당사자 통제불능의 사건이어야 한다. 둘째, 계약체결 시에 양 당사자가 예상할 수 없는 사건이어야 한다. 그러나 양 당사자들이 전혀 고려하지 않은 사건일 필요는 없다. 셋째, 장애사건의 발생으로 계약의 균형이 근본적으로 변경되어 이행당사자에게 계약적 의무의 이행이 과중한 부담이 되어야 한다. 예컨대 당사자들이 통제 불능하고 예상할 수 없었던 어떠한 장애의 발생으로 처음에 예상하였던 것보다는 비싼 원자재로 대체하여야 하거나 또는 보다 먼 항로로 운송을 하여야만 하는 경우와 같이 이행당사자에게 보다 부담스러운 이행이 될 때에 이행곤란조항의 적용이 가능하다. 이행곤란조항은 특히 장기계약의 경우에 도움이 되는 경우가 많으며 이 조항에 따라 양 당사자에게 계약을 재조정할 의무를 부과한다. 그러나 이는 재조정의 합의이지 양 당사자에게 합의에 도달하여야 하는 책임을 부과하는 것은 아니다.

무역계약 시에 이행곤란조항은 다음의 예와 같이 약정한다.

"Hardship: The party shall make a request for revision within a reasonable time from the moment it become inequitable due to factors beyond the control of the parties hereto, including substantial changes in economic circumstances of the present contract. The request for revision does not of itself suspend performance of the contract. If the parties fail to agree on the revision of the contract within a time-limit of 60 days of the request, the contract remains in force in accordance with its original terms."

## 6 중재조항

무역거래에서 계약과 관련하여 클레임이 제기되면 신속히 해결하는 노력이 필요하다. 클레임을 해결하는 단계로는 ① 매수인의 단순경고(warning), ② 매매당사자 간의 타협(compromise) 및 화해(amicable settlement), ③ 제3자, 즉 조정인(mediator)이 개입한 조정(conciliation), ④ 중재(arbitration) 또는 소송(litigation)에 의할 수 있다. 분쟁해결은 매매당사자 간의 타협 및 화해로 종결되는 것이 가장 바람직하다. 분쟁의 해결은 소송에 의하는 것보다는 중재에 회부하는 것이 더 좋으며 또한 중재보다는 조정이 그리고 조정보다는 분쟁의 예방이 계약당사자 모두에게 유리하다. 그러나 위의 3단계 이내에서 분쟁을 해결할 수 없을 경우에는 가장 신속하고 경제적인 해결방법으로 중재를 이용하는 것이 바람직하다.

중재란 사법상(私法上)의 분쟁을 법원의 판결에 의하지 아니하고, 당사자 간의 합의로 사인인 제3자, 즉 중재인(arbitrator)에게 부탁하여 구속력 있는 판정을 구함으로써 최종적인 해결을 기하는 방법을 말한다. 따라서 중재조항이란 계약과 관련하여 분쟁이 발생되면 중재판정에 의하여 해결하기로 하는 당사자 간의 합의를 기재한 조항이다. 대부분의 나라에서 중재조항이 있는 경우에는 소송이 제기되더라도 피고가 중재조항의 존재를 주장(중재의 항변)할 경우 직소금지의 효력에 의하여 소송이 각하되어 결국은 중재를 신청하여야 한다.

중재에 의하여 클레임을 해결하려면 반드시 양 당사자의 중재합의(arbitration agreement)가 계약체결 시나 또는 그 이후, 즉 분쟁이 야기되었을 경우에 있어야만 한다. 이러한 중재합의, 즉 중재계약이 없는 경우 일방이 거절하면 중재로 해결할 수 없다. 중재합의에는 중재인 또는 중재기관, 중재지, 중재절차, 준거법이 명시되어야 유효하다. 이와 같이 당사자 간에 합의된 중재계약은 국내적으로나 국제적으로 그 효력이 인정되어 중재판정의 결과는 최종적이며 뉴욕협약에 따라 외국에서도 집행이 가능하다.

한국의 경우에는 중재기관으로 대한상사중재원이 설립되어 있으며, 다음과 같은 표준중재조항을 모든 계약서상에 삽입하여 분쟁발생 시에 대비하도록 하고 있다.

"Arbitration: All dispute, controversies, or differences which may arise between the parties, out of or in relation to or in connection with this contract, or for the breach there of, shall be finally settled by arbitration in Seoul, Korea in accordance with the Commercial Arbitration Rules of the Korean Commercial Arbitration Board and under the Laws of Korea. The award rendered by the arbitrator(s) shall be final and binding upon both parties concerned."

## 7 재판관할조항

계약에서 중재조항을 규정하지 않은 경우에는 그 계약을 둘러싼 분쟁은 최종적으로 국가가 행하는 재판에 의하여 해결하게 된다. 또한 중재조항이 존재하더라도 중재로 진행되는 범위 외의 사항에 대하여는 마찬가지로 재판에 의하게 된다. 그 경우에 소송을 제기할 법원을 당사자 간에 미리 약정하여 놓은 것이 재판관할(jurisdiction)이다. 재판관할의 합의가 있는 경우에도 이러한 합의가 관계 당사국에서 유효한지, 선정된 법원이 외국인(또는 외국법인)의 출소권을 인정하는지 또는 선정된 법원은 판결의 집행을 처리하기에 적당한지 등을 검토할 필요가 있다.

한편 법원의 지정을 막연히 한국법원 또는 미국법원이라고 규정하는 것은 장래 한국 또는 미국의 어느 지역의 법원인지 문제가 생길 소지가 있으므로 서울, 뉴욕 등 특정지의 법원을 지정하여야 한다.

다음은 한국의 서울지방법원을 합의관할로 하는 재판관할조항의 예이다.

"Jurisdiction: Any and all disputes arising from this contract shall amicably be settled as promptly as possible upon consultation between the parties hereto. The parties hereto agree that, should either party has been in a position to resort to a lawsuit, injunction, attachment, or any other acts of litigation, the Seoul District Court shall have the jurisdiction."

## 8 준거법조항

준거법(governing law; applicable law)은 계약의 성립, 이행 및 계약조항의 해석에 대하여 어느 나라 법률에 따라 행할 것인가를 지정하는 것이다. 예를 들면, 계약서상에 적용법률을 한국법, 미국법 등으로 지정하여 두는 것이 준거법조항이다. 준거법의 결정은 준거법에 대하여 당사자의 명시적인 약정이 있는 경우에는 지정된 준거법이 우선적으로 적용된다.

그러나 매매당사자 간 준거법에 대한 약정이 없는 경우, 한국 국제사법(제26조)은 "준거법 결정 시의 객관적 연결과 관련하여 당사자가 준거법을 선택하지 아니한 경우에 계약은 그 계약과 가장 밀접한 관련이 있는 국가의 법에 의한다"라고 규정하고 있다.

준거법 적용의 일반원칙은 계약당사자의 자유의사를 기준으로 하는 이른바 계약자유의 원칙(principle of party autonomy)[40]을 최우선적으로 적용하는 주관주의(subjective view)와 계약과 가장 밀접한 현실적 관계를 갖는 법률을 준거법으로 적

40) 계약자유의 원칙에서 계약당사자의 자유의사에 맡기는 것을 저촉법적 지정이라 하고, 계약 자체를 지배하는 법은 따로 있고 계약의 일부 조건이나 내용을 지배하는 특정 법규나 국제규칙 등을 지정하는 것을 실질법적 지정이라고 한다. 실질법적 지정은 공서양속이나 강행규정에 위반되지 않는 범위 내에서만 계약내용을 규율할 수 있다.

용하여야 한다는 객관주의(objective view)가 있다. 객관주의에서는 계약이 체결되는 예컨대, A국에서 계약의 전부 또는 일부가 이행되는 경우에 준거법을 계약체결지법(lex loci contratus)으로 적용하여야 한다는 원칙과, 계약이 비록 A국에서 체결되었다 하더라도 계약의 전부 또는 상당한 부분이 B국에서 이행된 경우에는 B국의 법률, 즉 이행지법(lex loci solutionis)[41]을 적용하여야 한다는 원칙이 있다.

계약이 성립지에서 이행될 경우에는 그 계약의 성립지법이 적용되는 것으로 추정되지만, 계약의 성립지와 이행지가 다른 때에는 계약의 성립지가 아니라 이행지법이 당사자의 계약관계에 적용되는 것으로 추정된다. 이러한 추정은 어디까지나 단지 추정의 기준에 불과하며 얼마든지 계약내용 및 주변상황에 따라 배제될 수 있다.[42]

일반적으로 국제매매계약에서는 중재합의가 있을 경우 당사자 간에 분쟁이 발생하게 되면 특정 장소에서 특정 중재인 및 중재판정부의 지정법을 준거법으로 한다.[43]

따라서 계약위반에 따른 구제와 법의 충돌문제를 고려하여 무역계약 당사자는 계약내용과 조항에 적용할 준거법에 관하여 미리 명확하게 약정하여 두는 것이 중요하다.

국제매매계약 시 준거법은 다음 (a)의 예와 같이 약정하고 계약의 성립과 권리구제에 관련된 적용법을 국제물품매매계약에 관한 유엔협약(CISG)으로 하고자 할 경우에는 다음 (b)의 예와 같이 약정한다.

"Applicable Law: (a) This contract shall be governed, construed and performed by the laws of the Republic of Korea.

(b) Unless otherwise stipulated in this Contract, United Nations Convention on Contracts for the International Sale of Goods 1980 applies to this contract between parties in case of formation of contract and remedies for breach of contract."

---

41) 이행지법을 행위지법이라고도 한다.

42) Clive M. Schmitthoff, *Export Trade*, 9th ed., Stevens & Sons, 1990, p.104.

43) The United Nations Convention on Recognition and Enforcement of Foreign Arbitral Awards, 1958, Articles 2(1), 5(1).

한편 준거법 조항에 추가하여 가격조건(또는 인도조건)으로서 FOB, CIF 규칙 등과 같은 정형거래규칙은 Incoterms® 2020을 적용하는 것으로 다음의 예와 같이 약정한다.

"Trade Rules: The trade rules used under this contract shall be governed and interpreted by the provisions of Incoterms® 2020."

## 연구과제

1. 무역계약을 체결할 경우 특히 상거래분쟁을 예방하고 계약상의 불확실성을 최소화하기 위하여 매매당사자 간 약정하여야 할 조건(내용)들은 어떤 것들이 있는지 다음과 같은 요령에 의하여 제시하시오.
   [제시요령] 정형무역계약서를 이용할 경우, 계약을 체결할 때마다 약정하는 "Specific Terms"와 계약서 이면(또는 별지)에 일반거래조건을 사전에 인쇄 또는 예비된 문언으로 구성된 "General Terms and Conditions"로 구분하여 검토(예: Specific Terms : 1. Payment Terms…, General Terms and Conditions : 1. Arbitration Clause… 등 제목만을 제시함)

2. 무역계약 시 선적조건에서 "분할선적(partial shipment)"을 허용하는 것으로 약정하는 경우와 "할부선적(instalment shipment)"을 허용하는 것으로 약정하는 경우의 공통점과 상이점은 무엇인가?

3. 국제매매당사자 A와 B는 5월 10일 A의 서식으로 계약을 체결하였다. 5월 20일 B가 A에게 B의 서식에 서명하여 줄 것을 요청하여 A는 이를 서명하여 B에게 발송하였다. 이 결과 당사자는 각각 2개의 서식을 가지게 되었다. 그 후 2개의 서식에서 거래조건 해석상의 상충으로 인하여 당사자 간 분쟁이 야기되었다. A와 B의 서식 중 어느 서식이 우선되는가? 그 이유는 무엇인가? 또한 이와 같은 "서식분쟁(battle of form)"을 예방하기 위해서는 어떻게 하여야 하는가?

4. 국제매매당사자 A와 B 사이에 A의 청약과 B의 승낙만으로 계약이 성립되어, A는 수출신용장을 받아 물품선적 및 매입은행에 수출환어음을 매입하였다. 제시서류에 대하여 발행은행도 매입은행에게 대금지급을 완료하였다. 그러나 선적한지 6개월이 지난 시점에 B는 물품의 부적합을 이유로 Surveyor's Report를 첨부하여 A에게 클레임을 제기하였다. 이와 같이 클레임은 국제상거래에서 용인될 수 있는가? 계약조건과 "국제물품매매계약에 관한 유엔 협약(CISG)"을 참조하여 이와 같은 클레임제기의 타당성 여부에 대하여 연구하여 보자. 또한 이와 같은 클레임 제기 가능성에 따른 대책은 무엇인가?

5. 무역계약의 수량조건 중 과부족용인조항(M/L Clause)의 개념과 그에 대한 신용장통일규칙(UCP600)상의 해석기준을 설명하시오. (2015년도 제32회 관세사 2차 기출문제 10점)

Chapter

6

# 국제상거래법의 통일화와 당사자의 의무

Chapter

# 6 국제상거래법의 통일화와 당사자의 의무

## 제 1 절 국제상거래법의 통일화

### 1 국제상거래법 통일화의 필요성

계약은 당사자의 합의에 의하여 결정되는 것이 원칙이지만, 매매거래 관계의 구체적인 내용이 모두 당사자의 합의에 의하여 결정되는 것은 아니다. 따라서 사전에 합의가 이루어지지 않았던 부분에 관하여는 당해 계약에 적용될 법률이 중요한 역할을 한다. 법은 강행법규와 임의법규의 두 가지 측면에서 계약의 내용과 밀접한 관계를 형성한다. 강행법규는 당사자의 합의로써 형성할 수 있는 계약내용의 한계를 규정한다. 반면에 임의법규는 계약내용에 대한 당사자의 합의를 보충하는 기능을 한다.

국제물품매매법은 국제거래법의 중심분야로 이 분야에서 법규의 통일은 매우 중요하다. 그러나 매매에 관한 각국의 법규가 서로 상당한 차이를 보이고 있고, 동일한 용어에 대해서도 해석상 많은 차이가 있을 수 있다. 따라서 매매계약의 당사자가 당해 계약에 적용될 법규의 내용을 알지 못하면 자신의 계약상의 권리와 의무의 구체적인 내용을 파악하기는 어렵다. 국내의 당사자들 간에 이루어지는 순수한 국내매매에 대해서는 국내법이 적용될 것임은 자명한 일이다. 그러나 서로 다른 국가에서 영업중인 기업 간에 이루어지는 국제매매는 계약의 청약과 승낙, 매매당사자의 의무 등이 여러 나라에 걸쳐 이루어지는 것이 일반적이다. 현재 국제거래에는 영미법계, 대륙법계, 사회주의법계 등으로 법체계의 내용에 차이가 있어 계약에 적용될 법률을 사전에 확정하는 것은 매우 중요한 일이다.

## 2 국제상거래법 통일화의 과정

국제물품매매분야에서 법규의 통일을 위한 노력은 크게 세 단계로 나누어 볼 수 있다. 첫 번째 단계는 독일의 에른스트라벨(Ernst Rabel)[1)]을 중심으로 1930년대 "사법통일을 위한 국제협회(International Institute for the Unification of Private Law: UNIDROIT)"의 후원 아래 통일국제매매법 제정작업이 수행된 시기이다. 동 시기동안 UNIDROIT의 전문위원회는 1935년 국제통일 매매법 제1초안을 완성하고, 이를 회원국들에게 송부하여 의견을 구한 다음, 그 의견을 참작하여 1939년 제2초안을 완성하였다. 또한 UNIDROIT는 1934년 계약의 성립에 관한 연구를 위하여 별도의 위원회를 구성하고, 이 위원회는 1936년 국제매매계약의 성립에 관한 통일법 초안을 마련하였다. 그러나 국제통일매매법과 계약의 성립에 관한 통일법제정작업은 제2차 세계대전으로 인하여 중단되었다.

두 번째 단계는 제2차 세계대전 후부터 국제매매에 대한 두 개의 협약이 채택된 1964년의 헤이그회의까지의 시기이다. 동 시기에 이루어진 주요 논의과정을 요약하면, 1935년 및 1939년의 국제통일매매법 초안은 1951년 11월 헤이그에서 열린 국제사법회의 (The Hague Conference of Private International Law)에서 재검토의 대상이 되었다. 그러나 동 회의에서는 1939년의 초안을 토대로 새로운 초안을 만들기로 결의하고 전문위원회도 새로 구성하였다. 이 전문위원회는 1956년에 새로운 초안을 완성하여 이를 각국 정부와 국제기구에 배포, 의견을 구하는 과정을 거쳐 1963년 최종안을 확정하였다.

한편 1951년 회의는 계약의 성립에 관한 초안도 마련할 것을 아울러 권고하였고, 이에 따라 UNIDROIT는 1956년 계약의 성립에 관한 초안을 작성하기 시작하여 1958년 이를 완성하였다. 이 두 협약, 즉 "국제물품매매에 관한 통일법을 위한 협약(The Hague Convention Relating to a Uniform Law on the Interbational Sales of Goods of 1964)"과 "국제물품매매계약의 성립에 관한 통일법을 위한 협약(The Hague Convention Relating to a Uniform Law on the Formation of Contracts for the International Sale of Goods of 1964)"은 1964년 4월에 네덜란드의 헤이그에서 28개국의 대표들이 참석한 가운데 최종 확정・성립되었다.[2)]

---

1) Bernhard Grossfeld and Peter Winship, "The Law Professor Refugee", Syracuse J Int'l & Com, Vol.18, 1992, p.11.

2) 동 협약은 독일, 벨기에, 잠비아, 영국, 이스라엘, 이탈리아, 룩셈부르크, 네덜란드, 산마리노 등에 의

두 개의 헤이그협약은 각각 5개국이 비준함으로써 1972년에 발효는 되었으나 국제적인 통일법으로 자리를 잡지는 못한 입법이었다. 그러나 헤이그협약의 제정을 위한 막대한 학문적 예비작업과 그에 기초를 둔 조문화의 성공은 큰 성과라고 할 수 있다. 다시 말해서 두 개의 헤이그협약이 비준과 발효를 거쳤음에도 불구하고 국제상업계에 널리 환영받지 못하여 소멸의 길을 걸었지만, 이 협약들을 통하여 통일매매법의 필요성과 성공을 위한 중요한 기준들, 그리고 한계점을 검토할 수 있었기 때문에 매우 중요한 입법이었다고 평가할 수 있다. 실제적으로도 매매계약의 성립에 관한 통일법과 국제물품매매에 관한 통일법은 각각 CISG 제2편과 제3편에 대부분 포함되었음은 물론, 헤이그협약의 각 규정에 대한 해석상의 문제와 그 해결방안 또한 비엔나협약의 해석을 위한 유익한 자료로서 활용되고 있다.

세 번째 단계는 1966년에 설치된 유엔국제거래법위원회(The United Nations Commission on International Trade Law: UNCITRAL)에 의하여 비엔나협약이 채택되기까지의 시기이다.

1965년 제20차 유엔총회에서는 국제상거래에 관한 사법의 발전 및 법전화를 위한 연구가 필요하다는 결의안이 채택되었다. 유엔 사무총장은 1966년의 제21차 유엔총회에 국제거래법계의 세계적 권위자인 런던대학의 쉬미토프(Clive M. Schmitthoff)가 제출한 보고서를 통하여 이제까지의 국제거래 분야의 통일을 위한 노력은 일부 선진국들을 중심으로 진행되어 개발도상국과 사회주의 국가를 포함한 세계 각국의 폭넓은 지지를 받을 수 없었음을 지적하고, 국제거래법의 점진적인 조화와 통일을 추진하기 위하여 새로운 위원회의 설립할 것을 요청하였다. 총회가 이 요청을 수용함에 따라 1966년 12월에 유엔국제거래법위원회가 탄생하게 되었다.

1968년에 개최된 제1회 UNCITRAL 회의에서는 헤이그협약 대신에 새로운 국제통일매매법을 제정하기로 결의하였다. 그 당시에 헤이그통일법은 겨우 3개국만이 비준하였으므로 아직 발효되지 않은 상태였다. UNICITRAL은 1969년에 이들 두 협약에 대한 각국의 태도를 조사한 결과 이 협약이 폭넓은 지지를 받기가 어렵다고 판단하여 세계 각국으로 하여금 헤이그협약에의 비준·가입을 권고하기보다는 새로운 협약을 성립시키는 것이 더욱 타당한 것으로 생각하였다. 이에 UNCITRAL은 실무위원회(working group)를 구성하여 새로운 법안의 작성에 착수하였다. 실무

---

하여 시행되었다. 1964년에 성립된 두 헤이그 협약에 관한 채택경위에 대해서는 John O. Honnold, "ULIS: The Hague Convention of 1964", 30 Law & Contemp. Pr. 326 (1979) 참조.

위원회는 1976년에야 ULIS를 기초로 한 통일매매법 초안을 완성하였고, 1978년에는 ULF를 토대로 매매계약의 성립에 관한 협약 초안도 완성하였다. 1978년 6월에 개최된 UNCITRAL은 이들 두 협약 초안을 하나의 협약으로 통합하기로 결의하고, 이 통합된 초안을 새로운 통일매매법 초안으로 채택하였다.

새로운 통일매매법 초안은 1980년 3월 10일 비엔나에서 개최된 외교회의에서 토의를 거쳐 많은 규정이 수정・보완된 후 1980년 4월 11일 6개 공용어(아랍어, 중국어, 영어, 불어, 러시아어, 스페인어)로 된 협약이 확정됨으로써 현재의 비엔나협약이 성립되었다. 이것이 "국제물품매매계약에 관한 유엔협약(United Nations Convention on Contracts for the International Sale of Goods : Vienna Sales Convention – Vienna, 11 April 1980: CISG)"[3]이다. CISG는 1988년 1월 1일부터 발효되고 있고, 한국은 2004년 2월 17일 국제연합 사무총장에게 협약 가입서를 기탁하여, 2005년 3월 1일부터 발효되고 있다.[4]

## 3 CISG의 체계와 특징

### 1) CISG의 체계

CISG는 전문, 총 4편, 후문을 포함한 101개 조항으로 구성되어 있다. 세부적으로 살펴보면, 제Ⅰ편(제1조~제13조)은 두 개의 장으로 구성되어 있으며, 제1장(제1조~제6조)에는 본 협약의 "적용범위", 그리고 제2장(제7조~제13조)에는 "총칙"이 규정되어 있다.

제Ⅱ편(제14조~제24조)은 "계약의 성립"을 다루고 있으며 11개의 조문만으로 구성되어 있다. 제Ⅱ의 주요 내용은 청약, 승낙, 계약의 성립시기에 관한 규정들이다.

3) CISG에 관하여는 외무부 국제기구 조약국 집무자료 82-47, UN 국제상품매매계약에 관한 협약; 金建植, "총설: 비엔나협약의 역사, 現狀, 장래", 林泓根・李泰熙 共編, 국제물품매매계약에 관한 UN협약상의 제문제, 1991, p.18. 이하; 高範俊, 국제물품매매계약에 관한 UN협약, 대한상사중재원, 1983; Schlechtriem, Peter, Einheitliches UN-Kaufrecht, Das Übereinkommen der Vereinten Nationen über internationale Warenkaufverträge-Darstellung and Texte, Tübingen, 1981; Herber, R., Gedanken zum Inkrafttreten des VN-Kaufrechtsübereinkommens: RIW/AWD 1987, 340~342; Schlechtriem (Hrsg), Kommentar zum Einheitlichen Kaufrecht, München, 1990 등 참조.

4) 우리나라 최초로 CISG가 적용된 판결은 "서울지방법원 동부지원 2007. 11. 16. 2006가합6384" 사건이며, 동 사안은 항소되어 "서울고등법원 2009. 7. 23. 2008나14857"에서 최종 확정되었다.

제Ⅲ편(제25조~제88조)은 "물품의 매매"를 다루는 제5장 총 66개의 조문으로 구성되어 있다. 제1장(제25조~제29조)에는 제Ⅲ에 적용되는 총칙이 규정되어 있고, 제2장(제30조~제52조)에는 매도인의 의무로서 물품의 인도와 서류의 교부, 물품의 적합성과 제3자의 권리주장, 매도인의 계약위반에 대한 구제가 규정되어 있다. 제3장(53조~제65조)에는 매수인의 의무로서 대금의 지급, 인도의 수령, 매수인의 계약위반에 대한 매도인의 구제가 규정되어 있고, 제4장(제66조~제70조)에는 위험의 이전이 규정되어 있다. 제5장(제71조~제88조)에는 매도인과 매수인의 공통의무에 관한 규정이 있다.

제Ⅳ편(제89조~제101조)은 13개의 조문으로만 구성되어 있으며, 협약의 발효에 필요한 절차와 체약국에 허용되는 유보선언에 관한 내용이 규정되어 있다.

마지막으로, CISG의 전문과 후문은 본 협약의 정당성을 역설하는 선언적 의미를 가질 뿐이고, 그 실체적 내용과는 직접적인 연관성은 낮다. 다시 말해서 전문은 협약의 배경 내지 목적을 설명하고 있고, 후문에서는 협약작성의 정본언어와 서명에 관한 내용을 담고 있다.

## 2) CISG의 주요 특징[5)]

### (1) 국제적 통일사법으로서의 실체법

CISG는 국제물품매매계약에 직접적으로 적용되는 권리와 의무의 내용 등을 다루는 실체법이다. 또한 국제물품매매계약에 적용되는 국제적 통일사법으로서 국제법과 동일한 효력을 가지며, 협약이 적용되는 국제매매계약에 대해서는 민•상법에 우선하여 동 협약이 적용된다.

### (2) 대륙법과 영미법의 조화

CISG는 대륙법과 영미법의 차이를 극복하기 위하여 양대 법체계의 조화를 도모하면서도 접근 방법이 실제적이고 간단·명료하다. 또한 이론적 교리를 배척하면서도 거래당사자의 이해를 용이하게 함으로써 실용성 면에서도 진전을 이루었다.

---

5) Peter Schlechtriem and Ingeborg Schwenzer, Commentary on the UN convention on the International Sale of Goods(CISG), Second(english) Edition, Oxford University Press, 2005, pp.3-11; 서헌제, 「국제거래법」, 제3판, 법문사, 2003, pp.166-167; John O. Honnold, UN통일매매법(오원석 역), 삼영사, 2004, pp.51-62.를 참조하여 정리함.

### (3) 당사자 이익의 균형

CISG는 객관적인 측면에서 국제상거래에서 확립된 관행에 기초한 보편성을 가지고 있다. 그리고 주관적인 측면에서도 매도인과 매수인의 입장을 모두 수용할 수 있는 보편성을 가지고 있다.

### (4) 국제상관습과 신의성실의 원칙

CISG는 계약에 명시적인 규정이 없는 경우 당사자들이 합의한 관행과 당사자 간에 확립된 관례에 구속된다(제9조 1항). 또한 합의하지 않은 관행의 효력은 배제의 합의가 없는 한 적용된다(제9조 2항).

한편, CISG는 기본적으로 "협약의 국제적인 성격과 적용상의 통일 및 국제거래상의 신의 준수를 증진할 필요성"을 고려하여 해석되어야 한다. CISG에 명시적인 규정이 없는 경우에는 협약이 기초하고 있는 일반원칙에 따라 해결되며, 그러한 원칙이 없는 경우에는 국제사법의 원칙에 의하여 해결되어야 한다(제7조 1항, 2항).

### (5) 적용대상의 제한 및 적용범위의 확대

협약이 적용되는 거래는 국제성(internationality)을 지닌 물품매매에 한정하고 있다. 예를 들면, 영업소(place of business)가 서로 다른 국가에 있는 당사자 간의 물품매매에 적용된다(제1조).

한편 CISG는 그 적용에 있어 직접적용뿐만 아니라 간접적용을 규정하여 CISG의 적용범위를 확대하였다. 예를 들어, 한 국가만 체약국이거나 두 국가 모두 체약국이 아닌 경우에도 법정지의 국제사법에 의해 객관적으로 지정된 준거법이 체약국의 법이 되면 간접적으로 CISG를 적용할 수 있게 하였다. 다만, 국제사법에 의해 체약국의 법이 준거법으로 될 경우, 그 체약국의 법을 적용하면 되지 굳이 간접적으로 CISG를 적용할 필요가 없다고 주장하는 국가들로 하여금 CISG의 적용범위를 제한하는 유보선언을 할 수 있게 하였다(제92조).

### (6) 의무 및 구제수단

협약은 매도인과 매수인의 의무에 대하여 일원화된 계약중심적인 접근방식을 취함으로써 계약위반에 대한 구제수단의 체계를 하나로 통일화하였다. 즉, CISG는 계약 위반의 유형을 구별하지 않고 계약위반이 매도인이나 매수인에 의한 것인지에 따라 구제수단을 별도로 규정하고 있을 뿐이다.

### (7) 계약해제의 제한

CISG는 계약을 위반한 당사자라 하더라도 그가 직접 이행상의 하자를 치유할 수 있는 권리를 광범위하게 인정하고 있다(제34조, 제37조, 제48조). 또한 매도인이나 매수인의 의무불이행이 '중대한(fundamental)' 계약위반에 해당하는 경우에만 계약의 해제를 인정하고 있다(제25조, 제49조, 제64조).

## 4 CISG의 적용범위

CISG의 적용에 관한 규정인 CISG 제1편 제1장 제1조 내지 제6조는 헤이그협약상의 그것보다 훨씬 간편하게 규정되어 있어서 손쉽게 접근할 수 있도록 되어 있다. CISG는 당사자 간에 직접적으로 적용될 수 있고, 국제사법이 정하는 바에 따라 간접적으로 적용될 수도 있으며, 당사자 간의 합의에 의하여 적용될 수도 있다.[6)]

CISG는 국제매매, 즉 '영업소가 다른 국가에 소재하는 당사자들 사이의 계약'을 적용대상으로 하는 경우에는 다수의 국가들의 지지를 얻기가 더 어렵기 때문이다

1964년의 헤이그협약에 의하면 체약국의 법원은 계약이나 당사자가 어떠한 체약국과도 관련이 없는 경우에도 국제매매에 대해서는 동 협약을 적용하여야 한다(헤이그협약 제1조, 제2조).

이러한 헤이그협약의 태도는 적용범위를 과도하게 확대한 것으로서 타당하지 않다는 비판이 있었다. 이 점을 감안하여 CISG는 동협약이 적용되는 경우를 ① 당사자의 영업소가 모두 체약국 내에 있거나(직접적용), ② 국제사법 원칙상 체약국의 법률이 적용되는 경우(간접적용)에 한정하고 있다(협약 제1조 제1항). 또한 ③ 당사자가 스스로 비엔나협약의 적용을 받기로 합의하는 경우에도 그 적용이 가능하다.

한편 CISG는 제4편 제89조~제101조에서 최종규정을 두고 있다. 특히 제92조에 의하면 체약국은 동 협약에 서명, 비준, 수락 또는 가입에 있어 그 국가가 동 협약 제3편의 규정(물품의 매매)에 구속되지 않는다는 취지의 선언을 할 수 있도록 되어 있다. 이와 같이 CISG의 적용을 유보한 국가에서는 계약당사자가 동 협약을 준거

6) CISG의 적용범위에 관하여는 Peter Schlechtriem and Ingeborg Schwenzer, op.cit., pp.15-23; 임홍근, "비엔나협약의 적용범위와 해석원칙", 임홍근·이태희 공편, p.49. 이하 참조.

법으로 지정하였을 때에만 그 적용이 가능하다.

또한 지리적으로 인접한 국가들(예컨대, 북유럽의 국가들) 간의 매매법의 통일도 가능하므로, 동일 또는 유사한 매매법을 가진 국가들은 계약당사자의 영업소가 그들 국가 내에 존재하는 경우, 그 매매계약 및 그 성립에 대하여 CISG를 적용하지 않는다는 선언을 언제든지 할 수 있도록 하였다(협약 제94조).

마지막으로 CISG는 1964년 헤이그협약과의 관계를 분명하게 규정하고 있다. 즉, CISG에 가입하면 헤이그협약은 폐기하여야 한다(협약 제99조 제3항, 제4항). 따라서 헤이그협약 가입국과 CISG에 가입함으로써 헤이그협약을 폐기한 국가 간의 물품매매에 관하여는 두 협약 중 어느 것도 적용되지 않고 당분간 국제사법이 지정하는 법률에 따라 처리될 수밖에 없다.[7)]

## 제2절 매도인의 의무

각국의 법률 및 국제무역 법규상에 규정되어 있는 매도인의 의무는 약간의 상이점을 가지고 있으나, 그 근본적인 취지는 거의 같다고 할 수 있다. 국제물품매매계약에 관한 유엔 협약(United Nations Convention on Contracts for the International Sale of Goods: CISG)[8)]의 제2장 매도인의 의무 제30조부터 제52조까지의 규정을 중심으로 보면 매도인의 의무는 크게 물품의 인도, 서류의 제공 및 소유권의 이전[9)]

7) 강원진, 이양기, 최신국제상거래론, 박영사, 2014, 199-206면

8) CISG는 사법통일국제협회(International Institute for the Unification of PrivateLaw: UNIDROIT)에 의하여 1964년에 채택된 "국제물품매매통일법에 관한 협약(Convention relating to a Uniform Law on the International Sale of Goods: ULIS)"과 "국제물품매매계약성립통일법에 관한 협약(Convention relating to a Uniform Law on the Formation of Contract in the International Sale of Goods: ULF)"이 소수의 비준국으로 인하여 발효후에도 국제통일법으로서의 기능을 발휘하지 못하였으므로 보다 세계적인 지지를 받을 수 있도록 ULIS와 ULF를 기초로 이를 개선시킨 것으로서 총 4편 101조로 구성되어 있다.

9) CISG에서는 소유권의 이전에 관하여 "매도인은 계약 및 이 협약이 요구하는 바에 따라 물품을 인도하고, 그 관계서류를 제공하며 그리고 그 물품의 소유권을 이전하여야 한다"라고만 포괄적인 규정(제30조)을 두고 있을 뿐 구체적인 규정은 없다. 소유권의 이전에 관해서는 제4장 제4절 제1항에서 다루고 있다.

이라는 3가지 측면으로 분류할 수 있다. 이하에서는 매도인의 물품의 인도와 서류제공의 의무에 추가하여 계약에 적합한 물품제공의무, 위험의 이전에 관하여 살펴보기로 한다.

## 1 물품의 인도

### 1) 물품인도의 개념

물품매매계약에 관한 각국의 법률과 국제무역 법규들은 모두 물품의 인도(delivery of goods)를 매도인의 의무로 규정하고 있다. 이와 같이 인도는 위험의 부담 또는 지급시기를 결정하는 기준으로서 주요한 의무가 된다. CISG의 전신이라 할 수 있는 ULIS 제19조 제1항은 인도를 계약에 적합한 물품, 즉 매도인이 물품에 숨은 하자가 없다고 묵시적인 보증을 한 것을 제공하는 것이라고 규정하고 있다. 따라서 ULIS는 인도의 개념을 위험이전시기 및 대금지급시기 결정의 기준으로 사용하고 있다. 그러나 인도의 관념만으로는 실제로 위험이전을 통제할 수 있는 것이 아니다.

제71조에서 정하고 있는 물품인도와 대금지급의 동시성에 관련하여 운송을 수반하는 계약에서 물품을 운송인에게 교부함으로써 인도는 이행되지만 제72조에 따라 물품의 처분권은 계속적으로 매도인이 보유하게 되므로 모순이 되는 점이 있었다. 또한 제19조 제1항과 같이 물품의 계약적합성 여부를 기준으로 하여 인도의 이행유무를 판정한다면, 물품이 계속적으로 적합한 때에만 인도가 이행된 것으로 되고 물품에 약간의 결함이 있을 경우 인도 자체가 이행되지 않은 것으로 간주될 수 있다.

따라서 CISG는 이와 같은 관점에서 인도의 정의규정을 삭제하고 단지 계약내용 및 CISG의 제규정에 따라서 매도인이 물품을 매수인의 임의처분에 맡기는 것, 즉 특정(identification)[10)]을 통하여 인도의무를 이행하는 것으로 보고 있다. 이러한 원칙

---

10) "identification"이란 일반적으로 사람, 문서, 사물 등의 동일성을 식별함을 가리키나, UCC §2-501에서는 매매계약이 체결되면 계약물품의 권리가 매수인에게 이전되기 이전에도 가급적 빠른 시점에서 매수인에게 피보험이익을 인정하는 것이 바람직하다는 고려에서 매수인의 피보험이익은 계약물품의 특정이 있은 시점부터 발생하며 그러한 특정이 이루어지는 시점에 관하여 규정하고 있다. 또한 UCC에서는 이러한 특정을 표현하는 데 있어서 종래의 권리이전이나 위험부담 시기의 관념과 결부되

에 따라 CISG는 제31조부터 제34조까지 물품인도 의무를 규정하고 있다.[11] 즉 제31조는 물품인도 장소에 관하여, 제32조는 물품인도에 수반하는 제반의무에 관하여, 제33조는 물품인도 시기에 관하여 규정하고 있다.

SGA에서는 인도를 일방이 상대방에게 자의에 의하여 점유를 이전하는 것(voluntary transfer of possession)이라고 규정하고 있다.[12] 인코텀즈에서는 인도의 정의에 대하여는 규정하지 않고 있으나 매도인의 의무를 규정한 10개의 항목 중의 A4에서 인도(Delivery)라는 표제하에 각 규칙별로 매도인의 인도의무를 규정하고 있으므로 매매계약에서 채택하는 정형거래규칙의 유형에 따라서 그 내용은 다양해질 수 있으나, 기본적으로 매도인이 계약물품을 지정된 장소에 인도하여야 할 것을 규정하고 있다는 점에서는 동일하다.

한국 민법은 제19조 제1항에 인도는 점유의 이전을 말하며 점유는 물품을 사실상 지배하는 것을 의미한다고 규정하고, 인도를 동산물권변동의 공시방법으로 인정하고 있으며 현실의 인도 외에도 관념적 인도를 포함하는 것으로 정하고 있다.[13]

실제의 무역거래에 있어서 인도라는 용어는 그 어의상 매매계약상의 물품을 인도하는 것을 의미하므로 FOB나 CIF 규칙과 같은 적출지매매조건의 경우에도 매수인은 인도가 수입지 도착을 의미하는 것으로 오해될 가능성이 있다. 그러므로 적출지매매에 있어서는 인도(delivery)라는 용어 대신에 선적(shipment), 수탁(taking in charge), 본선적재(loading on board) 또는 발송(dispatching)이라는 용어를 사용하는 것이 좋을 것이다.[14] 또한 신용장통일규칙(Uniform Customs and Practice for Documentary Credits: UCP)에서는 특약이 없는 한 일반적으로 선적이라는 용어를 광의의 개념으로 본선적재, 발송 및 수탁을 포함한다고 규정함으로써 당사자 간에 인도라는 용어를 사용함으로써 야기될 수 있는 오해의 가능성을 회피하고 있다.[15]

---

기 쉬운 충당(appropriation)이라는 용어를 피하고 "identification"이라는 용어를 사용하고 있다.

11) CISG상의 물품의 인도는 현실적 인도만을 의미한다.

12) SGA 1979, §61(1).

13) 한국 민법 제19조 제1항.

14) 강원진, 「무역계약론」, 제4판, 박영사, 2012, p.358.

15) UCP 600, Article 19~25.

## 2) 물품의 인도시기

물품의 인도시기에 관하여 CISG는 제33조에서 세 가지의 경우를 규정하고 있다. 첫 번째는 계약에서의 합의 또는 관행에 의하여 인도기일이 확정된 또는 확정가능한 경우, 두 번째는 인도에 대한 기간(period of time)이 약정되어 있고 매수인이 이 기간 이내에 인도시기를 결정할 수 있는 선택권을 가진 경우, 세 번째는 인도시기가 약정되지 않은 경우이다.

인도시기가 확정일인 경우 매도인은 당해 일에 물품을 매수인에게 인도하여야 한다. 그리고 인도시기가 확정기간으로 정하여진 경우 매도인은 그 기간 내에서 임의일자를 정할 수 있다. 인도시기를 확정기간으로 정하는 이유는 통상적으로 매도인측의 수출통관절차, 생산, 포장, 선박수배 등의 운송준비와 매수인측의 선박수배, 유리한 기회의 확보 등의 복합적인 사정을 감안한 것이다. 그러나 주위상황으로 보아 매수인이 인도기일의 선택권을 유보한 것으로 판명되는 경우에는 매도인은 매수인의 특정일자에 대한 선택을 기다려야 하나 매수인이 이러한 선택권을 행사할 때는 매도인이 물품을 인도하는데 지장이 없도록 충분한 시간적 여유를 둔 사전통지가 필요하며 적절한 통지를 이행하지 못함으로 인하여 인도가 지체된 때에는 매도인은 인도의 지연에 대하여 면책된다.

인도시기에 관하여 확정일자 또는 확정기간이 계약에서 약정되지 않은 경우, 매도인은 물품의 성질 또는 주위사정을 고려하여 계약체결 후 합리적인 기간 내에(within a reasonable time) 물품을 인도하여야 한다. 여기에서 합리적인 기간이란 사실상의 문제(question of fact)로서 각 경우에 따라서 결정하여야 할 문제이다.

인도시기가 지정되어 있음에도 인도시기 이전에 인도가 이루어지는 조기인도(early delivery)의 경우[16] 매수인은 이를 수령하여야 할 의무를 부담하지 않는다.[17] 그러나 매수인이 이러한 조기인도를 수령한다면 이는 원칙적으로 계약에 적합한 이행으로 간주된다. 또한 인도의 청구 또는 제공은 합리적인 시기에 하여야 한다. 예를 들면, 매수인이 컨테이너나 운송수단을 제공하는 것과 같은 행위의 이행에 따라 인도하는 계약에 있어서 매도인은 매수인에 의하여 지정된 행위의 이행통지를 수령할 때까지 인도불이행에 대한 책임이 없다. 즉 매수인은 합리적인 기간 내

16) 조기인도가 이루어지는 경우에 매수인은 창고료 등의 관리비용의 추가부담 또는 매수인의 계정에서 자금이 조기에 빠져나가는 데 따른 자금운용상의 불이익이 발생될 수도 있다; 강원진, 전게서, p.358.

17) CISG 제51조(1)항.

에 인도의 청구를 하는 것이 필요하다. 그러나 매도인이 매수인에게 통지하지 않고 매수인의 청구지연을 이유로 하여 계약을 취소하는 경우가 일반적이다.

UCC에서는 매도인의 제공은 합리적인 시기(reasonable hour)에 하여야 하며 물품인 경우에는 매수인이 이를 점유하는데 필요한 상당기간을 두고 제공하도록 정하고 있다.[18] 그러나 한국 민법에는 인도시기에 관하여 아무런 규정이 없다.

SGA에서는 인도시기에 관하여 매매계약에서 매도인이 매수인에게 물품을 송부할 의무를 약정하고 있는 매매의 경우에는 송부시기에 관하여 별도의 약정이 없을 경우에 매도인은 합리적인 기간 이내에 물품을 송부하여야 한다고 규정하고 있다.[19]

인코텀즈에서는 인도에 관한 규정(A4) 중에서 인도시기에 관하여는 합의된 일자 또는 합의된 기간 내에 그리고 항구의 관습적인 방법(on the date or within the agreed period and in the manner customary at the port)에 따라 인도하여야 한다고 간략하게 규정하고 있을 뿐이며 그 이외의 구체적인 규정은 하지 않고 계약조항에 위임하고 있다. 이러한 규정은 모든 정형거래규칙에 동일하게 규정되어 있다.

### 3) 물품의 인도장소

물품의 인도장소에 관하여 CISG는 계약에서 물품의 운송을 약정하고 있는 경우와 기타의 계약으로 구분하고 있다.

먼저 계약에서 물품의 운송을 약정하는 경우[20]는 매수인에게 전달하기 위하여 물품을 최초의 운송인(the first carrier)에게 현실적으로 제공(hand over)하는 곳이 인도장소가 된다. 이러한 규정은 위험이전에 관한 제67조(1)항의 내용과도 일치하며 실제의 무역관행을 반영한 것으로 볼 수 있다. 물론 운송 이후의 특정장소를 정하여 인도장소로 하는 경우도 있을 수 있으나 이러한 경우에는 지정장소가 인도장소가 된다. 여기서 운송인이란 당사자에 의하여 운영되는 운송설비는 제외된다.[21] 계약이 물품의 운송을 예정하는 경우, 영국의 물품매매법이나 미국의 통일상법전에서도 CISG와 동일한 취지로 규정하고 있다.

---

18) UCC, Article 2-503(1).

19) SGA 1979, §29(3).

20) CISG 제31조(1)항.

21) 운송인의 정의에 관하여 종전의 인코텀즈 2000에서는 운송계약을 이행하거나 주선하는 모든 사람을 의미한다고 규정하고 있다; ICC, Incoterms, 2000, FCA.

다음으로 물품의 운송을 예정하지 않은 기타의 계약에서는 원칙적으로 매도인이 물품을 매수인의 임의처분에 맡기는 장소가 인도장소가 된다. 현실적으로 무역계약에서 운송을 포함하지 않거나 매수인이 물품을 직접 수령하기 위해 오는 경우는 거의 없다고 할 수 있다.[22)]

그런데 CISG는 이러한 경우에 대해서도 2가지의 경우를 구분하고 있다.

첫째, 계약상 물품이 불특정물이면서 물품의 운송을 예정하지 않는 경우, 계약체결 당시 매도인의 영업소를 물품의 인도장소로 한다. 매도인이 둘 이상의 영업소를 가지고 있는 경우에는 당사자들이 알고 있는 영업소 또는 계약과 가장 밀접한 관련이 있는 영업소가 인도장소가 되며, 매도인이 영업소를 가지고 있지 않을 경우에는 매도인이 상주하는 주소를 인도장소로 한다.[23)] 이러한 경우에는 매도인의 영업소 또는 상주하는 주소에서 물품을 매수인의 임의처분에 맡김으로써 매도인의 물품인도의무는 완료된다.

둘째, 특정재고품 중에서 일부를 매매하는 경우와 같이 물품이 불특정물이며 당사자가 계약 시에 그 물품이 특정장소에 존재하는 것을 알았던 경우, 그 물품이 있는 장소 또는 제조·생산되어야 하는 물품인 경우에는 제조·생산되는 장소가 인도장소가 되며 이러한 장소에서 매수인의 임의처분에 맡김으로써 매도인의 인도의무가 완료된다. 이러한 경우 매수인은 물론 매도인도 계약 시에 당해 장소를 현실적으로 알고 있었을 것을 요하며, 알 수 있었던가 아닌가는 문제가 되지 않는다.

한국 민법에 있어서는 제공장소에 대하여 특약이 있으면 그에 따라야 하므로 지참채무인 경우는 매수인의 주소가 인도장소가 되며, 추심채무인 경우는 물품을 특정하여 놓은 장소가 인도장소가 된다. 제공장소에 대하여 특약이 없는 경우, 특정물의 인도채무는 채권성립 당시의물품의 소재장소가 이행장소가 되며 특정물 인도 이외의 채무변제는 채권자의 현주소가 이행장소가 된다. 그러나 영업에 관한 채무의 변제는 채권자의 영업소에서 이행하여야 한다고 규정하고 있다.[24)] 그러므로 특정물의 경우에는 계약체결 시점에서 물품이 존재하고 있는 장소가 인도장소가 되며, 불특정물의 경우에는 매수인의 영업소가 인도장소가 된다.

인코텀즈에서는 정형거래규칙의 유형에 따라 인도장소가 달라진다. 원칙적으로는 계약에서 지정된 장소가 인도장소가 되는데, 정형거래규칙별로 관습적으로 정

22) 이러한 매매계약에는 공장인도조건(EXW)이 해당된다.

23) CISG 제10조.

24) 한국 민법 제467조.

해진 인도장소가 다르게 된다. 특히, 복합운송을 사용하는 운송인인도(FCA)와 같은 정형거래규칙의 경우에는 철도터미널, 화물터미널, 컨테이너터미널, 컨테이너 내륙운송기지, 매도인의 작업장 구내 등을 구체적인 인도장소로 들 수 있으며, 이는 계약에서 합의한 운송방식과 수단에 따라 달라지게 된다.

### 4) 물품의 인도비용

물품의 인도에 관련된 제반비용 부담에 관하여 ULIS, CISG 및 UCC에는 어떠한 조항도 규정되어 있지 않다. 그러나 ULIS에서는 인도의 제공에 있어 물품을 특정하고 송부한 사실의 통지의무를 매도인에게 부담시키고 있는 점(제19조 제3항)이나 CISG에서도 역시 매도인에게 탁송통지, 운송계약체결, 보험부보 정보제공 등의 의무를 부담시키고 있는 점[25]으로 보아 인도제공의 비용은 당연히 매도인이 부담하여야 하는 것으로 생각된다. UCC에서도 매도인이 물품을 매수인의 임의처분상태에 두어야 한다고 규정하고 있으며, 증권의 제공을 매도인의 의무로 규정하고 있는 점[26] 등으로 보아 CISG와 동일한 해석을 할 수 있다.

또한 SGA에서는 특약이 없는 한 물품의 인도비용 및 물품의 인도준비 비용은 매도인의 부담이라고 명시적으로 규정하고 있다.[27] 한국 민법에서도 역시 운반비, 환비용 등 인도비용의 부담에 관하여 특약이 없는 한 채무자(매매계약에서의 매도인)가 부담한다고 규정하고 있다.[28] 이것은 이행에 있어서 필요비용의 지급은 이행의 일부로 볼 수 있기 때문이다. 그러나 채권자(매매계약에서의 매수인)의 주소이전 등으로 변제비용이 증가된 경우에는 동 조 단서에 따라 채권자가 부담하여야 한다.

### 5) 물품의 인도방식

국제물품매매에서의 인도방식은 실제로 물품의 점유를 이전시켜 행해지는 현실적 인도(actual delivery), 약정품의 소유권이 그대로 점유이전으로 간주되는 추정적 인도(constructive delivery)[29] 그리고 물품을 선하증권이나 철도화물수탁서 등으로

25) CISG 第32조.
26) UCC, Article 2-503.
27) SGA 1979, §29(4).
28) 한국 민법 제473조.
29) 해석적 인도라고도 한다.

대신하여 물권적 유가증권의 제공으로써 물품의 인도로 보는 상징적 인도(symbolic delivery)가 있다.

현실적 인도는 매도인으로부터 매수인 또는 매수인의 대리인에게 현실적으로 물품을 인도함으로써 이행되는 것으로 본다. 추정적 인도란 실제로 물품의 수수를 행함이 없이 인도가 이루어지는 경우를 말한다. 매수인의 요청에 의하여 매도인의 물품을 매수인의 전매처(sub-purchaser)에 직접 인도하는 경우에도 매수인에게의 추정적 인도로 간주할 수 있다. 추정적 인도는 상징적 인도와 양도승인에 의한 인도[30]로 구분할 수 있다.

상징적 인도는 CIF 규칙에서 보는 바와 같이 물품은 수탁자(bailee)의 점유하에 있고 매도인은 물품을 상징하는 선하증권(bill of lading)과 같은 권리증권(document of title)을 매수인에게 인도함으로써 매수인은 그것과 상환하여 대금을 지급하므로 매매계약이 이행되는 것이다. 이 경우 선하증권의 양도는 물품 그 자체의 인도와 동일한 효과를 갖는다. Incoterms® 2020의 FOB 규칙은 일반적으로 매도인의 인도가 매수인이 지정한 선적항의 본선갑판상에 물품을 인도하는 거래관습상 현실적 인도로 본다.

## 6) 물품인도에 수반하는 의무

CISG에서 매도인은 일반적인 계약에서 물품을 최초의 운송인에게 인도함으로써 그의 인도의무는 완료된다. 그러나 매도인은 물품인도 의무이행에 수반하는 선적물품의 특정(identi- fication), 운송의 수배, 부보에 필요한 정보제공 등의 의무를 부담하는데 상관습은 이러한 의무에 관하여 명시적 합의가 없는 경우까지도 확장되어 적용되었다.

CISG에서는 이러한 물품인도에 수반되는 의무를 명문화하고 있다.[31]

첫째, 매도인은 합의된 수량 및 특수목적에 부합하는 물품을 공급하여야 한다. 무역거래의 대상이 되는 물품은 대개 불특정물이다. 이것은 계약이행 과정에서 지정 또는 특정된다. 이 특정은 위험의 이전과 밀접한 관계가 있다. 가령 곡물 등의 동종물품을 다수의 매수인 앞으로 일괄하여 송부하여 물품 도착시까지 각 매수인별로 특정되지 아니하는 경우도 생길 수 있다. 이런 경우 매도인은 화인, 운송서류

30) 이에는 간이인도, 점유개정 및 목적물반환청구권의 양도가 있다.
31) CISG 제32조.

또는 기타의 방법으로 물품을 특정하는 한편 이에 관한 탁송을 통지하여야 한다. 이것을 태만히 한 때는 물품이 특정될 때까지 인도의 효과로서 물품의 멸실・손상 위험은 이전되지 않는다. 그리고 특정 또는 통지의 해태는 계약위반을 구성한다.

둘째, 매도인이 물품의 발송을 주선해야 할 의무가 있을 때는 주선방식, 운송수단, 운송인과의 계약조건 등에 관하여 적절한 주선을 하여야 한다. SGA나 UCC에서도 같은 내용을 규정하고 있다.[32] 이러한 의무의 해태는 계약위반이 된다.

셋째, 매도인에게 운송보험의 부보의무가 없는 FAS, FOB와 같은 정형거래규칙을 사용하는 경우, 매도인은 매수인의 요청이 있으면 보험부보에 필요한 정보를 제공하여야 한다. 이것은 상관습에서 인정하고 있는 보험부보 협조의무를 반영한 것이다. 이것도 SGA나 UCC에서도 같은 내용을 규정하고 있다.[33]

인코텀즈에서는 각 정형거래규칙별로 구체적인 내용의 차이는 있으나, 매수인에 대한 통지(A7) 중 물품의 인도와 관련하여 매수인에게 인도완료사실 등의 적절한 통지를 행할 것을 규정하고 있으며, 기타 의무와 정보제공에 대한 협조 및 관련비용(A10)에서 매도인은 매수인의 요청이 있는 경우, 매수인의 위험과 비용으로 매수인이 물품을 수입하는데 요구되는, 보험계약을 체결하는 데 필요한 정보의 제공을 포함한 모든 협조를 매수인에게 제공할 것을 규정하고 있다.

## 2 계약에 적합한 물품제공

CISG의 제규정 중에서 매도인의 물품의 적합성(conformity of the goods)에 관한 의무규정은 이전까지 법적 성질 등의 측면에서 논란의 대상이 되어 왔던 하자담보책임을 계약책임의 일반적 체계로 분류하여 적용범위 및 효과를 명확히 함과 동시에 하자담보, 불완전이행, 착오 등으로 취급되던 계약목적물의 성질에 관한 문제를 통일적으로 취급하고 있다.

CISG는 제2장 매도인의 의무의 제2절 물품의 적합성과 제3자의 청구권이라는 표제하에 제35조에서 제44조까지 물품의 적합성을 규정하고 있다. CISG의 규정의 구체적인 내용으로는 제35조에서 적합성의 요건을, 제36조에서 적합성의 판단시점을, 제37조에서 약정일전의 물품인도를, 제38조에서 수령물품의 검사의무를, 제

32) SGA 1979, §32(2); UCC, Article 2-504(a).
33) SGA 1979, §32(3); UCC, Article 2-311(3).

39조에서 하자통지의무를, 제40조에서는 하자불고지 책임을, 제41조에서 지적소유권 이외의 권리하자의 경우를, 제42조에서 지적소유권 등의 권리하자를, 그리고 제43조와 제44조는 매수인의 추탈담보(追奪擔保; warranty against eviction)[34]의 행사를 각각 규정하고 있다. 그런데 이들 규정 중에서 제38조의 물품의 검사의무와 제39조의 하자의 통지의무는 매도인의 물품적합성의 의무와 관련되어 발생하는 것이기는 하나 매도인에 의한 물품의 인도 이후에 매도인이 아닌 매수인에 의하여 이루어지는 것이며 따라서 매도인의 의무가 아닌 매수인의 의무에서 다루고 있다.

CISG의 물품의 적합성에 관한 규정은 2가지로 분류될 수 있는데, 하나는 물품의 적합성을 물질적 측면에서 고려한 물적 적합성이며 다른 하나는 물품의 적합성을 소유권이전이라는 측면에서 고려한 법적 적합성이다. 이하에서는 이러한 분류에 따라 살펴보기로 한다.[35]

한편 인코텀즈에서는 매도인의 일반적 의무(A1)에서 매도인은 매매계약과 일치하는 물품과 상업송장 및 그 밖에 계약에서 요구하는 모든 기타 일치증거를 제공하여야 하는 것으로 규정하고 있다.

### 1) 물적 적합성

CISG에서는 물적 적합성에 관하여 "매도인은 계약에서 요구되는 수량, 품질 및 물품명세로 또한 계약에서 요구되는 방법에 따라 용기에 담거나, 또는 포장된 물품을 인도하여야 한다"[36]라고 전제하고, 구체적인 물적 적합성의 판단기준[37]을 규정하고 있다. 이러한 규정을 분석하면 물품의 물적 적합성을 수량, 품질, 포장의 3가지 측면으로 분류하여 규정하고 있음을 알 수 있다.

---

34) 민법상 매도인의 담보책임을 "권리의 하자에 대한 담보책임"과 "물건의 하자에 대한담보책임"으로 나누는 것이 일반적이며, 이중 전자를 매수인이 목적물을 제3자로부터 추탈당한 경우의 책임이라 하여 추탈담보라 부른다; 곽윤직, 「채권각론」, 박영사, 1995, p.230.

35) CISG상의 물품의 적합성에 관한 규정은 그 기본적인 규정방식에 있어서 UCC상의 보증에 관한 규정과 유사한데, UCC에서는 보증을 권리보증과 물건보증으로 구분하여 규정하고 있다; 이태희, "국제물품매매계약에 관한 UN협약상의 당사자의 의무", 「국제물품매매계약에 관한 UN협약상의 제문제」, 삼지원, 1991, pp.117-118.

36) CISG 제35조(1)항.

37) CISG 제35조(2)항.

### (1) 수량에 대한 적합성

CISG에 의하면 매도인이 계약과 일치하는 수량의 물품을 인도하여야 하며, 계약과 다른 수량의 물품을 인도하면 물품의 적합성에 대한 계약위반이 된다고 규정하고 있으며 구체적인 내용은 계약조항에 위임하고 있다.[38)]

SGA는 수량에 대한 적합성에 관하여 부족한 수량의 물품인도와 초과된 수량의 물품인도로 나누어 구체적으로 규정하고 있다.[39)] 원칙적으로 매도인은 정확한 수량의 물품을 매수인에게 인도하여야 하며, 매수인은 수량부족의 경우에는 이를 거절할 수 있으며 수량초과의 경우에는 약정수량만을 수령하고 잔량을 거절하거나 전량을 거절할 수 있다고 규정하여 매수인이 계약과 다른 수량의 물품인도를 거절할 수 있는 것으로 보고 있다.

그러나 매수인이 수량의 과부족을 불문하고 계약과 다른 수량의 물품인도를 수령하기로 결정한 경우에는 약정수량의 비율에 따라 인도된 물품의 대금을 지급하여야 한다고 규정하여 수량의 과부족에 대하여 매수인에게 물품수령에 대한 선택권을 부여하고 있다.

또한 SGA에서는 수량의 과부족뿐만 아니라 혼합된 물품의 인도에 대하여도 규정하고 있는데, 이에 따르면 매도인이 계약에서 약정한 물품과, 계약과 일치하지 않는 상이한 명세의 물품을 혼합해서 인도하는 경우에도 매수인은 계약과 일치하는 물품만을 수령하고 잔량을 거절하거나 또는 전량을 거절할 수 있다. 따라서 매수인은 계약과 관계없는 물품에 대하여 합리적인 대금을 지급하고 전량을 수령할 수도 있다. 이 규정은 매도인이 정확한 수량을 인도하였으나 인도된 물품의 일부만이 계약과 일치하는 경우에도 적용될 수 있을 것으로 보인다.

매매계약에서 수량조건(quantity terms)은 당사자에게 있어서 가장 기본이 되는 조건 중의 하나로 중요시되고 있다.[40)] 수량과 관련하여 계약에서는 명확한 수량으로 정하는 방식도 있으며 어느 정도 과부족의 용인 폭을 정하여 두는 방식도 있다. 전자는 계약물품이 개개품목으로 매매되는 경우로 매도인은 정해진 수량을 인도하여야 하며 후자는 계약물품이 광물이나 곡물과 같은 살물(bulk cargo)인 경우가 대부분으로 이 경우 매도인은 어느 정도의 수량을 인도하여야 하는지가 문제된다.

---

38) CISG 第35조(1)항에서는 수량부족을 물질적 하자로 취급하고 있으나, 한국 민법에서는 권리상의 하자로 다루고 있다.

39) SGA 1979, §30.

40) 계약물품에 대한 기본적인 조건으로는 품질, 수량, 가격, 선적, 지급, 보험, 포장 등의 조건이 있다.

제5장에서 살펴본 바와 같이 실제의 무역거래에 있어서는 매매계약체결 시에 계약서에 과부족용인조항(more or less clause: M/L clause)을 삽입하여 구체적인 과부족의 용인을 기재하여 두는 방식을 취하고 있으며 이러한 방식에서는 "10% more or less at seller's (buyer's) option"과 같이 전체량에 대한 비율로 간단하게 정하는 경우가 대부분이며, 약품과 같은 특수한 물품의 경우에는 계약물품의 특성에 따라서 "3% on the whole"과 같이 특수하게 정하는 경우도 있다.

과부족용인조항이 없을 경우에도, 신용장방식의 거래에서는 물품의 수량 앞에 "약"이라는 의미의 "about" 또는 "approximately"와 같은 용어가 사용되는 경우 10%를 초과하지 아니하는 과부족을 용인하고 있다. 또한 신용장상에 과부족용인조항의 명시가 없더라도 과부족금지문언이 없는 한 포장단위나 개개품목에 따라 수량이 명시된 경우를 제외하고 환어음발행금액이 신용장금액을 초과하지 않는 범위 내에서 5%의 과부족이 용인된다.[41] 이는 계약물품이 살물인 경우에는 물품의 성질상 신용장상에 요구된 정확한 수량을 선적한다는 것이 불가능하기 때문이다.

물품의 수량에 대한 분쟁을 방지하기 위하여 계약체결 시에 과부족이 생기기 쉬운 살물의 경우에는 반드시 과부족용인조항을 명시하여 두어야 하며, 기타의 물품에 대하여 수량조건의 약정시에 최소인수가능수량(minimum quantity acceptable) 또는 최대인수가능수량(maximum quantity acceptable)과 같은 모호한 표현을 사용하기보다는 명확한 수량으로 표시하여야 한다.

### (2) 품질에 대한 적합성

CISG에서는 제35조(1)항에서 물품의 적합성의 한 요소로서 물품의 품질을 규정하고 있으며 품질의 구체적인 판단기준을 (2)항에서 규정하고 있다. 이 규정에 의하면 물품의 품질에 대한 적합성은 다음의 3가지 요건을 충족하여야 한다고 규정하고 있으며, 이러한 규정은 SGA와 UCC와 같은 영미법의 영향을 받은 것으로 볼 수 있다.

① 물품명세와 동일한 물품으로서 통상적으로 사용되는 목적에 적합하여야 한다.[42]

② 계약체결 당시에 매도인에게 명시적 또는 묵시적으로 알려져 있는 특정목적에 적합하여야 한다. 다만, 상황으로 보아 매수인이 매도인의 기술 및 판단에 의

41) UCP 600, Article 30-b.
42) CISG 제35조(2)항(a)호; SGA 1979, §14(2) & (6); UCC, Article 2-314(2)(c).

존하고 있지 아니하거나 또는 의존하는 것이 불합리할 경우는 제외한다.[43)]

③ 매도인이 매수인에게 견본(sample) 또는 모형(model)으로서 제시한 물품의 품질을 구비하여야 한다.[44)]

①과 ②의 규정은 매도인이 제공하는 물품에 대하여 적상성(適商性; merchant-ability)[45)]의 담보책임을 진다는 의미로 해석할 수 있다. UCC에서는 묵시담보로서의 물품의 적상성을 다루고 있으며 물품이 적상성을 갖추기 위한 6가지 요건을 규정하고 있다.[46)]

UCC에서는 이러한 요건들을 모두 갖추어야 하는 최저기준으로서 규정하고 있다. 한국의 민법과 상법에는 이러한 적상성이라는 개념이 규정되어 있지 않다. 그리고 ③의 규정은 매도인이 인도될 물품이 견본 또는 모형과 차이가 있음을 계약상에 명시하였다면 적용되지 않을 것이다.

무역거래에서는 당사자들에 의하여 계약체결 시에 품질조건(quality terms)에서 계약물품의 품질을 결정하는 것이 대부분이다. 품질결정방법은 매수인이 현물을 검사하여 결정하는 경우와 매수인이 물품을 검사하지 않고 결정하는 경우로 대별할 수 있으며, 후자의 경우의 대표적인 방법으로는 제5장에서 고찰한 바와 같이 견본매매(sale by sample)와 명세서매매(sale by specification)가 있다. 그 외의 방법으로는 상표매매(sale by mark or brand), 규격매매(sale by type or grade) 및 표준품매매(sale by standard) 등으로 품질을 결정하고 있다. 매매물품의 품질결정방법에 관한 관행은 ULIS, CISG 및 주요국의 법규에서도 견본매매와 명세서매매라는 두 가지 유형으로 대별하고 있다는 점에서 일치한다.[47)] 다만 한국 민법은 무역관행

43) CISG 제35조(2)항(b)호; SGA 1979, §14(3); UCC, Article 2-315.

44) CISG 제35조(2)항(c)호; SGA 1979, §15; UCC, Article 2-313(1)(c).

45) 적상성이란 시장에서 행해지는 물품의 통상거래에서 매매될 수 있는 상태 또는 그러한 품질을 가지고 있는 것을 말하며 판매적격성이라고도 한다.

46) UCC, Article 2-314(2)에서 규정하고 있는 적상성 요건은 ① 계약상 명세(contract description)에 합치하는 것으로 거래상 이의 없이(without objection) 적용하는 것일 것, ② 대체성 있는 물품(fungible goods)의 경우에는 명세의 범위 내에서 평균중등품질(fair average quality)이라 할 수 있는 것일 것, ③ 그러나 물품이 사용되는 통상의 목적(ordinary purposes)에 적합한 것일 것, ④ 계약에 포함되어 있는 각 단위 내에서도 각 단위를 비교하여 합의로서 허용될 종류의 범위 내에서 동일한 종류, 품질 및 수량(even kind, quality and quantity)의 것일 것, ⑤ 합의된 요청에 충분히 합치하는 용기에 넣고, 포장되고, 라벨(label)이 첨부되어 있을 것, ⑥ 용기 또는 라벨에 표시된 약속 또는 사실의 확언(promises or affirmations of fact)이 있을 때, 그것에 합치할 것 등이다.

47) ULI 1964, Article 23(1)(b)&(c); CISG 제35(1)(a)&(c); SGA 1979, §13, §15.

및 법규상의 명세서매매를 종류매매라고 하고 있으며, 견본매매에 대한 별도의 규정은 없다. 학설이나 판례에서는 견본매매 및 명세서매매를 모두 불특정물매매의 경우로 통합하여 다루고 있다.

실제의 무역계약에서 당사자들에게 품질은 특히 중요하므로 품질에 대해 명확하게 약정하는 경우가 대부분이며 이러한 당사자들의 약정이 적합성을 판단하는 기준이 되고 있다. 따라서 물품의 품질의 적합성에 관한 CISG의 제35조(2)항의 규정들이 적용될 수 있는 경우는 거의 없을 것이나, CISG에서 물품의 품질에 대하여 물품의 수량이나 포장에 대한 규정에 비하여 상당히 상세하게 규정하고 있는 것은 무역거래에서 발생하는 클레임 중에서 품질에 관한 클레임이 대다수를 점하고 있다는 사실을 반영한 것으로 볼 수 있다.

### (3) 포장에 대한 적합성

CISG는 물품의 적합성의 판단을 위한 마지막 요소로서 포장을 규정하고 있으며,[48] 물품은 통상적인 방법으로, 또한 그러한 방법이 없는 경우에는 그 물품을 보존하거나 보호할 수 있는 적절한 방법으로 용기에 담거나 또는 포장되어 있어야 한다[49]고 포장의 기준을 규정하고 있다. 이러한 규정은 포장에 대하여 극히 일반적인 사항만을 규정한 것이지만 포장을 매도인의 물품적합성에 대한 의무의 한 요소로서 명시적으로 규정하고 있다는 사실이 주목할 만하며, 이는 UCC의 영향[50]을 받은 것으로 보인다.

통상적인 포장방법의 문제는 통상적으로 사용되는 목적에 부합하고 또한 CISG의 일반적 해석원칙에 따라 합리적으로 기대되는 대로 실시하는 포장을 의미하는 것이다. 계약물품의 포장에 있어서 통상적인 방법이 없는 경우에는 그 물품의 보존 또는 보호에 적절한 방법으로 포장할 것을 규정하고 있으므로 비교적 부서지기 쉬운 물품에 대하여 통상적으로 보호할 정도의 포장으로 판단된다. 그러나 포장에 관한 이러한 기준은 물품의 손해방지를 위한 내항성포장(seaworthy package)을 배제하는 것은 아니므로 매도인을 규제하는 조항으로 볼 것이 아니라 물품의 파손 등을 배려한 것으로 해석하여야 할 것이다.

인코텀즈에서는 특히 물품의 포장에 대한 적합성에 관하여 매도인의 의무에 관

48) CISG 제35조(1)항.
49) CISG 제35조(2)항(d)호.
50) UCC, Article 2-314(2)(e).

한 규정(A9) 중에서 점검·포장·화인(checking-packaging-marking)이라는 표제하에 매도인은 자신의 비용으로 계약물품의 인도 또는 운송에 요구되는 포장을 행할 것을 규정하고 있으며, 추가적으로 포장은 적절히 화인되어야 한다고 규정하고 있다. 이는 정형거래규칙의 유형과는 관계없이 매도인이 부담하여야 하는 의무이다.

### (4) 적합성의 결정시기

무역거래는 원격지 간의 거래로 대부분 장거리의 해상운송에 의하여 이루어지므로 선적시점과 양륙시점에서의 품질 차이가 발생할 가능성이 있으므로 품질에 관한 분쟁을 방지하기 위하여 품질의 결정시기는 중요하다. CISG에서는 물품의 적합성의 결정시기에 관하여 원칙적으로 매도인은 위험이 매수인에게 이전할 때 존재하는 부적합에 대하여 책임을 부담한다[51)]고 규정하고 있다.

실제적인 무역거래에서는 대부분 정형거래규칙을 이용하여 무역계약을 체결하고 있으므로 물품의 품질결정시기는 계약에 사용되는 정형거래규칙의 위험이전시점에 따라서 결정된다고 할 수 있다. 통상적으로는 계약상의 정형거래규칙이 선적품질조건인지 양륙품질조건인지에 따라 품질의 결정시기는 달라지게 된다.

한편 위험의 이전시점과 물품의 부적합의 존재 간에 야기될 수 있는 문제로서, 예를 들면 일정한 기계의 경우 통상적인 내구력과 생산력을 갖추고 있는지의 여부는 일정기간 그 기계를 사용한 후에야 알 수 있는 것이어서 일정한 성능상의 결함이 위험이전시에 존재하고 있었다 하여도 그러한 부적합은 그 이후에 발생하는 경우도 있을 수 있다. CISG에서는 이러한 곤란한 문제를 방지하기 위하여 물품의 부적합이 일정기간의 품질보증을 포함한 매도인의 계약위반에 의한 것인 경우에는 위험이전 후에 발생하였다 하더라도 매도인은 책임을 부담한다는 점을 명시적으로 규정하고 있다.[52)]

또한 매도인이 물품의 인도기일 이전에 물품을 인도한 경우에는 매도인은 그 인도시기가 경과되지 않는 범위 내에서 인도시기까지 그가 인도한 물품의 부적합을 보완할 수 있다. 다만 이러한 경우에 매수인에게 불합리한 비용지출과 불편을 부담하게 하여서는 안 된다.[53)]

---

51) CISG 第36조(1)항.
52) CISG 第36조(2)항.
53) CISG 第37조.

### 2) 법적 적합성

CISG에서는 물품의 법적 적합성에 관한 매도인의 의무를 2가지 측면에서 규정하고 있다. 제41조에서 공업소유권(industrial property) 또는 기타의 지적소유권(other intellectual property) 이외의 제3자의 권리 또는 청구권에 구속되지 아니하는 물품을 매수인에게 인도하여야 한다고 규정하고 있으며, 제42조에서 제3자의 공업소유권 또는 기타의 지적소유권에 구속되지 아니하는 물품을 인도하여야 한다고 규정하고 있다. 이러한 규정들은 매매의 목적물인 물품 자체에 하자가 있는 것이 아니라 매매의 목적물인 물품의 권리에 하자가 있는 경우에 관한 것으로서, 전자의 규정은 일반원칙으로서 계약에서 별도로 약정하지 않는 한 매도인은 제3자가 권리 또는 청구권[54]을 주장할 수 없는 물품을 인도할 의무가 있음을 규정하고 있는데, 제3자의 청구권에는 매도인이 영업소를 가진 국가의 국내법도 포함되는 것으로 보이므로 이러한 규정은 매수인에게 매우 불리할 수도 있다. 그리고 후자의 규정은 일반원칙을 적용하는 데 있어서의 제한을 규정하고 있는데, 이러한 제한은 최근의 기술진보 등으로 공업소유권을 비롯한 지적소유권의 중요성이 증가되고 있는 현실을 반영한 것이다.

또한 CISG에서는 매수인이 제3자의 권리 등에 대한 침해사실을 알면서도 합리적인 기간 내에 매도인에게 통지하지 않았을 경우에는 매수인이 원용할 수 있는 권리가 상실됨을 명시적으로 규정하여[55] 악의의 매수인에게는 법적 적합성에 관한 권리가 배제됨을 명확히 하고 있다. 또한 매도인의 법적 적합성의 의무는 매수인이 제공한 기술도면(drawing), 의장도안(design), 명세서(specification) 및 기타 지시에 매도인이 이행함으로 인하여 권리 또는 청구가 발생한 경우에는 적용되지 아니한다.

SGA에서는 매매계약에는 매수인이 물품의 소유권을 평온 향유할 수 있는 묵시담보가 있다[56]라고 하여 평온점유에 관한 묵시담보(implied warranty as to quiet possession)를 인정하고 있으며, 이러한 규정에 따르면 매도인이 법적 권리에 하자가 있는 물품, 예를 들면 제3자가 등록한 상표권을 침해한 물품을 매수인에게 인도한 결과로서 매수인이 인도된 물품에 대한 제3자의 정당한 손해배상청구로 인하여 금전적 손실을 입게 되는 경우에 매도인은 이러한 손해를 보

54) 이러한 권리는 물품의 소유권이나 담보물권 등을 의미하는 것으로 해석된다.

55) CISG 제43조.

56) SGA 1979, §12(2)(b).

상하여야 하는 것이다.[57)]

## 3 서류의 제공

매도인의 물품에 관한 서류제공은 매도인의 물품인도 의무와는 아무런 관련이 없으나, CISG에서는 매도인의 의무에 관한 총칙적 조항인 제30조에서 서류제공의 의무를 매도인이 이행하여야 하는 3가지 의무 중의 하나로 규정하고 있다. 그러나 서류제공의무에 관한 내용의 구체적인 규정은 매도인의 물품인도에 관한 의무를 규정한 절에 포함된 단 하나의 조항으로 규정하고 있을 뿐이므로 다른 2가지의 의무에 비하여 그 내용이 빈약하다.[58)]

CISG상의 서류제공의무에 관한 제34조는 다음의 두 가지 사항으로 나누어 생각해 볼 수 있다.

먼저 서류제공의무의 내용에 관한 것으로 매도인은 계약에서 요구된 기일, 장소 및 방법에 따라 서류를 제공하여야 한다고 규정하고 있으므로 서류제공의무의 내용을 계약조항에 위임하고 있다. 그러므로 서류제공의무는 당사자가 매매계약에서 합의한 구체적인 정형거래규칙에 따라서 그 내용이 달라지게 될 것이다. 전자무역거래에서는 전자문서교환방식(Electronic Data Interchange: EDI)[59)]의 사용이 증가되어 무서류거래(documentless trade; paperless trade)가 행하여지므로 이 경우 전자문서제공 의무는 이러한 관점에서 논의되어야 한다.

다음으로 이미 제공된 서류의 보완에 대한 것으로서 매도인이 계약에서 정한 대로 서류를 제공하지 못하는 경우에는 계약위반이 되어 매수인은 구제받을 수 있다는 점이다.[60)] CISG는 매도인이 제공한 하자 있는 물품에 대한 보완을 서류제공에

---

57) E. R. Hardy Ivamy, *Casebook on Sale of Goods*, 5th ed., Lloyd's of London Press Ltd., 1987, p.8.

58) 매도인이 물품에 관한 서류를 제공할 의무가 있는 경우에는 계약에서 요구되어 있는 기일, 장소 및 방식에 따라 제공하여야 한다. 당해 기일 이전에 매도인이 서류를 제공하였을 경우에는 매도인은 당해 기일까지는 매수인에게 불합리한 불편이나 경비를 발생하게 하지 않는 한 서류의 결함을 보완할 수 있다. 그러나 매수인은 이 협약에서 규정한 손해배상을 청구할 권리를 상실하지 않는다; CISG 제34조.

59) EDI란 표준화된 자료인 전자문서를 데이터 통신망을 통하여 컴퓨터와 컴퓨터 간에 교환하여 재입력과정 없이 바로 업무에 활용할 수 있도록 하는 정보전달방식을 의미한다.

60) D. M. Day, *The Law of International Trade*, Butterworths, 1981, p.72.

도 확장하여 규정하고 있으며 그 내용도 상당히 유사하다.[61] 매도인이 이미 제공한 서류를 보완할 수 있는 기간은 당초 계약에서 약정된 서류제공의 기일까지이며, 매수인에게 불합리한 불편을 초래해서는 아니 된다. 만약 이로 인하여 매수인이 어떠한 손해를 입었다면 매수인은 손해배상을 청구할 수 있다.

또한 서류의 제공의무는 물품의 인도의무와 물품의 적합성에 관한 의무와 밀접한 연관성을 가진다. 즉, 물품의 인도의무와 적합성의 의무를 위반하는 경우, 예를 들면 물품의 인도시기가 지연되었다거나 물품의 수량이 부족한 경우에는 운송서류(주로 선하증권)상에 기재되므로 매도인이 이러한 서류를 매수인에게 제공하게 되면 서류제공의무에 대한 계약위반이 된다.

인코텀즈에서는 모든 거래규칙에서 공통적으로 적용되는 일반적인 의무로 매도인은 매매계약과 일치하는 상업송장(Commercial Invoice) 및 계약에서 요구하는 일치증명(evidence of conformity)을 제공하도록 하고 있다. 이와 같은 모든 서류는 이에 상응한 전자기록 또는 절차(electronic record or procedure)도 인정된다.[62]

특히 서류거래를 중심으로 하는 CIF 규칙에서는 매도인은 운송계약에 따른 운송서류(transport document)를 제공하여야 한다. 운송서류는 유통 가능한 형식(negotiable form)으로 수통의 원본이 발행된 경우 원본 전통(full set)을 매수인에게 제시하여야 한다. 이와 같은 운송서류로는 해상선하증권(marine bill of lading), 내수로운송서류(inland waterway document)가 있다.

또한 매도인은 협회적화약관(Institute Cargo Clauses: ICC)의 ICC(C) 조건과 같은 최소 담보조건으로 부보(minimum cover)되고, 계약에서 약정된 금액에 10%를 가산한 금액으로 부보된 보험증권(Insurance Policy) 또는 보험증명서(Insurance Certificate)를 제공하여야 한다.

한편 매수인의 요청에 따라 매수인의 비용과 위험으로 포장명세서(Packing List), 원산지증명서(Certificate of Origin), 품질 및 수량증명서(Certificate of Quality and Quantity), 중량 및 용적증명서(Certificate of Weight and Measurement), 영사송장(Consular Invoice) 등의 임의서류를 제공할 수 있다.

---

61) CISG 제37조.

62) Incoterms® 2020, A. Seller's Obligations A1.

## 4 위험의 이전

### 1) 위험이전의 원칙

위험(risk)이란 당사자에게 책임이 없는 물품의 우발적 손실이나 손해(accidental loss or damage)를 의미하는 것으로 전통적으로 물품의 위험은 물품의 소유자가 부담하며, 이는 로마법 이래의 원칙인 "물품의 손해는 소유자의 손해(res perit domino)"라는 문구로서 표현되어 진다. 그러므로 위험의 이전(passing of risk)은 원칙적으로 물품에 대한 소유권이 이전할 때에 이전하는 것을 소유자주의(채권자주의; periculumest emptoris)라고 한다. 이 소유자위험부담주의는 위험이전의 대원칙으로 다소의 변형은 있으나 지금까지 준수되어 왔다. 그러나 현대의 무역거래가 물품의 원격지로의 운송, 환어음결제에 따르는 환위험의 존재 등의 많은 위험이 따르게 되자, 소유권의 이전과 위험의 이전을 분리시켜 소유권이 이전하지 않아도 위험이 이전될 수 있음이 인정되고 있는 것이 현실이다. 그러므로 소유자주의의 원칙에는 많은 변화가 발생하였고, 각국의 법제와 국제무역법규상에는 위험의 이전시기가 다소 상이하게 규정되어 있다. 그러나 위험부담의 문제는 물론 매매당사자 간의 계약에서 이를 결정할 수 있으며, 이러한 당사자들의 특약은 모든 법규보다 우선하여 적용되게 된다. 그러나 당사자들이 이러한 위험부담에 대한 합의를 하지 않은 경우에 문제가 발생할 수 있는데 이런 경우에는 계약의 준거법이 무엇이냐에 따라 결정될 수밖에 없게 된다.

위험부담에 대한 입법주의를 살펴보면 먼저 대륙법상 위험부담 시 위험의 개념은 두 가지로 구분된다. 첫째는 물품이 멸실 또는 손상될 경우 멸실 자체를 감수해야 하는 급부의 위험이며, 둘째는 쌍무계약상 일방의 채무가 소멸할 경우 이와 대가적 관계의 반대채권을 상실할 위험을 뜻하는 대가위험이다. 이 중에서 대륙법계는 대가위험을 주로 취급하고 있다. 그러나 영미법에서는 매수인이 위험을 부담한다는 뜻은 매매목적물이 멸실되더라도 매수인은 여전히 대금을 지급해야 하며, 매도인은 멸실된 목적물 대신에 완전한 물품을 급부하든지 배상할 의무가 있다는 뜻으로 보기 때문에 오히려 물품위험에 중점을 두고 있다는 데 차이점이 있다. 슈미토프(Schmitthoff)는 위험의 이전에 관하여 멸실의 위험은 운송도중의 물품의 손상의 위험과 혼동해서는 안 되며, 손상되기 쉬운 물품의 경우 물품이 판매적격품질이어야 한다는 묵시조건을 포함하고 있는 FOB나 CIF 규칙에서는 매도인은 물품이 적재될 때뿐만 아니라 목적지에 도착시나 그 후 정상적인 처분을 위하여 허용하는 상당한 시기에 적상성의 상태에 있어야 한다는 것을 보증해야 한다고 하고 있으며,[63] 그러나 그것은 운송이나 처분이 부당하게 지연되었을 경우에는 적용되지 않는다고 하고 있다.

## 2) 위험이전에 관한 제규정

CISG에서는 소유권의 이전에 관한 구체적인 규정이 없는 반면에 위험의 이전에 관하여는 별도의 장으로 제66조에서 제70조까지 규정하고 있다. ULIS와는 달리 인도개념과 결부시키는 입법방식을 지양하고 인도의 개념을 원용함이 없이 개별적으로 독립하여 규정하고 있다. 구체적으로 CISG는 위험의 이전에 관하여 매매계약상 물품의 운송에 관한 약정을 한 경우, 운송 중에 있는 물품을 매매한 경우, 기타의 경우, 매도인의 계약위반이 있는 경우 등으로 구분하여 규정하고 있다. CISG에서의 위험이전의 기본원칙은 물품이 최초의 운송인(first carrier)에게 인도될 때 이전되고, 특정장소에서 운송인에게 물품을 인도하도록 매도인에게 의무가 부과된 경우 그 의무이행의 장소에서 운송인에게 물품을 인도할 때 위험은 이전한다. 즉 물품의 충당이 이루어질 때까지 위험은 매수인에게 이전되지 않는다고 하여 인도지향적이다.

인코텀즈에서도 소유권의 이전에 관한 규정은 없으나 매도인과 매수인의 의무에 대한 규정 중에서 각각 위험의 이전에 관한 조항(A5 및 B5)을 두고 있다. 그 내용을 보면 각각의 정형거래규칙별로 위험의 이전시점이 달라진다는 것을 알 수 있으며, 먼저 선적지매매조건인 FOB와 CIF 규칙의 경우에는 공히 물품이 지정선적항 본선 갑판상에 적재될 때까지 물품의 멸실 또는 손상의 모든 위험을 부담하여야 하며, 복합운송에 사용되는 조건인 FCA, CPT 및 CIP 규칙에서는 최초의 운송인에게 인도될 때에 위험은 매도인에게서 매수인에게 이전되고, 현장매매규칙인 EXW나 도착지인도규칙의 경우에는 매수인에게 실제로 물품이 인도되어서 점유이전 될 때 매도인으로부터 매수인에게 위험이 이전된다.

SGA에서는 위험이전에 대한 대원칙으로 "위험은 언뜻 보아 소유권과 함께 이전한다(Risk prima facie passes with property)"라고 규정하여[64] 위험을 소유권에 수반하는 것으로 추정하고 있어 채권자 지향적이라 할 수 있다.[65] 영국법에서는 소유

63) Clive M. Schmitthoff, *op. cit.*, p.108.

64) SGA 1979, §20.

자주의를 원칙으로 하고 있으나 판례에서는 "위험은 소유권자가 부담한다"는 것을 절대적인 원칙으로 보지 않고 당사자의 명시적 또는 묵시적 의사표시에 따라 변경할 수 있다고 보고 그 예외를 인정함으로써 CIF 계약 시 목적물의 위험은 소유권이 이전되지 않음에도 불구하고 선적과 동시에 매수인에게 이전하는 것으로 보고 있다. 특히 해상보험법(Marine Insurance Act 1906)상에는 "피보험자는 보험계약을 체결할 때에 보험의 목적에 대하여 피보험이익을 가질 것을 요하지 않으며 또한 멸실여부 불문(lost or not lost)조건으로 부보한 때에는 선의의 피보험자는 손해가 발생한 뒤까지 피보험이익을 취득하지 않은 경우에도 담보를 받을 수 있다"라고 규정하여[66] FOB 계약 시에도 불특정물의 매매시 물품의 위험은 물품의 특정 전이라도 선적시에 이전될 수 있다는 특례까지 인정하고 있다.

UCC에서는 SGA를 따라 통일매매법(Uniform Sales Act 1906)[67]에서 소유자주의를 채택하였다가 UCC가 제정되면서 물품매매와 관련하여 손실위험에 대한 방지조치를 가장 잘 취할 수 있는 자에게, 혹은 위험을 보험으로 대비할 수 있는 자에게 위험을 부담시킨다고 보고 소유권의 이전과 위험부담을 완전히 분리시키는 입법조치를 채택하여 소유자주의는 포기하고 기본적 손실의 위험만 규정하고 있다. UCC의 규정은 위험이 소유권에 수반한다는 종래의 사고방식을 완전히 포기하고 계약과정을 분석하여 위험이전시기를 결정한다는 새로운 분석에 접근하고 있다.

손실에 관한 위험부담절차를 보면 첫째, 당사자의 특약에 따른다. 둘째, 특약이 없는 한 원칙적으로 물품소유자가 부담한다. 넷째, 매매계약을 위반한 경우에는 위반한 당사자가 부담하며, 그 밖에는 상황에 따라 부담한다고 규정하여 소유권의 이전과 위험부담을 완전히 분리하고 있다. 그러므로 환어음의 결제에 따른 환위험 등의 위험을 회피하기 위해 소유권의 이전과 위험이전을 완전히 분리하여 소유권이 이전하지 않더라도 위험은 이전될 수 있음을 새롭게 인정한 것이라고 볼 수 있다.[68]

로마법에서는 물품의 손해는 소유자의 손해라는 법리에 따라 일반물품매매에서

---

65) Benjamin은 "Risk follows property"라는 표현을 사용하고 있다; A.G. Guest, *op. cit.*, p.397.

66) MIA 6(1).

67) 미국 통일매매법은 각 주마다 다른 법제로 인한 혼란을 피하기 위한 통일된 매매법의 필요성에 의하여 영국의 물품매매법을 도입하여 1906년에 제정된 것으로서 현재는 통일상법전에 완전히 흡수되었다.

68) UCC Article 2-509, §2-510; Schmitthoff는 UCC, Article 2-509는 위험이 물품의 인도시에 이전한다는 취지로 규정되었다는 주장을 지지하고 있다; Clive M. Schmitthoff, *op. cit.*, p.80.

는 채권자주의(소유자주의)를 택하고 있으나, 그 외의 계약에서는 채무자주의를 택하고 있다. 로마법과 독일 고유법(쌍무계약에 기준한 쌍방의 채무자주의)에 의하여 계승된 대륙법계는 독일 민법 및 스위스 민법에서는 채무자주의로, 그리고 프랑스 민법 등에서는 채권자주의로 변화하였다.

일본 민법은 제536조에서 쌍무계약 일반에서는 위험부담의 원칙에 따라 채무자주의이며, 특정물에 관한 물권의 설정 또는 이전을 목적으로 할 때에는 예외적으로 채권자주의로 규정하고 있는데, 특정물매매에 있어서는 계약성립과 동시에 소유권이 매수인에게 이전되기 때문에 채권자주의는 원칙적으로 소유자주의와 동일하다고 볼 수 있다.

한국 민법은 쌍무계약에서의 위험부담에 관하여 당사자 일방의 채무가 당사자들의 책임 없는 사유로 이행할 수 없게 된 때에는 채무자는 상대방에게 이행청구를 하지 못한다고 규정하고 있으므로[69] 일본 민법과 같이 채무자주의를 채택하고 있으나 이것은 임의규정이므로 당사자가 다른 특약을 하면 그에 따라야 할 것이다.

## 제3절 매수인의 의무[70]

각국의 법률과 국제무역법규상의 매수인의 의무에 관한 규정은 전적으로 일치하고 있지는 않으며, 다소의 차이점이 존재하고 있다. CISG의 제3장에서는 매수인의 의무를 제53조에서 제65조까지 규정하고 있는데, 이에 따르면 매수인은 매도인의 의무에 대응하여 대금지급의 의무와 물품수령의 의무라는 두 가지 의무를 부담하여야 한다.[71] 또한 매수인의 의무에서 규정하고 있지는 않으나 두 가지 의무에 추가하여 매수인은 매도인의 물품의 적합성 의무와 관련하여 소위 간접의무로서 물품검사 및 통지의무를 부담한다.

69) 한국 민법 제53조 제1항.
70) 강원진, 이양기, 최신국제상거래론, 박영사, 2014, 206-226면
71) CISG 제53조; 매수인은 계약 및 이 협약의 규정에 따라 물품대금을 지급하여야 하며, 물품을 수령하여야 한다.

여기에서는 국제물품매매계약에서 매수인이 부담하는 대금지급의 의무, 물품수령의 의무, 물품의 검사의무 및 물품의 하자통지의무를 CISG의 규정을 중심으로 하고 기타의 국제무역법규상의 규정을 참조하여 살펴보기로 한다.

## 1 대금의 지급

### 1) 대금지급의무에 관한 제규정

물품매매계약은 매도인의 물품인도와 매수인의 대금지급에 의하여 이루어진다. CISG는 제53조부터 제59조까지 매수인의 대금지급의무를 규정하고 있으며, 제54조에서는 지급의무에 추가하여 지급을 위하여 계약 또는 법령에 의하여 요구되는 조치를 취하고 형식을 준수할 의무를 규정하여 이러한 대금지급 준비의무가 매수인의 대금지급의무의 일부임을 강조하고 있다. 이러한 의무는 국제거래를 통하여 일반적인 관행으로 인정되어온 의무로서 신의칙에 따라서 매매계약의 목적을 달성하기 위한 당사자 간의 협조의무라 할 수 있다.

그러나 CISG에는 지급방법에 관한 구체적인 명시규정을 두고 있지 아니하여 당사자자치의 원칙에 따라 다양한 당사자 간의 계약에서의 약정과 무역거래관행에 의하여 대금결제가 이루어질 것을 예정하고 있다. 오늘날의 무역거래는 일반적으로 신용장(Letter of Credit: L/C)에 의한 대금결제가 이루어지고 있으므로 CISG에서도 역시 이러한 관습의 준수를 묵시한 것으로 해석된다.[72)]

인코텀즈에서는 매수인의 의무에 관한 10가지의 항목 중 매수인의 일반적 의무(B1)에서 매매계약에 약정된 대로 물품대금을 지급하여야 한다고 규정하고 있어서 매수인의 의무 중에서 대금지급의무를 가장 주요한 의무로 취급하고 있음을 알 수 있다. 그러나 지급장소 및 지급시기 등의 대금지급과 관련한 구체적인 규정은 없으며 단지 매수인은 매매계약에 약정된 대로 대금을 지급하여야 한다고만 규정하여 구체적인 의무의 이행은 국제상관습 및 계약조항에 위임하고 있다.

SGA는 매매계약의 내용에 따라 매도인은 물품을 인도할 의무를 부담하고, 매수인은 이를 수령하고 대금을 지급할 의무를 부담한다고 규정하여[73)] 매도인의 물품

---

72) 이태희, "국제물품매매계약에 관한 UN협약상의 당사자의 의무", 「국제물품매매계약에 관한 UN협약상의 제문제」, 삼지원, 1991, p.137.

73) SGA 1979, §27.

인도의무와 매수인의 대금지급의무가 서로 대가적인 관계에 있음을 명시적으로 규정하고 있다. 그리고 UCC도 동일한 취지를 규정하고 있다.[74] 또한 한국 민법과 일본 민법에서도 매도인은 매수인에게 매매의 목적이 된 권리를 이전하여야 하고 매수인은 그 대금을 지급하여야 함을 규정하고 있어서[75] 영미법계와 대륙법계 모두 대금지급의무를 매수인의 주요의무로 규정하고 있다 할 것이다.

## 2) 대금지급시기

매수인은 계약에서 정한 지급시기에 따라 대금을 지급하여야 한다. 그러나 계약에서 지급시기에 관한 약정을 하지 않은 경우에는 원칙적으로 대금지급은 물품인도와 동시이행 되어야 하는 동시이행조건(concurrent condition)으로 간주하는 것이 일반적인 입장이다. SGA는 물품의 인도와 대금의 지급은 동시이행조건이며 매도인은 대금과 상환으로 물품의 점유권을 매수인에게 이전하여야 하고 매수인은 물품의 점유와 상환으로 대금을 지급하여야 한다고 명시적으로 규정하고 있으며[76] UCC에서는 지급은 매수인이 물품을 수령한 때에 행해져야 한다고 규정하고 있다.[77]

일본 민법에서는 매매의 목적물의 인도에 대한 기한이 있는 때에는 대금지급에 대하여도 동일한 기간이 있는 것으로 추정한다고 규정하고 있으며,[78] 한국 민법에서도 일본 민법의 규정과 유사하게 매매당사자 일방에 대한 의무이행의 기한이 있는 때에는 상대방의 의무이행에 대하여도 동일한 기한이 있는 것으로 추정한다고 규정하여[79] 물품인도나 대금지급에 관한 구체적인 규정은 있으나 대가적인 관계에 있는 의무는 동시이행 되어야 함을 규정하고 있으므로 동일한 취지로서 해석될 수 있다.

CISG에서는 매수인이 대금을 특정한 기일에 지급할 의무가 없는 경우 매수인은 매도인이 계약 및 협약에 정하는 바에 따라 물품 또는 물품을 처분할 수 있는 서류를 매수인의 처분에 맡겨진 때에 대금을 지급하여야 한다고 규정하고 있다.[80]

74) UCC, Article 2-301.
75) 한국 민법 제568조; 일본 민법 제555조.
76) SGA 1979, §28.
77) UCC, Article 2-310(a).
78) 일본 민법 제573조.
79) 한국 민법 제585조.

이는 물품인도와 대금지급이 완전한 동시이행 관계에 있는 것으로 규정한 것이라고 볼 수는 없으며 물품을 매수인의 처분가능상태에 둔 때에 대금이 지급되어야 하는 관계로 이해하여야 할 것이다. CISG에서는 소유권이전시기에 관하여 규정하지 않음으로써 물품의 소유권과 대금지급의 동시이행이라는 구성을 포기하고 대신에 당사자의 이익을 가장 균형적으로 고려할 수 있는 방법으로 물품 또는 물품을 처분할 수 있는 서류의 제공과 대금의 지급을 동시에 이루어지도록 한 것이다. 그러나 매도인은 물품 또는 서류를 인도함에 있어 대금의 지급을 인도의 조건으로 할 수도 있다고 단서조항을 규정하고 있다.[81]

한편 계약이 물품운송을 수반하는 경우에는 매도인은 대금지급과 상환으로 물품 또는 서류를 인도한다는 조건을 부가하여 대금이 지급될 때까지 물품의 발송을 연기하든지, 또는 발송한 후에도 물품의 처분권을 유보하는 것이 가능하다.

이러한 조항은 SGA에 규정되어 있는 "대금의 지급을 받지 못한 매도인의 물품에 대한 권리(right of unpaid seller against the goods)"와 상당히 유사하다. 이러한 경우에 매도인은 매수인으로 하여금 물품을 검사할 기회를 주어야 한다. 그러므로 매수인은 물품을 검사할 기회를 가질 때까지는 대금지급의무가 없다고 규정하고 있어 물품검사와 관련해서 동시이행원칙이 제한됨을 명시적으로 규정하고 있다.[82] 그러나 이와는 대조적으로 영국에서는 매수인의 물품검사의무와는 관계없이 물품인도시에 대금지급의무가 발생한다고 한다.[83]

UCC에서도 계약에서 권리증권(document of title)에 대하여 지급하기로 약정하는 경우 매수인은 대금지급 전에는 물품을 검사할 권한이 없다고 동일한 취지의 내용을 규정하고 있다.[84]

그러나 CIF 규칙과 같이 국제매매계약에서 물품이 아닌 서류와 상환으로 지급한다는 취지의 약정을 한 경우에는 매수인은 물품을 검사할 기회를 가지지 못하지만 지급을 거절하거나 연기할 수 없다. 또한 매도인이 외상(on credit)으로 물품을 인도한 경우 매수인은 매도인측으로부터 별도의 요구나 절차의 준수를 필요로 하지 않고 약정한 기일까지 대금을 지급하여야 한다고 규정하고 있다.[85] 이는 지급

80) CISG 第58조(1)항.
81) Ibid.
82) CISG 第58조(3)항.
83) D.M. Sasson, *op. cit.*, p.415.
84) UCC Article 2-513(3)(b).
85) CISG 第59조.

기일이 도래하면 매도인측의 지급요구나 통지가 없더라도 자발적 및 자동적으로 대금을 지급하여야 한다는 의미이다. 매수인이 이 규정을 위반하면 매도인은 자동적으로 연체금액에 대한 이자와 손해배상금을 동시에 청구할 권리가 있다.

### 3) 대금지급장소

무역거래에서는 일반적으로 외환관리규제를 고려하여 당사자 간에 지급장소를 약정하게 되면 지정된 지급장소에서 대금지급이 이루어져야 한다. 그러나 계약에서 지급장소를 지정하지 않은 경우 CISG에 의하면 대금지급은 매도인의 영업소가 지급장소가 된다. 또한 물품 또는 서류의 교부와 대금지급이 상환되는 조건일 때에는 물품 또는 서류가 교부되는 장소에서 대금을 지급하지 않으면 아니 된다.[86] 이는 무역관행을 반영하는 것으로서 신용장방식에서 환어음에 의한 결제가 이루어지는 경우가 그 전형적인 예이다.

SGA는 대금지급장소에 대한 명시적 규정이 없으나 물품인도와 대금지급을 동시이행조건으로 규정한 점이나 물품인도의 기준에 관한 규정으로부터 물품인도장소가 지급장소가 될 것이라고 유추해 해석할 수 있다.

UCC에서는 대금의 지급은 매수인이 물품을 수령한 때와 장소에서 하여야 하며, 발송지가 인도장소일 때도 동일하다고 지급장소와 지급시기를 일괄하여 정하고 있다.[87] 한국 민법은 지참채무를 원칙으로 정하고 있어[88] 다른 법규와 동일한 취지를 규정하고 있다. 지급장소와 관련하여 매도인이 계약체결 후에 그 영업소를 변경하였기 때문에 지급비용이 증가하였으면 그 증가비용은 매도인 부담이 된다.

### 4) 대금미정시의 대금결정방법

일반적으로 매매계약에는 지급해야 할 금액 또는 금액의 계산방법이 명시적 또는 묵시적으로 표시되거나 계약내용이 불완전한 경우 계약은 유효하게 체결되지 않은 것으로 간주된다. 그러나 CISG는 계약에서 대금의 결정에 대하여 명시적 또는 묵시적으로 정하지 아니하였거나 또는 이를 결정하는 조항을 두고 있지 아니한 경우라도 계약은 유효하게 체결할 수 있다고 정하고 있다.[89] 주요국의 법규도 이

86) CISG 第57조(1)항.

87) UCC, Article 2-310(a).

88) 한국 민법 제467조 2항.

와 유사한 태도를 취하고 있다. 즉 SGA는 매매계약에 있어서의 가격은 당사자 간의 거래관습에 의하여서도 결정될 수 있다고 규정하고 있고,[90] 또한 UCC에서도 당사자는 그 의사에 따라서 대가를 정하지 아니하고 계약을 체결할 수도 있다고 규정하고 있다.[91]

대금미정계약(open price contract)의 경우 CISG는 대금을 결정하는 방법에 대하여 당사자가 묵시적으로 참조하기로 한 것으로 본다는 표현을 사용하고 있으며,[92] 대금의 결정을 위하여 참조할 시기는 별도의 사정이 없는 한 계약체결 시가 되며 지급하여야 할 대금도 역시 별도의 사정이 없는 한 당해거래와 유사한 상황에서 매각된 것과 같은 동종물품에 대하여 일반적으로 청구되는 가격을 참조하여 대금을 결정하여야 할 것이다.

대금미정계약에 대하여 SGA는 매수인은 상당한 대금(reasonable price)을 지급하여야 한다고 정하고 있으며,[93] UCC에서도 인도당시의 상당가격을 지급하여야 한다고 정하고 있는데, 이는 각각의 구체적인 상황에 의하여 결정될 사실문제란 단서를 달고 있어서 CISG와 동일한 개념으로 볼 수 있다. 다만 CISG에서는 계약 시의 유사한 물품의 판매가격을 기준으로 하고 있는데 대하여 UCC에서는 인도시의 상당한 가격을 기준으로 하고 있다는 점에서 차이가 있다.

## 2 물품의 수령

매수인의 물품수령(taking delivery of goods)의 의무는 매도인의 물품인도의무와 대응하는 개념이기는 하나, 거의 모든 법제에서 매도인의 물품인도의무를 인정하고 있는 데 비하여 매수인의 물품수령의무의 경우에는 의무로서 인정하는 법제도 있으나 아무런 규정도 없는 법제도 있다.

CISG는 매수인의 물품수령의무를 규정하고 있으며, 이 규정에는 매도인에 대한 협력과 물품수령의 두 가지 요소가 포함되어 있다.[94]

---

89) CISG 제55조.
90) SGA 1979, §8(1).
91) UCC, Article 2-305(1).
92) CISG 제55조.
93) SGA 1979, §58(2).
94) CISG 제60조.

첫째, 매수인은 매도인을 통한 인도수령을 가능하게 하기 위하여 합리적으로 매수인으로부터 기대될 수 있는 모든 행위를 하여야 한다고 규정하고 있다. 예컨대 매수인은 필요한 수입승인을 얻고, 요구되는 준비를 하여야 하고, 주문한 물품을 조회하거나 특정하여야 한다는 것이다. 이러한 측면의 구체적인 내용은 각각의 인도방식에 따라서 차이가 있을 것이다.

둘째, 매수인이 물품을 수령하여야 할 것을 규정하고 있다. 인코텀즈에서와 같이 인도의 수령(taking delivery)이란 인도에 대응하는 개념으로서 물품을 점유 또는 지배하는 것을 의미하므로 그 물품의 소유자가 되는 것에 동의하는 수락과는 다르며 소유권의 이전과도 무관하다. 계약이 운송을 포함하는 경우에 수령의무는 반입인도조건보다는 반출인도조건에서 더욱 중요성을 가진다. 왜냐하면 매도인이 운송인과 운송계약을 체결하였으나 매수인이 물품을 수령하지 않는다면 매도인은 추가적으로 운임 및 체선료(demurrage)를 부담하여야 하기 때문이다.

그리고 계약에 운송이 포함되지 않는 경우로서 계약물품을 약정한 특정장소 또는 매도인의 영업소에서 매수인의 임의처분에 맡기도록 요구하는 경우에도 수령은 중요성을 가지는데, 이러한 경우에 위험은 통상적으로 매수인이 물품을 수령한 때에 이전하나, 매수인이 수령을 하지 않음으로써 계약을 위반한 경우에도 위험은 이전하므로 매수인은 자기의 임의처분에 맡겨진 장소로부터 물품을 물리적으로 이동시키지 않으면 안 된다.

SGA는 매수인은 물품을 수령할 의무를 부담한다고 규정하고 있으나[95] 매수인이 아직 검사하지 못한 물품을 제공받은 경우는 검사의 기회를 가질 때까지는 그 물품을 수령한 것으로 되지 않는다. 그러나 매수인이 물품을 검사할 상당한 기회를 가지는 것이 수령의 절대요건은 아니다.

UCC에서도 매수인의 물품수령의무를 규정하고 있으며,[96] 매수인의 수령과 수락을 구별하고 매수인의 의무로서 물품의 수락을 규정하고 이미 수락하였다 하더라도 이를 철회할 수도 있다.

이와는 달리 한국 민법은 채권자가 이행을 받을 수 없거나 받지 아니하는 때는 이행의 제공이 있는 때로부터 지체의 책임이 있다고만 규정하고,[97] 그 이외의 구체적인 규정은 하고 있지 않다. 채권자의 수령의무에 대하여 소수설은 관습 또는

95) SGA 1979, §27.
96) UCC, Article 2-301.
97) 한국 민법 제40조.

특약이 있는 경우는 별도로 하고 채권자의 수령의무는 없으며, 민법의 수령지체책임은 신의칙에 의거한 법정책임이라고 하나 채권관계에 있어서 당사자는 공동목적의 달성에 협력할 공동체이기 때문에 채권자가 수령의무를 부담한다는 것이 다수설이다.[98)]

인코텀즈에서는 매도인의 의무 중의 인도에 대한 대가적인 의무로서 매수인의 의무에 관한 항목에서 "taking delivery"라는 표제 하에 매수인의 인도의 수령의무(B4)를 다루고 있다. 그러나 구체적인 인도의 수령에 관한 내용은 규정되어 있지 않고 다만 매수인은 매도인의 의무(A4), 즉 인도의 규정에 따라서 물품의 인도를 수령하여야 한다고만 정하여 매도인의 물품인도의 규정에 비하여 소극적으로 규정하고 있다.

## 3 물품의 검사

CISG에서는 매수인에게 물품을 검사할 의무를 부담시키고 있다.[99)] 여기서의 검사란 인도된 물품의 물적 적합성만을 검사하는 것을 의미하며 법적 적합성은 물품의 검사로 알 수 있는 성질의 것이 아니므로 검사의 대상에서 제외된다.

여기에서는 물품의 검사의무를 검사시기, 검사장소, 검사비용으로 나누어 살펴보기로 한다.

먼저 물품의 검사시기의 경우에는, 인도가 행하여지기 이전의 단계에서 매수인에게 검사하도록 하는 것은 불합리하기 때문에 검사는 인도의 시점을 기준으로 상황에 따라 실행가능한 단기간 내에 행해져야 한다고 규정하고 있으며, "상황에 따라 실행가능한 단기간 내"라는 표현은 "지체 없이"라는 의미로 해석될 수 있으며, 구체적으로는 개별적인 거래의 내용과 물품의 성질, 거래의 관행, 검사의 장소·시설·능력, 당해 물품검사에 소요되는 통상적인 기간, 기타 모든 주위사정을 고려하여 객관적으로 결정하여야 할 것이다.

또한 운송을 수반한 대부분의 물품매매의 경우에는 물품의 검사는 물품이 목적지에 도착한 후까지 연기할 수 있다. 또한 검사의 시기와 관련하여 실제의 무역매매에서 자주 문제가 발생하는 경우로 매수인이 합리적인 검사의 기회를 가지지 않

98) 곽윤직, 전게서, p.159.
99) CISG 제38조.

고 물품 그대로 재판매하는 경우가 있는데, 이러한 경우에 대하여 CISG에서는 운송 중에 목적지가 변경된 경우나 단순히 전송된 경우에도 매도인이 계약체결 시에 그러한 변경 또는 운송의 가능성을 알았거나 또는 알았어야 하는 한 검사는 물품이 새로운 목적지에 도착한 후까지 연기할 수 있다고 하고 있다. 이 규정은 물품이 최종목적지에 도착하기 이전에 매수인이 검사를 위하여 개장하는 불편을 방지하고 매수인이 봉인된 컨테이너에 선적된 물품을 구매한 후 바르 환적하는 경우에도 목적지 도착시까지 검사를 연기할 수 있도록 함으로써 매수인에게 부적합을 발견할 수 있는 충분한 기회를 부여하고 있어서 현실의 국제물품대매에 적합한 규정이라 하겠다.

다음으로 물품의 검사장소에 대하여 CISG상에 명확한 규정은 없으나 검사시기의 경우와 같이 인도이전에 매수인에게 검사하도록 하는 것은 불합리하므로 검사장소는 인도시점을 기준으로 매도인의 물품인도장소가 되어야 한다. 따라서 물품의 운송을 예정하고 있는 경우에는 그 운송의 목적지가 검사장소가 되어야 하며, 운송 중에 물품의 목적지가 변경되거나 전송되는 경우에는 새로운 도착지가 검사장소가 되어야 할 것이다. 다른 법규의 경우 SGA에서는 검사장소를 물품이 개장될 것으로 예상되는 장소로 규정하고 있으며, UCC에서는 물품의 도착지를 검사장소로 보고 있다.

마지막으로 물품의 검사비용에 관한 것으로 CISG상에는 아무런 명시규정도 없으나 일반적으로 물품의 검사비용은 물품이 계약적합성을 가진 경우에는 매수인이 부담하며, 기타의 경우에는 매도인이 부담하는 것을 원칙으로 한다. UCC에서는 물품이 적합하지 않거나, 거절되는 경우를 제외하고 매수인이 검사비용을 부담한다고 규정하고 있다.[100)]

인코텀즈에서는 매수인의 의무(B9) 중에 물품검사(inspection of goods)를 다루고 있으나, 물품검사에 대한 구체적인 규정은 없다. 단지매수인은 별도의 합의가 없는 한 수출국의 당국에 의하여 요구되는 경우를 제외하고 선적전 검사비용(cost of pre-shipment inspection: PSI)을 지급하여야 한다고 규정하여 강제적인 선적전 검사비용의 부담자를 명시적으로 매수인으로 규정하고 있을 따름이며 그 이외의 물품검사 또는 그 검사비용에 대하여는 언급하지 않고 있다. 한편 물품점검과 관련하여 매도인의 의무(A9) 중의 점검·포장·화인에서 매도인에게도 점검의무를 부담시키고 있는데 매도인은 인도에 관한 규정에 따라 물품을 인도하기 위하여 필요

100) UCC, Article 2-513(2).

한 물품검사를 수행하여야 하며, 그 비용은 매도인이 부담할 것을 규정하고 있다. 이는 인도를 위한 검사만을 언급하는 것이지 물품의 도착 후 계약물품과의 일치성을 판단하기 위한 검사를 의미하는 것은 아니다.

## 4 물품의 하자통지

CISG는 매수인이 매도인의 담보책임을 묻기 위한 하자통지의무를 규정하고 있는데, 매수인은 매도인에 대하여 부적합을 발견하거나 또는 그 부적합의 성질을 명확히 한 통지를 하지 않으면 그 물품의 부적합을 원용할 권리를 상실한다고 규정하고 있다.[101] 따라서 매수인이 이러한 통지의무를 해태하면 부적합을 원용할 권리를 상실하게 되어 손해배상의 청구나 계약의 해제 또는 대금의 감액 등을 청구할 수 없게 되는 것이다.

통지의 대상은 물품검사의 대상과는 달리 물품의 계약부적합을 대상으로 하며, 물품의 수량, 품질, 명세서, 포장의 물적 적합성뿐만 아니라 법적 부적합을 포함한다. 또한 서류상의 부적합의 경우에는 그에 관한 명문규정은 없으나 정확한 서류를 교부하는 것이 매도인의 의무 중의 하나로 규정되어 있으며,[102] 나아가 교부된 서류의 하자보완을 인정하고 있으므로 서류상의 하자도 통지의 대상이 되는 것으로 보인다.

다음으로 통지시기는 검사시기와 밀접한 관련을 가지는 것으로 매수인은 물품의 부적합을 발견하였거나 또는 발견할 수 있었을 때로부터 합리적 기간 내에 매도인에게 그 부적합을 통지하여야 한다고 규정하고 있다. 여기에서 문제가 될 수 있는 것은 통지의무의 제기기한으로서의 합리적인 기간의 해석인데, SGA에서는 “합리적인 기간이 어느 정도의 기간인가의 문제는 사실문제이다”라고 정하고 있으므로 각 경우의 상황과 사정에 따라 결정되어야 할 것이다.

또한 CISG에서는 “여하한 경우에도 물품이 실제로 매수인에게 교부된 날로부터 늦어도 2년 이내에 매수인이 매도인에게 물품의 부적합에 대하여 통지하지 않은 경우에 매수인은 당해 물품의 부적합을 원용할 권리를 상실한다”라고 통지기간에 대하여 추가적으로 규정하고 있다.[103] 이 규정은 계약의 목적물에 즉시 발견할 수

101) CISG 제39조(1)항.
102) CISG 제34조.

없는 하자가 있는 경우에도 후일에 매수인이 하자를 발견하였다면 물품이 실제로 매수인에게 교부된 날로부터 2년 이내인 한 합리적인 기간 내에 매수인은 매도인에게 통지를 해야 한다는 것이다. 그러나 예외 규정으로서 당사자 간에 2년보다 장기의 보증기간이 계약상으로 약정되어 있는 경우에는 협약상의 2년이라는 기간 제한을 받지 않게 됨을 명시적으로 규정하고 있는데, 이는 당사자자치의 원칙을 배려한 것으로서 물품이 일정기간 일정한 특성이나 품질을 보유한다는 명시적 보증이 있는 경우 이러한 약정은 통지기간에 우선한다.[104)]

통지기간에서 주의하여야 할 것은 실제의 클레임 제기 시에 CISG와는 별도의 출소기간이 규정되어 있다는 사실이다. 대표적인 것이 유엔 국제무역법위원회(UNCITRAL)에 의하여 작성된 "출소기간에 관한 협약(Convention on the Limitation Period in the International Sale of Goods)"으로 제8조에 출소기간을 통상적으로 매수인이 매도인에게 물품을 교부한 날로부터 또는 매수인이 이행의 제공을 거부한 날로부터 기산하여 4년으로 규정하고 있다. 또한 각국의 제정법에서는 영국의 경우에는 6년(출소기간법 제2조), 미국의 경우에는 4년(통일상법전 제2-725조), 한국에서는 수량부족의 경우에는 1년(민법 제574조), 목적물의 하자의 경우에는 6개월(민법 제582조)의 기간을 각각 규정하고 있다.

매수인의 통지의무에 대한 예외로서 CISG에서는 악의의 매도인은 매수인의 검사·통지의무 해태의 효과를 자기를 위하여 원용할 수 없다는 취지로 규정하고 있다.[105)] 이는 신의성실의 원칙에 기초를 두는 것으로서 "형평을 구하는 자는 스스로 형평을 실천하여야 한다(He who seeks equity must do equity)"라는 법언(法諺)의 정신이 반영된 것으로 볼 수 있다.[106)]

인코텀즈에서는 매도인에 대한 통지(notice to the seller)라는 표제의 규정(B7)이 있으나, 이는 매수인의 하자통지의무를 규정한 것이 아니고 단지 매수인이 물품의 운송과 관련하여 확정된 선적기간 중에서 특정한 선적시기를 결정할 선택권을 가지는 경우 또는 매매계약체결 시에 목적항을 결정하지 않고 체결 이후에 매수인이 결정할 선택권을 가지는 경우에는 매도인의 원활한 인도의무의 이행을 위하여 이에 대한 충분한 통지를 매도인에게 행하여야 함을 규정하고 있는 것이다.

---

103) CISG 제39조(2)항.

104) 고범준, 「국제물품매매계약에 관한 UN협약」, 대한상사중재원, 1983, p.44.

105) CISG 제40조.

106) 고범준, 전게서, p.45.

## 연구과제

1. 국제물품매매계약에서 매매당사자의 기본적인 의무 중에는 매도인의 물품인도(delivery of goods) 의무와 매수인의 대금지급(payment of price) 의무가 있다. 여기에서 물품인도의 의미는 무엇인가? 또한 Incoterms® 2020의 CIP규칙과 CISG에서 규정된 매도인의 물품인도 장소에 대하여 구체적으로 비교・설명하시오.

2. 물품인도와 관련하여 일반적으로 FOB 매매계약을 현실적 인도(actual delivery), CIF 매매계약을 상징적 인도(symbolic delivery)라고 하는 이유에 대하여 설명하시오.

3. 물품에 대한 소유권 이전과 관련하여 형식주의와 의사주의, 특정물(ascertained goods)과 불특정물(unascertained goods)의 차이점을 각각 설명하시오.

4. 물품에 대한 소유권 이전 시기를 SGA, UCC 및 Incoterms® 2020의 경우별로 각각 설명하시오.

5. 국제물품매매계약에서 매도인의 약정기간 내에 선적불이행 하였을 경우 매수인의 구제방법은 어떠한 것들이 있는지 CISG에 기초하여 설명하시오.

6. CISG와 Incoterms® 2020의 위험의 이전시기를 비교하시오.

7. 물품의 계약적합성에 관하여 CISG와 UCC의 관련 규정을 비교하시오.

8. 비엔나협약상 승낙기간에 관한 다음 물음에 답하시오.

(2021년도 제38회 관세사 2차 기출문제 10점)

   1) 승낙기간의 결정에 관하여 설명하시오. (4점)
   2) 통신수단별 승낙기간의 기산일에 관하여 설명하시오. (6점)

9. 국제물품매매계약에 관한 UN협약(UN Convention on Contracts for the International Sale of Goods: CISG) 제35조의 물품의 계약적합성에 대하여 설명하시오.

(2019년도 제36회 관세사 2차 기출문제 10점)

10. 국제물품매매계약에 관한 UN협약(UN Convention on Contracts for the International Sale of Goods: CISG)에 관한 다음 물음에 답하시오.

(2017년도 제34회 관세사 2차 기출문제 50점)

1) 계약위반의 유형을 그 발생원인에 따라 설명하시오. (10점)
2) 매도인의 계약위반에 따른 매수인의 구제방법에 관하여 설명하시오. (20점)
3) 매수인의 계약위반에 따른 매도인의 구제방법에 관하여 설명하시오. (20점)

11. 국제물품매매계약에서 비엔나협약(CISG)과 Incoterms® 2010의 위험의 이전에 관한 규정을 각각 설명하고, 양 규정의 유사점과 차이점을 논하시오.

(2015년도 제32회 관세사 2차 기출문제 50점)

Chapter

7

# 신용장과 무역결제

Chapter

# 7 신용장과 무역결제

## 제1절 신용장

### 1 신용장의 의의

#### 1) 신용장의 정의

신용장은 수입상의 거래은행(발행은행)이 수입업자(발행의뢰인)의 요청으로 수출상으로 하여금 일정기간 내에(신용장 유효기간) 일정조건(신용장에 기재된 조건)하에서 선적서류와 어음과 선적서류 등이 일치하는 제시를 구성하는 경우 은행이 대금을 지급하겠다고 약속하는 '은행의 조건부 지급확약서' 라고 정의할 수 있다.

☞ 신용장의 정의

(1) UCP 500 제2조(신용장의 정의)

"신용장이라는 표현은 그 명칭이나 표기에 관계없이 고객(발행의뢰인)의 요청과 지시에 따라 또는 은행 자신을 위하여 행동하는 은행(발행은행)이 신용장의 제조건과 일치하는 명시된 서류와 상환으로

i. 제3자(수익자) 또는 그 지시인에게 지급을 이행하거나, 또는 수익자가 발행한 환어음(어음)을 인수 및 지급하거나, 또는

ii. 타은행에게 그러한 지급을 이행하도록 하거나 또는 그러한 환어음(어음)을 인수 및 지급하도록 수권하거나 또는

iii. 타은행에게 매입하도록 수권하는 모든 약정을 의미한다."

(2) UCP 600 제2조(정의)

"신용장이라 함은 그 명칭이나 기술에 관계없이 일치하는 제시를 인수·지급하기 위한 발행은행의 취소불능적인 그리고 분명한 확약을 구성하는 모든 약정을 말한다."

(3) UCC(1995) § 5-102(정의)

"신용장이라 함은 발행의뢰인의 요청이나 계산에 따라, 또는 금융기관인 경우에는 스스로 또는

자신의 계산에 따라 발행인이 수익자에게 금전적 가액의 지급이나 교부로써 서류의 제시를 인수·지급하겠다는 제5-104조의 요건을 충족하는 일정한 확약을 말한다."

신용장의 발행계약은 먼저 신용장 발행은행과 발행의뢰인간에는 일종의 신용장 발행계약이라 할 수 있는 외국환거래약정의 체결에 의해 성립된다.

신용장거래약정에 의한 신용장발행계약은 매매계약과는 완전히 독립적이며 당사자간의 법률관계를 형성하게 된다. 그러므로 신용장발행계약에 있어서 신용장 발행은행은 발행의뢰인으로부터 일정 수수료를 받고 위임을 받아 제3자와 계약을 체결하는 일종의 지급대리인으로서의 의무를 부담하게 된다.[1)]

발행은행은 발행의뢰인인 수입상에 대한 신용조사와 함께 채권확보의 방책으로 수입상과 외국환거래약정을 체결하고, 대금지급에 대한 채무를 부담하는 대가로 수입상으로부터 담보제공으로서 수입물품 자체를 양도담보로 요구함은 물론 필요할 경우 추가담보 설정 등을 고려하여 신용장개설한도를 설정하게 된다.[2)]

외국환거래약정의 주요 내용은 신용장 발행에 따른 여러 가지 비용과 위험부담을 포괄적으로 약정하기 위하여 신용장거래에 따른 모든 비용은 발행의뢰인이 부담하는 것을 명시하고 있다. 또한 그 신용장에 의거해 발행되는 환어음이 결제될 때까지 수입화물은 발행은행의 담보로서 소유권이 발행은행에 있고, 선적서류상의 부정·불명확한 사항에 대한 처리, 우편 또는 전신상의 사고에 따른 은행의 면책 등을 약정하고 있다.

## 2) 신용장 당사자

### (1) 발행의뢰인(Applicant)

수출상(Beneficiary)과의 매매계약에 따라 자기거래은행(Opening bank)에 신용장을 발행해줄 것을 요청하는 '수입상'을 의미하는 경우가 많으며, Drawee(환어음 지급인), Consignee(수하인), Buyer, Opener(신용장 발행 의뢰인)로도 불린다.

---

1) 신용장 발행계약의 성격을 독일법에서는 청부계약(werkvertrag)으로, 프랑스에서는 위임계약(mandat contrat)으로 보고 있다(프랑스 민법 제1984, 제1988조). 요하네스 짜안 저, 강갑선 역, 무역결제론, 법문사, 1977, 40면.

2) 신용장개설한도가 되는 업체별 수입한도는 일람불조건(at sight)기준으로 일반재의 경우 향후 1년간 총수입예상에 40/360을 곱한 금액으로 하며, 기한부수입한도는 향후 1년간 총수입예상액에 (Usance 기간 + 30일)/360)을 곱한 금액으로 하고 있다.

### (2) 발행은행(Issuing Bank)

수익자에 대해서 대금 지급을 확약하는 신용장을 발행하는 은행으로 환어음 지급에 있어서 최종적인 책임을 부담한다.

### (3) 통지은행(Advising Bank, Notifying Bank)

발행된 신용장을 단순히 수익자에게 통지해 주는 은행으로 지급, 인수, 매입을 해야 할 의무는 없으나 신용장의 외관상 진정성(apparent authenticity)의 확인을 위해 상당한 주의(reasonable care)를 할 의무는 가지며, 보통 수출국에 위치한 신용장 발행은행의 본·지점이나 환거래은행이 된다.

### (4) 수익자(Beneficiary)

일치하는 제시에 대하여 대금을 지급받는 자로 수출업자를 의미하며, Drawee(환어음 지급인)으로 불리기도 하고, '물품을 발송하는 자'라는 의미에서 송하인(Consignor)이라고도 한다. 신용장에서는 통상 in favor of~ 라 하여 수익자를 표시한다.

### (5) 확인은행(Confirming Bank)

발행은행과 독립적으로 발행은행의 재력이나 존폐에 상관없이 신용장 조건에 의거, 발행된 환어음을 지급, 인수, 매입하겠다는 독립적인 확약을 부가하는 은행으로 발행은행의 요청에 의하여 공신력 있는 은행이 신용장을 확인하여 독립적인 지급확약을 한다.

### (6) 매입은행(Negotiating Bank)

발행은행으로부터 지정받은 은행이나 아무 은행(Any bank)이 매입은행이 될 수 있고 통상 수익자의 거래은행이 매입은행이 된다.

### (7) 상환은행(Reimbursing Bank)

① 발행은행의 지시에 따라 지급, 인수, 매입은행의 상환청구를 받아 상환을 해주는 은행.
② 즉 발행은행의 상환수권이나 지시에 따라 결제의 편의를 제공하는 은행.
③ 제3국 통화로 거래하는 경우, 제3국 소재의 은행을 이용하는 경우 등에 쓰임. 곧 발행은행의 입장에서는 결제은행(Setting Bank)이 된다.

### 3) 신용장의 발행방법

신용장 발행은행은 발행의뢰인이 제출한 신용장발행신청서의 내용을 검토하고 타당하다고 인정되면 신용장을 발행한다. 신용장의 발행방법은 선적기일, 시황, 자금사정 등을 고려하여 우편과 전신의 두 가지 방식이 있으나, 현재는 우편방식 대신에 주로 전신에 의한 SWIFT방식[3)]이 활용되고 있다.

#### (1) 우편에 의한 발행(Mail Credit)

신용장발행신청서의 내용에 따라 소정의 신용장 한 세트를 발행하여 원본 및 사본 1매는 통지은행에 발송하고, 결제은행에는 사본 1매를 수입대전결제요청서(Reimbursement Request)와 함께 발송함으로써 발행한다.

#### (2) 전신에 의한 발행(Cable Credit)

금융비용 절약, 납기 단축 등을 위하여 신용장발행을 신속히 통지할 필요가 있을 경우 전신(cable)으로 신용장을 발행한다. 전신에는 Short Cable방식과 Full Cable방식이 있다.

① Short Cable방식

신용장이 발행되었다는 뜻을 미리 통지하여 수익자로 하여금 수출준비를 하게 하는 통지이며, 이 Short Cable L/C는 "details follow"란 문언을 삽입하고 추후 신용장 원본(mail confirmation)을 우편으로 송부한다.

② Full Cable방식

통지은행의 잘못된 번역이나 신용장 당사자간에 문구해석의 차이로 인한 마찰을 줄이기 위하여 신용장 전문을 그대로 전신으로 보내는 방법이다. 최근에 와서 국제통신망의 발달로 Cable Charge가 저렴해짐에 따라 Short Cable방식 대신에 거의 대부분 Full Cable에 의하여 신용장을 통지하고 있다.

③ SWIFT방식

SWIFT는 국제은행간 금융결제통신망(Society of Worldwide Interbank Financial Telecommunication)의 약자로서, SWIFT L/C는 은행 간에 SWIFT전산망에 의해서

---

3) SWIFT : Society for Worldwide International Financial Telecommunication = 국제은행간 금융결제 통신망

송부되는 신용장으로서 금융EDI방식에 의해 신용장을 발행하는 방식이다.

SWIFT에 의한 신용장의 발행은 Cable에 의한 신용장을 암호로 발행하는 방법과 비슷하며 신용장의 양식이 표준화되고 Code화 되어 있다. 그러나 이 방식에 의한 서류전달체제는 송신기관과 수신기관이 모두 SWIFT시스템을 설치하고 있어야 하고, 기기조작 및 운영에도 상당한 기술을 필요하므로 아직은 선진적 은행을 중심으로 통용되는 실정이다.

## 4) 신용장의 기능

국제무역거래는 국내 상거래와는 달리 격지자간의 거래이고 무역거래 당사자 사이의 물품인도와 인수 그리고 대금결제 간에는 시간적 차이가 있다. 따라서 이로 인하여 발생할 수 있는 여러 가지 위험들과 문제들이 있을 수 있다.

신용장은 이러한 무역대금결제 상에 있을 수 있는 위험을 회피하고 문제를 해결해주는 기능을 가지고 있는 신용장은 은해의 조건부 지급확약서로 다음과 같은 기능이 있다.

### (1) 신용위험 회피기능

신용위험(credit risk)이란 수입상이 무역계약상의 대금결제의무를 이행하지 않거나 지연함으로써 발생하는 수출상의 대금회수불능위험 또는 이와는 반대로 수출상의 매매계약상의 인도의무의 이행 거부, 불성실이행으로 인해 발생할 수 있는 물품인도상의 손실위험을 말한다.

신용장을 이용할 경우 수출자는 수입자의 신용과는 관계없이 신용력 있는 은행이 대금지급을 확약하기 때문에 안전하게 대금을 회수할 수 있다. 한편, 수입상에게 있어서 신용장거래방식은 매입은행과 발행은행이 엄밀일치의 원칙에 따라 수출상이 제시하는 선적서류를 심사하므로 신용장에 의하여 계약조건에 일치하여 수출상의 계약이행을 보장받을 수 있다.

[그림 7-1] 신용장 결제 흐름

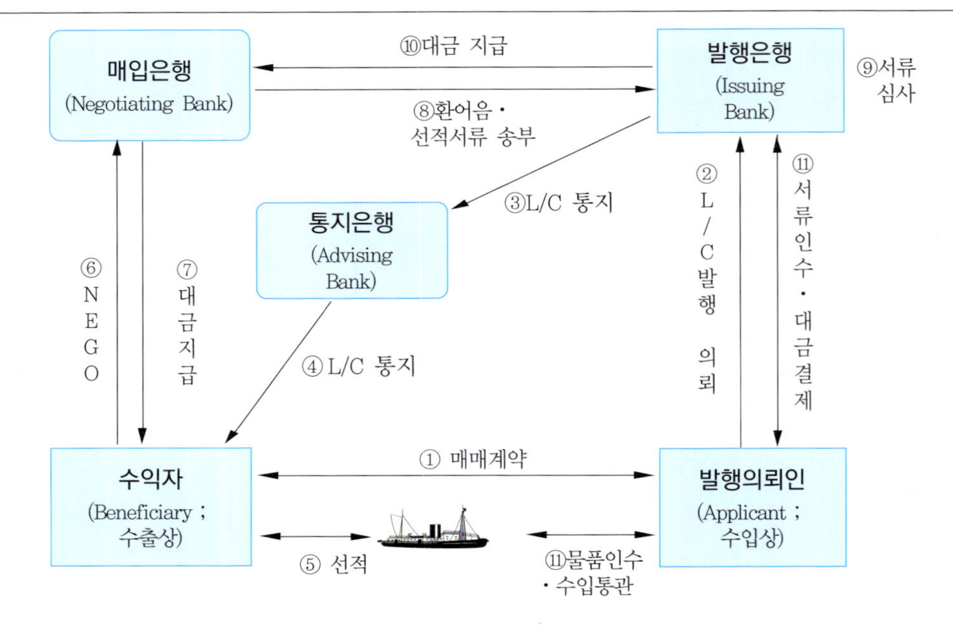


### (2) 외환이전 제한 위험 회피기능

외환이전 제한 위험(transfer risk)이란 수입국의 외환관리정책상의 사유 또는 외환사정의 악화로 인하여 수입자의 의사와는 관계없이 대외지급이 불가능하게 되는 위험을 말한다.

국제무역거래에 있어서는 이미 발행된 취소불능신용장에 대해서는 경과조치를 인정하는 것이 일반적이다. 따라서 수입국의 외환사정의 급격한 악화로 인한 수입제한조치를 취한다 할지라도 이에 영향을 받지 않기 때문에 외환이전 제한 위험을 회피할 수 있다.

### (3) 무역금융 수혜기능

수출자는 신용장을 이용함으로써 물품을 선적하기 전에 수출금융, 즉 물품의 생산·조달과정에 필요한 자금을 융통할 수 있고, 선적한 후에는 수출대금회수를 위한 환어음의 매입의뢰에 따른 은행의 환어음 매입을 용이하게 할 수 있다.

한편, 수입자는 신용장 발행은행이 수출자가 발행한 환어음에 대하여 지급약정을 하고 있기 때문에 환어음 대금을 선지급할 필요가 없다. 또한 물품을 선적하고 환어음이 수입상에게 제시되기까지 상당한 기간 대금지급이 유예되기 때문에 실제적인 금융수혜 혜택을 받는 것이다.

### (4) 무역거래 이행의 확정적 기능

무역거래는 계약이 체결된 이후라도 수입국에서의 경제사정 악화로 인하여 수입제한조치 또는 외환거래 제한조치 등을 채택함으로써 얼마든지 변경되거나 취소 가능성이 있기 때문에 거래이행의 확정을 보장할 수가 없다.

그러나 신용장방식을 이용할 경우 신용장이 취소불능신용장인 한 발행은행과 수익자의 동의없이는 일방적인 취소나 조건변경은 있을 수 없고, 수출자는 선적을 이행하고 환어음을 발행해 매입은행에 매입을 의뢰하면 대금을 지급받을 수 있기 때문에 무역거래 이행을 확실히 보장해주는 기능을 한다.

☞ 신용장의 유용성

(1) 수출상의 이점
- ㉠ 발행은행의 대금지급확약, 대금회수의 확실성
- ㉡ 신용장을 담보로 하여 원자재 조달 등의 금융을 수혜
- ㉢ 신용장의 발행은 계약이행을 확실
- ㉣ 선적 후, 일치서류 수출대금을 즉시회수

(2) 수입상의 이점
- ㉠ 은행의 신용을 이용 계약조건을 유리
- ㉡ 선적시 지급 않고 수입 환어음 및 서류 도착시 지급
- ㉢ T/R, L/G 등 금융을 이용
- ㉣ 유효기일 선적일자명시, 인도시기를 예상

## 5) 신용장의 특성

### (1) 독립성

신용장은 분명히 매매계약에 근거를 두고 개설되지만 일단 개설되면 신용장은 매매계약과 독립된 거래가 된다. 이것은 신용장거래에 매매당사자가 아닌 은행이 개입하기 때문이다.

따라서, 수입상은 신용장의 조건이 매매계약 조건과 다르다는 이유로 대급지급을 지연시킬수 없고 또한 수출상은 신용장거래에서 매매계약 조건을 이유로 은행

이나 수입상에게 대항할 수 없다.

### (2) 추상성

신용장거래는 상품거래가 아니고 서류상의 거래이다. 이것을 신용장거래의 추상성이라고 한다. 따라서 신용장거래에 있어서 수출상이 약정품을 선적하고 신용장에서 요구하는 서류를 제시하면 은행은 그 서류만을 가지고 수리여부를 판단해야 한다. 따라서 예컨대 상품이 목적지에 도착하였더라도 상품을 검사한 뒤에 대금을 지급하겠다는 주장은 있을 수 없다.

### (3) 엄밀일치성

상품이 계약내용과 일치하더라도 제시된 서류가 문면상 신용장조건과 일치하지 않으면 대금을 지급할 의무가 없다. 따라서 서류가 신용장조건과 일치하는지의 여부 를 상당한 주의를 기울여 점검해야 하다.

### (4) 상당일치성

국제상거래의 원활화를 위해 상당일치의 원칙이 논의되고 있는 바, 이는 문구에 약간의 차이가 있더라도 은행이 상당한 주의를 기울이면 그 차이가 경미한 것으로서 문언의 의미상 차이를 가져올 것은 아니며, 신용장의 조건에 반하는 것이 아님을 알 수 있는 경우에는 신용장의 조건과 일치하는 것으로 보아야 한다는 것이다.

엄밀일치성과 상당일치성은 법원의 판례에 의해서 형성된 특성으로 법원의 판사의 기판력에 의해 동일한 사건이라도 다른 판결이 형성될 수 있다.

## 6) 신용장의 한계성

신용장은 국제 상거래를 원활하게 촉진시켜 주는 편리한 결제수단 이지만 무엇보다도 거래당사자들의 성실한 계약이행이 중요하다. 즉, 신용장이 발행되었다하여 모든 것이 원만하게 진행되는 것은 아니며 신용장도 일정 한계성을 가지게 된다. 신용장은 다음과 같은 한계성을 가진다.

① 신용장은 발행은행의 지급확약일뿐 그 자체가 지급수단은 아니다. 즉, 특정조건 에 부합하는 제반서류를 지정된 기일내에 제시하면 지급하겠다는 은행의 약속이지 그 자체가 유통될 수 있는 어음과 같은 수단은 아니다.

② 발행은행은 무역거래의 당사자가 아니며, 신용장의 조건에 맞는 서류가 제시된 경우에 한하여 인수 또는 지급을 하겠다는 약속에 불과하다. 따라서 매수인이 대금을 지급하지 않는 경우 발행은행이 이를 대신 갚아주는 것은 아니다.

③ 신용장거래는 본질적으로 추상성으로 인해서 계약상품을 선적하고 신용장의 조건에 일치하는 허위서류로 대금을 지급받을 수 있기 때문에 매수인의 입장에서 반드시 계약상품을 인수할 수 있는 것은 아니다.

## 7) 신용장 발행절차

수입상은 신용장발행을 위하여 우선 신용장 발행은행과의 외국환거래약정을 체결하고 매거래시마다 신용장발행신청서를 제출하여 신용장발행을 의뢰한다.

수입신용장 발행신청시 구비서류로서는 ① 신용장발행의뢰신청서(Application for Commercial Letter of Credit), ② 외국환거래약정서, ③ Offer Sheet 또는 계약서, ④ 사업자등록증 사본, ⑤ 인감증명서와 인감도장, ⑥ 부가가치세과세납입증명서, ⑦ 주민등록등본과 주민등록증 사본 등을 제출하여야 한다.

한편, 신용장발행에 대한 발행담보금으로서 신용장금액의 50% 이내의 금액을 예치해야 하는데 이는 거래은행과의 거래실적 및 수입업체의 신용력에 따라 달리 적용된다.

신용장발행의뢰인은 신용장발행에 따른 신용장발행수수료(opening charge),[4] 전신료(cable charge) 또는 코레스비용(corress charge)[5] 등을 부담한다. 신용장거래에 관련하여 은행이 신용장 발행의뢰인의 지시를 이행할 목적으로 타은행의 서비스를 이용할 때에는 발행의뢰인의 비용과 위험으로 하여야 한다 그러나 상환은행의 수수료와 확인은행의 확인수수료는 신용장 발행은행의 부담으로 하고 있다.

4) 한국의 외국환은행에서는 3개월분의 기간수수료(term charge)를 신용장발행수수료로서 징수하고 있다.

5) 코레스비용(corres charge)이란 신용장의 발행 및 조건변경과 관련하여 해외거래은행이 청구해오는 일체의 비용을 말하며, 이에는 통지수수료(advising commission), 상환수수료(reimbursement commis- sion), 지급수수료(payment commission), 확인수수료(confirming commission) 등이 있다.

[그림 7-2] 신용장발행신청서 작성 프로그램

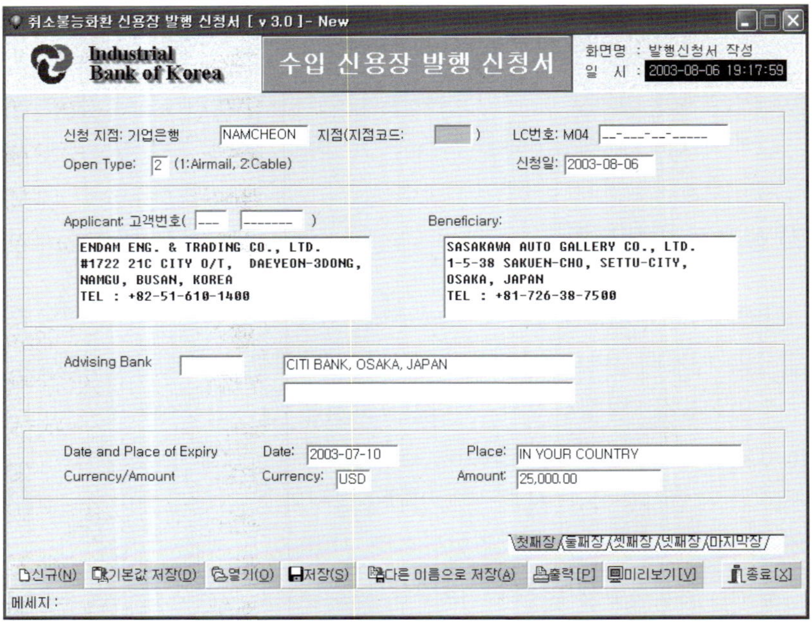

취소불능화환 신용장 발행 신청서 [ v 3.0 ]- New

Industrial Bank of Korea

수입 신용장 발행 신청서

화면명 : 발행신청서 작성
일 시 : 2003-08-06 19:17:59

신청 지점: 기업은행 NAMCHEON 지점(지점코드: ) LC번호: M04 --- --- --- -----
Open Type: 2 (1:Airmail, 2:Cable) 신청일: 2003-08-06

Applicant: 고객번호( --- ------- )
ENDAM ENG. & TRADING CO., LTD.
#1722 21C CITY O/T, DAEYEON-3DONG,
NAMGU, BUSAN, KOREA
TEL : +82-51-610-1400

Beneficiary:
SASAKAWA AUTO GALLERY CO., LTD.
1-5-38 SAKUEN-CHO, SETTU-CITY,
OSAKA, JAPAN
TEL : +81-726-38-7500

Advising Bank CITI BANK, OSAKA, JAPAN

Date and Place of Expiry Date: 2003-07-10 Place: IN YOUR COUNTRY
Currency/Amount Currency: USD Amount: 25,000.00

첫째장 / 둘째장 / 셋째장 / 넷째장 / 마지막장

신규(N) 기본값 저장(D) 열기(O) 저장(S) 다른 이름으로 저장(A) 출력[P] 미리보기[V] 종료[X]

메세지 :

[서식] 외국환거래약정서

| 수입<br>인수 |
|---|

| 담당 | 대리 | 차장 | 부점장 |
|---|---|---|---|
| | | | |

# 외국환거래약정서

**【수출 · 수입 · 내국신용장환어음매입(추심) · 내국신용장발행거래】**

20 년 월 일

**한국산업은행** 앞

수입자 : (인)

주 소 :

| 은행여신거래 기본약관 수령필 | (인) |
|---|---|

| 인감대조 |
|---|
| |

본인은 한국산업은행(이하 "은행"이라 한다)과 수출 · 수입 · 내국신용장환어음매입(추심) · 내국신용장발행거래를 함에 있어 "은행여신거래기본약관"이 적용됨을 승인하고 다음 각 조항에 따르기로 한다.

제 1 장 공통사항

제 1 조 적용범위

이 약정은 다음 각 항의 현재 및 장래의 모든 거래에 적용하기로 한다.

① 수출거래

1. 화환어음(환어음이 첨부되지 않은 선적서류를 포함한다. 이하 이 약정에서 같음)의 매입 및 추심

2. 보증신용장등에 의한 무화환어음(Clean Bill)의 매입

3. 기타 전 각호에 준하는 거래

② 수입거래

1. 신용장 발행

2. 화환어음의 인도 및 결제

3. 무화환어음의 인도 및 결제

4. 기타 전 각호에 준하는 거래

③ 내국신용장환어음매입(추심)거래

④ 내국신용장발행거래

제 2 조 권리의 행사

① 수출화환어음 및 내국신용장환어음 매입대금(은행의 매입대금을 말한다. 이하 이 약정에서 같음)의 경우에는 은행은 환매채권에 의하여 청구하거나 금전소비대차에 의한 대출금으로 보아 어음채권 또는 여신채권 중 어느 것에 의하여도 청구할 수 있다.

② 수입화환어음 및 내국신용장환어음 결제를 위한 대지급금의 경우에는 은행의 어음채권 또는 여신채권 중 어느 것에 의하여도 청구할 수 있다.

제 3 조 수수료등의 부담

① 본인은 은행의 책임있는 사유로 인하여 추가로 발생한 것이 아닌 한 제1조의 거래에 따른 이자, 할인료, 수수료, 지연배상금, 손해배상금, 기타 부대비용 및 은행의 권리행사, 권리보전, 담보의 취득 및 처분에 따른 비용, 운임, 보험료, 기타 모든 비용 및 손해를 부담하며, 은행이 계산근거를 명시하여 청구하는 바에 따라 곧 지급한다. 다만, 본인이 계산방법 등에 관하여 이의를 제기하는 경우에는 은행은 이를 심사하여 그 결과를 통보한다.

② 은행은 제1항의 이자, 할인료, 수수료 등 제반비용의 요율 및 계산방법을 성질상 고시하기 어려운 것을 제외하고는 고시토록 한다.

③ 제1항의 수수료 등을 본인 이외의 자가 부담하기로 되어있는 경우에 본인의 비용으로 은행이 본인 이외의 부담자에게 청구하였으나 입금되지 아니하여 본인에게 청구한 때는 본인이 이를 곧 지급한다. 다만, 은행이 본인 이외의 부담자로부터 이를 지급받는 경우에는 반환한다.

제 4 조 적용환율

① 수입화환어음 결제 대금, 수출화환어음 및 내국신용장 환어음매입대금 상환대금, 이자, 할인료, 수수료 및 지연배상금 등은 채무의 해당통화 또는 원화로 지급할 수 있으며, 원화로 지급할 경우의 환율은 지급하는 날의 은행이 정한 해당환율로 한다. 다만, 지급하는 날에 환율을 확인할 수 없는 경우에는 은행이 정하는 잠정환율에 의하여 지급하고 추후 은행이 환율을 확인하여 그 차액을 정산하기로 한다.

② 수출화환어음이 은행의 관련규정에 따라 미수금계정으로 처리된 경우 및 수입화환어음이 은행의 관련규정에 따라 외화보증대지급금계정으로 처리된 경우 은행의 미수금계정 처리일 또는 외화보증대지급금계정 처리일의 은행이 정한 해당환율로 할 수 있다.

제 5 조 적용기간

이 약정의 적용기간은 정하지 않기로 한다. 다만, 부득이한 사유가 있는 경우 은행이나 본인은 이 약정을 해지할 수 있으며 이 경우 해지전에 이루어진 거래에 대하여는 이 약정을 계속 적용한다.

제 6 조 준용규정

본인과 은행은 약정되지 아니한 사항에 대하여 따로 정함이 없는 한 「신용장통일규칙」, 「추심에 관한 통일규칙」, 「은행간 신용장대금 상환에 관한 통일규칙」, 기타 국제규약, 「무역자동화처리약관」 및 은행의 관련규정에 따르기로 한다.

제 2 장 수출계약에 대한 특약

제 7 조 환거래은행의 지정 및 송달방법의 선정

신용장 또는 계약서 등에 명시되어 있지 않은 경우 환거래은행 및 화환어음의 송달방법은 은행이 선정하기로 한다.

제 8 조 결제기간의 연장

지급의무자가 결제기간의 연장을 요청한 경우 은행은 본인의 동의를 얻어 승낙할 수 있다. 다만, 은행이 부득이 하다고 인정하는 때는 본인의 동의없이 승낙할 수 있다. 이 경우 은행은 승낙한 사실을 곧 본인에게 통지한다.

제 9 조 화환어음 등의 반환

① 이 약정에 의하여 은행에 대한 채무의 변제 또는 여신거래기본약관 제9조(은행의 상계권 등)에 의한 상계 등의 경우 은행은 본인에게 화환어음 및 수출화물을 채무변제 등의 시점에 반환하지 아니하여도 된다.

② 본인은 은행이 반환하는 화환어음을 은행에서 수령한다. 다만 수출화물은 화환어음을 수령함으로써 반환받은 것으로 한다.

③ 은행의 책임없는 사유로 인하여 화환어음 및 수출물품의 반환이 불가능한 경우 은행의 반환의무는 없는 것으로 한다.

제 3 장 수입거래에 대한 특약

제 10 조 신용장의 발행, 통지 및 환거래은행 등의 선정

① 은행은 본인이 제출하는 신용장개설신청서(조건변경신청서 포함) 등의 기재사항에 따라 신용장을 발행, 통지한다.

② 신용장발행신청서에 명시되어 있지 않은 경우 환거래은행(통지은행, 매입은행, 지급은행, 인수은행, 확인은행, 기타 관련은행을 말한다. 이하 같음) 및 통지방법은 은행이 선정하기로 한다.

제 11 조 대도물품의 처분

① 본인은 대도물품을 입고, 운반, 출고, 가공, 매도 이외의 목적으로 사용하거나 제3자에게 대한 담보제공을 할 수 없으며 또한 기타 은행의 권리를 해하는 행위도 할 수 없다.

② 본인은 대도화물을 매도할 경우 금액, 물품의 인도, 대금의 영수방법 등에 관하여 미리 은행의 동의를 받는다.

③ 본인은 대도물품의 매도대금 영수후 곧 은행에 지급하며 매도대금을 어음, 기타, 유가증권 등으로 받는 경우에는 이를 곧 은행에 양도한다.

제 12 조　신용장 조건과 불일치하는 화환어음

① 은행이 채권보전을 위하여 필요하다고 인정하는 경우 은행은 신용장 조건과 불일치하는 화환어음에 대하여 본인의 동의없이 지급 또는 인수를 거절할 수 있다. 이 경우 은행은 본인에게 사후통지 하기로 한다.

② 화환어음이 은행에 도착하기전 신용장 조건과 불일치를 사유로 환거래은행 등으로 부터 지급 또는 인수 등의 동의 여부에 관한 조회를 받은 경우에도 제1항과 같다.

③ 은행이 본인에게 신용장 조건 불일치에 관한 조회를 하였으나 본인의 회보가 은행의 관련규정이 정한 기간내에 도착하지 않는 경우 은행은 화환어음의 지급 또는 인수에 대한 동의 또는 거절여부를 결정할 수 있다.

제 13 조　결제일

① 본인은 대금의 결제조건이 일람출급인 경우에는 화환어음(차기통지서가 먼저 도착하는 경우에는 그 차기통지서) 도착후 은행의 관련규정이 정한 기일내에 결제하고, 기한부 출급인 경우에는 만기일에 결제한다. 단, 만기일이 공휴일인 경우에는 다음 영업일을 만기일로 한다.

② 제1항의 기일이내에 결제하지 못한 경우에는 은행의 관련규정에 따라 외화보증대지급금계정으로 처리하여 결제하며 본인은 그 원화금액을 상환하기로 한다.

제 14 조　수입화물선취보증서에 의한 수입물품 인도

① 본인은 화환어음 도착전에 운송회사로부터 수입물품을 인도받고자 하는 경우 은행에 수입화물선취보증서(항공화물운송장에 의한 경우 수입화물인도승낙서를 포함한다. 이하 같음) 발급을 신청하여 은행의 사전승낙을 받아야 한다.

② 본인은 수입화물선취보증서의 발급을 신청하는 경우 은행의 관련규정이 정하는 바에 따라 수입결제대금을 적립한다.

제 15 조　신용장의 취소 및 조건변경

① 은행은 본인이 신청한 경우에 한하여 신용장을 취소 또는 조건변경할 수 있다. 다만 그 효력은 신용장의 취소 또는 조건변경의 당사자(개설은행, 수익자, 확인신용장의 경우는 확인은행) 전원의 동의가 있어야 비로소 발생한다.

② 제1항의 본문에 불구하고 유효기일 경과 등 상당한 사유가 있는 경우 은행은 신용장을 취소할 수 있다. 이때 은행은 본인에게 사후 통지한다.

제 16 조　제3자 명의의 신용장 발행

본인이 제3자 명의의 신용장 발행을 은행에 본인명의로 신청한 경우에는 모든 부분에 있어서 이 약정이 적용된다.

제 4 장 내국신용장환어음매입(추심)에 대한 특약

제 17 조 환어음 등의 반환

① 이 약정에 의하여 은행에 대한 채무의 변제 또는 여신거래기본약관 제9조(은행의 상계권 등)에 의한 상계 등의 경우 은행은 환어음 및 이에 첨부된 서류를 채무변제 등의 시점에 반환하지 아니하여도 된다.

② 본인은 은행이 반환하는 환어음 및 이에 첨부된 서류를 은행에서 수령한다

③ 은행의 책임없는 사유로 인하여 환어음 및 이에 첨부된 서류의 반환이 불가능한 경우 은행의 반환의무는 없는 것으로 한다.

제 5 장 내국신용장발행에 대한 특약

제18조 지급금액

본인이 은행의 원화표시 외화부기 내국신용장 발행에 따라 은행에 지급할 원화금액은 발행당시의 내국신용장 원화금액에 불구하고 내국신용장 부기외화금액에 매입(추심)은행이 환어음을 매입(추심)하는 날의 해당환율을 곱하여 청구한 금액으로 한다.

제19조 구매물품의 처분

구매물품 처분에 관하여는 제11조를 준용한다.

제20조 신용장의 취소 및 조건변경

은행은 본인이 관계당사자의 동의를 얻어 신청한 경우에 한하여 내국신용장을 취소 또는 조건변경할 수 있다. 다만 유효기일 경과 등 상당한 사유가 있는 경우에는 은행이 신용장을 취소할 수 있다. 이때 은행은 본인에게 사후 통지한다.

| 본인은 여신거래기본약관 및 이 약정서 사본을 확실히 수령하고, 주요내용에 대하여 충분한 설명을 듣고 이해하였음. | |
|---|---|
| 본 인 | (인) |

[서식] 신용장발행신청서

# 취소불능화환신용장발행신청서

APPLICATION FOR IRREVOCABLR DOCUMENTARY CREDIT
WOORI BANK OF KOREA

| AT SIGHT L/C 및 내국수입 USANCE |
|---|
| 지 급 보 증 용 |

Cable Address :
Mailing Address :
Telex Number :

To :
Dear Sirs :

We request you to establish by ☐ cable ☐ air mail an Irrevocable Credit on the following terms and conditions

| Advising Bank | | Applicant | |
|---|---|---|---|
| Cable Address | | Beneficiary | |
| Credit Number | | Amount | |
| Applicant | | Expiry Date | |

Tenor of Draft At Sight For % of invoice value

Documents(please indicate by placing x Mark in applicable box)

☐ Full set of clean on board ocean bills of lading, made out to the order of the ABC Bank of Korea Ltd.. marked "Freight ________" and "Notify accountee"

☐ Marine Insurance policy or certificate in duplicate, endorsed in blank for % of the invoice value.
Insurance polices or certificates must expressly stipulate that claims are payable in the currency of the drafts and policies or certificates must also indicate a claim settling agent in Korea. Insurance must include:
Institute Cargo Clauses : ________________

☐ Signed commercial invoice in

☐ Packing list in

☐ Other document(s) (if any)

Commodity Description

| Name of Commodity | Quantity | Unit Price | Amount |
|---|---|---|---|
| | | | |
| | | | |
| Country of Origin | | | |

Shipment from to Latest

Partial shipments are Transhipment is

Documents must be presented within ____days after the date of issuance of B/L or other transportation documents.
Special condition(s) : All banking charges including postage, advising and payment commission outside Korea are for account of ________________ Shipment by ____________

위와 같이 신용장발행을 신청함에 있어서 위 기재사항이 수입허가(승인)사항과 틀림없음을 확인하고 따로 제출한 수입거래약정서의 각 조항에 따를 것을 확약하며 아울러 위 수입화물에 관한 모든 권리를 귀행에 양도하겠습니다.

| Except so far as otherwise expressly stated, this credit is subject to the : Uniform Customs and Practice for Documentary Credits : (1993 Revision) International Chamber of Commerce, Publication NO. 500 |
|---|

신청인 ㊞

주 소

| 인감대조 |
|---|
| |

| 지급보증확인 | Checked By | Approved By |
|---|---|---|
| | | |

| 계 | 대 리 | 차 장 | 부 점 장 |
|---|---|---|---|
| | | | |

[서식] 우편신용장

# Midland Bank, Singapore Branch

◐ MID ◑ 21 Collyer Quay #03-06 Singapore 0104
◉ LAND ◉

Date and place : 7 Jun, 2004, Singapore(ORIGINAL for BENEFICIARY)

<table>
<tr><td rowspan="2">IRREVOCABLE DOCUMENTARY CREDIT</td><td colspan="2">Credit Number</td></tr>
<tr><td>of Issuing Bank<br>IC771187</td><td>of Advising Bank<br>A8801-712-00872</td></tr>
<tr><td>Advising Bank<br>Hanvit Bank<br>Seoul, S. Korea</td><td colspan="2">Applicant<br>Spring Field Co., Ltd.<br>Singapore</td></tr>
<tr><td rowspan="2">Beneficiary<br>Doori Silup Co., Ltd.<br>RM 1502, Haedong Building<br>21, Bookchang-dong, Chung-ku<br>Seoul, S. Korea</td><td colspan="2">Amount<br>USD 43,000.00</td></tr>
<tr><td colspan="2">Expiry<br>Date 10 June, 2004 in beneficiary's country for negotiation</td></tr>
<tr><td colspan="3">Dear Sir(s),<br>We hereby issue in your favour this documentary credit which is available by negotiation with any bank of your draft at sight drawn on us bearing the clause "Drawn under documentary credit No. IC771187 of Midland Bank plc, Singapore Branch" accompanied by the following documents : -<br>1) Signed Commercial Invoice in triplicate.<br>2) Full set of clean on board ocean Bill of Lading made out to our order marked "Freight Prepaid" and notify applicant.<br>3) Packing List in duplicate.<br>4) Insurance Policy or Certificate in negotiable form, in duplicate, endorsed in blank, covering I.C.C(A), Institute War Clauses(Cargo) for full invoice value plus 10% with claims payable in Singapore in the currency of the draft.<br>Evidencing shipment of 5,000 kgs of dried cuttlefish at US$8.60/kg CIF Singapore</td></tr>
<tr><td>Shipment from South Korea<br>to Singapore latest 10 July, 2004</td><td>Partial Shipment<br>not allowed</td><td>Transhipment<br>not allowed</td></tr>
<tr><td colspan="3">Special condition(s):<br>- Documents to be presented within 10 days after the date of shipment but within the validity of the credit.<br>- All banking charges outside Singapore are for the account of beneficiary.<br>- All documents to be sent to us by registered airmail in 2 consecutive lots.<br>- Proceeds drawn under this credit will be remitted as per instruction of the negotiating bank upon receipt of the documents in compliance with the terms and conditions of this credit.</td></tr>
<tr><td colspan="2" rowspan="2">we hereby engage with drawer and/or bona fide holders that drafts drawn under and negotiated in conformity with the terms and conditions of this credit will be duly honoured on presentation and that drafts accepted within the terms of this credit will be duly honoured at maturity.</td><td>Advising Bank's notification</td></tr>
<tr><td></td></tr>
<tr><td colspan="3">This credit is issued subject to "Uniform Customs and Practice for Documentary Credits", 1993 Revision, I.C.C. Publication No.500.</td></tr>
</table>

## 8) 신용장 내도시 확인사항

수출상은 수입상과의 무역계약을 체결 후 동 계약의 대금결제수단으로 통지은행을 통하여 신용장을 수령하게 된다. 신용장 수령을 위해서는 해당은행의 신용장 수령증을 작성하여 제출해야 한다. 수출상은 신용장을 수령하였을 때 다음 사항을 확인검토하여 신용장거래에 따른 위험을 사전에 예방하여야 한다.

### (1) 신용장의 진정성

신용장 통지은행에 대한 의무를 강화하여 통지를 의뢰받은 통지은행이 통지를 이행할 의사가 없거나 신용장의 외관상 진정성에 의심이 가는 경우에는 수의자에게 통지의 거부 또는 의심된다는 사실을 함께 통보해야 한다.

특히 우편으로 발행된 신용장은 그 진위여부와 관련하여 발행은행의 신뢰도가 낮은 경우, 신용장이 통지은행을 거치지 않고 수익자에게 직접 우송된 경우, 신용장 발행국이 후진지역인 경우, 선적서류의 수령인이 수입상으로 되어 있는 경우 등은 신용장의 진위에 문제가 있으므로 면밀한 확인이 필요하다.

### (2) 신용장의 형식요건

우리나라에서는 취소가능신용장은 허용되지 않으므로 신용장상에 '취소불능'(irrevocable)이란 표시가 있는지 확인해야 한다. 만약 취소불능여부에 관하여 아무런 언급이 없는 경우에는 취소불능으로 해석한다. 그리고 견본확인, 대리인의 검사 등 신용장의 효력에 대한 유보조건이 있는 조건부신용장(conditional L/C)인지 여부와 대금지급확약문언이 있는지 여부를 확인하여야 한다.

### (3) 화환신용장통일규칙의 적용여부

외관상으로는 신용장처럼 보이나 신용장이 아닌 어음지급수권서(Authority to Phurchase : A/P)와 같은 지급수단도 있으며, 또 화환신용장통일규칙에 준한다는 문언이 없는 유사지급수단이 있다. 따라서 신용장거래는 화환신용장통일규칙에 따른다(Subject to the Uniform Customs and Practice for Documentary Credits, 2007 Revision, ICC, Publication No. 600)는 신용장통일규칙 준거문언의 기재 여부를 반드시 확인하여야 한다.

### (4) 신용장 자체의 모순

실례로 취소불능신용장을 발행하면서 신용장의 특별지시사항에 선적서류 매입시 매입은행은 매입전 발행은행의 허락을 받아야 한다는 조건이 있으면 상호모순이 있으므로 이런 조항은 삭제하도록 요구한다.

### (5) 발행은행의 신용상태

발행은행이 파산이나 지급불능의 가능성이 있거나, 발행은행 국가의 외환사정 악화로 대외지급중지 또는 지급연기 가능성 내지 전쟁상태 등으로 인한 서류의 송달불능 또는 지급불능 사태의 가능성이 있다고 판단되는 경우에는 다른 은행의 확인을 추가로 받은 후 수출을 이행하는 것이 안전하다.

### (6) 계약내용과의 일치 여부

신용장의 내용과 계약내용을 대조·검토해야 한다. 즉 상품의 규격, 단가, 금액, 선적기일, 대금결제조건, 포장조건, 분할선적, 환적여부 등을 검토하여 내용이 다르거나 그 조건을 변경할 필요가 있을 경우 신용장 발행의뢰인에게 조건변경을 요청해야 한다.

### (7) 계약이행상의 장애요인 여부

매매계약 이행에 따른 다음과 같은 장애요인이 있는지의 여부를 확인할 필요가 있다.

① FOB조건의 거래인데도 해상보험의 부보를 요구하고 있거나, 선하증권상 'freight prepaid'로 요청하고 있는 경우

② 수출국에 주재하고 있지 않는 수입국 공관장의 확인을 요청하고 있는지의 여부

③ 발행의뢰인이 지정하는 자의 확인서명을 받은 물품검사 증명서를 요구하는지의 여부

예) Inspection Certificate approved and signed by buyer's agent in triplicate.

④ 선적전에 견본에 대해 수입자의 검사를 받은 후 그 검사증을 매입서류에 첨부하도록 하고 있는지의 여부

예) Shipment sample should be inspected and approved by buyer before shipment, and the certificate issued by buyer must be presented for negotiation.

## 2 신용장의 종류

### (1) 취소가능 신용장(Revocable L/C)

발행은행이 수익자에게 사전통지없이(without prior notice) 언제라도(at any moment) 취소(cancel)하거나 조건변경(amend) 할 수 있는 신용장이다. “revocable” 표시가 있으면 취소 가능하다.

### (2) 취소불능 신용장(Irrevocable L/C)

신용장이 수익자에게 통지된 후 유효기간 내에 관계당사자 전원(발행은행/확인은행, 수익자, 통지은행)의 합의 없이는 신용장을 취소·변경할 수 없는 신용장으로 신용장 상에 아무런 표시가 없으면 취소불가능이다.

### (3) 화환 신용장(Documentary L/C)

수익자가 발행한 환어음에 선하증권(船荷證券, Bill of Lading ; B/L) 등의 운송서류를 첨부하여, 발행은행이 지급, 인수 또는 매입할 것을 확약하는 신용장이다.

### (4) 무화환 신용장(Clean L/C)

환어음에 운송서류가 첨부되지 않고 어음 하나만으로 지급, 인수, 매입을 확약하는 신용장을 말한다.

### (5) 양도가능 신용장(Transferable L/C)

원(原)수익자가 신용장 금액의 전부 또는 일부를 ‘1회’에 한하여 국내외의 제3자에게 양도할 수 있는 권한을 부여한 신용장이다. 원(原)신용장 조건하에서만 양도 가능하나 금액, 단가, 선적기일, 유효기일에 한해 단축, 감액이 가능하고 보험부보율에 한해 증액이 가능하다. ‘Transferable’의 표시가 있어야 하며, 분할선적금지조항 없는 한 분할양도도 가능하다.

### (6) 양도불능 신용장(Non-transferable L/C)

제3자에게 양도할 수 없는 신용장으로 지정된 수익자만이 해당 신용장을 사용할 권리를 가진다.

### (7) 매입 신용장(Negotiation L/C)

발행은행이 환어음의 매입을 예상하고 환어음의 발행인(drawer), 배서인(endorser) 및 선의의 소지자(bona fide holder)에게도 정히 지급할 것을 확약하는 신용장을 말한다.

### (8) 지급 신용장(Straight L/C)

신용장에 의한 환어음의 매입여부는 언급하지 않고 발행은행, 또는 그의 지정은행에 환어음을 제시하면 지급(honor)하겠다고 확약하는 신용장이다.

### (9) 전대 신용장(Packing L/C)

무담보 신용장의 한 종류이며, 수입업자가 발행은행을 통해 선적 이전에 수출업자에게 수출대금의 선불(advance)을 허용해 주는 신용장으로 Red Clause L/C 라고도 하며, 수출에 따른 수출물품의 생산 · 가공 · 집하 · 선적 등에 필요한 자금을 수입상이 미리 융통해주기 위하여 사용된다.

> A red clause credit is a credit with a special clause incorporated into it that authorises the advising or confirming bank to make advances to the beneficiary before presentation of the documents... It is so called because the clause was originally written in red ink to draw attention to the unique nature of this credit.

### (10) Back to Back L/C

한 나라에서 수입신용장을 발행할 경우, 그 신용장은 수출국에서 동액의 수입신용장을 발행하는 경우에만 '유효하다는 조건'이 붙은 조건부 신용장을 말한다. 연계무역에 이용되며 동시발행신용장이라고도 한다.

### (11) 기탁 신용장(Escrow L/C)

환어음의 매입대금이 수익자에게 지급되지 않고 수출자 명의의 'Escrow 계정'에 기탁해 두고 그 수익자가 원 신용장 발행국으로부터 수입하는 물품의 대금결제에만 사용하도록 규정한 신용장이다.

### (12) Thomas L/C

양측이 동액의 신용장을 발행하는데 일방이 먼저 발행하고 그 신용장이 발효조건을 상대방이 일정기간 후 신용장을 발행하겠다는 '보증서를 발행'하는 것을 조건으로 한다. 수출국의 수입물품은 확정되었지만 수입할 물품이 확정되지 않은 경우 이용되며, Thomas는 중국과의 거래에서 이 방식을 사용했던 일본회사의 전신약호이다.

### (13) 회전 신용장(Revolving L/C)

수출업자와 수입업자 사이에 동종의 물품거래가 상당기간 계속하여 이루어질 것으로 예상되는 경우 거래할 때마다 신용장을 발행하는 불편을 덜기 위하여 일정기간동안 일정금액의 범위 내에서 신용장 금액이 자동으로 갱신(automatically re-instated, restored)되어 재(再)사용할 수 있도록 하는 조건으로 발행된 신용장이다. 갱신되는 방법에는 누적 방식(累積, cumulative method)과 비누적 방식(non cumu-lative method)이 있다.

> A revolving credit is one where, under the terms and conditions therof, the amount is renewed or reinstated without specific amendment to the credit being needed.

### (14) Baby L/C

외국에서 원/부자재를 수입하여 제조, 가공 후 물품을 수출하고자 할 때 원래 받는 신용장(master L/C)에 대해서 원·부자재 수입용으로 새로이 발행되는 신용장을 말한다. 국내에서 조달될 때는 내국신용장이 된다.

### (15) 내국 신용장(Local L/C)

외국의 수입상으로부터 수출신용장을 받은 국내의 수출상이 수출품 또는 원자재 등을 국내에서 조달할 경우 동 수출품 또는 원자재 등의 공급자에 대한 대금지급을 확약하기 위하여 수출신용장에 의한 청구권을 담보로 해서 원수출신용장(Original Credit, Master Credit)의 통지은행 또는 자기의 거래은행에 의뢰하여 수출품 또는 원자재 등의 공급자를 수익자로 하는 제2의 신용장을 발행하는데, 이러한 신용장을 내국신용장(Local Credit, Domestic Credit, Secondary Credit, Subsidiary

Credit)이라고 한다.

### (16) 보증 신용장(Stand-by L/C)

보증 신용장(Stand-by L/C)이란 금융 또는 채권보증 등을 목적으로 발행되는 신용장으로 일반적으로 국내상사의 해외지사 운영자금 또는 국제입찰의 참가에 수반되는 입찰보증(bid bond), 계약이행보증(performance bond), 선수금상환보증(advance payment bond)에 필요한 자금 등을 현지은행에서 공급받는 경우 동채권을 보증할 목적으로 국내 외국환은행이 해외은행 앞으로 발행하는 신용장이다.

만일 우리나라 상사의 해외지점이 채무를 불이행하는 경우에는 현지 금융기관은 이 신용장에 의하여 발행은행 앞으로 일람불어음(sight bill)을 발행하여 대금지불을 청구하게 된다.

### (17) 확인 신용장(Confirmed L/C)

발행은행 이외의 제3의 은행이 발행은행의 요청에 따라 수익자가 발행한 환어음의 지급, 인수, 매입을 확약한 신용장이다. 이때 확약은 발행은행과는 별개의 독립된 확약을 구성한다.

### (18) 불확인 신용장(Unconfirmed L/C)

발행은행 이외의 제3의 은행에 의한 확약이 없는 신용장이다.

### (19) 일람출급 신용장(Sight L/C)

신용장에 의거 발행되는 환어음이 일람출급인 경우를 의미한다. 일람출급환어음일지라도 수익자의 환어음 매입요청에 대해 당일 즉시 지급되는 경우는 드물다. 이는 매입은행이 수익자가 제시한 선적서류와 환어음이 신용장의 조건과 일치하는지의 여부 확인과 서류의 하자발생시 발행은행에 대금지급여부에 대해 확인이 필요하므로 현실적으로 3일에서 5일 정도의 실무처리기간이 필요하기 때문이다.

일람불신용장의 경우 일람불환어음을 발행할 수 있도록 하는 일람불환어음의 표시문언의 예는 다음과 같다.

"We hereby issue in your favour this documentary credit which is available by negotiation of your draft at sight drawn for 100% of invoice amount drawn on the CITI BANK, Seoul, Korea."

(당행은 송장금액의 100%에 대하여 일람불지급조건으로 하여 한국 서울 소재 CITI은행 앞으로 발행된 귀사의 어음을 매입할 수 있는 동 화환신용장을 귀사 앞으로 발행합니다.)

### (20) 기한부 신용장(Usance L/C)

신용장에 의거 발행되는 환어음의 기간(tenor)이 기한부인 경우를 의미한다. Usance 어음의 기일에는 일람 후 정기출급(at ××days after sight), 일부 후 정기출급(at ××days after date), 확정일 후 정기출급(at ××days after B/L date) 등이 있다.

기한부 신용장은 환어음발행과 지급확약방식에 따라 기한부매입신용장(Usance Negotiation Credit), 인수신용장(Acceptance L/C), 연지급신용장(Deferred Payment L/C) 등으로 구분한다.

가) Shipper's Usance(Seller' Usance)

① 일정기간동안 신용을 공여해주는 주체사자인 수출자인 경우

② 신용장 발행은행을 지급인으로 환어음을 발행

③ 발행은행에 서류가 도착하면 수입상이 인수 여부를 결정

④ 만기일에 수입대금을 결제하는 형태

⑤ 수출자는 지정은행으로부터 어음을 인수받은 후 기간 만료시까지 기다렸다가 어음을 제시하여 신용장대금을 받거나 기간 만료 전 금융시장을 통해 어음을 할인하여 자금화할 수 있다.

나) Banker's Usance(Buyer' Usance)

① 일정기간동안 신용을 공여해주는 주체매입은행 또는 결제은행인 경우

② 예치환거래은행이나 발행은행의 수출국 지점을 지급인으로 환어음을 발행

③ 수출자 입장에서 수출 대금을 신속하게 받을 수 있으며, 환어음 금액 전액을 수령한다.

④ 매입은행은 발행은행에게 할인이자를 청구한다.

⑤ 수출상은 일람불조건과 동일하게 매입할 수 있으며, 다만 어음상에 신용 공여기간을 표시해 주는 점에서 차이가 있다.

### (21) 보통 신용장(General or Open L/C)

어음매입을 특정은행으로 제한하지 않고 아무 은행에서나 매입할 수 있도록 되어 있는 신용장을 말한다. 매입은행 지정표시가 없으면 자유매입 신용장(freely negotiable credit)으로 본다.

### (22) 특정 신용장(Special or Restricted L/C) = 매입제한 신용장

수익자가 발행하는 환어음의 매입은행이 특정은행으로 지정되어 있는 신용장을 말한다.

### (23) Transit L/C

화폐가 직접 태환(兌換)되지 않고 서로 상대국의 환거래은행이 없는 국가 간에 무역을 할 경우 양 국가가 거래하고 있는 제3국의 통화로 표시된 신용장이다.

### (24) 상환청구가능 신용장(With recourse L/C)

환어음을 매입한 은행이나 선의의 소지자가 환어음발행인에게 상환청구를 할 수 있는 신용장이다.

### (25) 상환청구불능 신용장(Without recourse L/C)

매입은행이나 선의의 소지인이 환어음 발행인에게 상환청구를 할 수 없는 신용장. 신용장 상에 "without recourse to drawer"와 같이 기재한다.

### (26) 비활성신용장(Non Operative L/C)

신용장이 발행되지만 이 신용장이 유효한 신용장으로 작동하기 위해서 수익자의 PB(PERFORMANCE BOND)가 있어야 신용장이 유효하게 되는 것으로 우리나라에서는 거의 사용되지 않으며, 우리나라 은행에서는 이러한 신용장이 있다는 것을 알고 있는 담당자도 거의 없지만 동남아 등지에서는 일반화되어 있는 신용장이다.

물론 국내 외국계 은행에서는 잘 알고 있는 신용장으로 Non Operative L/C를 활성화시키는 과정에서 신용장상의 발행의뢰인의 담보 공여 또는 기타 신용 제공에 대한 평가가 이루어지기 때문에 활성화되기 전의 Non Operative L/C는 그냥 결제 관련 약속 서류일 뿐이다.

일반적으로 매수인의 입장에서는 계약서 작성 후 수익자가 PB를 발행하고 신용장발행을 주장하고 매도인의 경우 계약서 작성 후 비활성신용장을 발행하고 수익자가 PB를 발행하도록 주장하기 때문에 당사자 간의 합의에 의해 진행된다.

### (27) 유보조건부 신용장(Pay under reserve L/C)

형식적 지급이나 매입 등의 방식으로 이루어지지만, 매입대금의 현실적 결제는 서류가 발행은행 및 확인은행에 확인된 경우에 한해서 이루어지도록 한 신용장이다.

### (28) 손해담보약속 신용장(Pay against an indemnity L/C)

신용장 조건에서 불일치하는 것이 있음에도 불구하고 매입 등을 해달라고 요구하는데 있어서 손해를 끼쳤을 경우 모든 은행에 상환할 것을 조건으로 한다.

## 3 유사신용장

은행이 지급확약을 하지 않기 때문에 엄밀한 의미에서 신용장은 아니지만 신용장과 같은 기능을 가지고 신용장과 함께 무역결제의 수단으로 이용되고 있는 유사신용장이 있다. 어음매입수권서, 어음지급수권서, 어음매입지시서 등이 이에 해당된다.

### (1) 어음매입수권서

어음매입수권서는 수입지의 은행이 수입상의 요청에 따라 수출지에 있는 자신의 본지점 또는 환거래 은행에 대하여 수출상이 수권서에 명시된 일정조건의 서류를 준비하여 수입상 앞으로 발행된 어음을 제시하면 매입할 수 있는 권한을 부여한 통지서를 말한다.

어음매입수권서는 은행이 어음의 지급에 대하여 확약하는 것이 아니고 어음지급인이 수입상 이므로 지급거절 되면 어음발행인인 수출상은 상환청구에 응하여야 한다.

### (2) 어음지급수권서

어음지급수권서는 수입지의 은행이 수입상의 요청에 따라 수출지에 있는 자신의 본지점 또는 환거래 은행에 대하여 수출상이 일정한 조건하에 발행하는 어음에 대하여 지급할 것을 지시하는 통지서이다.

어음매입수권서와 다른 점은 어음이 수입상 앞으로 발행되는 것이 아니라 통지은행 앞으로 발행되는 일람출급어음이며 통지은행은 지급확약약정을 하지 않고 수출상에게 아무런 통지없이 취소할 수 있다.

#### (3) 어음매입지시서

어음매입지시서는 수입지의 은행이 수출지에 있는 자신의 본지점 앞으로 '수출상이 일정한 조건으로 특정 금액이내의 환어음을 매입하여 주기바람' 이라고 지시하는 것으로 기능면에서 어음매입수권서와 같지만 동일은행의 본지점간에만 사용된다는 점이 다르다.

## 4 하자서류의 매입

### 1) 서류의 하자

서류의 하자(Discrepancy)라 함은 신용장의 조건과 불일치하거나 또는 서류 상호간에 모순되는 것을 말하며, 이러한 서류상의 하자는 수출환어음의 부도 또는 서류 수리거절의 원인이 되며 매입대금을 상환받지 못하는 결과를 초래하게 된다.

수입상인 신용장 발행의뢰인의 자금사정의 악화 등 신용상태의 변동이나 수입지 시장상황의 여건변화 등에 따라서 사소한 하자라도 발견되면 이를 이유로 지급 또는 인수를 거절하는 등 소위 마켓클레임(Market claim)을 제기하는 경우가 빈번히 발생한다.

서류의 하자로 인해 어음이 일단 부도 또는 인수거절이 되면 국내거래와는 달리 법률이나 관습의 상위 또는 의사소통의 불편 등으로 인하여 해결이 쉽지 않다. 따라서 수출상은 매입시 환어음 작성과 기타 선적서류의 작성에 세심한 주의를 기울여야 한다.

매입은행은 일단 서류의 하자가 발견된 경우에는 신용장의 기능을 보충하는 형태의 조치를 취하게 되며, 이 경우 신용장상에 미리 약정된 내용에 따라 수수료로서 하자서류매입비용(Less Charge)를 부과할 수 있다.

한편, 매입을 완료하고 일정기간이 지난 후 매입은행이 수출상에게 추가로 하자서류매입비용(Less Charge) 납부통지서를 받는 경우가 있는데, 이는 매입은행이 매입한 환어음과 선적서류를 발행은행으로 송부하고 이를 발행은행이 심사하는 과정에서 발생한 하자에 대한 수수료이다.

하자서류매입비용(Less Charge)은 매입은행이 매입시 수출상으로부터 환가료를 받았으나 발행은행에서 이 기간을 초과하여 신용장 대금을 지연 입금시킨 경우 및 매입시에 발견하지 못한 은행수수료가 해외은행으로부터 추가로 청구된 경우에 발생하는 비용으로 매입은행은 이러한 비용을 수출상에게 추가로 청구하게 된다.

수입상의 수입대금 입금지연 또는 발행은행의 매입은행에 대한 입금지연에 대해 하자서류매입비용(Less Charge)을 수출상이 부담하는 것은 신용장 거래의 특성상 수출상이 신용장의 수익자이기 때문이다. 비용발생 원인이 수입상의 입금지연으로 인한 경우 수출상은 일단 서류매입비용을 결제한 후 이에 대해 추후 서류매입비용 부과 통지사실과 처리내역을 수입상에게 통지하여 개별적으로 정산해야 한다.

## 2) 서류하자의 주요내용

수출환어음의 매입과 관련하여 부도 또는 지급거절의 사유가 되는 하자의 주요 내용은 다음과 같다.

① 선적기일 경과(late shipment)
② 제시기간 경과(late presentation)
③ 환적(transhipment)
④ 분할선적(partial shipment)
⑤ 할부선적 상이(irregular instalment shipment)
⑥ 수령선하증권(received B/L)
⑦ 선박 상이(different shipping line)
⑧ 수하인 상이(different consignee)
⑨ 통지처의 상이(different notify party)
⑩ 신용장금액 초과발행(overdrawing)
⑪ 물품명세 상이(different description of goods)
⑫ 부보조건 상이(insurance not covered as in L/C))
⑬ 서류 불비(lack of documents)

## 3) 대금지급거절통보 접수 후의 조치사항

① 신용장 발행은행으로부터 대금지급거절 통보를 접수하면 즉시 부도서류는 별

도의 지시가 있을 때까지 보관하라는 내용의 전문을 매입은행의 명의로 발송해야 한다.

② 지체없이 하자 사항을 검토한 후 유효기간이 남아 있으면 정정한 서류를 매입은행을 통하여 발행은행에 송부한다. 발행은행은 그 후 정정된 운송서류가 신용장조건과 일치할 때에는 부도처리할 수 없다.

③ 선적지연 등과 같은 이유로 부도 처리되면 즉시 수입상과 해결을 강구해야 한다.

④ 수입상과 원만히 해결되지 못하면 동제품을 제3자에게 판매할 수 있는지를 신속히 조사한 후 해결책을 찾는다.

⑤ 부도기간이 길면 지연이자, 창고료 등의 비용이 크며, 제품의 변질 등도 고려하여 신속한 해결책을 강구하는 것이 바람직하다.

## 4) 하자서류의 매입방법

### (1) 추심 후 매입

추심(collection)후 매입은 매입을 신청받은 서류를 직접 매입하지 않고 추심을 의뢰하여 결제된 후에 대금을 지급하는 방법이다. 수출상으로서는 추심기간 만큼 자금회전에 압박을 받게 되며, 추심처리에 소정의 추심수수료를 부담해야 한다. 추심 후 매입은 다음과 같은 경우에 활용한다.

㉠ 중대한 하자가 있는 서류로서 부도가 거의 확실시 되는 경우

㉡ 환거래약정 체결이 되지 않은 은행이 발행한 신용장으로서 그 진실성이 의심되는 경우

㉢ 매입신청인의 신용상태가 불량한 경우

㉣ 기타 수출대금 회수가 어려울 것으로 판단되는 경우

### (2) 보증부 매입

보증부 매입(under reserve negotiation)은 매입한 서류가 하자로 인하여 매입어음이 부도되는 경우에 매입은행에 수출환어음 매입대전을 상환하겠다는 요지의 확인서를 징구하고 매입하는 방법이다.

보증부 매입은 발행은행의 지급보증과는 관계없이 수출상의 신용만으로 매입하는 것이므로 담보제공이 필요하며, 환가료 징수시에 수출상은 추가수수료를 부담해야 한다.

### (3) 신용장 조건변경 후 매입

신용장 조건변경 후 매입(amendation nego)은 시간적 여유가 있는 경우에는 수익자가 신용장 발행의뢰인에게 연락하여 신용장 조건변경을 받아서 매입하도록 하는 방법으로서, 매입은행으로서는 가능하면 이 방법을 취하는 것이 가장 안전하다.

이 경우 일반적으로 수입상이 조건변경 수수료 부담과 번거로움을 이유로 보증부 매입을 하도록 통지해 오는 경우가 많으므로 수출상은 동의한 증빙서류를 서류매입시에 신용장상의 요구서류 외에 추가하여 발송하는 것도 한 방법이다.

### (4) 전신조회 후 매입

전신조회 후 매입(cable nego)은 신용장 발행은행에 제시된 서류의 하자내용을 전신에 의하여 지적하고 동 하자에도 불구하고 매입해도 무방한지의 여부를 조회하여 발행은행으로부터 매입승인을 취득한 다음 매입하는 방법이다. 이 경우 전신조회에 따른 비용은 매입신청인이 부담하며, 전신조회결과 발행은행의 동의가 있으면 당해 신용장의 조건변경과 동일한 효력을 가지므로 안전한 매입이 될 수 있다.

# 제2절 주요 무역결제 방식

## 1 신용장방식에 의한 수출환어음의 매입[6)]

### 1) 수출환어음 매입의 의의

수출환어음의 매입(negotiation: NEGO)이란 신용장거래에서 일치하는 제시에 대하여 지정은행이 환어음 및/또는 서류를 “매입(purchasing)”하는 것을 말한다. 다시 말하면, 신용장 발행은행의 공신력을 바탕으로 서류를 담보로 매입은행이 수익자에게 주는 일종의 여신행위라고 할 수 있다.

수출자는 계약물품을 선적함과 동시에 신용장에서 요구하는 서류를 준비하게 된다. 신용장 자체는 무조건 대금지급을 확약하는 것이 아니고 “은행의 조건부 지

---

6) 강원진, 이양기, 최신국제상거래론, 박영사, 2014, 307-324면을 수정, 보완함

급확약(conditional bank undertaking of payment)"이므로 신용장 조건에 일치되도록 서류를 제시하여야 한다.

또한 환어음매입은행도 서류를 담보로 매입하기 때문에 서류점검에 세심한 주의를 기울여야 한다.

## 2) 환어음

### (1) 환어음의 의의

환어음(drafts; bill of exchange)이란 어음발행인(drawer)이 지급인(drawee)인 제3자로 하여금 일정액을 수취인(payee) 또는 그 지시인(order) 또는 소지인(bearer)에게 청구에 따라 지급일에 일정장소에서 무조건 지급할 것을 위탁하는 요식유가증권(formal instrument)이며 유통증권(negotiable instrument)이다.

선하증권 등 서류를 첨부하여 환어음을 발행하면 화환어음(documentary bill of exchange)[7]이며, 서류가 수반되지 않은 환어음은 무화환어음(clean bill of exchange)[8]이라고 한다.

환어음은 1882년 영국에서 제정된 "환어음법(Bill of Exchange Act 1882)", 1988년 유엔국제무역법위원회에서 제정된 "국제환어음 및 약속어음에 관한 유엔 협약(United Nations Con- vention on International Bills of Exchange and International Promissory Notes 1988)", 1995년 개정 국제상업회의소의 "추심에 관한 통일규칙(Uniform Rules for Collection, 1995 Revision)"의 관행에 의하여 처리되고 있다.

환어음의 효력에 대한 준거법은 원칙적으로 행위지의 법에 따른다. 예를 들면, 한국에서 발행되고 영국에서 지급되는 경우 환어음발행 행위는 한국의 어음법에 의하고 지급행위는 영국법에 의하게 된다. 환어음의 발행목적은 지급의 위탁에 있으며 부수적으로 담보책임을 부담한다는 점[9]에서 약속어음과 다르다. 환어음은 수출자(채권자)이 환어음지급인(채무자) 앞으로 조어음(set bill)을 발행하지만, 약속어음은 채무자가 채권자 앞으로 단일어음(sole bill)을 발행한다. 또한 환어음은 일람출급이나 기한부로 결제기간을 정할 수 있으나, 약속어음은 기한부로 발행한다.

---

7) 이하에서는 환어음으로 통일하여 사용한다.
8) 무담보환어음이라고도 한다.
9) 한국 어음법 제9조 제1항.

### (2) 환어음의 당사자

#### 가. 신용장을 근거로 한 환어음의 당사자

① 발행인(Drawer) : 환어음을 발행하고 서명하는 자, 즉 수출업자인 채권자이다.
② 지급인(Drawee = Accountee) : 환어음의 지급을 위탁받는 채무자, 즉 발행은행이다.
③ 수취인(Payee) : 환어음의 지급을 받는 자로서 발행인이 될 수도 있고 발행인이 지정하는 제3자도 될 수 있다.

#### 나. D/P, D/A 에 근거한 환어음의 당사자

① 추심의뢰인(Principal)은 "seller", "exporter", "drawer", "consignor", "customer"를 의미한다.
② 추심의뢰은행(Remitting bank)은 의뢰인으로부터 추심을 의뢰받은 수출국의 은행을 의미한다.
③ 추심은행(Collecting bank)은 추심의뢰은행 이외의 추심과정에 참여하는 은행을 의미한다.
④ 제시은행(Presenting bank)은 지급인에게 제시를 하는 수입국의 추심은행을 말한다.
⑤ 지급인(Drawee)이 있는바, 이는 수입상, 즉 "buyer", "importer", "consignee"를 말한다.
⑥ D/P, D/A를 반드시 명시하여야 하며 명시하지 않은 경우 D/P로 간주한다. D/P는 유럽형 CAD이라고도 한다.

### (3) 환어음의 발행

환어음은 요식증권성이 있다. 그 이유는 불특정 다수인 사이에 유통되므로 정형적 외관이 필요하고 권리관계가 증권 자체에서 완전하게 확정될 것이 요청되기 때문이다. 따라서 환어음의 형식적 요건이 구비되지 않으면 효력이 없게 된다.

환어음을 발행하는 데 있어서는 다음과 같이 필수기재사항과 임의기재사항이 있다.

#### 가. 필수기재사항

① 환어음표시 : Bill of exchange라는 표시
② 무조건 위탁문언(unconditional order in writing) : 지급에 조건을 붙이거나 지급자금, 방법을 한정시키는 문언이 없음
③ 지급인(Drawee) : "the person to whom the bill is addressed"

④ 지급기일 : 일람출급(at sight), 일람후 정기출급/일부후 정기출급, 확정일출급 (on a fixed date)

⑤ 수취인의 표시 : 기명식(payable to a specified person), 지시식(payable to order, payable to the order of specified person), 무기명식(payable to bearer)

⑥ 지급지의 표시

⑦ 발행일 및 발행지의 표시

⑧ 발행인(drawer)의 기명날인

### 나. 임의기재사항

어음번호, 신용장번호 신용장 발행일자, D/A, D/P 어음의 표시, 환율 및 이자문언 등

### 다. 환어음의 작성

① 환어음의 표시

어음문언 중에 "환어음(Bill of Exchange)"의 표시가 있어야 한다.

② 환어음 번호

환어음 유통과정에서 필요한 단순한 참조사항으로서 기재하지 않는 경우도 많다.

[서식 7-4] 환어음

① BILL OF EXCHANGE

② No. 201305-001 ④ Date : MAY 05, 2013

③ For US$500,000 ⑤ Place : BUSAN, KOREA

⑥ At _XXX_ sight of this FIRST of Exchange(Second of the same tenor and date being unpaid) ⑦ pay to the order of ⑧ Woo-Ri BANK or order the sum of ⑨ U.S. DOLLARS FIVE HUNDRED ONLY

⑩ 'Value received and charge the same to account of ACE CO., LTD. New York, USA

⑪ Drawn under CITY BANK, New York, USA

⑫ L/C No. M5101-504NS00720 ⑬ Dated April 11, 2013

⑭ To CITY BANK,
⑮ NEW YORK, N.Y. U.S.A.

⑯ LIKE CO., LTD.
*John-Mayor*
John Mayor
PRESIDENT

③ 환어음 발행금액

환어음 발행금액은 상업송장 금액과 일치해야 한다. 특히 분할방식거래에서 어느 한 분할분의 이행지체 또는 불일치가 있으면 그 부분을 포함하여 그 이후분까지 모두 지급거절 사유가 됨에 주의하여야 한다. 환어음은 외국환어음이므로 반드시 화폐의 종류를 명시하여야 한다. 그리고 일정한 화폐단위로 인쇄된 환어음을 지워서(cross out) 다른 화폐 단위로 기재하면 무효가 된다.

④ 발행일

환어음 발행일은 선적완료일로부터 신용장의 유효기일 사이의 어느 날이라도 좋으나 보통 환어음을 은행에 제시하는 날짜를 기입한다.

⑤ 발행지

환어음의 발행지는 발행인 주소지의 도시명을 기입한다.

⑥ 지급만기일의 표시

지급만기일은 매매계약서의 결제조건에서 결정되어 신용장상에 나타난다. 대금지급의 만기일에 관하여 일람출급(at sight), 일람 후 정기출급(at xx days after sight), 일부 후 정기출급(at xx days after date), 확정일출급(on a fixed date) 등을 표시하여야 한다.

일람출급인 경우에는 "at x x x sight"와 같이 표시하고, 일람 후 30일인 경우 "at 30 days after sight"와 같이 표시한다. 단, 만기일의 표시가 없는 것은 일람출급어음으로 간주하며, 어음금액의 분할지급은 우리나라에서는 무효이나 지급지에서 허용하고 있으면 유효하다.

⑦ 무조건 위탁문언

"pay to........the of US$TEN THOUSAND ONLY"와 같이 지급금액을 단일통화로 일정 금액의 무조건 지급위탁의 문언(unconditional order in writing)을 표시하여야 한다. 즉, 지급에 조건을 붙이거나 지급자금 또는 지급방법을 한정하는 문언이 기재되어 있는 경우에는 어음이 무효가 된다.

⑧ 수취인의 표시

수취인(payee)의 표시는 어음금액의 지급을 받을 사람의 표시인데 기명식, 지시식, 무기명식 등으로 표시할 수 있다. 통상 환어음의 매입은행을 기입하며, 실무에서는 수출상이 거래은행의 환어음 양식을 사용하기 때문에 매입은행이 인쇄되어 있다.

⑨ 환어음 문자금액

앞서 기재한 숫자금액을 문자로 표시한다. 문자와 숫자를 병기하는 경우 양자 간에 차이가 나면 문자로 표시된 금액을 어음금액으로 간주하며, 문자 또는 숫자로 중복하여 기재할 경우 그 금액에 차이가 있을 때는 최소금액을 어음금액으로 한다.

그리고 다음에 있는 "value received"란 문구는 보통 대가문언이라고 하는데, 이것은"환어음발행인이 대금을 수취했다"고 하는 뜻으로 환어음면의 상투적인 문구로서 기재하는데 실질적으로는 유통어음이 아니라 상거래의 결정임을 표시하는 것이다.

⑩ 지급청구문언

어음발행인이 지급인에게 지급을 지시하는 것으로서 지급인이 환어음을 결제하면 그 대금은 "account of~" 이하에 기재하는 자에게 청구하라는 문구이다. 따라서 "account of~" 이하는 "accountee"가 기재한다. 이 문구는 법적인 필수기재사항은 아니나 상관습상 오랫동안 사용되어왔다.

⑪ 신용장 발행은행

"drawn under" 이하에는 신용장 발행은행을 기재하며, 추심결제방식인 어음지급서류인도(D/P) 또는 어음인수서류인도(D/A) 거래의 경우에는 실제로 환어음의 지급인이 되는 수입상을 기재한다.

⑫ 신용장번호

환어음 발행의 근거가 되는 신용장의 번호를 기재하며, 어음지급서류인도(D/P) 또는 어음인수서류인도(D/A) 거래의 경우에는 계약서 번호를 기재한다.

⑬ 신용장 발행일자

환어음 발행의 근거가 되는 신용장의 발행일자를 기재한다. 통지은행의 양식으로 통지된 신용장의 경우에는 통지일자와 발행일자를 구분하여야 한다.

⑭ 지급인(drawee)

어음 문언 중의 지급인은 지급행위를 위탁받은 자로서 신용장방식거래의 경우에는 발행은행을 기재하며, 어음지급서류인도(D/P) 또는 어음인수서류인도(D/A) 거래 등 무신용장방식거래의 경우에는 수입상을 기재한다.[10] 즉, 신용장의 어음발행

10) 추심에 관한 통일규칙 제13조.

요령에서 "value on" 또는 "drawn on" 뒤에 수입상이 기재되어 있으면 수입상을 기입하고, 'us' 또는 발행은행명이 기재되어 있으면 발행은행을 기재한다.

⑮ 지급지

추심에 관한 통일규칙 제8조에 지급인의 주소가 정확히 기재되어야 한다고 규정하고 있는데, 신용장에 별도 명시가 없는 한 수입지 지명의 표시만으로도 충분하다.

⑯ 발행인의 기명날인

환어음의 발행인인 수출상의 회사명, 대표자 또는 대리인의 자격을 명시하고 기명날인한다.

영국 환어음법 제55조에 "매입은행은 발행인에 대해서 상환청구권을 갖는다(Bank has recourse against the drawer of the bill)"고 되어 있다. 발행인은 만일 그 발행어음이 지급거절(dishonored)되면 그 어음소지인 또는 배서인(endorser)에게 보상해 주어야 한다.

⑰ 어음지급서류인도(D/P) · 어음인수서류인도(D/A) 어음의 표시

어음지급서류인도(D/P) 또는 어음인수서류인도(D/A) 방식의 거래에서 환어음상에 어음지급서류인도(D/P), 어음인수서류인도(D/A) 여부를 명확히 표시하지 않은 경우 어음지급서류인도(D/P)로 간주한다. 어음인수서류인도(D/A) 거래의 경우 "D/A at ××days after sight"라고 기재하고, 어음지급서류인도(D/P) 거래의 경우에는 "D/P"라고 기재한다.

⑱ 환율 및 이자문언

신용장에 따라 특히 인도나 파키스탄의 경우 어음상의 일정한 이자문언을 표시하도록 요구하는 경우가 있다. 이 경우에는 요구하는 문구 전부를 어음 표면상에 기재하여야 한다.

"Payable at the Collecting Bank's selling rate for sight on New York with interest at ××% per annum from date hereon hereon to arrival of proceeds in New York."

## 3) 신용장에 의한 환어음매입과 서류점검

### (1) 신용장의 점검

신용장의 점검은 신용장에 의거하여 작성 및 발행된 모든 결제서류와 환어음을 정확히 심사하기 위한 기초가 된다. 따라서 매입은행은 다음과 같은 내용을 특히 유의하여 신용장을 점검하여야 한다.

① 신용장은 진정성이 있는가.

통지은행은 신용장에 대한 외관상의 진정성을 검토하여야 한다.

② 취소불능신용장인가.

신용장면에 "revocable", 즉 취소가능이라는 문언의 표시가 있는가를 점검한다.

취소가능신용장인 경우에는 발행은행이 언제든지 일방적으로 신용장 자체를 취소할 수 있어 매입은행은 대금회수에 확신을 가질 수가 없으므로 매입에 신중을 기하여야 한다. 만일 신용장에 취소불능(irrevocable)이란 표시가 있거나 또는 없더라도 신용장통일규칙에 따라 취소불능신용장으로 간주된다.

③ 통지은행과 환거래약정이 된 은행이 발행한 신용장인가.

발행은행과 통지은행간 환거래 약정이 없는, 이른바 "Non-Corres" 은행인 경우에는 그 신용장의 진정성 등을 확인하기가 곤란하므로 매입에 특히 신중을 기하여야 한다.

④ 신용장이 단순한 예고로서 통지된 "preliminary advice"가 아닌 유효한 신용장인가.

⑤ 신용장유효기간이 경과하지 않았는가.

특히 유효기일에 서류제시장소가 기재되었을 경우, 유효기일 이내에 서류제시장소에 서류를 제시하여야 한다.

⑥ 특정은행으로 매입제한이 되지 않았는가. 환어음매입을 특정은행으로 지정한 "Restricted L/C"인 경우 매입환어음 은 유효기일 이전에 신용장상에 특정된 은행에 제시하여야 한다.

⑦ 지급(일람지급・연지급), 인수, 매입에 대한 신용장의 사용가능성과 확약유형이 명시되어 있는가.

⑧ 신용장의 조건변경서는 모두 제시되어 있는가.

고의로 자신에게 불리한 조건변경서를 제시하지 않는 경으도 있으므로 유의하여야 한다.

⑨ 양도가능신용장에서 양도은행은 지정되지 않았는가.

⑩ 신용장 이면에 매입, 양도 또는 당해신용장을 담보로 융자취급한 사실이 있는가.

⑪ 신용장의 결제통화는 안정성이 있는 통화인가.

⑫ 부가조건(additional conditions)은 수익자에게 불리한 일방적인 조건이 아닌가.

⑬ 신용장의 준거규정(applicable provision)이 있는가.

신용장의 준거규정은 화환신용장통일규칙(UCP 600)에 따른다는 명시가 있어야 신용장분쟁이 발생할 때 해결기준이 명확해진다.

### (2) 제시서류의 심사

신용장에 의한 서류를 심사하는 데 있어서 중요한 것은 형식상 신용장 조건과 제시서류가 일치되지 않으면 안 된다는 것이다. 그러므로 매입은행은 제시서류가 형식상 문면상으로 신용장 조건과 완전히 일치하는지 여부에 중점을 두고 서류심사를 하여야 한다.

특히 서류점검에 있어서는 신용장은 매매계약과는 전혀 별개로 선적된 물품 내용이 신용장 조건과 합치하느냐의 여부는 매입은행의 심사사항도 아닐 뿐더러 실질적인 내용에 대해서는 하등의 책임이 없다. 화환신용장거래의 경우 제시되는 서류는 신용장 조건에 따라 보통 선하증권(bill of lading), 보험증권(insurance policy), 상업송장(commercial invoice) 등 기본서류 이외에 거래의 관습, 물품의 종류, 수입자의 요청에 따라 임의서류가 요구된다.

이와 같은 서류를 점검하는 데 기본적이고 공통되는 사항은 다음과 같다.

① 신용장에서 요구하는 서류의 필요 통수가 제시되었는가. 신용장에서 요구하는 서류 외에 1~2부를 추가 제시한다. 이는 매입은행 보관용이 된다.

② 모든 서류가 제시기일 이내에 제시되었는가. 서류는 유효기일 이내에 제시되어야 하며 유효기일의 최종일이 공휴일인 경우에는 그 다음의 최초영업일까지 자동적으로 연장된다. 이와 같은 기일의 자동적인 연장은 신용장상에 제시된 최종선적일의 경우에는 적용되지 않는다. 그러나 은행의 동맹파업, 직장폐쇄, 내란, 반란, 전쟁, 천재, 기타 불가항력으로 인한 업무중단은 신용장유효기일 자동연장에 적용되지 않는다.

③ 제시된 개개의 서류는 발행자의 서명 및 소정의 형식이 구비되었는가.

④ 환어음 및 관계서류 상호 간의 연계성과 그 기재에 있어 상충되거나 불일치는 없는가.

⑤ 선하증권, 보험증권 등은 그 권리가 적법하게 매입은행에 양도되었는가. 특히 선하증권과 보험증권의 배서가 바르게 되었는가를 확인하여야 한다.
⑥ 신용장에 부가조건이 있을 때 이에 충족되는 서류가 제시되었는가.

### (3) 환어음의 검토

환어음의 필수기재사항은 그 중 어느 하나라도 누락되면 어음법상 효력이나 구속력을 갖지 못하게 되므로 유의하여야 한다.

① 환어음의 문언 중에 환어음(bill of exchange)을 표시하는 문언이 있는가.
② 일정한 금액을 무조건 지급할 뜻의 위탁문언(pay to the order of…)이 있는가.
③ 지급인, 지급지, 수취인 및 지급기일의 표시가 신용장의 내용과 일치되는가.
④ 환어음의 발행일이 신용장의 유효기일 및 제시기일 이내이며 모든 서류발행일 이후이면서 매입일과 동일자인가.
⑤ 발행인의 서명날인이 거래은행에 제출된 서명감과 일치하는가.
⑥ 신용장에서 이자문언의 기재를 요구하였을 경우 그 문언이 기재되어 있는가.
⑦ 인수의 표시를 신용장이 요구한 경우 이 문언이 표시되어 있는가.
⑧ 환어음금액이 신용장금액이나 신용장잔액을 초과하지 않으며 송장금액과 일치하는가.
⑨ 환어음금액은 정확히 표시되어 있으며 숫자와 문자표시 금액 및 통화가 신용장 내용과 일치하는가.
⑩ 환어음에 신용장 발행은행, 신용장번호가 표시되어 있는가.
⑪ 환어음이 부당하게 정정된 곳은 없는가.
⑫ 복수로 환어음이 발행된 경우 "First Bill of Exchange"와 "Second Bill of Exchange"의 표시가 있으며, 2통 모두 제시되었는가.

## 4) 환율의 적용

### (1) 환율의 의의

환율(exchange rate)이란 한 나라의 돈과 다른 나라 돈의 교환비율이다. 국제 간의 대금결제는 외국환을 수단으로 하여 이루어지며, 환율은 외국물품 및 서비스에 대한 구매력을 표시하며 대외가치의 척도가 된다. 환율은 외환이 거래되는 이른바 외환시장에서 외환에 대한 수요와 공급에 의해 결정되는데, 이와 같은 결정을 방임하는 제도를 자유변동환율제(freely floating exchange rate system)라 하고, 정부나 은행이 개입하여 환율을 고정시키는 제도를 고정환율제(fixed exchange rate system)라 하며, 이 두 가지를 겸용하는 제도를 관리변동환율제(managed floating exchange rate system)라 한다. 오늘날 대부분의 국가는 관리변동환율제를 택하고 있다.

환율은 지급환율(giving quotation; pence rate)과 수령환율(receiving quotation; currency rate)로 표시된다. 전자는 "US$1=₩1,000"과 같이 외국통화를 기준으로 직접 표시하는 방법이며, 후자는 "₩1=US$ 1/1,000"과 같이 자국의 통화를 기준으로 직접 표시하는 방법이다.

지급환율을 기준으로 볼 때 환율이 하락(₩1,000→₩950)하는 것을 자국 통화의 평가절상(appreciation)이라고 하고, 환율이 상승(₩1,000→₩1,100)하는 것을 평가절하(devaluation)라고 한다. 원화가 평가절상되면 수출이 감소하고 수입이 증가하는 반면, 원화가 평가절하되면 수출이 증가하고 수입이 감소하게 되는 것이 일반적이다.

### (2) 환율의 종류

#### 가. 매매기준율

매매기준율은 최근 거래일의 외국환중개회사를 통하여 거래가 이루어진 미화의 현물환매매중 익익영업일 결제거래에서 형성되는 율과 그 거래량을 가중 평균하여 산출되는 시장평균환율을 말한다. 또한 재정된 매매기준율은 최근 주요 국제금융시장에서 형성된 미화 이외의 통화와 미화와의 매매중간율을 시장평균환율로 재정한 율이다.

매매기준율은 은행 간의 "한국원/미국달러" 거래환율에 의하여 산출되므로, 시장평균환율의 급격한 변동을 방지하기 위하여 은행간 거래환율의 일일변동범위를 설정할 필요가 있다. 원화와 기타 통화의 매매기준율의 결정방법은 원화의 대미달러환율(시장평균환율)을 국제금융시장에서 형성된 미달러화와 당해통화 간의 환율로 재정하여 결정한다.

#### 나. 외국환은행 간 매매율

외국환은행 간 매매율이란 외환시장에서 외국환은행 상호 간의 외환매매거래에 적용되는 환율을 말한다. 외국환은행은 본질적으로 대고객거래에서는 수동적 입장에 있으므로 이에 따라 발생하는 환리스크회피와 외화자금의 과부족을 조정할 필요가 있어 각 외국은행 상호 간 외국환거래가 발생되는데, 이때 결정되는 환율이 외국환은행 간 매매율이다. 따라서 이율은 각 외국환은행의 외국환수급에 따라 결정되는 시장가격, 즉 시장률인 셈이다.

### 다. 외국환은행 대고객매매율

외국환은행 대고객매매율이란 외국환은행이 고객과의 외국환거래를 하는데 적용되는 환율로서 전신환매매율·일람출급환어음매입률·수입환어음결제율·기한부환어음매입률 그리고 현찰매매율 등이 있다. 외국환은행은 지정영수통화 중 대고객거래에 필요하다고 인정되는 통화의 대고객매매율을 매일 영업장소에 고시하고 있다.

① 전신환매매율

전신환매매율이란 환어음의 결제를 전신으로 행하는 경우에 적용되는 환율로서 환어음의 송달이 1일 이내에 완료되므로 우송기간에 대한 금리의 요인이 개재되지 않는 순수한 의미의 환율이다. 예를 들면 전신송금의 경우 송금인으로부터 원화송금대전을 받고 외환을 매도함과 동시에 지급은행 앞으로 송금환의 지급지시를 전신으로 하게 되므로 외화송금대전이 송금은행의 해외외화타점 예치계정에서 즉시 지급된다. 즉 송금은행의 입장에서 볼 때 송금환의 매도와 관련하여 자금부담의 문제가 발생하지 않는다. 이와 같은 경우 송금은행이 송금인에게 매도할 때 적용되는 환율이 대고객전신환매도율(T/T selling rate)이다.

이와는 반대로 외국으로부터 전신으로 취결되어 온 타발송금환을 지급하는 국내외국환은행은 이 타발송금을 매입하고 원화를 지급하게 되는데, 이를 매입하고 지급하는 시점에는 외화송금대전은 이미 지급은행의 해외외화타점 예치계정에 입금되는 것이므로 이 타발전신송금환을 매입할 때 적용하는 환율은 대고객전신환매입률(T/T buying rate)이다. 마찬가지의 이유에서 비록 전신환이 아니더라도 자행계정(our A/C)에의 대금입금시점이 자행에서 자국화폐를 지급하는 시점과 비교해서 당일 또는 선일인 경우에는 전신환과 같은 효과가 발생하므로 전신환매입률이 적용된다. 전신환매매율은 다른 대고객매매율의 기준이 되어 이를 중심으로 일람출급환매입률·기한부환어음매입률 및 수입환어음결제율을 정하게 되는데, 이들 환율은 환어음의 결제에 소요되는 기간에 해당하는 금리만큼을 차감하거나 가산하여 산정하므로 엄격한 의미의 환율은 바로 전신환매매율을 말한다고 할 수 있다.

② 일람출급환어음매입률

일람출급환어음매입률(at sight rate)이란 환어음이 지급은행에 제시되어야 지급되는 일람출급환어음(at sight or demand draft)의 매입에 적용되는 환율로서 환어음의 우송기간이 경과하여야만 자금화가 되므로 해당기간에 대한 금리를 전신환매입률에서 차감한 율이다. 예컨대 수출자가 선적을 완료하고 환어음을 외국환은행에 매입신청하는 경우에 외국환은행은 수출자에게 환어음매입대금을 먼저 원화로 지급하고 이를 외국의 지급인 앞으로 해외의 환거래은행을 통하여 추심하게 되는데, 추심이 완료되려면 매입한 환어음을 신용장 발행은행 앞으로 우송하여 지급인에게 제시해야 되므로 추심대금은 우송기간경과 후에야 비로소 매입은행계정에 입금된다. 다시 말하면 매입은행은 동 기간만큼 수출자에게 자금을 선대한 셈이 된다. 따라서 일람출급환매입률은 왕복 표준우편일수[11] 기간에 해당하는 금리성격인, 환가료(exchange commission)[12]를 전신환매입률에서 공제한 율이다.

수출환어음매입 시 적용되는 일람출급환매입률의 산식은 다음과 같다.

일람출급환매입률=전신환매입률−(매매기준율×해당통화의 표준우편 일수/360×연환가료율)

③ 기한부환어음매입률

기한부환어음매입률이란 외국환은행이 수출자로부터 일람한 후 또는 확정일자로부터 기산하여 일정기간 후에 지급되는 조건의 기한부환어음을 매입할 때에 적용하는 환율이다. 따라서 외국환은행은 지급이 유예되는 환어음기간 동안의 금리를 차감하고 매입한다. 이 기한부환어음매입률의 산출방식은 해당 환어음의 만기일확정방식의 차이에 따라 달라진다. 즉 환어음기간이 "at 30 days after sight"이고 동 기간동안 이자부담을 매도인이 할 경우에는 해당 환어음기간(30일)에 표준우편일수를 더한 일수에 대한 금리(환가료)를 일람출급환어음매입률에서 차감하며, 환어음기간이 "at 30 days after B/L date"이고 동 기간동안 이자부담을 매도인이

11) 표준우편일수 9일 적용은 동남아지역의 JPY, HKD, SGD 및 MYR 등 4개 통화이고 그 외(USD, EUR, GBP 등) 통화는 현재 10일이 적용되고 있다.

12) 환가료(換價料; exchange commission)란 환어음 매입은행이 서류매입 이후 매입대금의 수령되는 기간 동안의 우편일수에 상당하는 금리를 말한다.

할 경우에는 선하증권발행일 익일부터 환어음기간(30일)에 대한 금리(환가료)를 전신환매입률[13)]에서 차감한다.

수출환어음 매입 시 적용되는 기한부환어음매입률의 산식은 다음과 같다.

i) 일람후 정기출급인 경우

일람출급환어음매입률–[매매기준율×(환어음기간+표준우편일수)/360×연환가료율]

ii) 확정일자후 정기출급인 경우

전신환매입률–(매매기준율×확정일자부터 환어음기간/360×연환가료율)

④ 수입환어음결제율

수입환어음결제율이란 수입환어음을 결제할 때 적용하는 환율로서 전신환매도율에 해당통화의 표준우편일수에 해당하는 금리를 가산한 환율이다.

수입환어음 결제 시 적용되는 수입환어음결제율의 산식은 다음과 같다.

수입환어음결제율=전신환매도율+(매매기준율×해당통화의 표준우편일수/360×연환가료율)

⑤ 현찰매매율

외화현찰을 매매하는 경우에는 매매의 대상이 되는 외화현찰의 보관비용·운송비용이 소요될 뿐만 아니라 외화자산 운용면에서도 외화현금시재액은 비수익적이기 때문에 환율면에 있어서도 이와 같은 위험부담과 손실보전을 고려하여 다른 외국환매매율보다 고객에게 불리하게 책정되고 있다. 현행 현찰매입률은 통화별로 전신환매매중간율에서 일정률을 감한 율로 하고, 현찰매도율은 일정률을 가산한 율을 적용한다. 그런데 주화(鑄貨)의 경우 매입률은 통화별로 전신환매매중간율에서 지폐매매율보다 높은 일정률을 감한 율로 한다. 주화의 매도율은 지폐매도율과 같다.

### 라. 기타 환율

① 크로스율

크로스율(cross rate)이란 기준환율이 대상이 되는 통화의 제3국 통화와의 환율을

---

13) 전신환매입률(telegraphic transfer buying rate: T/T buying rate)은 일람출급환매입률에 표준우편일수에 상당하는 환가료를 가산한 환율이다.

말한다. 한국 원화는 미국 "달러"화에 연결되어 있으므로 이를 기준율로 하고, 제3국 통화는 동 율을 기준으로 하여 간접적으로 산출하게 된다. 가령 한국의 입장에서 볼 때 미국 "달러"와 영국 "파운드" 사이의 환율을 말한다.

② 재정률

재정률(裁定率; arbitrated rate)이란 기준환율과 "cross rate"에서 산출된 자국화와 제3국 통화 간의 환율을 말한다. 따라서 한국의 경우 미국 "달러" 이외의 기타 통화표시환율은 모두 재정률에 해당한다.

### (3) 수출환어음 매입 시의 환율적용관계

수출환어음은 신용장 조건에 따라 일람출급환어음(sight draft)과 기한부환어음(usance draft)의 방식 중 어느 한 가지로 발행하게 된다.

#### 가. 일람출급수출환어음매입

일람불신용장(at sight L/C)과 어음지급서류인도조건(D/P) 방식에 의하여 발행되는 환어음은 일람출급환어음매입률(at sight rate)을 적용한다.[14)]

그러나 제시서류가 하자가 있을 경우, 즉 "보상장부매입(under indemnity negotiation)" 시에는 연환가료율에 1.5%를 가산하여 적용한다.[15)]

#### 나. 기한부수출환어음매입

기한부신용장(usance L/C)과 어음인수서류인도조건(D/A) 방식에 의하여 발행되는 환어음은 기한부환어음매입률(usance rate)을 적용한다. 그러나 기한부환어음이라 하더라도 동 기간에 따른 이자는 수입자가 부담하기로 하는 "Usance interest (or Discount charge) to be covered by accountee"와 같은 조건이 신용장상에 명시되어 있으면, 유예기간 동안의 이자는 공제하지 않고 순수한 표준우편일수에 상당하는 환가료만 공제한다.[16)]

---

14) 수출환어음 매입 시 적용환율은 원칙적으로 전신환매입률(telegraphic transfer buying rate: TT/B)을 적용한다. 그러나 추심(우편)일수에 상당하는 이자는 별도로 징수하게 된다. 일람 출급환어음 매입률은 전신환매입률에서 표준추심일수에 상당하는 환가료를 공제한 환율이다. 미국에서는 전신환을 보통 "wire transfer"라고 부른다.

15) 은행이 D/A환어음을 추심전 매입할 경우에도 연환가료율에 1.5%를 가산하여 적용한다.

16) 따라서 "at 30 days after sight"과 같이 일람후 정기출급 조건의 경우에는 30일 동안의 이자는 공제하지 않기 때문에 "at sight draft"에 적용되는 환율, 일람출급환어음매입률이 적용된다. 또한 "at 30 days after B/L date"와 같은 확정일자 후 정기출급인 경우에는 전신환매입률이 적용된다. 그러

## 5) 하자 있는 수출환어음의 매입

### (1) 제시서류의 하자

서류의 하자(discrepancy)란 신용장 조건과 일치하지 않거나 또는 상충되는 것을 말하며, 이러한 하자는 환어음의 부도 또는 서류 수리거절의 결과를 초래하여 매입대금을 상환받지 못하는 원인이 되므로 특히 신중하게 취급하여야 한다.

환어음 및 서류의 매입은 신용장 조건에 일치하고 그 상환도 순조롭게 이루어진다면 매우 바람직한 일이지만 다음과 같은 지급거절 사유로 발행은행이 인수·지급하는 경우가 적지 않다.

또한 환어음이 일단 인수·지급거절이 되면 상대가 외국인이므로 국내환어음과는 달리 법률 및 관습의 상이 또는 의사소통의 불편 등으로 인하여 이의 해결이 쉽지 아니한 경우가 많으므로 매입은행으로서는 이를 미리 방지하는 데 적극 노력하여야 한다.

### (2) 지급거절사유

지급거절(unpaid) 사유가 되는 유형을 살펴보면 다음과 같이 매우 다양하다고 할 수 있다.

① Credit expired.
② Documents not presented in time.
③ Late shipment.
④ Claused (Unclean) bills of lading.
⑤ Charter party bill of lading.
⑥ No evidence of goods actually "shipped on board."
⑦ Bill of Lading does not evidence whether freight is paid or not.
⑧ Insurance risks cover not as specified in the credit.
⑨ Insurance not effected from the date on the transport document.
⑩ Documents conflict with each other.
⑪ Description of goods on invoice differs from that in the credit.
⑫ Amounts shown on the invoice and bill of exchange differ.

---

나 환어음 매입일보다 그 이전에 선하증권이 발행된 경우에는 매입일을 기준으로 그 이전 일자만큼 환어음기간에서 공제하고 계산한다.

⑬ Bill of Exchange drawn on a wrong party.

⑭ Bill of Lading and insurance document not endorsed correctly.

### (3) 하자서류 매입 시의 조치

하자의 내용에 따라서 수익자가 작성하는 환어음, 상업송장, 포장명세서 등은 수출지에서 재작성 및 정정이 가능하지만 선적기일이 경과되어 지연선적이 된 선화증권은 정정이 불가능하다. 따라서 이 경우에는 ① 보상장부매입, ② 전신조회 후 매입, ③ 추심처리, ④ 신용장 조건변경 후 매입 등의 방법을 택하여야 한다.

첫째, 보상장부매입(under indemnity negotiation)이란 서류의 하자로 인하여 매입 환어음이 지급거절 하는 경우에는 매입은행에 무조건 매입대금을 반환하겠다는 보상장을 제시하고 매입에 응하는 방법이다. 이 경우에는 수익자의 담보제공이 요구되고 환가료 징수 시에 차등요율이 적용된다.[17)]

둘째, 전신조회 후 매입(cable negotiation)이란 발행은행에 전신으로 먼저 서류의 불일치를 지적하고 하자서류 상태로의 매입 여부를 발행은행에 조회하여 승인통지서를 접수한 후 매입하는 것이다. 이 경우에는 물품에 대한 채권서류를 가지고 있는 상황이기 때문에 하자서류매입 시 안전한 대응방법이라 할 수 있다.

셋째, 추심(collection)에 의한 처리란 수익자의 서류를 우선 매입하지 아니하고 추심수수료만 받고 서류를 발송하여 발행은행 또는 결제은행으로부터 대금이 입금된 후 대금을 지급하는 것이다. 이 경우는 신용장 조건상에 하자 있는 서류는 추심처리하라는 지시가 있거나 수익자의 서류가 부도가능성이 많거나, 신용상태가 좋지 않을 때에 행하게 되는데 수익자로서는 내국신용장 발급건에 대한 대금결제 문제 등 자금회전에 큰 어려움을 겪게 된다.

넷째, 신용장 조건변경 후 매입이란 보상장부 매입사유에 대하여 미리 신용장 조건을 변경한 후 하자 없이 매입하는 방법이다. 이는 시간적 여유가 충분히 있거나 발행의뢰인이 조건변경을 신속히 행할 경우 가장 바람직하다. 그러나 발행의뢰인으로부터 조건변경수수료 부담과 번거로움을 이유로 보상장부매입을 하도록 통지해 오는 경우가 많으므로 수익자는 이와 같은 보상장부 매입허용 증빙서류를 서류매입 시에 신용장상의 요구서류 외에 추가하여 발송하는 것도 좋은 방법이다.

---

17) 서류의 하자 등으로 인하여 보상장부매입이 이루어진 경우에는 지급거절 되지 않더라도 그 하자를 이유로 상당한 기간 대금입금이 지연되는 경우가 많다. 이 경우 매입은행은 당초에 매입한 수출환어음이 입금예정일을 경과하여 입금하게 되면 동 기간 상당의 자금부담을 이유로 지연이자(delay interest; delay charge)를 수익자로부터 징수한다.

## 2 신용장방식에 의한 수입환어음의 결제[18)]

### 1) 수입환어음결제의 의의

신용장이나 D/P·D/A거래는 주로 환어음에 의하여 대금결제가 이루어지기 때문에 수출자는 계약물품을 선적한 후 신용장 등에서 요구하는 서류와 환어음을 준비하여 매입은행에 매입신청하게 된다. 매입은행은 매입한 서류를 환어음과 함께 신용장 발행은행 앞으로 송부하여 신용장 조건에 따라 대금지급을 요청하게 된다.

신용장은 발행은행이 인수·지급을 확약한 것이므로 제시된 환어음과 서류가 신용장 조건에 일치된다면 신용장 발행은행은 대금을 인수·지급하여야 한다. 신용장 조건과 불일치되는 하자 있는 서류의 경우에는 발행은행은 서류만을 기초로 수리(受理)하거나 서류의 수리를 거절하는 경우에는 신속한 통신수단으로 불일치 내용(discrepancies)을 명시하고 매입은행의 지시를 기다려 유보하고 있다든지, 불일치서류를 반송하고 있다는 등의 통지를 행하여야 한다.

만일 발행은행이 이와 같은 의무를 이행하지 못한 경우나 이미 수입화물선취보증서(letter of guarantee: L/G)를 발급한 경우에는 발행은행의 부도반환권리를 상실하게 된다.

수입환어음의 결제는 신용장 조건에 따라 일람출급수입환어음에 의한 결제와 기한부수입환어음에 의한 결제가 있는데, 발행은행은 신용장과 제시된 서류가 일치하는 경우 이와 같은 수입환어음의 지급 또는 인수를 통하여 신용장 발행의뢰인인 수입자에게 서류를 인도하게 된다.

### 2) 수입환어음의 결제와 서류의 인도

#### (1) 수입환어음의 결제 또는 인수

한국의 경우 일람출급수입환어음의 결제는 수입서류도착일로부터 7일 이내에 수입자가 결제하지 못하면[19)] 은행이 대지급하여 결제하도록 하고 있다. 그러나 기한부수입환어음은 인수(acceptance)에 의하여 서류를 인도한 후 만기일에 가서 수

---

18) 강원진, 이양기, 최신국제상거래론, 박영사, 2014, 235-332면을 수정, 보완함

19) 수입환어음의 결제를 원화를 대가로 결제하지 않고 바로 외화로 대체되는 경우에는 은행은, 이른바 대체료(in lieu of exchange)로 0.1% 상당액을 징수하고 있다.

입환어음을 결제한다. 기한부환어음의 인수형태는 "shipper's usance"와 "banker's usance"가 있다. "shipper's usance"는 "usance" 기간의 여신을 "shipper"가 공여하는 것으로[20] 수입신용장 발행은행을 지급인(drawee)으로 하고 발행은행에 수입환어음과 서류가 도착하면 동 인수사실 및 만기일(maturity)을 매입은행 앞으로 통지하고 신용장 발행은행이 만기일에 수입대금을 결제하는 방식이다.

또한 banker's usance는 usance 기간의 여신을 환어음인수은행이 공여하는 것으로[21] 신용장 발행은행의 예치환거래은행(depositary bank) 또는 신용장 발행은행의 지점을 환어음지급은행으로 하여 환어음의 인수 및 만기일에 지급을 동 은행이 담당하도록 하는 방식이다. 보통은 해외의 매입은행이 인수은행(acceptance bank)이 되어 신용장 발행은행 앞으로 서류송부 시 만기일, 인수수수료 또는 할인이자(discount charge) 등이 명시된 인수통지서(acceptance advice)를 첨부하여 보내온다. "banker's usance"의 어음인수은행은 해외은행인수(overseas banker's acceptance)와 국내은행인수(domestic banker's acceptance)로 구분할 수 있다.

### (2) 수입환어음의 결제 시 환율적용

#### 가. 일람출급수입환어음의 결제

신용장방식에 의한 일람출급환어음의 결제는 발행은행에 수입관련 서류도착 후 5영업일 이내에 발행은행이 인수 · 지급 여부를 판단하여야 한다.

은행에서 수입환어음결제시 적용환율은 ① 수입환어음결제율을 적용하는 경우와, ② 전신환매도율을 적용하여 결제하는 경우가 있다. 전자는 발행은행의 입장에서 볼 때는 외국환의 매각이므로 수입환어음금액을 원화로 징수할 경우에는 외국환매각이익과 발행은행의 자금부담 요인을 고려하여 우편기간에 대한 금리, 즉 환가료(exchange commission)[22]가 포함된 "수입환어음결제율"을 적용한다.

그러나 후자는 수입환어음 및 서류가 추심조건(collection basis)으로 도착되어 결제시 수입자로부터 결제받아 추심지시서에 지시된 대로 송금하게 되므로 환가료가 포함되지 않은 "대고객전신환매도율"[23]을 적용한다.

---

20) shipper's usance를 seller's usance라고도 한다.

21) banker's usance를 buyer's usance라고도 한다.

22) 수입환어음결제환가료는 서류도착일로부터 4일째 되는 날(당해일이 공휴일일지라도 그날을 포함함)로부터 수입환어음결제일(서류도착일로부터 7일째 되는 날)까지의 기간을 징수한다.

23) D/P환어음의 적용 환율도 대고객전신환매도율이다.

### 나. 기한부수입환어음의 결제

기한부수입환어음은 인수 후 만기일에 결제하는 것이므로 신용장 발행의뢰인이 원화로 결제하고자 할 때는 "대고객전신환매도율"로 환산하여 수입환어음을 결제한다.[24] 만일 신용장방식거래에서 만기일에 결제하지 못하는 경우에는 그 익일에 은행은 대지급 처리하여 수입환어음을 결제하게 된다.

## (3) 수입화물선취보증서

### 가. 수입화물선취보증서의 의의

수입자가 선박회사로부터 수입화물을 인도받기 위하여는 선하증권 원본을 제시하여야 한다. 그러나 수입화물이 목적지에 도착하고 운송서류 사본을 수령하였으나 원본서류가 발행은행에 도착하지 아니하여 화물인도가 불가능한 경우가 종종 발생한다. 이로 인하여 수입자는 수입화물을 통관할 수 없어 인도가 늦어질 뿐만 아니라 창고료 등의 추가비용이 발생할 수도 있고 도착화물에 손상을 가져오거나 심지어 판매의 적기를 상실할 수도 있다.

이와 같은 사정은 은행의 입장에서도 마찬가지이다. 왜냐하면 은행의 담보로 되어 있는 화물이 인도되지 않음으로써 수입자와 동일한 입장에 서게 되기 때문이다.

따라서 수입자, 발행은행 그리고 선박회사는 이러한 불리한 점을 해결하기 위하여 원본서류도착 이전에 수입화물을 인도받을 수 있는 방법을 강구하게 되었다. 즉 수입자와 신용장 발행은행이 연대보증한 증서를 선박회사 앞으로 선하증권의 원본 대신에 제출하여 수입화물을 인도받을 수 있는 보증서를 이용하는 것이다. 특히 이와 같은 보증서를 "수입화물선취보증서(Letter of Guarantee: L/G)"라고 한다. 선취보증은 발행은행을 보증인으로 하여 선하증권원본 도착 즉시 선박회사에 인도하겠다는 것과 이 보증인도에 의하여 발생한 일체의 책임을 보증은행 및 수입자가 연대로 부담하겠다고 서약한 것이다.[25]

---

24) D/P어음의 만기결제시 적용환율도 대고객전신환매도율이다.

25) 항공편에 의한 수입화물의 선취는 해상운송의 경우와 다르다. 은행은 항공회사에 보증은 하지 않고 수화인(consignee)을 신용장 발행은행으로 하였기 때문에 수입자가 수령한 항공화물운송장(Air Waybill) 사본을 은행에 제시하여 화물인도를 은행대리인으로 수입자가 받을 수 있도록 항공화물운송장 사본에 확인하여 화물을 미리 인도받게 해주고 있다. 이 경우 신용장 발행은행은 수입자의 채권확보여부를 확인하게 된다.

### 나. L/G 발행과 회수

수입화물선취보증서를 발행한 은행은 신청서류와 관련 신용장 조건과의 일치여부를 검토한 후 신청인의 요건에 부합되면 상응한 담보여부를 확인 후 L/G 발행수수료를 받고 은행이 L/G에 서명하여 수입업자에게 인도하게 된다.

보증은행이 "상기계약의 이행을 보증하고 이것에 관한 일체의 책임을 인수한다"라는 보증문언을 기재하면 운송서류의 원본을 인도하는 것과 동일한 효과를 갖는다. 보증서는 원칙적으로 선하증권(B/L) 단위로 발행하여야 한다. L/G 발행 후 선화증권 원본이 해외은행으로부터 도착하면 L/G의 회수를 위하여 선하증권 원본에 다음과 같이 배서하고 L/G 회수요청서(redemption of letter of guarantee)와 함께 선박회사에 배달증명으로 송달하여 L/G를 회수 받는다.

For Redemption of L/G
(signed)
Authorized Signature
ABC Bank

### 다. L/G 발행의 효과

수입화물선취보증서의 발행내용은 선하증권 원본이 신용장 발행은행[26]에 도착하면 즉시 선박회사에 원본 전통을 제출하겠다는 것과 운송비의 지급 기타 선화증권을 담보로 제공됨에 따른 모든 손실을 보상하겠다는 취지이다.

수입화물선취보증서는 원본서류가 이미 도착되어 있으면 발행할 수 없으며 일단 발행이 되면 나중에 원본 서류가 발행은행에 도착되어 만일 서류상의 하자가 있다 하더라도 지급거절할 수 없다.

### 라. 수입화물대도

① 수입화물대도의 의의

수입화물대도(輸入貨物貸渡; Trust Receipt: T/R)란 신용장 발행은행이 수입대금을 결제하면서 담보로 취득한 수입화물에 대하여 소유권만 보유하고 수입자가 수입대금을 결제하기 이전에 수입화물을 통관하여 제조·가공·판매 등을 할 수 있도록 하기 위한 신용장 발행은행 앞으로의 "수입화물의 신탁적 양도" 행위를 의미한

26) D/P, D/A 거래에서도 L/G가 이뤄지고 있다.

다. 일람출급환어음 결제에서 서류가 도착하면 신용장 발행의뢰인은 결제대금을 지급하여야만 서류를 수령할 수 있지만 발행은행이 발행의뢰인 앞으로 금융을 제공하는 경우에는 결제대금을 동 금융으로 지급하고, 수입대금 결제에 충당한 대금은 발행의뢰인에 의하여 일정한 기간 후에 상환받게 된다. 이와 같은 제도 아래에서는 소위 자동결제기능이 있으므로 수입화물을 담보로 취득하게 된다. 여기서 수입화물을 통상의 담보와 같이 취득을 하게 되면 발행의뢰인이 수입하는 본래의 목적을 달성할 수 없으므로 특별한 조치가 필요하다. 은행 입장에서도 동 수입화물을 창고 등에 보관하고 있어도 창고료, 보험료 등의 비용만 발생하고 아무런 이득이 없다.

그러므로 T/R 제도 하에서는 은행을 신탁공여자(entrustor)로 하고 발행의뢰인을 신탁수혜자(trustee)로 하는 신탁계약(trust contract)을 하게 된다. 이러한 신탁은 신용편의(credit facility)를 위한 담보취득의 방법을 뜻하는 한편 일람출급결제에서 일정기간 동안 지급을 유예하여 주는 T/R 편의를 의미하기도 한다.[27)]

② 금융의 내용에 따른 T/R의 유형

금융의 내용에 따라 T/R은 여러 가지의 유형으로 구분할 수 있다. 즉 ① 원자재수입금융에 따른 T/R로 수출용원자재를 수입하는 때에 금융혜택을 주는 것,[28)] ② 인수금융에 따른 T/R로 해외은행인수(overseas bank's acceptance) 또는 내국수입유잔스(domestic bank's usance)에 따른 것, ③ 할부지급 방법의 수입에 따른 T/R로 기한부거래나 착수금을 먼저 지급하고 잔액은 일정기간에 균등분할 상환하여야 하는 신용공여에 따른 것, ④ 수입화물대도금융(T/R loan) 또는 "T/R facility"에 따른 T/R로 일반수입에 있어서 소정의 기간 동안 T/R 약정에 따라 신용을 공여하는 것, ⑤ 외화대출에 따른 T/R로 신용장 발행은행이 조성한 외화자금 또는 국내의 외국은행의 국내지점이 외화자금으로 대출하는것, ⑥ 차관자금 또는 "bank loan"

27) 따라서 T/R 제공은 수탁자(trustee), 즉 수입자의 신용이 좋아야 하고, 수탁자가 담보물건을 타대출의 담보로 제공하지 말아야 하며, 담보화물의 판매 또는 사용대금을 대금의 지급에 충당할 수 있어야 한다.

28) 한국은 수출용원자재 수입 시 T/R 제도를 활용하고 있다. T/R은 수입여신의 담보로 되어 있는 수입화물이 은행의 손에서 수입자에게 넘어가 사용되어 담보에서 제외되는 것을 허용하는 것으로 볼 수 있어 그 사후관리에 문제가 있다. T/R을 행한 후 담보화물이 매각되어 제3자에게 넘어가면 은행으로서는 그 화물에 대하여 담보권을 주장할 수 없게 되므로, 은행은 수입자의 화물매각대금이나 대금청구권을 확보하게 된다. 대금회수가 어음인 경우에는 이것을 양도담보로서 은행 앞으로 배서양도를 받고 있다.

에 따른 T/R로 외국에 있는 금융기관 또는 회사 등이 공여하는 차관과 외국은행이 제공하는 “bank loan”에 따른 T/R이 있다.

③ T/R의 법률적 성질

T/R의 법률적 성질에 대하여는 다음과 같은 여러 가지 설이 있다.

i) 대리관계설

수탁자, 즉 발행의뢰인은 은행의 대리인으로서 화물을 매각 또는 화물을 처분하나 그 법적 효과는 소유자인 은행에 귀속된다는 설이다.

ii) 기탁설

수탁자는 은행으로부터 화물을 매각할 목적으로 기탁을 받아 화물을 보관할 의무가 있으며 판매권한 이외에는 화물에 대하여 아무런 권리가 없다는 설이다.

iii) 질권존속설

수탁자는 은행이 질권자로서 점유하고 있을 수입화물을 이전받는 것이며 화물인도 후에도 질권관계가 존속된다는 설이다.

iv) 조건부매매설

은행이 자기 소유에 속하는 화물을 일정기간 후에 대금을 지급하는 것을 조건으로 하여 수탁자에게 매각하는 것으로 대금지급 전에는 은행이 화물의 소유권을 가지고 수탁자는 화물의 점유를 취득하게 된다는 설이다.

v) 양도담보, 기탁, 대리의 삼자 결합설

이상의 여러 설 중 가장 유력한 설이다. 이 설에 의하면 T/R은 다음과 같은 양도담보의 법률적 구성요건을 구비하고 있다.

① 피담보채권이 존재한다.

② 담보의 목적인 재산이 신탁공여자(entrustor), 즉 은행에 이전된다.

③ 수탁자는 목적물을 사용할 수 있다.

④ 양도담보는 제3자를 배척하는 우선적 권리를 가지고 있다. 양도담보에 있어서 수탁자가 담보물을 이용하도록 하는 형태는 T/R에 의하여 수입화물을 수입자에게 대도하는 기탁의 형식을 취하고 있다. 또한 T/R을 함에 있어서 수입자는 은행의 대리인으로서 화물의 양륙, 통관, 입고 및 매각에 관한 법률행위를 하므로 은행과 수입자 간에는 대리관계가 발생한다.

# 3 D/P · D/A 방식에 의한 대금결제[29)]

## 1) D/P · D/A의 의의

### (1) D/P(Document Against Payment: 지급도조건)

수출상(=의뢰인: Principal / drawer)이 수입상과의 매매계약에 따라 물품을 선적한 후 구비된 서류에 '일람출급환어음'을 발행, 첨부하여 자기거래은행(추심의뢰은행: Remitting Bank)을 통하여 수입상의 거래은행(추심은행: Cllecting Bank) 앞으로 그 어음대금의 추심을 의뢰하면, 추심은행은 수입상(=지급인: Drawee)에게 그 어음을 제시하여 어음금액을 지급받고 서류를 인도하는 거래방식이다.

"Payment Terms : under D/P at sight in U.S. Dollars."

### (2) D/A(Document Against Acceptance: 인수도조건)

수출상(=의뢰인: Principal / drawer)이 수입상과의 매매계약에 따라 물품을 선적한 후 구비된 서류에 '기한부환어음'을 발행, 첨부하여 자기거래은행(추심의뢰은행: Remitting Bank)을 통하여 수입상의 거래은행(추심은행: Collecting Bank) 앞으로 그 어음대금의 추심을 의뢰하면, 수입상의 거래은행인 추심은행은 이를 수입상(=지급인: Drawee)에게 제시하여 그 제시된 어음을 일람 지급받지 않고 인수만 받음으로써 서류를 인도한 후 만기일에 지급받는 방식이다.

"Payment Terms : under D/A at 60 days after sight in U.S. Dollars."

## 2) D/P · D/A 결제의 장점과 단점

D/P · D/A 방식에 의한 결제는 일반적으로 D/P보다 결제기간을 유예받을 수 있는 D/A가 주로 이용된다. D/P · D/A 방식은 수입자에게는 다음과 같이 은행거래상의 담보력이 부족한 경우에 편리하고 유용한 결제방식이다.

첫째, 신용장 발행 및 통지수수료를 절약할 수 있다.

둘째, 신용장 발행 시 발행은행에 담보제공에 따른 어려움을 덜 수 있다.

셋째, 본지점, 자회사, 합병기업 간 무역거래에 이용하는 데 있어서는 융통성이 많아 매우 편리하다.

---

29) 강원진, 이양기, 최신국제상거래론, 박영사, 2014, 332-336면을 수정, 보완함

넷째, 위탁판매방식, 위탁가공무역방식의 거래에서는 제품·원재료 공급 등이 편리하다.

그러나 수출자에게는 대금결제에 대한 보장이 없으므로 결제상의 위험이 따른다. 따라서 거래처와의 특수한 관계가 아닐 경우에는 이 방식을 이용하지 않는 것이 좋다.[30)]

신용장방식과 화환추심에 의한 D/P·D/A 방식을 비교하면 다음의 표와 같다.

〈표 7-1〉 신용장방식과 D/P·D/A 방식의 비교

| 구 분 | 신용장방식 | D/P·D/A방식 |
|---|---|---|
| 1.대금지급확약 여부 | 은행의 지급확약 있음 | 은행의 지급확약 없음 |
| 2.은행의 개입 여부 | 개입함 | 개입함 |
| 3.은행거래에 따른 담보제공 | 신용장 발행시 담보제공 | 환어음추심 전 매입시 담보제공 |
| 4.거래에 따른 부대비용 | 많음 | 적음 |
| 5.대금결제기간 | 일람불, 기한부 | 일람불(D/P), 기한부(D/A) |
| 6.환어음발행시의 지급인 | 은행 | 수입자 |
| 7.매매당사자 간의 유리성 | 매도인 매수인 모두 유리 | 매수인 유리 |
| 8.거래상의 융통성 | 없음 | 많음 |
| 9.결제수단의 안전성 | 안전 | 불안 |
| 10.거래상의준거법 | 신용장통일규칙 | 추심에 관한 통일규칙 |

### 3) D/P·D/A 거래당사자

D/P·D/A 거래의 당사자는 추심의뢰인(principal), 추심의뢰은행(remitting bank), 추심은행(collecting bank) 및 제시은행(presenting bank)이 있다.[31)]

첫째, 추심의뢰인(principal)은 거래은행에 추심을 의뢰하는 수출자를 말하며, "seller", "exporter", "drawer", "consignor" 또는 "customer"를 의미한다.

둘째, 추심의뢰은행(remitting bank)은 의뢰인으로부터 추심을 의뢰받은 수출국의 은행을 말한다.

셋째, 추심은행(collecting bank)은 추심의뢰은행 이외의 추심과정에 참여하는 은행을 말한다.

30) 한국의 경우에는 한국무역보험공사에 단기수출보험을 부보하게 되면 수출대금결제상의 위험을 감소시킬 수도 있다.

31) URC 522, Article 3.

넷째, 제시은행(presenting bank)은 지급인에게 제시를 하는 수입국의 추심은행을 말한다.

다섯째, 지급인(drawee)은 추심지시서(collection instruction)에 따라 제시를 받아야 할 자, 즉 수입자를 말하며, "buyer", "importer", "consignee"를 의미한다.

## 4) 추심지시서

추심을 위하여 송부되는 모든 서류에는 추심은 URR 525에 의함을 명시하고, 완전하고 정확한 지시가 기재된 추심지시서(collection instruction)가 첨부되어야 한다.

추심지시서에는 추심의뢰은행, 환어음지급인, 제시은행(있는 경우)의 명세 및 추심금액, 통화, 동봉서류의 목록과 통수, 지급 및/또는 인도조건, 기타 조건, 추심수수료, 추심이자, 지급방법과 지급통지형식, 지급·인수거절 및 불일치의 경우에 대한 지시, 환어음지급장소의 주소 등 추심과 관련된 정보자료가 포함되어야 한다.[32)]

## 5) D/P · D/A 거래의 과정

### (1) D/A 대금결제과정

① 매매계약체결 : 수출자와 수입자가 인수인도조건(D/A) 하는 매매계약을 체결한다.

② 선적지시 : 수입상은 수출상에게 약정기한에 선적해줄 것을 지시한다.

③ 물품선적 : 수출상은 수출통관 및 선적을 완료하고 선적사실을 통지한다.

④ 추심의뢰 : 수출상은 선적서류들이 첨부된 기한부환어음을 추심지시서와 함께 수입상을 지급인으로 하는 추심의뢰은행에 추심을 의뢰한다.

⑤ 대금지급 결정 :

- 추심전지급(bill purchased) : 수출자가 추심을 의뢰하자마자 추심의뢰은행이 환어음을 매입하고 수출자에게 대금을 선지급한다. 추심서류에 하자가 없어야 하며 부도의 경우에 대비하여 수출자는 담보를 제공하여야 한다.

| 결제금액 = 수출환어음금액×기한부환어음매입률 |
|---|

32) URC 522, Article 4.

주) 기한부환어음매입률 = 수출환어음금액 − 환가료(환어음 우편송달기간 및 Usance기간에 대한 이자)

- 추심후지급(bill collection) : 수입상으로부터 대금을 추심한 후 수출상에게 후지급하는 방법이다.

| 결제금액 = 수출환어음금액×전신환매입률 |
|---|

주) 전신환매입률(telegraphic transfer buyuing) : 외국환은행이 전신환으로 송금된 외환을 고객으로부터 매입할 때의 적용 환율

⑥ 추심지시 : 추심의뢰은행은 수입자가 거주하는 지역의 추심은행에 서류를 송부하여 추심을 의뢰하고 자행의 예치환거래은행을 지급인으로 지정하여 동 은행에 입금시켜주도록 지시한다.

⑦ 추심대금 지급 : 추심전지급일 경우 추심은행은 자기책임하에 대금을 선지급한 후 수입상에게 대금을 청구한다. 그러나 추심후지급인 경우 환어음의 만기일에 수입상으로부터 수입대금을 영수하여 추심의뢰은행에 지급한다.

⑧ 선적서류 도착 통지, 서류 제시 : 서류를 접수한 수입상의 거래은행은 수입상에게 내도 통지하고 서류를 제시한다.

⑨~⑩ 어음 인수, 서류 인도 : 수입상은 선적서류와 환어음을 일람후 이상이 없으면 환어음상에 인수의사를 표시하고 은행으로부터 서류를 인도받는다.

⑪ 수입상은 수입대금을 Usance기간 이후에 지급한다.

| 지급금액 = 수출환어음금액×전신환매도율 |
|---|

### (2) D/P 대금결제과정

① 계약체결 : 수출상과 수입상은 대금결제조건을 어음지급서류인도조건(D/P)으로 하는 매매계약을 체결한다.

② 선적지시 : 수입상은 수출상에게 약정기한에 선적해줄 것을 지시한다.

③ 물품선적 : 수출상은 수출통관 및 선적을 완료하고 선적사실을 통지한다.

④ 추심의뢰 : 수출상은 선적서류들이 첨부된 일람불환어음(Sight Bill)을 추심지시서(Collection Instruction)와 함께 수입상을 지급인으로 하는 추심의뢰은행에 추심을 의뢰한다.

⑤ 대금지급 결정

㉠ 추심전지급(bill purchased) : 수출상이 추심의뢰 시 추심의뢰은행이 환어음을 매입하고 수출대금을 선지급(payment in advance)한다. 이때 지급하는 금액은 수출환어음금액에서 환어음의 우편송달기간에 대한 이자율 및 Usance이자에 해당하는 환가료(exchange premium)와 추심수수료를 공제한 금액을 지급한다. 추심서류에는 하자가 없어야 하며 부도의 경우에 대비하여 수출상은 담보를 제공하여야 한다.

| 결제금액 = 수출환어음금액×일람출급환어음매입률 |
|---|

주) 일람출급환어음매입률 = 수출환어음금액−환가료(환어음 우편송달기간에 대한 이자) = 전신환매입률−(장부가격×우편일수/360×연환가료율)

주) 연환가료율 = LIBO rate×1%

㉡ 추심후지급(bill collection) : 수입상으로부터 수입대금을 추심한 후 수출상에게 후지급(deferred payment)하는 방법이다.

| 결제금액 = 수출환어음금액×전신환매입률 |
|---|

주) 전신환매입률(telegraphic transfer buying rate) : 외국환은행이 전신환으로 송금된 외환을 고객으로부터 매입할 때의 적용 환율

⑥ 추심지시 : 추심의뢰은행은 수입상이 거주하는 지역의 추심은행에 환어음과 관련 선적서류들을 송부하여 추심을 의뢰하고 자행의 예치환거래은행을 지급인으로 지정하여 동 은행의 계좌에 입금시켜주도록 지시한다.

⑦ 추심대금 지급 : 추심전지급일 경우 추심은행은 자기책임하에 대금을 선지급한 후 수입상에게 대금을 청구한다. 그러나 추심후지급인 경우 환어음의 만기일에 수입상으로부터 수입대금을 영수하여 추심의뢰은행에 지급한다.

⑧ 선적서류 도착 통지 : 서류를 접수한 추심은행은 수입상에게 선적서류 내도 통지를 한다.

⑨ 어음 인수, 대금지급 : 수입상은 첨부된 선적서류와 환어음을 일람 후 이상이 없으면 추심은행으로부터 어음의 인수를 하면서 즉시 대금을 지급한다.

| 지급금액 = 수출환어음금액×전신환매도율 |
|---|

주) 전신환매도율(telegraphic transfer selling rate) : 외국환은행이 외환을 고객

에게 매도할 때의 적용 환율

⑩ 추심은행은 입금대금을 확인한 후 선적서류를 수입상에게 인도한다.

**그림 7-3** D/A 대금결제과정

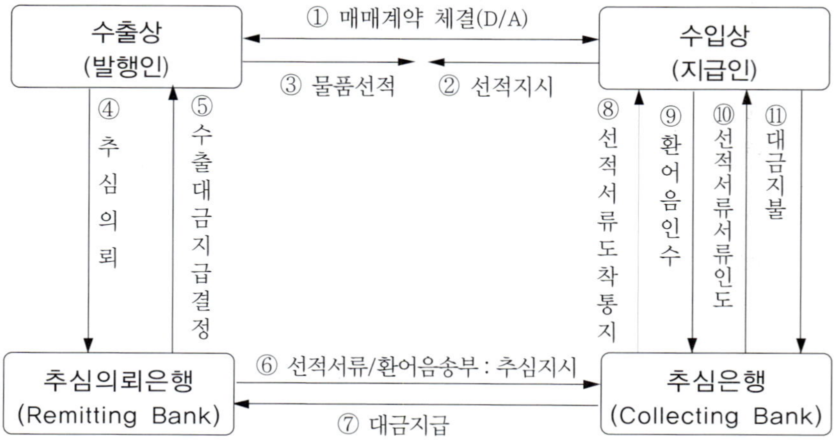

수출상
(발행인)
① 매매계약 체결(D/A)
수입상
(지급인)
③ 물품선적
② 선적지시
④ 추심의뢰
⑤ 수출대금지급결정
⑧ 선적서류도착통지
⑨ 환어음인수
⑩ 선적서류서류인도
⑪ 대금지불
추심의뢰은행
(Remitting Bank)
⑥ 선적서류/환어음송부 : 추심지시
⑦ 대금지급
추심은행
(Collecting Bank)

**그림 7-4** D/P 대금결제과정

수출상
(발행인)
① 매매계약 체결(D/P)
수입상
(지급인)
③ 물품선적
② 선적지시
④ 추심의뢰
⑤ 수출대금지급결정
⑧ 선적서류도착통지
⑨ 환어음인수·대금지급
⑩ 선적서류서류인도
추심의뢰은행
(Remitting Bank)
⑥ 선적서류/환어음송부 :추심지시
⑦ 대금지급
추심은행
(Collecting Bank)

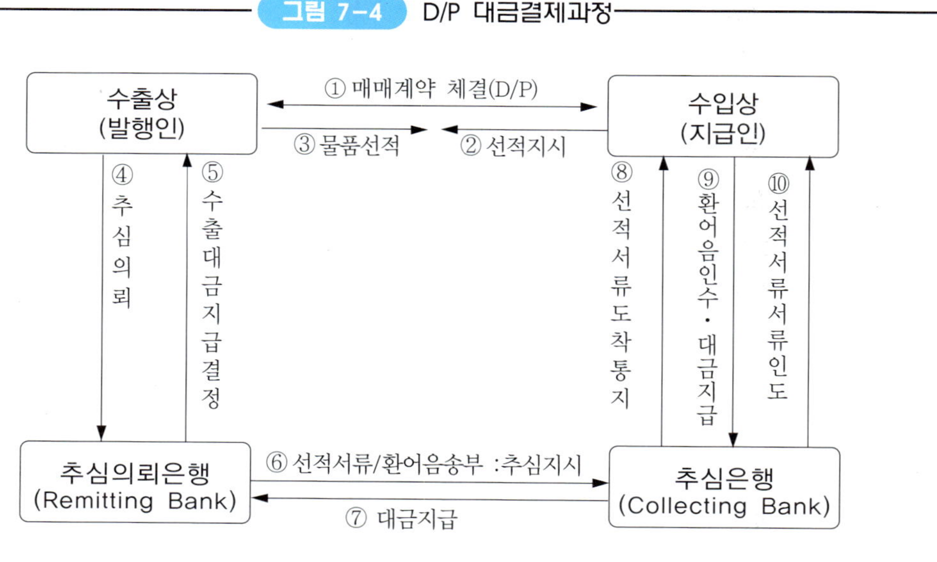

## 4 송금환방식에 의한 대금결제[33)]

### 1) 송금환의 의의

송금환(remittance)이란 외국환에 의한 결제방법 중의 하나로 국내의 송금인이 외국의 수취인이나 채권자에게 자금을 송금할 목적으로 당발은행에 송금대금을 원화 또는 외화로 지급하고, 외국에 있는 수취인이나 채권자에게 송금하여 줄 것을 청구하는 외국환을 말한다. 송금환은 지급지시 방법에 따라 전신송금환(Telegraphic Transfer: T/T), 우편송금환(Mail Transfer: M/T) 및 송금수표(Demand Draft: D/D)가 있다.

일반적으로 송금환방식에 의한 거래는 물품선적 전에 외화·수표 등 대외지급수단에 의하여 미리 대금을 영수하고, 일정기일 내에 상응하는 물품을 선적하는 거래로 수출자의 입장에서는 매우 유리한 조건이라고 할 수 있다.

### 2) 송금환의 종류와 결제시기

#### (1) 전신송금환

전신송금환(Telegraphic Transfer: T/T)이란 고객의 의뢰에 의하여 외국환은행이 자행의 해외지점 또는 환거래은행에 대해 일정의 금액을 수취인에게 지급해 줄 것을 전신으로 지시하는 방식의 외국환을 말한다. 전신송금환의 지급방법은 지급은행이 수취인의 지급청구에 의해서 지급하는 청구지급(pay on application: P/A) 방법과 수취인으로부터 청구가 없어도 지급은행으로부터 수취인에게 통지하여 지급하는 통지지급(advice and pay: A/P) 방법의 두 가지가 있다. 전신송금환은 신속을 요하는 송금 등에 많이 이용되고 있다.

전신송금환에 의한 결제에 있어서 전신은 지급지시서(payment order) 역할을 하게 되므로 전신지급지시서 취급 시에 기재사항이나 전신내용의 진정성 등을 잘 파악하는 등 세심한 주의가 필요하다. 또한 전신송금환은 송금방향에 따라 당발 전신송금환과 타발 전신송금환으로 구분할 수 있다. 전신송금환을 이용할 때 수출자의 입장에서는 신속하게 대금을 수취할 수 있으며 또한 가장 유리한 환율인 대고객 전신환매입률을 적용받게 되고, 가장 확실한 결제방법이 되지만 수입자는 전신

---

33) 강원진, 이양기, 최신국제상거래론, 박영사, 2014, 337-339면을 수정, 보완함

료부담이 증가하게 된다.

### (2) 우편송금환

우편송금환(Mail Transfer: M/T)이란 송금의뢰를 받은 은행이 송금수표를 의뢰인에게 교부하는 대신에 일정금액을 수취인에게 지급하여 줄 것을 지급은행 앞으로 지시하는 지급지시서(payment order)를 작성하여 이것을 지급은행에 직접 우편으로 지시하는 방식의 외국환을 말한다.

전신송금환은 지급지시를 전신으로 하는 데 비하여 우편송금환은 우편으로 하는 점이 근본적인 차이점이 있다. 우편송금환의 지급방법도 청구지급방법과 통지지급방법의 두 가지가 있고, 환의 방향에 따라 당발 우편송금환과 타발 우편송금환으로 구분할 수 있다.

우편송금환은 시간상 신속을 요하지 않는 송금 및 소액의 송금에 이용된다.

### (3) 송금수표

송금수표(Demand Draft: D/D)란 본래의 의미로는 일람불 송금환을 말한다. 송금수표는 송금의뢰를 받은 은행이 해외 본·지점 포는 환거래은행을 지급은행으로 하는 송금수표를 발행하여 송금인에게 주면 송금인은 수취인에게 수표를 보내고, 수취인은 수표를 받아서 지급은행에 제시하면 지급은행은 송금은행에서 미리 보내 온 수표발행통지서와 대조하고 수취인에게 지급하는 방법의 외국환을 말한다.

따라서 송금수표는 지급은행 앞으로 직접 송부되어 오는 것이 아니고 송금인이 직접 수취인에게 보내면 지급지의 수취인에 의하여 제시되게 된다. 송금수표는 보통 은행수표(Banker's Check: B/C)를 많이 사용하고 있다. 실무적으로 일반회사 또는 개인자격으로 발행한 개인수표(Personal Check: P/C)도 사용되는 경우가 있는데, 개인수표는 발행자의 신용상 문제가 있는 경우가 많으므로 무역대금결제수단으로 사용하는 것은 수출자의 입장에서 볼 때 지급거절 위험이 따를 수도 있다. 따라서 무역대금 결제를 송금수표에 의할 때에는 개인수표보다는 은행수표를 이용하는 것이 안전하다. 송금수표를 수출자가 수입자로부터 직접 받고 보통은 수출자의 거래은행에서 추심전 매입을 하였다 하더라도 지급은행(paying bank)에 제시되어 실제 지급되어야 결제완료된 것으로 보아야 한다.

이와 같이 수출자의 입장에서 T/T, M/T, D/D 결제방식 중 대금결제의 위험부담 및 적용환율 면에서 가장 유리한 결제방식은 T/T 방식이다.

실무상 송금방식이라 하여 선적전에 송금이 모두 이루어지고 완전한 결제가 이루어지지 않는 경우가 있으므로 수출자는 반드시 매매계약체결 후 특정기간 이내 또는 물품 선적전에 송금이 이루어지는 것으로 계약을 체결하는 것이 바람직하다.

## 제3절 특수 결제 방식

### 1 국제팩토링

#### 1) 팩토링의 개념

기업의 외상매출금을 매매하는 금융으로 외상매출금을 소구권 행사함이 없이 매입하여 매입채권을 대가로 전도금융을 제공하며 채권만기일에 채무자로부터 직접 대금을 회수한다.

수출자가 수입자에게 물품이나 서비스를 제공함에 따라 발생하는 외상매출채권 보전과 관련 팩토링회사가 수출자를 대신하여 수입자에 관한 신용조사 및 신용위험의 인수, 매출채권의 기일관리 및 대금회수, 금융의 제공 기타 회계처리 등의 업무를 대행하는 금융서비스이다.

Factoring is the process in which the firm buys the outstanding invoices of manufacturer's customers, keeps the accounts, then obtains payment.

국제팩토링은 무신용장방식의 신용조건부 무역거래와 관련하여 팩토링회사가 신용조사 및 신용위험인수, 금융제공, 대금회수 기타 업무처리대행 등의 서비스를 제공하는 것으로 국제팩토링은 전세계 팩터의 회원망을 통하여 수입상의 신용을 바탕으로 이루어지는 무신용장방식의 새로운 무역거래 방법이다.

팩터는 수출상을 위하여 수출채권과 관련된 대금회수를 보장하고 회수업무에 따른 장부기장 등 회계업무와 전도금융에 이르기까지 제반서비스를 제공한다. 그리고 수입상에게는 수입을 위한 신용을 공여해 줌으로써 해외로부터 신용으로 물품을 구매할 수 있도록 한다.

팩토링의 취급역사는 오래 되었으나, 현대적 의미의 팩토링은 1920년대에 미국에서 비롯되었으며, 국내팩토링과 국제팩토링이 있다.

우리나라에서 국제팩토링은 1979년 아세아종합금융회사(우리종합금융)가 처음 취급하였다. 국제팩토링은 수출자나 수입자에게 제공된다. 국제 팩터(factor)들의 국제기구에는 Factors Chain International(FCI)이 있는데, 본부는 네덜란드에 있다.

## 2) 국제팩토링의 기능

① 신용위험의 인수

수입 팩터는 수출 팩터와의 약정에 따라 수입상에 대한 신용조사 및 신용위험을 인수하고, 수출채권의 양수 및 송금 등 대금회수를 보장한다.

② 전도 금융의 인수

수출 팩터는 수출상과의 약정에 따라 수출채권을 관리하고 전도금융을 제공함으로써 효율적인 운전자금을 조달하도록 한다.

③ 회계업무의 대행

수출 팩터는 회계업무를 대행함으로써 수출채권에 관련한 회계장부를 정리해준다.

## 3) 국제팩토링의 유용성

### (1) 수출상의 이점

① 수출대금의 회수를 수출 팩터가 보증하기 때문에 신용거래에 따른 위험부담이 없다.

② 위험부담이 없는 수입상에게 유리한 무신용장거래를 할 수 있어 대외경쟁력강화는 물론 신시장 개척이 용이하다.

③ 신용장 및 추심방식에 비해 실무절차가 간편하다.

④ 대금회수 및 수출채권의 기일관리 등 제반 회계업무의 부담에서 벗어나 생산 및 판매에만 전념함으로써 원가절감과 생산성 증대를 실현할 수 있다.

⑤ 전세계에 걸친 팩토링 기구의 회원사망을 통해 신속 정확한 해외시장 정보를 얻을 수 있으며, 팩토링 기구의 회원사인 수출 팩터와 거래함으로써 국제시장

에서의 지명도가 높아진다.

⑥ 필요시 즉각적인 전도금융의 수혜로 효율적인 자금조달이 가능하며 경영상담 및 다양한 서비스를 제공받을 수 있다.

### (2) 수입상의 이점

① 수입 팩터가 지급보증을 함으로써 세계 각국으로부터의 신용구매가 가능하다.
② 수입보증금예치에 따른 자금 부담이 없어진다.
③ 신용장발행에 따르는 수수료 등 비용부담이 없다.
④ 수입결제자금의 부족시 수혜가 가능하다.
⑤ 수입 팩터가 신용한도설정으로 계속구매가 가능하다.
⑥ 수입 팩터로부터 만기일 관리 등 회계관리 서비스를 제공받는다.

## 4) 국제팩토링방식에 의한 무역대금결제과정

① 수입상으로부터 물품주문을 받는다.
② 국제팩토링방식으로 수출하고자 하는 수출상은 먼저 수출 팩터에게 수입상에 대한 신용조사를 팩터의 소정양식인 신용승인신청서에 의하여 의뢰한다.
③ 수출 팩터는 수출상으로부터 접수한 수입상에 대한 신용승인신청서에 따라 수입국의 거래 팩터에게 수입상에 대한 신용조사 및 수입 팩터가 지급보증할 수 있는 신용한도를 요청한다.
④ 수입 팩터에는 수입상에 대한 신용조사를 실시한다.
⑤ 신용조사의 결과 및 승인을 수출 팩터에게 통지한다.
⑥ 수출 팩터는 수입 팩터로부터 접수된 수입상의 신용승인내용을 검토하고 수출상에게 통지하며 팩토링방식으로 수출할 수 있도록 지원한다.
⑦ 수출상은 신용승인내용을 근거로 수입상과 국제팩토링방식 수출입계약을 체결한다.
⑧ 수출상은 물품을 선적한다.
⑨ 수출상은 송장 등 매출채권을 수출 팩터에게 양도한다.
⑩ 수출 팩터는 운송서류를 확인한 후 송장의 금액의 100% 이내에서 수출상에게 전도금을 제공한다.
⑪ 수출 팩터는 송장의 원본 및 사본에 수입 팩터로부터 우송되어 온 양도 문언을 삽입하고 원본은 수입상에게 우송하되 사본은 수입 팩터에게 양도한다.

⑫ 수입상은 수입대금의 지급기일이 되면 수입대금을 수입 팩터에게 지급한다.
⑬ 수입 팩터는 수입상으로부터 대금을 영수하면 즉시 수출 팩터에게 송금한다.
⑭ 수출 팩터는 수입 팩터로부터 송금되어 온 수출대금을 수출상에게 지급하게 된다. 이때 수출 팩터는 수출상에게 전도금융한 금액과 수입 팩터로부터 송금되어 온 수출대금을 서로 상계하여 정산한다.

## 2 포페이팅(Forfaiting)

### 1) 포페이팅의 개념

수출채권을 포페이터(은행, 전문 포페이터 기업 등)에게 포기하거나 양도하고 현금을 받는 것을 말한다. 프랑스어 'forfait'에서 유래된 용어로, 무소구(without recourse)조건 수출환어음 매입이라고도 한다.

즉, 상대방(수입상 또는 발행은행)측에서 이에 대한 결제를 하지 않더라도 수출상 앞으로 대금을 돌려달라는 청구를 하지 않겠다는 약정을 하는 것으로 수출의 대가로 받은 어음을 고정 이자율로 할인하여 거래하는 무역금융 기법으로 국가 위험도가 높은 새로운 시장을 개척하려는 경우에 적합하다.

수출업자는 수출대금을 미리 받아 새로운 투자를 할 수 있으며, 차후 발생하는 수입자의 대금지급 거절이나 연기에서 오는 손해는 일체 부담하지 않아도 되는 장점이 있다.

지급보증서 발급비용 등이 포함된 수수료를 비교적 높게 부담해야 하며, 금융비용의 증가로 수입물품의 가격을 상승시키는 단점이 있다.

### 2) 포페이팅의 장점과 단점

#### (1) 포페이팅의 이용 원인

신용도가 낮은 은행 또는 신용도가 낮은 국가에 대한 채권의 매각과 수출회사의 재무제표에서 매각과 동시에 정리할 수 있기 때문에 포페이팅을 이용한다.

#### (2) 포페이팅의 장점과 단점

수출업자는 수출대금을 미리 받아 새로운 투자를 할 수 있다는 장점이 있으나 지급보증서 발급비용 등이 포함된 수수료를 비교적 높게 부담해야 하며, 금융비용의 증가로 수입물품의 가격을 상승시키는 단점이 있다.

반면, 금융회사는 수입업자의 채무불이행에 따른 위험을 부담해야 하며, 해당 법률과 제도가 미비하여 분쟁발생시 신속한 법적 해결이 곤란한 것은 단점이 있으나 원금 상환이 이루어지는 경우 큰 이득을 얻을 수 있다는 장점이 있다.

Forfaiting is the purchase of a debt expressed in a negotiable instrument, such as a bill of exchange or a promissory note, from the creditor on a non-recourse basis, i. e. the purchaser, known as the forfaiter, undertakes to waive – to forfait – his right of recourse against the creditor if he cannot obtain satisfaction from the debtor. But the forfaiter will purchase the negotiable instrument itself or in the form of a separate bank guarantee guaranteeing due and punctual observance of all obligations under the negotiable instrument. The forfaiter will be a bank, finance house or discount company.

### 3) 포페이팅 거래절차

① 매매계약체결 및 물품인도

수출상은 수입상과 포페이팅 방식으로 대금 결제하는 조건으로 계약을 체결하고 물품을 수출한다.

② 어음제출 및 보증과 어음인도

수입상이 지급보증은행에 자기발행 약속어음이나 수출상의 환어음을 제출하면, 지급보증은행은 지급 보증서를 발급하거나 환어음이나 어음상에 Aval[34]을 추가하여 수출상에게 인도한다.

③ 포페이팅 약정 및 어음인도

수출상은 포피터와 포페이팅 계약을 체결하고 어음을 제시하여 할인지급을 받는다.

④ 어음제시 및 어음대금지급

포피터는 어음을 만기일에 지급보증은행에 제시하고 지급보증은행은 포피터에게 대금을 지급한다. 지급보증은행은 수입상에게 어음을 제시하고 대금을 상환 받는다.

34) Aval이란 별도의 지급보증서 대신 어음상에 어음의 지급을 보증하는 문구를 직접 기입하는 것이다.

## 3 The Trade Card System

세계무역센터협회(World Trade Centers Association)가 1994년에 트레이드카드를 개발하였다. 이전의 시스템과 달리, 동 시스템은 무서류 및 대안적 결제수단을 활용하는 국제시스템의 프레임워크에서 자신의 위치를 확립하고 있다. 트레이드카드는 인터넷을 기반으로 하며, 사용자, 매도인, 그리고 서비스제공자가 물품의 매매를 완성하고, 대금을 결제하며, 인터넷상에서 전자적으로 물품을 매매하는 것과 관련하여 서비스를 획득하게 하는 전자상거래시스템이다. 동 시스템의 주요목적은 신용장을 대신하여 서류없이 신용장의 모든 기능을 수행하는 것이다.

트레이드카드를 활용하여 거래하기 위해서는 매수인은 트레이드카드시스템에 접속할 수 있는 전자매입주문서(electronic purchase order)를 작성하여야 한다. 그때 트레이드카드시스템은 구매주문서가 제시되었다는 사실을 매도인에게 통지한다. 이후 매도인은 매수인과 온라인상으로 협상을 하게 되는데, 당사자가 조건에 합의하면 당사자는 구매주문서에 전자서명을 함으로써 무역계약이 체결된다. 일단 물품을 선적하고 요구서류를 전자적으로 제시하게 되면 대금지급보증(assurance of payment)이 구매주문서에 첨부되고 매도인은 구매주문서상의 조건이 충족될 때, 물품의 수령증상의 대금을 수령하게 된다. 인도의 증거서류(proof of delivery), 보험증명서, 그리고 기타 필요서류들이 트레이드카드시스템에 전자적으로 제시되는데, 트레이드카드시스템은 구매주문서와 일치성여부를 검토한다. 불일치가 확인되면 매수인과 매도인은 온라인상으로 협상을 할 수 있다. 일단 일치성이 충족되면 매수인의 계정에서 매도인의 계정으로 자금이 자동으로 이체된다. 자금이체를 담당하는 금융기관 예를 들어, JP Morgan Chase같은 회사는 단순히 지급인으로서의 역할만 할 뿐이며 전자서류의 일치성심사를 할 책임은 없고 따라서 트레이드카드에 대하여 동 일치성여부와 관련하여 책임을 부담하지 않는다.

트레이드카드시스템은 사용자로 하여금 INCOTERMS에 따라 보험부보범위를 협상하고 합의하도록 한다. INCOTERMS에 따라 매수인과 매도인은 당사자간에 합의가 있다면 전자적으로 거래가 가능하다. 그러므로 국제상거래와 관련된 서류는 INCOTERMS를 사용한 기존의 종이기반서류와 동등한 데이터교환에 의해 대체 가능하다. INCOTERMS상의 당사자가 합의한 부분 그리고 당사자간에 합의한 기준에 따라 트레이드카드시스템은 사용자에게 적하보험을 부보할 선택권을 부여한다. 무서류보험서류는 대금지급의 요청에 따라 은행에 제시된 서류전통의 일부분이 될 수 있다. 따라서 트레이드카드는 매매계약의 체결에서부터 보험부보범위, 대금지급 등 종이서류를 사용하지 않는 모든 거래과정에 대한 서비스를 회원에게 제공한다.

## 연구과제

1. 신용장의 독립성과 추상성의 원칙을 설명하시오.

2. 서류를 거절하는 발행은행이 불일치 사항을 첫 번의 통신문으로 매입은행에 통지하였으나 추가로 발견된 불일치에 대하여 서류심사 기간(제시일의 다음날부터 최대 제5은행영업일) 이내라면 후속 통신문으로 다시 통지할 수 있는가?

3. 제2수익자에게 양도된 신용장이 사정이 있어 제2수익자의 요청에 의하여 제3의 수익자에게 양도될 수 있는지 여부를 타당한 이유와 함께 설명하여 보시오. 또한 제2의 수익자가 금지된 양도 방법에 의하지 아니하고 실무적으로 제3의 수익자에게 양도하기 위해서는 제2수익자가 어떠한 별도의 조치가 선행되어야 하는가?

4. UCP 600 제16조의 불일치서류에 관한 다음 물음에 답하시오.
(2021년도 제38회 관세사 2차 기출문제 10점)
   1) 발행은행의 불일치서류에 대한 권리포기와 관련하여 권리포기의 교섭가능성 및 교섭기간에 관하여 설명하시오. (4점)
   2) 불일치서류의 거절통지에 포함될 내용 6가지를 쓰시오. (6점)

5. 화환신용장통일규칙(UCP 600)상 제시된 운송서류는 그 종류에 따라 제19조에서 제25조가 규정하고 있는 요건에 따라 심사한다. 다음 물음에 답하시오.
(2020년도 제37회 관세사 2차 기출문제 50점)
   1) 제19조에서 제25조의 제목을 이용하여 운송서류의 명칭 7개를 쓰시오. (예: 제○조 ○○서류) (10점)
   2) 제19조 운송서류의 수리요건 6가지를 설명하시오. (30점)
   3) 제20조 운송서류의 환적에 관한 규정을 설명하시오. (10점)

6. 신용장 양도의 정의와 양도요건에 관하여 설명하시오.
(2017년도 제34회 관세사 2차 기출문제 10점)

7. 신용장통일규칙(UCP600) 제2조에 규정된 '지급이행(Honour)'의 의미를 적용 가능한 신용장과 연계하여 설명하시오. (2015년도 제32회 관세사 2차 기출문제 10점)

8. 무역계약의 수량조건 중 과부족용인조항(M/L Clause)의 개념과 그에 대한 신용장통일규칙(UCP600)상의 해석기준을 설명하시오. (2015년도 제32회 관세사 2차 기출문제 10점)

Chapter

# 8

# 통관과 관세

Chapter

# 8 통관과 관세

## 1 관세의 의의

관세란 관세선(관세영역)을 출입하는 수입물품에 부과 및 징수하는 반대급부가 없는 국세이다. 여기서 관세영역이란 관세선을 둘러싸여 있는 지역으로 관세법이 적용되는 영역을 의미한다.[1)]

### 1) 관세의 개념

① 관세선(관세영역)을 출입하는 수입물품에 부과 및 징수하는 반대급부가 없는 국세

② 관세율정책(기능)과 관세제도(환급제도, 보세제도)

③ 관세의 출현배경 : 대외무역과 공권력의 존재해야 한다.

※ 현행 우리나라의 관세법에서는 수입물품에는 관세를 부과한다고 규정하여 관세 부과의 대상이 수입물품임을 명확히 하고 있다.

### 2) 관세의 기능

관세의 부과로 한 나라의 경제는 동종 외국산 물품의 수입이 억제될 수 있다. 따라서 대부분의 국가에서는 자국 산업 보호 목적으로 관세를 부과한다.

또한 관세의 부과로 인한 정부의 세입이 증대되는 현상이 발생하기 때문에 개발도상국에서는 재정수입 확보 수단으로 관세에 상당히 의존한다. 관세의 부과로 인한 경제적인 효과는 다음과 같다.

---

1) 이양기, 무역관계법, 박영사, 2023, 3-5면

① 국내산업 보호(선진국의 관세부과 이유) : 관세율인하 - 보호기능의 강화
② 재정수입의 확보(점차 약화되는 추세)
③ 소비억제(사치품, 고급품 등) - 가격탄력성이 클수록 소비억제 효과가 크다.
④ 수출촉진 및 교역조건의 개선
⑤ 수입대체 및 국제수지의 개선

## 3) 관세의 성격

### (1) 조세법적 성격

① 현금납부를 원칙
② 재정수입을 목적
③ 징수 주체 국가
④ 법률, 조약에 의거 부과 및 징수
⑤ 반대급부가 없이 강제징수

### (2) 소비세법적 성격

① 궁극적 대상이 소비
② 전가된다(간접소비세).
③ 생필품 경과 사치품 중과의 원칙

### (3) 특수성격

① 무역장벽
② 수입물품에 부과
③ 관세영역을 전제로 부과
④ 대물세, 수시세

## 2 관세법의 성격

| 조세법적 성격 | 관세의 부과와 징수, 감면 |
|---|---|
| 통관법적 성격 | 통관제도 |
| 재정법적 성격 | 관세수입의 확보 |
| 형사법적 성격 | 벌칙, 조사와 처분, 관세형법 |
| 국제법적 성격 | 관세평가제도, 지식재산권보호 |
| 소송법적 성격 | 납세자권리구제, 심사와 심판 |
| 행정법적 성격 | 이의신청, 심판청구, 심사청구 |
| 특수성격 | 관세선(관세영역), 수입물품을 대상 |

※ 관세법은 행정법/재정법적 성격을 지니고 있기 때문에 획일성과 강제성의 성격을 가지고 있다.

## 3 관세법의 해석과 적용원칙

관세법의 목적은 ① 관세의 부과·징수 및 ② 수출입물품의 통관을 적정하게 하고 ③ 관세수입을 확보함으로써 ④ 국민경제의 발전에 이바지함을 목적으로 한다(법 제1조).

> ☞ 현행 우리나라의 관세법에서는 수입물품에는 관세를 부과한다고 규정하여 관세 부과의 대상이 수입물품임을 명확히 하고 있다.

## 4 용어의 정의

### 1) 수입

> 제2조(정의) 이 법에서 사용하는 용어의 뜻은 다음과 같다.
>
> 1. "수입"이란 외국물품을 우리나라에 반입(보세구역을 경유하는 것은 보세구역으로부터 반입하는 것을 말한다)하거나 우리나라에서 소비 또는 사용하는 것(우리나라의 운송수단 안에서의 소비 또는 사용을 포함하며, 제239조 각 호의 어느 하나에 해당하는 소비 또는 사용은 제외한다)을 말한다.

### (1) 원칙적인 경우의 수입

① 외국물품을 우리나라에 반입하는 것
② 보세구역을 경유하는 것은 보세구역으로부터 반입하는 것
③ 우리나라에서 소비 또는 사용하는 것
④ 우리나라의 운송수단 안에서의 소비 또는 사용을 포함

☞ 제239조 각 호의 어느 하나에 해당하는 소비 또는 사용(수입으로 보지 아니하는 사용 또는 소비)
㉠ 선용품·기용품 또는 차량용품을 운송수단 안에서 그 용도에 따라 소비하거나 사용하는 경우
㉡ 출국심사 후 경유하는 자에게 제공 용도사용[2)]
㉢ 여행자가 휴대품을 운송수단 또는 관세통로에서 소비하거나 사용하는 경우
㉣ 출국대기 중 기내에서 기내식으로 제공
※ 이 경우는 관세법상 수입이 아니기 때문에 관세를 징수하지 않는다.

수입의 개념에서 '우리나라'라 함은 우리나라의 영역인 영토 이외에 영해를 포함하므로 영토와 영해 12해리까지를 의미한다. 그러므로 보세구역을 경유하여 반입되지 않는 것은 우리나라의 영역에 그 외국물품이 들어옴으로써 수입이 이루어진다고 할 수 있다.

### (2) 수입의 의제 사유

다음의 하나에 해당하는 것은 통관절차를 거치지 않았으나 적법하게 반입이 되어 수입신고가 수리되어 내국물품으로 간주하고 관세를 징수하지 않는다.

① 국고귀속물품
② 통고처분물품
③ 매각물품
④ 우편물
⑤ 추징물품
⑥ 몰수물품

2) 선(기)용품 또는 차량용품을 관세청장이 정하는 지정보세구역에서 출입국관리법에 따라 출국심사를 마치거나 우리나라에 입국하지 아니하고 우리나라를 경유하여 제3국으로 출발하려는 자에게 제공하여 그 용도에 따라 소비하거나 사용하는 경우.

### (3) 밀수입품

밀수품의 경우 수입신고수리가 되지 않아 외국물품 상태이며 관세가 징수되지 않았지만 국내에 밀수입되어 사용 또는 소비되고 있기 때문에 수입이며, 이 경우는 관세법을 위반한 수입이다.

## 2) 수출

① 내국물품을 외국으로 반출하는 것을 말한다.
② 체신관서가 외국으로 발송한 우편물은 적법하게 수출되거나 반송된 것으로 본다(수출의 의제).

| ※ 반출시점<br>① 정상수출물품은 외국무역선(기)에 적재한 시점<br>② 선박(항공기)는 외국을 향하여 운항을 개시 시점<br>③ 우리나라 선박이 공해에서 채취한 수산물 등을 공해에서 직접 수출하는 때에는 외국을 향하여 운항을 개시한 때 또는 외국으로 향하는 선박에 이적한 시점<br>④ 우편물은 체신관서에서 세관검사를 완료한 시점 |
|---|

## 3) 반송

국내에 도착한 외국물품이 수입통관절차를 거치지 아니하고 다시 외국으로 반출되는 것을 말한다.

| ☞ 반송 VS 재수출<br>반송 : 외국물품 → 외국물품<br>재수출 : 외국물품 → 내국물품 → 외국물품 |
|---|

## 4) 외국물품

① 외국으로부터 우리나라에 도착된 물품[외국의 선박 등이 공해(공해, 외국의 영해가 아닌 경제수역을 포함한다. 이하 같다)에서 채집하거나 포획한 수산물 등을 포함한다]으로서 수입의 신고가 수리되기 전의 것
② 수출의 신고가 수리된 물품

③ 보세작업의 결과 외국물품에 부가된 내국물품
④ 보세공장에서 내국물품과 외국물품을 원재료로 하여 만든 물품

### 5) 내국물품

① 우리나라에 있는 물품으로 외국물품이 아닌 것
② 우리나라의 선박 등에 의하여 공해에서 채집 또는 포획된 수산물 등
③ 입항전수입신고가 수리된 물품
④ 출항전수입신고가 수리된 물품
⑤ 수입신고수리 전 반출승인을 얻어 반출된 물품
⑥ 수입신고 전 즉시반출신고를 하고 반출된 물품
⑦ 수입의 의제

### 6) 선박용품

① 음료, 식품, 연료, 소모품, 밧줄, 수리용 예비부분품 및 부속품, 집기 기타 이와 유사한 물품으로서 해당 선박(항공기)에서만 사용되는 것을 말한다(닻, 구명용구, 단네이지, 계기류, 전기기구류 등).
② 수리용에 한하여 인정되며 대체품은 포함하지 않는다. – 엔진은 선용품이 아니다.
③ 항해 중 선원에 의해 자체 수리 가능한 물품
④ 선수품(원양어선에서 사용하는 어망, 그물), 신변용품 등은 선용품이 아니다.

### 7) 통관

이 법에 따른 절차를 이행하여 물품을 수출・수입 또는 반송하는 것을 말한다.

### 8) 환적

동일한 세관관할구역 안에서 입국 또는 입항하는 운송수단에서 출국 또는 출항하는 운송수단으로 물품을 옮겨 싣는 것을 말한다.

### 9) 복합환적(複合換積)

입국 또는 입항하는 운송수단의 물품을 다른 세관의 관할구역으로 운송하여 출국 또는 출항하는 운송수단으로 옮겨 싣는 것을 말한다.

### 10) 운영인

① 특허보세구역의 설치·운영에 관한 특허를 받은 자
② 종합보세사업장의 설치·운영에 관한 신고를 한 자

## 5 관세법의 해석과 적용

### 1) 관세징수의 우선

① 관세를 납부하여야 하는 물품에 대하여는 다른 조세 기타 공과금과 채권에 우선하여 그 관세를 징수한다.
② 국세징수의 예에 따라 관세를 징수하는 경우 체납처분의 대상이 해당 관세를 납부하여야 하는 물품이 아닌 재산인 경우에는 관세의 우선순위는 「국세기본법」에 따른 국세와 동일하게 한다.

### 2) 내국세 등의 부과·징수

① 수입물품에 대하여 세관장이 부과·징수하는 부가가치세, 지방소비세, 담배소비세, 지방교육세, 개별소비세, 주세, 교육세, 교통·에너지·환경세 및 농어촌특별세(이하 "내국세 등"이라 하되, 내국세 등의 가산세 및 강제징수비를 포함한다)의 부과·징수·환급 등에 관하여 「국세기본법」, 「국세징수법」, 「부가가치세법」, 「지방세법」, 「개별소비세법」, 「주세법」, 「교육세법」, 「교통·에너지·환경세법」 및 「농어촌특별세법」의 규정과 이 법의 규정이 상충되는 경우에는 이 법의 규정을 우선하여 적용한다.
② 각 법과 관세법의 규정이 상충되는 때에는 관세법의 규정을 우선하여 적용한다.
③ 이 법에 따른 가산세 및 강제징수비의 부과·징수·환급 등에 관하여는 이 법 중 관세의 부과·징수·환급 등에 관한 규정을 적용한다.

④ 수입물품에 대하여 세관장이 부과·징수하는 내국세 등의 체납이 발생하였을 때에는 징수의 효율성 등을 고려하여 필요하다고 인정되는 경우 대통령령으로 정하는 바에 따라 납세의무자의 주소지(법인의 경우 그 법인의 등기부에 따른 본점이나 주사무소의 소재지)를 관할하는 세무서장이 체납세액을 징수할 수 있다.

⑤ 수입물품에 대하여 세관장이 부과·징수하는 내국세 등에 대한 담보제공 요구, 국세충당, 담보해제, 담보금액 등에 관하여는 이 법 중 관세에 대한 담보 관련 규정을 적용한다.

## 3) 법 적용의 원칙 등[3)]

### (1) 법 해석의 기준과 소급과세의 금지

① 이 법을 해석하고 적용할 때에는 과세의 형평과 해당 조항의 합목적성에 비추어 납세자의 재산권을 부당하게 침해하지 아니하도록 하여야 한다.

② 이 법의 해석이나 관세행정의 관행이 일반적으로 납세자에게 받아들여진 후에는 그 해석이나 관행에 따른 행위 또는 계산은 정당한 것으로 보며, 새로운 해석이나 관행에 따라 소급하여 과세되지 아니한다(법률불소급의 원칙).

③ 제1항 및 제2항의 기준에 맞는 이 법의 해석에 관한 사항은 「국세기본법」 제18조의2에 따른 국세예규심사위원회에서 심의할 수 있다.

④ 이 법의 해석에 관한 질의회신의 처리 절차 및 방법 등에 관하여 필요한 사항은 대통령령으로 정한다.

### (2) 신의성실

납세자가 그 의무를 이행할 때에는 신의에 따라 성실하게 하여야 한다. 세관공무원이 그 직무를 수행할 때에도 또한 같다.

### (3) 세관공무원의 재량의 한계

세관공무원은 그 재량으로 직무를 수행할 때에는 과세의 형평과 이 법의 목적에 비추어 일반적으로 타당하다고 인정되는 한계를 엄수하여야 한다(권력남용과 자의적 해석 방지).

3) 이양기, 무역관계법, 박영사, 2023, 10-13면

## 4) 납부기한

### (1) 기간과 기한의 계산

① 기산일 : (~로부터) 그 다음날
② 만료일 ; 일인 경우 - 일자로 계산
③ 만료일 ; 월인 경우 - 해당 월의 일자
④ 기한이 공휴일, 휴일 - 그 다음날을 기한
⑤ 수입신고수리전 반출승인을 얻은 때에는 그 승인일을 수입신고의 수리일로 본다.
⑥ 국가관세종합정보망 또는 전산처리설비가 대통령령으로 정하는 장애로 가동이 정지되어 이 법에 따른 기한까지 이 법에 따른 신고, 신청, 승인, 허가, 수리, 교부, 통지, 통고, 납부 등을 할 수 없게 되는 경우에는 그 장애가 복구된 날의 다음 날을 기한으로 한다.
⑦ 특별한 규정이 없으면 민법의 규정을 적용한다.
⑧ 이 법에 따른 기한이 공휴일(｢근로자의 날 제정에 관한 법률｣에 따른 근로자의 날과 토요일을 포함한다) 또는 대통령령으로 정하는 날에 해당하는 경우에는 그 다음 날을 기한으로 한다.

### (2) 관세의 납부기한

① 신고납부 : 납세신고수리일부터 15일 이내(수입신고수리전 반출승인을 받은 경우에는 승인일로부터 15일 이내 - 이 경우는 승인일을 수입신고수리일로 보기 때문)
② 부과고지 : 납부고지를 받은 날부터 15일 이내
③ 수입신고 전 즉시반출신고 - 수입신고일부터 15일 이내
④ 납세의무자는 수입신고가 수리되기 전에 당해 세액을 납부할 수 있다.
⑤ 세관장은 납세실적 등을 고려하여 관세청장이 정하는 요건을 갖춘 성실납세자가 대통령령으로 정하는 바에 따라 신청을 할 때에는 납부기한이 동일한 달에 속하는 세액에 대하여는 그 기한이 속하는 달의 말일까지 한꺼번에 납부하게 할 수 있다(승인의 유효기간은 승인일부터 2년이 되는 날이 속하는 달의 마지막 날까지이다).

### (3) 기한의 연장

세관장은 천재지변이나 그 밖에 대통령령으로 정하는 사유로 이 법에 따른 신고, 신청, 청구, 그 밖의 서류의 제출, 통지, 납부 또는 징수를 정하여진 기한까지 할 수 없다고 인정되는 경우에는 1년을 넘지 아니하는 기간을 정하여 대통령령으

로 정하는 바에 따라 그 기한을 연장할 수 있다.

① 전쟁, 화재 등
② 사업에 현저한 손실을 입은 경우
③ 사업이 중대한 위기에 처한 경우
④ 기타 세관장이 인정하는 경우
⑤ 납부기한 종료 전에 세관장에게 신청
⑥ 세관장이 납세고지를 하며 담보 제공을 요구할 수 있음

### (4) 서류의 송달

① 관세의 납세고지서는 납세의무자에게 ㉠ 직접 발급하는 경우를 제외하고는 ㉡ 인편(人便)이나 ㉢ 우편, 전자송달의 방법으로 한다.
② 세관장은 관세의 납세의무자의 주소, 거소(居所), 영업소 또는 사무소가 모두 분명하지 아니하여 관세의 납부고지서를 송달할 수 없을 때에는 해당 세관의 게시판이나 그 밖의 적당한 장소에 납부고지사항을 공시(公示)할 수 있다.
③ 납부고지사항을 공시하였을 때에는 공시일부터 14일이 지나면 관세의 납세의무자에게 납부고지서가 송달된 것으로 본다.

### (5) 서류의 보관

이 법에 따라 가격신고, 납세신고, 수출입신고, 반송신고, 보세화물반출입신고, 보세운송신고를 하거나 적하목록을 제출한 자는 신고 또는 제출한 자료(신고필증을 포함한다)를 신고 또는 제출한 날부터 5년의 범위에서 대통령령으로 정하는 기간 동안 보관하여야 한다.

① 수입 - 5년, 수출 및 반송 - 3년, 보세 - 2년
② 의무 위반시 2천만원 이하 벌금
③ 과실의 경우 3백만원 이하의 벌금

## 6 관세의 부과와 징수[4)]

세금을 부과하는 데 갖추어야 할 몇 가지 조건을 과세요건이라고 한다. 관세법

4) 이양기, 무역관계법, 박영사, 2023, 17-23면을 수정, 보완함

을 비롯한 모든 세법에는 과세요건에 관한 규정이 있으며, 이러한 과세요건을 갖추지 아니하면 세금을 부과할 수 없다.

## 1) 과세물건

### (1) 과세물건

① 과세의 객체 또는 과세대상을 말한다.
② 현행 우리나라의 관세법은 "수입물품에는 관세를 부과한다."고 규정하고 있다.

### (2) 수입물품의 범위

① 과세물건은 우리나라에 수입되는 물품이다.
② 유체물과 무체물로 구분할 수 있다.

## 2) 과세물건의 확정시기

### (1) 과세물건의 확정시기가 중요한 이유

운송 중에 중량이나 수량이 감소되거나 부패, 변질 또는 손상될 수 있기 때문이다.

### (2) 원칙적인 경우

① 관세는 수입신고(입항전 수입신고를 포함한다)를 하는 때의 물품의 성질과 그 수량에 따라 부과한다.
② 과세물건 확정시기는 수입신고시점이다.
③ 수입신고는 수입자가 수입 의사의 최초시점이다.
④ 세관의 수입검사가 이루어지는 가장 가까운 시점이란 점 등으로 가장 적당한 시점이 수입신고 시점이다.

### (3) 원료과세 물품

내수용 보세공장에서 제조, 가공된 물품 중 원료과세에 해당하는 물품에 대하여는 수입신고 할 때의 성질과 수량에 의하지 아니하고, 보세공장에 반입할 때 신청에 의하여 미리 검사를 받은 때의 원료의 성질과 수량에 의하여 관세를 부과한다.

### (4) 특수한 경우에 해당하는 물품

관세는 수입신고(입항전 수입신고를 포함)를 하는 때의 물품의 성질과 그 수량에 따라 부과한다. 다만, 다음 각 호의 어느 하나에 해당하는 물품에 대하여는 각 해당 호에 규정된 때의 물품의 성질과 그 수량에 따라 부과한다.

① 선박용품 및 항공기용품을 허가대로 적재하지 않아 관세를 징수하는 물품: 하역을 허가받은 때

② 보세구역 밖에서의 보수작업 허가 기간 경과의 규정 따라 관세를 징수하는 물품: 보세구역 밖에서 하는 보수작업을 승인받은 때

③ 보세구역장치 물품의 멸실・폐기 규정에 따라 관세를 징수하는 물품: 해당 물품이 멸실되거나 폐기된 때

④ 보세공장 역외작업 등의 허가 기간 경과에 따라 관세를 징수하는 물품: 보세공장 외 작업, 보세건설장 외 작업 또는 종합보세구역 외 작업을 허가받거나 신고한 때

⑤ 보세운송기간 경과물품에 대해 관세를 징수하는 물품: 보세운송을 신고하거나 승인받은 때

⑥ 수입신고가 수리되기 전에 소비하거나 사용하는 물품(제239조에 따라 소비 또는 사용을 수입으로 보지 아니하는 물품은 제외한다): 해당 물품을 소비하거나 사용한 때

⑦ 수입신고전 즉시반출신고를 하고 반출한 물품: 수입신고전 즉시반출신고를 한 때

⑧ 우편으로 수입되는 물품: 제256조에 따른 통관우체국(이하 "통관우체국"이라 한다)에 도착한 때

⑨ 도난물품 또는 분실물품: 해당 물품이 도난되거나 분실된 때

⑩ 이 법에 따라 매각되는 물품: 해당 물품이 매각된 때

⑪ 수입신고를 하지 아니하고 수입된 물품(전술한 내용에 해당하지 않는 물품): 수입된 때

### (5) 적용법령

관세의 과세대상인 수입물품이 외국에서 선적되어 우리나라에 인취되기까지에는 많은 절차와 과정을 거치게 되기 때문에 그러는 동안 관세 및 관세율에 관계되는 법령이 변경될 수도 있다. 따라서 관세법에서는 어느 때에 시행되는 법령을 적

응하여 관세를 과세할 것인가에 대한 일정한 기준을 정하고 있다.

## 2) 과세표준

관세의 과세표준은 수입물품의 가격 또는 수량으로 한다(법 제15조). 현행 우리나라 관세법에서는 종가세를 원칙으로 하고 일부 예외적인 경우에 한하여 종량세를 적용하고 있다.

## 3) 납세의무자

### (1) 원칙적인 납세의무자

원칙적으로 물품을 수입하는 때의 화주가 관세의 납세의무자이다.

| ① 수입을 위탁받아 수입업체가 대행수입한 물품인 경우: 그 물품의 수입을 위탁한 자<br>② 수입을 위탁받아 수입업체가 대행수입한 물품이 아닌 경우: 대통령령으로 정하는 상업서류에 적힌 물품수신인<br>③ 수입물품을 수입신고 전에 양도한 경우: 그 양수인 |
|---|

### (2) 특별납세의무자

① 선박용품 및 항공기용품을 허가대로 적재하지 않아 관세를 징수하는 물품의 경우에는 하역을 허가받은 자

② 보세구역 밖에서의 보수작업 허가 기간 경과의 규정 따라 관세를 징수하는 물품의 경우에는 보세구역 밖에서 하는 보수작업을 승인받은 자

③ 보세구역장치 물품의 멸실·폐기 규정에 따라 관세를 징수하는 물품의 경우에는 운영인 또는 보관인

④ 보세공장 역외작업 등의 허가 기간 경과에 따라 관세를 징수하는 물품인 경우에는 보세공장 외 작업, 보세건설장 외 작업 또는 종합보세구역 외 작업을 허가받거나 신고한 자

⑤ 보세운송기간 경과물품에 대해 관세를 징수하는 물품인 경우에는 보세운송을 신고하였거나 승인을 받은 자

⑥ 수입신고가 수리되기 전에 소비하거나 사용하는 물품(제239조에 따라 소비 또는 사용을 수입으로 보지 아니하는 물품은 제외한다)인 경우에는 그 소비자 또는 사용자

⑦ 수입신고전 즉시반출신고를 하고 반출한 물품인 경우에는 해당 물품을 즉시 반출한 자

⑧ 우편으로 수입되는 물품인 경우에는 그 수취인

⑨ 도난물품이나 분실물품인 경우에는 다음 각 목에 규정된 자

㉠ 보세구역의 장치물품(藏置物品): 그 운영인 또는 제172조 제2항에 따른 화물관리인(이하 "화물관리인"이라 한다)

㉡ 보세운송물품: 보세운송을 신고하거나 승인을 받은 자

㉢ 그 밖의 물품: 그 보관인 또는 취급인

⑩ 이 법 또는 다른 법률에 따라 따로 납세의무자로 규정된 자

⑪ 상기 외의 물품인 경우에는 그 소유자 또는 점유자

☞ 확장된 납세의무자

(1) 연대납세의무자

① 관세사, 관세사법인, 통관취급법인을 말한다.

② 수입신고가 수리된 물품 또는 제252조에 따른 수입신고수리전 반출승인을 받아 반출된 물품에 대하여 납부하였거나 납부하여야 할 관세액에 미치지 못하는 경우 해당 물품을 수입한 화주의 주소 및 거소가 분명하지 아니하거나 수입신고인이 화주를 명백히 하지 못하는 경우에는 그 신고인이 해당 물품을 수입한 화주와 연대하여 해당 관세를 납부하여야 한다.

(2) 제2차 납세의무자

① 관세의 담보로 제공된 것이 없고 납세의무자와 관세의 납부를 보증한 자가 납세의무를 이행하지 아니하는 경우에 납세의무를 진다.

② 법인이 해산하는 경우 청산인 또는 잔여 재산의 분배, 인도를 받은 자는 일정 범위 내에서 제2차 납세의무를 진다.

③ 법인의 관세에 대한 납세의무에 대해서 무한책임사원이나 과점주주 등의 출자자가 제2차 납세의무를 진다.

④ 무한책임사원이나 과점주주의 재산으로도 관세 징수 충당이 되지 않은 경우 일정한 형식에 의거해 법인이 제2차 납세의무를 진다.

⑤ 사업의 양수가 있는 경우에 양도인의 관세에 대한 납세의무에 대해서 사업양수인이 제2차 납세의무를 진다.

(3) 납세보증인

관세법 또는 다른 법령이나 조약 협정 등의 규정에 의하여 관세의 납부를 보

증한 자는 보증한 금액의 범위 안에서 그 관세의 납세의무를 진다.

| | |
|---|---|
| 신용보증기금 보증서 | 신용보증기금 |
| 기술신보 보증서 | 기술신용보증기금 |
| 은행의 지급보증 | 은행 |
| 납세보증보험증권 | 보증보험회사 |

## 4) 관세율의 종류

관세율이란 세액을 결정하기 위하여 과세표준에 대하여 적용되는 비율(과세표준×관세율= 세액)

### (1) 기본세율

관세법 별표 관세율표상의 기본세율은 통상 수입물품에 원칙적으로 적용되는 세율이다.

### (2) 잠정세율

관세법 별표 관세율표에 기본세율과 함께 표시된 세율로서, 특정한 품목에 대해서 기본세율과 다른 세율을 임시로 적용하기 위하여 마련된 특별한 세율을 말한다.

### (3) 덤핑방지관세

① 의의

덤핑방지관세란 외국의 수출자가 부당하게 낮은 가격으로 수출한 물품(덤핑수출물품)이 국내에 수입되어 국내산업에 손해를 입힐 경우에 수출국의 덤핑효과를 제거하기 위하여 부과하는 관세이다.

② 세율

덤핑차액에 상당하는 금액이하의 관세를 실행관세에 추가부과

### (4) 상계관세

① 의의

상계관세란 수출국이 장려금이나 보조금(보조금 등)을 지급한 물품이 국내에 수입되어 국내 산업에 손해를 입힐 경우에 수입국이 (보조금 등을 지급받은) 수출물품

에 대한 외국 정부 등의 보조금등을 받은 만큼의 경쟁력을 상쇄시키기 위하여 부과 관세이다.

② 세율

보조금 등의 금액 이하의 관세를 실행관세에 추가부과

### (5) 보복관세

① 의의

보복관세란 우리나라의 수출물품・선박・항공기 등에 불리한 대우를 하는 국가로부터 수입되는 물품에 대하여 할증부과하는 관세를 말한다.

② 세율

피해상당액의 범위 안에서 관세를 부과

### (6) 긴급관세

① 의의

긴급관세란 중요 국내산업의 긴급한 보호, 특정물품 수입의 긴급한 억제 등의 필요가 있을 때 특정물품의 관세율을 높여서 부과하는 관세를 말한다.

② 세율

심각한 피해 등을 방지하거나 치유하고 조정을 촉진하기 위하여 필요한 범위 안에서 관세를 추가부과

③ 부과기간

㉠ 긴급관세의 부과기간은 4년을 초과할 수 없으며

㉡ 재심사의 결과에 따라 부과기간을 연장하는 경우에는 잠정긴급관세의 부과기간 긴급관세의 부과기간, 「대외무역법」상 수입수량제한 등의 적용기간 및 그 연장기간을 포함한 총 적용기간은 8년을 초과할 수 없다.

㉢ 잠정긴급관세는 200일을 초과하여 부과할 수 없다.

### (7) 농림축산물에 대한 특별긴급관세

국제협력관세 규정(법 제73조)에 의하여 국내외 가격차에 상당한 율로 양허한 농림축산물의 수입물량이 급증하거나 수입가격이 하락하는 경우에는 대통령령으로 정하는 바에 따라 양허한 세율을 초과하여 관세를 부과할 수 있다.

### (8) 조정관세

조정관세란 정부가 수입자유화 정책을 실시하면서 나타난 부작용을 제거하고자 1984년 마련 및 시행한 제도이다. 수입자유화 정책에 따라 수입자유화 품목에 대한 수입이 급증하여 국민경제에 부정적인 영향을 미칠 우려가 있으므로 수입자유화 수용태세가 어느 정도 갖추어질 때까지 관세율을 상향 조정하여 부과하는 관세이다.

### (9) 할당관세

할당관세란 관세율을 인상 또는 인하를 통하여 수입수량을 조절하는 탄력관세의 일종이다. 특정물품의 수입에 대하여 일정한 수량의 쿼터를 설정하여 놓고 그 수량 또는 금액만큼 수입되는 분에 대하여는 무세 내지 저세율을 적용하고, 그 이상 수입되는 분에 대해서는 고세율을 적용하는 일종의 이중관세율제도이다.

### (10) 계절관세

계절관세란 수입되는 시기에 따라 세율을 달리 적용하여 우리나라 농수산물의 생산자보호 및 물가안정등을 목적으로 하는 탄력관세의 일종이다.

### (11) 편익관세

관세에 관한 조약에 따른 편익을 받지 아니하는 나라의 생산물로서 우리나라에 수입되는 물품에 대하여 이미 체결된 외국과의 조약에 따른 편익의 한도에서 관세에 관한 편익을 부여할 수 있다.

### (12) 국제협력관세

정부는 우리나라의 대외무역 증진을 위하여 필요하다고 인정될 때에는 특정 국가 또는 국제기구와 관세에 관한 협상을 할 수 있다. 정부는 관세에 관한 협상을 수행할 때 필요하다고 인정되면 관세를 양허할 수 있다. 다만, 특정 국가와 협상할 때에는 기본 관세율의 100분의 50의 범위를 초과하여 관세를 양허할 수 없다.

## 5) 세율 적용의 우선순위

하나의 물품에 대해 여러 관세율이 적용되는 경우에는 세율적용의 우선순위에 따라 적용되는 순위의 세율을 적용한다.

| 순 위 | 종 류 | 비 고 |
|---|---|---|
| 1 | 덤핑방지관세 | 무조건 최우선 적용 |
| | 상계관세 | |
| | 보복관세 | |
| | 긴급관세 | |
| | 특정국물품긴급관세 | |
| | 농림축산물에 대한 특별긴급관세 | |
| 2 | 편익관세 | 3순위 이하 세율보다 세율이 낮은 경우에 우선 적용 |
| | 국제협력관세 | |
| | ※다만, 국제협력관세에 따라 국제기구와의 관세에 관한 협상에서<br>① 국내외의 가격차에 상당하는 율로 양허하거나<br>② 국내시장 개방과 함께 기본세율보다 높은 세율로 양허한 농림축산물 중 대통령령으로 정하는 물품에 대하여 양허한 세율(시장접근물량에 대한 양허세율을 포함)은 기본세율(6순위) 및 잠정세율(5순위)에 우선하여 적용한다. | |
| 3 | 조정관세 | – |
| | 할당관세 | 4순위 세율(일반특혜관세)보다 낮은 경우에 우선 적용 |
| | 계절관세 | – |
| 4 | 일반특혜관세 | – |
| 5 | 잠정세율 | – |
| 6 | 기본세율 | – |

※세율을 적용할 때 별표 관세율표 중 종량세인 경우에는 해당 세율에 상당하는 금액을 적용한다.

## 연구과제

1. 관세법과 대외무역법상의 "수입"에 대한 해석과 적용기준의 상이점에 대하여 설명하시오.
2. 신속한 통관을 위한 제도는 어떠한 것들이 설명하시오.
3. 국내의 수출자가 일반재로 수입된 물품을 수출하였을 경우, 이미 납부한 관세를 환급받을 수 있는지 여부에 대하여 설명하시오.
4. 물품의 일시수입통관제도(ATA 까르네)에 의하여 일시적으로 면세 수출・수입할 수 있는 요건과 해당 물품의 예를 설명하시오.

Chapter

9

# 국제물품운송

Chapter

# 9 국제물품운송

## 제 1 절 해상운송[1)]

무역거래에서 매매당사자 간의 계약이행을 위해서는 필연적으로 국제물품운송이 수반된다. 국제물품운송은 국제 간에 재화의 위치변화를 통하여 가치형성에 기여하는 서비스로 그 기본적 기능은 인적·물적 자원의 이동을 통하여 자원의 효율성을 높이는 데 있다. 이 장에서는 국제물품운송과 관련하여 운송형태를 해상운송, 컨테이너운송, 국제복합운송, 항공운송, 철도 및 도로운송으로 대별하여 살펴보기로 한다.[2)]

### 1 해상운송의 의의

전통적으로 국제물품운송을 주도해 오고 있는 운송형태는 해상운송이다. 해상운송(carriage by sea)이란 해상에서 선박을 이용하여 사람 또는 재화를 장소적·공간적으로 이전하는 서비스를 말한다. 해상운송은 육상운송보다 비교적 많은 위험성이 있고 철도나 자동차에 비해 평균속도가 늦기는 하지만 한꺼번에 대량의 화물을 운반할 수 있는 것이 특징이다. 또한 해상운송은 타운송수단과 비교할 때 운송비가 매우 저렴하여 원거리 수송에 불철주야 이용할 수 있고, 철도와 자동차처럼 협소한 통로의 제약을 받지 않은 자유로운 운송로를 이용할 수 있으며, 세계를 무대로 하고 있으므로 국제성이 높은 산업이라 할 수 있다. 해상운송은 국민경제에 기여하는 역할도 크다. 즉 운송서비스를 통하여 무역거래를 촉진시키고, 운임수입을 통하여 국제수지에 기여하며, 철강·조선업, 보험업, 창고업 등 연관산업발전

1) 강원진, 이양기, 최신국제상거래론, 박영사, 2014, 415-432면을 수정, 보완함)

2) 운송서류에 대해서는 8장 7.3을 참조.

을 파급시키고, 전시에 병력 및 군수물자를 수송하는 등 국방 목적에도 크게 기여할 수 있다.

## 2 해상운송의 형태

해상운송은 선박의 운항형태에 따라 정기선 운송, 부정기선 운송, 특수전용선 운송으로 대별할 수 있다.

### 1) 정기선 운송

정기선(liner)이란 정해진 항로를 따라 규칙적으로 반복 운항하는 선박을 말한다. 정기선은 주로 일반화물(general cargo)을 운송하는데 이용된다. 정기선 운송의 특징은 운항일정(sailing schedule) 및 운임요율표(freight tariff)가 공시되고 화물의 다소에 관계없이 고정된 항로를 규칙적으로 운항하며 다수 화주의 소량화물 및 컨테이너화물, 여객, 우편물 등을 운송대상으로 한다.

정기선 운송은 선박자체도 부정기선에 비하여 고가이고 화물도 완제품 내지 반제품인 2차 상품이 대종을 이루기 때문에 운임이 높고 운송계약 형태도 개품운송계약(contract of affreightment in a general ship)에 의존하게 되어 해운동맹(shipping conference)이 결성되어 있는 것이 일반적이다. 또한 정기선 운송은 화물이 있든 없든 일정에 따라 규칙적으로 운항하여야 하므로 많은 선박이 필요하고 경영조직 규모도 커야 하기 때문에 막대한 자본을 요하는 위험도가 높은 사업이라고 할 수 있다. 해상운송 초기에는 부정기선 운송의 형태를 취했으나 국제무역량의 증대와 컨테이너의 출현과 발달에 따라 정기선 운송은 해상운송의 주류를 이루고 있다.

### 2) 부정기선 운송

부정기선(tramper)이란 운송 수요자의 요구에 따라 수시로 어느 곳에나 운항하는 선박을 말한다.[3] 부정기선은 정기적으로 일정한 항로를 운항하는 정기선과 달리 항로나 화물 또는 항해에 관한 아무런 제한을 받지 않고 집화가 가능한 곳을

3) 항구에서 항구로 세계의 바다를 방황하듯 돌아다닌다 하여 tramper(방랑자)라는 이름이 붙었다.

찾아 어느 곳이거나 회항하기도 한다. 정기선의 경우에는 화물이 선박을 찾아오는데 비하여 부정기선의 경우에는 선박이 화물을 찾아다닌다고 할 수 있다.

부정기선 운송의 특징은 운송수요가 급증하는 화물과 운임부담력이 약한 대량의 살물(撒物; bulk cargo), 즉 광석, 곡물, 원당, 원면, 원목, 비료 등을 주운송 대상으로 하며, 운임도 정기선이 공정운임률과 개품운송계약에 따라 결정되는 것과는 달리 그 당시의 수요와 공급에 의하여 결정되고 용선계약(charter party)에 의하는 것이 보통이다. 정기선에 비하여 부정기선은 고정된 항로가 없고, 운임도 낮은 요율을 적용하며 운임 변동폭이 심하다. 그러나 부정기선 운송은 정기선 운송이 그 운용면에서 한계성이 있고 상호보완적이면서 특징적인 활동분야를 갖고 있기 때문에 해상운송의 형태로 병존할 수밖에 없다. 정기선과는 달리 부정기선은 고정된 기항항구가 없고, 운임도 낮은 요율을 적용하며 운임변동폭이 심하다. 소자본으로 운영이 가능한 부정기선운송은 정기선운송이 그 운용면에서 한계성이 있으므로 상호보완적이면서 특징적인 활동분야를 갖고 있다.

### 3) 특수전용선 운송

특수전용선(specialized carrier)이란 특정한 화물만을 운송할 목적으로 건조된 선박이다. 광의로는 부정기 운송의 일종이나[4] 화물의 성질에 따라 특수한 시설이 갖추어져 있어 산업운송(industrial shipping) 서비스를 담당하고 있기 때문에 다른 운송과 특별히 구별할 수 있다. 특수전용선의 종류로는 유류를 운송하는 유조선(oil tanker), 수산물이나 청과물을 운송하는 냉동선(refrigerated carrier), 철광석과 원유를 선택해서 운송할 수 있는 O/O선(ore/oil carrier), 목재전용선(log carrier), 자동차전용선(car carrier), 가스전용선(LPG tanker carrier, LNG tanker carrier) 등이 있다.

특수전용선 운송은 일반화물의 운송이나 단순한 살물의 운송만으로는 담당하지 못할 특수한 화물에 대하여 편리하고 안전한 운송을 담당할 수 있을 뿐만이 아니라 플랜트(plant)수출 등과 관련하여 산업사회의 다양한 운송방식에 기여하고 있다.

---

4) 탱커운송은 정유회사들이 해운회사를 가지고 화물의 선적항과 양화항 사이를 계속적으로 취항하기 때문에 화물의 성격상으로는 부정기선이나 항로면에서는 정기선 운송이기 때문에 정기선과 부정기선의 중간형태라고 할 수 있다.

## 3 해상운송계약

매매대상인 물품을 해상운송하기 위해서는 적당한 선박회사의 선복(船腹; ship's space)을 미리 예약(booking)하여 두어야 한다. 화물의 성질에 알맞은 선복을 확보하기 위하여 선박회사와 운송계약을 잘 체결해 두는 것은 무역계약의 이행에서 중요한 일이다.

선복을 확보하기 위해서는 화물의 성질, 수량, 포장상태 또는 거래의 특성을 감안하여 개품운송계약이나 용선운송계약을 체결하여야 한다.

### 1) 개품운송계약

개품운송계약(contract of affreightment in a general ship)이란 개개의 물품을 대상으로 선박회사와 화주간에 물품운송계약을 개별적으로 체결하는 것을 말한다.

컨테이너 운송의 경우 특히 선박회사는 다수의 화주로부터 물품을 인수하여 혼재(consolidation)하게 되므로 정기선(liner)에 의한 운송은 보통 개품운송계약방식에 의한다. 개품운송계약은 불요식계약(informal contract)이므로 계약체결에 있어서 어떠한 방식도 요구되지 않으나 대개 송화인(shipper) 또는 그 대리인이 선박회사나 대리점에 물품운송을 신청하는 "선복요청서(shipping request: S/R)"를 제출하고 선박회사가 이를 승낙함으로써 성립된다. 운송계약은 다음과 같은 절차에 따라 진행된다.

① 화주는 배선표(Shipping Schedule)를 통하여 항로별 선박명이나 입항예정일(ETA)와 출항예정일(ETD)를 확인한다.

② 해당 선박회사에 선복요청서(Shipping Request)를 제출하여 선복신청을 한다. 이때 상업송장, 포장명세서, 신용장 사본 등을 첨부해야 한다.

③ 선박회사가 선적지시서(Shipping Order)를 발행한다.

④ 화주는 선적지시서를 본선 1등 항해사에게 제시 후 선적한다.

⑤ 본선 수령증(M/R : Mate Receipt)을 취득 후 선박회사에 제시하고 선하증권(B/L)을 발급받는다.

### 2) 용선운송계약

용선운송계약(contract of carriage by charter party)이란 화주가 선박회사로부터

선복의 전부 또는 일부를 빌려 물품을 운송할 경우에 체결하는 계약을 말한다. 용선운송계약에 의하여 운송되는 물품은 주로 1회의 적화가 다량의 석탄, 광석, 원목, 곡물과 같은 살물(bulk cargo)이며 부정기선(tramper)을 이용하는 것이 일반적이다. 용선운송계약은 전부용선과 일부용선으로 구분된다. 전부용선(whole charter)이란 용선계약 시에 선복의 전부를 빌리는 것으로 정기용선과 항해용선 및 선체용선으로 구별된다. 한편 일부용선(partial charter)이란 용선계약 시에 선복의 일부만을 빌리는 경우 체결되는 용선계약을 말한다. 용선운송 계약 시에는 개품운송계약과는 달리 표준화된 용선계약서(charter party: C/P)에 의하여 정식으로 운송계약을 체결하고 있다.

### (1) 정기용선계약

정기용선계약(time charter)이란 선박을 일정 기간을 정하여 용선하는 것으로 기간용선계약이라고도 하는데, 선주는 선박에 부속용구 및 항해에 필요한 장비를 갖추고 선장 및 선원을 승선시킨 상태에서 선박의 내항성(seaworthiness)을 유지하여 용선주에게 임대하여 주는 계약을 말한다.

선주는 용선기간 중에 선박의 선원비 · 선용품비 · 수리비 · 검사비 등의 직접비(direct cost)와 선박의 감가상각비 · 금리 · 보험료 등의 간접비(indirect cost)를 부담하여야 하며, 용선주는 정기용선료(time charter hire) 외에 항만사용료 · 연료비 · 적양화비 · 운반비를 부담하여야 한다. 정기용선주는 자기의 화물을 운송하는 경우도 있으나 용선된 선박으로 타인의 화물을 운송하여 얻은 운임에서 용선비와 전술한 제비용을 공제한 차액을 취하는 용선주도 있다.

### (2) 항해용선계약

항해용선계약(voyage charter; trip charter)이란 어느 항구에서 어느 항구까지의 일 항차 또는 수개항차에 걸쳐 물품운송을 의뢰하는 화주(용선주; charterer)와 선박회사 사이에 체결한 용선계약을 말한다.[5)]

항해용선계약에서의 운임은 "화물의 톤당 얼마"로 표시되는 경우가 일반적이다. 그러나 항해용선계약의 변형으로 운임은 "한 항해에 얼마"로 포괄운임을 내는 선복용선계약(lump sum charter)[6)]과 "1일 얼마"로 용선요율을 정하는 일부용선계약

---

5) 일반적으로 해운업계에서 용선이라 하면 선박회사가 다른 선주로부터 용선하는 경우를 말하며 선박회사가 자기소유 선박을 일단 외국에 판매하였다가 그 외국적 선박을 재용선하는 경우를 특히 "Charter Back"이라고 한다.

(daily charter)이 있다.

① 항해용선계약을 위한 표준서식

항해용선계약에서 대표적인 일반서식은 "GENCON(uniform general charter)"[7]으로 발틱국제해운동맹(The Baltic and International Maritime Conference: BIMCO)의 전신인 발틱백해동맹(The Baltic and White Sea Conference)이 1922년에 제정하고 영국해운회의소에 의해 채택한 것으로 1976년에 개정되어 현재 널리 사용되고 있다.[8]

② 항해용선계약에서의 주요 조건

㉮ 적・양화비 부담조건

항해용선계약에서 적・양화비의 부담조건으로 "선내인부임(stevedorage)"을 선주와 화주 중에 누가 부담할 것인가에 대하여 다음 중 어느 한 가지를 선택하여 명확하게 약정하여야 한다.

i) Berth Terms(Liner Terms): 선적 및 양화 시 선내인부임은 모두 선주가 부담하는 조건이다. 이 조건은 오늘날 특히 정기선에 의한 운송의 경우에도 많이 이용되고 있다.

ii) F.I.O.(Free In and Out): "Berth Terms"와 반대로 선적 및 양화 시 선내인부임은 모두 화주가 부담하는 조건이다. 이는 용선운송의 경우에 많이 이용된다.

iii) F.I.(Free In): 선적 시의 선내인부임은 화주가 부담하고 양화 시는 선주가 부담하는 조건이다.

iv) F.O.(Free Out): F.I.와 반대로 선적 시의 선내인부임은 선주가 부담하고 양화 시는 화주가 부담하는 조건이다.

v) F.I.O.S.T.(Free In, Free Out, Stowed, Trimmed): 선적・양륙・본선 내의 적부・선창 내 "화물정리비(trimming charge)"는 모두 화주가 부담하는 조건이다. 즉

---

6) 이 경우에 지급되는 운임을 선복운임(lump sum freight)이라고 한다.

7) "GENCON"은 Code Name이다.

8) 석탄수송용으로는 1921년 발틱백해동맹이 제정 영국석탄수송협회 및 스칸디나비아 석탄 수입협회가 승인한 "BALCON(Balcon Charter Party)", 목재수송용으로는 1914년 발틱백해동맹이 채택하고 영국해운회의소가 공인한 "BENACON"(Chamber of Shipping British North American-Atlantic Wood C/P, 1914), 곡물수송용으로는 1914년 영국해운회의소 공인서식인 "GENTROCON(Chamber of Shipping River Plate Charter Party, 1914)" 및 1973년 미국의 선박중개대리점협회의 "NORGRAIN (North American Grain Charter Party, 1973)", 원유수송용으로는 1984년 미국 선박중개대리점협회의 "ASBA II(Tanker Voyage Charter Party)"가 있다.

F.I.O.조건에 "Stowage" 및 "Trimming Charge"가 추가되는 것이다.

㉯ 정박기간의 표시

정박기간(laydays; laytime)이란 화주가 용선한 선박에 계약물품을 적재 또는 양륙하기 위하여 그 선박을 선적항 또는 양륙항에 정박할 수 있는 기간을 말한다. 그러나 화주가 약정한 기일 내에 양화를 끝내지 못하면 초과된 정박기간에 대하여 체선료(demurrage)를 지급하여야 하며 만일 약정기일 이전에 양화가 완료되면 선주가 화주에게 조출료(dispatch money)[9]를 지급하여야 한다.

정박기간을 약정하는 방법으로는 다음과 같은 것이 있다.

i) 관습적 조속한 적·양화(customary quick dispatch: C.Q.D.): 이는 관습적 방법 및 능력에 따라 가능한 한 빨리 적·양화하는 조건을 말한다. 이 경우 불가항력에 의한 적·양화 불능은 정박기간에서 공제되지만 일요일, 공휴일 및 야간 적·양화를 약정된 적·양화일에 포함시키느냐 여부는 특약이 없는 한 그 항구의 관습에 따른다.

ii) Running Laydays: 적·양화개시일로부터 종료시까지의 경과일수를 계산하는 방법이다. 따라서 우천, 파업 및 기타 불가항력 등 어떠한 원인에도 관계없이 적·양화개시 이후 종료시까지의 일수를 모두 정박기간에 계산하는 방법이다. 일요일이나 공휴일에 대해서도 이것을 제외한다는 특약이 없는 한 정박기간에 포함한다. "1일 몇 톤" 등과 같이 1일에 책임적·양화수량을 표시하는 것이 일반적이다.

iii) 호천 적·양화일(Weather Working Days: W.W.D.): 적·양화 가능한 좋은 일기상태의 날만 정박기간에 산입하는 것으로 현재 가장 많이 사용하고 있는 조건이다. 적·양화 가능한 상태여부는 화물의 종류에 따라 차이가 있으므로 선장과 화주가 그 때마다 협의하여 결정하는 것으로 한다. 일요일과 공휴일 처리방법에 대해서는 "Sunday and holidays excepted (SHEX)"라고 부기되면 일요일이나 공휴일에 작업하였어도 정박기간으로 계산하지 않고, "Sunday and holiday excepted unless used"라고 부기 되면 일요일·공휴일 적·양화시에는 정박기간에 산입된다. "unless used"에 있어서도 시간수만 계산하느냐 1일로 계산할 것인가 하는 문제가 발생하므로 실제 작업시간만 산입하고자 할 때에는 "unless used, but only time actually used to count"라고 약정하여야 한다.

정박기간의 기산시점은 적·양화준비완료통지서(notice of readiness: N/R)가 통

---

9) 조출료는 일반적으로 체선료의 1/2이다.

지된 후 일정시간이 경과되면 개시되지만 당해 항구의 관습에 따른다.

또한 적·양화가 완료되면 정박일수를 기재한 정박일 계산서(laydays statement)를 작성하여 선장 및 화주가 서명한다. 만일 약정된 대로 적·양화가 이행되지 않았다면 체선료나 조출료를 부담하게 된다.

#### (3) 선체용선계약

선체용선계약(bareboat charter; demise charter)이란 선주가 내항성(seaworthiness)이 있는 선체용선선박 운송업을 영위하는 선사에 용선하는 것으로 용선주가 선박 이외의 선원·장비·소모품 및 운항에 관한 모든 감독·관리에 대한 책임을 부담한다. 선박을 소유하고 있는 선주는 임대인이 되고 선박으로 해상운송업을 영위하는 선주는 임차인이 되는 것이다. 따라서 선체용선은 임대차용선(demise charter)이라고도 한다. 선주는 용선주로부터 매월 또는 상호합의한 시기에 선체용선료(bareboat charter hire)를 받는다. 또한 한국의 운송업자가 외국선박을 선체용선하여 한국의 선원과 장비 등을 갖추어 다시 외국에 재용선(sub-charter)하여 외화를 획득하기도 한다.

## 4 해운동맹과 해상운임

### 1) 해운동맹

#### (1) 해운동맹의 의의

원래의 해운동맹(shipping conference)은 상호간의 과당경쟁을 피하기 위하여 운임, 선적량, 선복량, 기항지, 운항 횟수 등 운송에 관한 각종 협정이나 계약을 통해 이루어지는 정기선사간 공동행위로서 국내적 또는 국제적 카르텔(cartel)의 일종으로 인정되었다. 해운동맹의 목적은 회원선사(member) 상호간의 화물적재량을 규제하여 과당경쟁을 피하고, 비동맹선과의 경쟁에 공동대처하며, 상호 협의를 통해 일정한 운임률을 안정적으로 유지하고자 하는 것이었다.

과거 동맹선사들은 공동운임을 설정하여 가격담합을 하거나, 동맹선사별로 선적량 또는 항로 등을 할당하여 경쟁을 배제하고 내부적 결속력을 유지하려고 하였다. 화주에 대해서는 계약을 통해 공시 운임률보다 낮은 운임률을 적용하거나, 계약관계가 없는데도 일정 기간 지속적으로 동맹선을 이용하면 이미 받은 전체 운임의 일정 비율만큼 환급해 주는 방식 등으로 구속하고자 하였다. 이러한 동맹 대내외의 조치들은 각국의 독점금지법이나 경쟁법에 저촉되는 것이었다.

1875년 최초의 해운동맹이 출현한 이래 유럽을 중심으로 세계 각국은 국가기간산업으로서의 해운산업의 특성상 해운동맹에 대하여 독점금지법 또는 경쟁법의 적용을 면제해 왔다. 가입과 탈퇴가 어려운 폐쇄형으로 운영되어 결속력이 높았던 유럽계 해운동맹의 주도하에 1970년대까지 정기선사간의 경쟁제한적인 공동행위가 지속되었으나, 1980년대 들어 사정이 급격하게 변화하였다.

미국의 1984년 신해운법(Shipping Act 1984)과 1998년 외항해운개혁법(Ocean Shipping Reform Act 1998)은 해운동맹에 대하여 독점금지법을 적용하는 대신 불공정거래행위를 금지하는 방향으로 규제하고 있는데, 특히 개별선사에게 화주와의 비밀서비스계약(confidential service contract), 독자행동권(independent action) 등을 인정한 것은 해운동맹을 약화시키는 결정적 계기가 되었다. EU의 경우 2006년 9월 해운동맹에 대하여 EU 경쟁법 적용의 일괄면제(block exemption)를 허용한 EU 규칙(EU Regulation 4056/86)을 폐지하였고, 2년의 유예기간이 지난 2008년 10월부터 해운동맹의 공동운임 설정과 선복량 조절행위 등 모든 경쟁제한행위가 금지됨으로써 사실상 국제적 카르텔로서의 해운동맹은 와해되었다.

### (2) 해운동맹의 변화

해운환경의 변화에 따라 국제적 카르텔 형태의 해운동맹은 소멸해 가고 있지만, 개별선사의 독립성을 유지하고 상호간의 경쟁을 제한하지 않는 범위 내에서 서로 협력하기 위한 정기선사들의 노력은 계속 되고 있다. 현재 전 세계의 주요 정기선사들은 전략적 제휴(global alliance)의 일환으로 각자의 이해관계에 따라 서로 다른 협력체를 결성하고 있다. 전략적 제휴의 방식으로 정기선사간 컨소시엄(consortium)을 구성하거나 합작투자(joint venture)를 통해 법인을 신설하는 경우도 있지만, 운항업무의 일부나 운항업무 전반에 관한 협정 또는 계약을 체결하는 방식, 이른바 지분 참여가 없는 계약형 전략적 제휴가 주종을 이루고 있다. 운항업무의 어느 범위까지 계약을 체결하느냐에 따라 협력의 강도가 다르게 결정된다고 볼 수 있다.

이러한 전략적 제휴를 통한 협력체제에 참여하는 정기선사들의 기본 목적은 공동운항(joint service)에 따른 운송서비스의 효율화를 달성하는 것이다. 즉 전략적 제휴를 통해 공동운항이 실현됨으로써 선복량(capacity)의 확충, 항로의 다양화, 운항비 절감 등에 따른 효율적 운송서비스의 제공이 가능하게 된다. 공동운항이 실현되기 위해서는 참여선사 간 선복의 공동사용, 터미널·시설·장비의 공동사용 및 항만인프라의 공동 개발, 경쟁을 제한하지 않는 정보의 공유 또는 교환이 필요하다. 통상 이러한 공동운항 관련업무 전반에 걸친 협력을 위하여 참여선사 간 선박공동사용계약(vessel sharing agreement ; VSA)이 체결되는데, 실무계에서는 이를 선박공유협정이라고도 부르고 있다.

위에서 언급한 공동운항의 필요조건 중 가장 기본적인 것은 선복의 공동사용이라고 할 수 있다. 참여선사 간 선복의 공동사용을 위해 이용되는 것이 이른바 슬로트용선계약(slot charter, slot charterparty)이다. 슬로트용선계약이란 선박소유자가 일정한 기간 동안 특정 항로를 운항하는 컨테이너선의 적재공간 일부를 용선자에게 제공하고, 이에 대하여 용선자가 용선료를 지급하기로 약정하는 계약을 말한다. 여기서 1 슬로트는 컨테이너선의 전체 적재공간에서 하나의 TEU 컨테이너가 차지하는 공간을 말한다. 통상 슬로트용선계약에서 선박소유자와 용선자는 모두 컨테이너 정기선사이다.

일반적으로 슬로트용선은 선복의 일부를 일정한 기간 동안 사용하는 것이므로 정기용선과 유사한 면이 있지만, 정기용선자와 달리 슬로트용선자는 선박의 자유사용권과 선원에 대한 지휘·감독권을 갖지 않으며, 선박 운항에 관한 비용도 부담하지 않는다. 슬로트용선자는 계약기간 내에 실제로 이루어지는 항해별로 용선료를 지급한다. 또한 슬로트당 설정된 용선료를 지급하되, 실제 사용 여부에 관계없이 사용하기로 약정한 전체 슬로트 수에 따라 용선료를 지급한다. 즉 실제 사용되지 않고 남아 있는 슬로트가 있더라도 슬로트용선료는 특정 항해에서의 전체 슬로트 수에 따라 결정되는 것이다. 이런 점들을 고려하면 슬로트용선계약은 항해용선계약의 특수한 형태로서 일부용선 또는 부분용선(space charter)에 해당하고, 일정한 기간을 단위로 한 항해용선, 즉 기간용선으로도 볼 수 있다.

전형적인 항해용선의 경우 용선자는 주로 산적화물을 취급하는 화주이지만, 슬로트용선자는 컨테이너선사로서 자기가 확보한 슬로트를 이용하는 실제 화주에 대해서는 운송인으로 행동한다. 즉 슬로트용선자인 컨테이너선사는 자기의 슬로트를 이용하는 실제 화주와 개품운송계약을 체결하고, 그 계약에 따라 운송인으로 행동하는 것이다. 다시 말하면, 항해용선자인 슬로트용선자(컨테이너선사)는 제3자(실제 화주)와의 재운송계약(sub-charter)을 통하여 (재)운송인의 지위를 가질 수 있다.

전략적 제휴에 참여하는 컨테이너 정기선사들은 상호간의 선복 공동사용을 위하여 교차슬로트용선계약(cross slot charter)을 체결하는 경우가 많은데, 실무상 이러한 경우를 선복교환(slot exchange)이라 부르기도 한다. 슬로트용선계약은 선박공동사용계약의 일부로서 체결될 수도 있고, 슬로트용선계약만 별개로 체결될 수도 있다.

이러한 전략적 제휴에 의한 선복의 공동사용을 통하여 각각의 참여선사가 공동운항을 실현하게 되면 자기가 직접 운항하지 않는 항로를 운항하는 다른 선사의 선박을 이용하여 항로를 다양화할 수 있다. 또한 자기의 선복량을 초과하는 운송물량에 대하여 같은 항로를 운항하는 다른 선사의 선복 일부를 빌려 운송하거나 또는 자기의 선복량에 현저히 미달하는 소량 화물을 직접 운송하지 않고 다른 선사의 선복 일부를 통하여 운송할 수 있으므로 운항비용을 절감할 수 있다.

전략적 제휴를 위한 협력체에 참여한 선사들은 상호간의 내부적 협력을 도모함과 동시에 비참여선사들과도 일정한 협력체제를 구축하고 있다. 주요 정기선 항로에서는 참여선사와 비참여선사들 간에 안정화협정(stabilization agreement) 또는 협의협정(vonluntary discussion agreement ; VDA)을 통한 협력이 이루어지고 있다. 이 협정은 선사 간 단순협의체로서의 기능만 갖지만, 항로 질서의 안정화에 일정 부분 기여하고 있다.

## 2) 해상운임

### (1) 해상운임의 구성요소

해상운임은 정기선운임 또는 부정기선운임에 따라 구성내용이 다르지만 부정기선운임 자체도 해운시장의 자유거래에서 결정되는 것이 일반적이고 정기항로운임이나 장기계약운임에 영향을 받아 결정하게 된다. 일반적으로 운임은 항해거리, 항만사정, 화물의 성격, 보험조건, 왕복항로의 적취율, 타선사와의 경쟁요인, 정책적 요인 등이 영향을 미치게 된다. 여기에서는 정기선운임을 중심으로 하여 살펴보기로 한다. 정기선운임은 일반적으로 기본운임, 할증료 및 수수료로 구성된다.

첫째, 기본운임(basic freight)은 화물의 중량(weight), 용적(measurement), 가격(price) 등을 기준으로 하여 산정된다. 여기에는 품목에 관계없이 중량 또는 용적을 기준으로 하여 일정하게 부과하는 품목별 무차별운임(freight all kinds: FAK rate),[10)]

10) 컨테이너 화물운송에서는 "20 foot container당 얼마"처럼 운임을 품목구분 없이 부과하는 FAK rate가 보편화되어 적용되고 있다.

품목별운임(commodity freight), 최저운임(minimum freight), 소화물운임(parcel freight) 등으로 나눌 수 있다.

둘째, 할증료(surcharge)는 정기항로의 운임을 일단 공표하게 되면 운임을 긴급히 인상해야 할 사정이 있을 때 수시 변경하는 것이 용이하지 않으므로 이에 대처하기 위한 것이다. 할증료의 종류로는 통화할증료(currency adjustment factor: CAF), 유가할증료(bunker adjustment factor: BAF), 중량할증료(heavy lift surcharge), 장척할증료(bulky or lengthy cargo surcharge), 체선할증료(congestion surcharge), 운하할증료(canal surcharge) 등이 있다.

셋째, 수수료는 기본운임 및 할증료 이외에 해당하는 부대비용을 말한다. 수수료에 해당되는 것으로는 양륙항 선택으로 본선출항시까지 화물의 양륙항을 지정하지 못하거나 수개의 항구를 선택하였을 때 항구 수 등에 비례하여 부과되는 양륙항선택료(optional charge), 또한 양륙지변경수수료(diversion charge), 선내인부임(stevedorage), 환적비(transshipment charge), 컨테이너화물적입비(container stuffing charge)[11] 부두사용료(wharfage), 반송운임(back freight)이 있고 초과정박일수에 대하여 용선주가 선주에게 지급하는 일종의 벌과금(penalty)으로는 체선료(demurrage)가 있다.

### (2) 해상운임의 산정기준

해상운임의 산정기준은 화물의 성질과 종류에 따라 용적, 중량, 가격 등을 기준으로 하고 있다. 그러나 일반화물의 경우 대부분은 용적기준으로 산정하고 있으며 컨테이너화물은 "컨테이너 1대당 얼마"와 같이 컨테이너당 운임률(box rate)을 적용하기도 한다.

① 용적기준

의류, 전자제품 등 일반화물은 주로 용적톤(measurement ton)을 운임률로 적용하며 $1M^3$ (Cubic Meter: CBM)를 1용적톤으로 한다.[12] 목재의 경우에는 1,000BM(Board Measure)[13]을 1용적톤으로 하고 있다. 이와 같이 용적운임이 적용되는 화물을 용적화물(measurement cargo)이라고 한다.

② 중량기준

11) CFS charge라고도 한다.

12) 그러나 영국, 일본 등에서는 "40cubic feet"를 1용적톤으로 한다.

13) 1BM=1"×12"×12"=2.54cm×30.48cm×30.48cm=$2,360cm^3$

보통 철강·금속제품이나 기계류 등은 중량(weight)을 기준으로 하여 운임을 산정한다.[14] 무역거래에서는 일반적으로 1,000kg을 1톤으로 하는 중량톤(metric ton: M/T)을 많이 사용하고 있다. 영국톤(long ton: L/T), 미국톤(short ton: S/T)은 용선계약에 따른 일부 품목을 제외하고 별로 사용하지 않는다.[15] 이와 같이 중량을 기준으로 할 때의 화물을 중량화물(weight cargo)이라고 한다.

운임산정기준에서 중량톤과 용적톤 구별이 모호하거나 경합될 때에는 운임톤(revenue ton: R/T)을 적용하는데, 용적과 중량으로 계산된 운임 중 더 많은 쪽으로 운임을 부과한다.

③ 가격기준

보석 등 귀금속이나 고가품은 보관 및 취급상 특별한 주의가 요구되고 보상 시에도 문제가 되기 때문에 물품의 송장(invoice) 가격에 의하여 종가운임률(ad valorem rates)이 적용된다.

④ 컨테이너박스 기준

컨테이너박스 기준에 의한 운임은 "컨테이너 1대당 얼마"와 같이 산정하는 것을 말한다. 이에는 물품 종류에 관계없이 적용하는 "품목별 무차별운임(freight all kinds: FAK Rate)", 물품을 몇 가지 등급으로 분류 적용하는 "등급별 박스운임(class box rate)", 품목별로 분류 적용하는 "품목별 박스운임(commodity box rate: CBR)" 등으로 분류할 수 있다.

### (3) 해상운임의 부담자와 지급시기

해상운임의 부담자는 화주이다. 그러나 화주도 수출자 및 수입자의 소재지 또는 입장에 따라 달라질 수 있다. 무역거래에서 해상운송에 이용되는 FAS, FOB 규칙으로 매매계약을 체결하고 운송계약을 체결하였다면 "운임후지급(freight collect)"으로 선하증권(bill of lading: B/L)상에 표시되기 때문에 운임부담자는 매수인, 즉 수입자가 되고 CFR, CIF 규칙에서는 "운임선지급(freight prepaid)"이라고 표시되어 운임부담자는 매도인, 즉 수출자가 된다. "운임후지급"일 경우에는 수입자는 화물 양륙지에서 선박회사로부터 화물도착통지서(arrival notice: A/N)를 받고 은행으로부터 인도받은 선하증권을 가지고 수입지 선박회사 또는 대리점에게 당일환율을

14) 중국연안에서는 15 piculs(2,000lbs)을 1중량톤으로 한다.

15) M/T=2,204lbs, L/T=2,240lbs, S/T=2,000lbs.

적용하여 운임을 지급한 후 화물인도지시서(delivery order: D/O)를 발급받는다.

반대로 "운임선지급"일 경우에는 수출자는 선적지에서 선박회사 또는 대리점에게 선하증권(bill of lading) 발급일자의 환율[16)]을 적용하여 운임을 지급한 후 선화증권을 교부받는다.

## 5 해상운송관련 국제법규

해상운송관련 국제법규에 대해서는 선하증권약관의 국제적 통일을 기하기 위한 조약이 체결되었다. 여기에서는 해상운송인의 책임에 관한 헤이그규칙, 헤이그-비스비규칙, 함부르크규칙 및 로테르담 규칙 등을 중심으로 살펴보기로 한다.

### 1) 헤이그규칙과 헤이그-비스비규칙

해상운송에 있어서 선주측에 유리한 면책약관에 일대 쐐기를 박은 1893년 2월 미국의 하터법(Harter Act)[17)]이 제정·발표된 결과 화주국들도 면책약관 제한입법을 성립시키게 되었고 선주측의 면책사항들이 공공의 이익에 위배된다는 법정시비가 선주와 화주 간에 빈번히 발생하게 되었다.

이러한 분쟁을 해결하고 해상운송에 관한 국제적 통일규칙을 마련하기 위하여 국제법협회(International Law Association: ILA)와 국제해사위원회(International Maritime Committee: IMC)가 주관이 되어 1921년 네덜란드의 수도 헤이그에서 "Hague Rule 1921"을 창안하였고 선하증권의 이면약관에 삽입하도록 권장하였다.[18)] 그러나 이 규칙은 형식과 용어 등에 결함이 많은 데다 선주측의 심한 반발을 사게 되어 국제해양법협회(International Maritime Law Association)에 의하여 수정되어 1924년 8월 25일 벨기에의 수도 브랏셀에서 열린 외교회의에서 "선하증권에 관

16) 당일의 전신환매도율(telegraphic transfer selling rate)을 적용한다.

17) 하터법은 선주의 면책사항을 대폭 규제하는 법안으로 미국 Ohio주 출신 Michael Harter 의원이 제출하고 대통령이 서명한 것으로 상업상의 과실, 즉 화물의 선적, 적부, 보관, 인도에 관한 선주의 책임을 면제하는 특약과 내항능력 유지를 위하여 적절한 주의(due diligence)를 다할 의무를 경감·면제하는 특약을 무효로 하였고 항해 또는 선박자체의 취급에 대한 선장이나 선원의 과실, 즉 항해상의 과실에 대하여는 면책을 인정하는 등 상업상의 과실에 대한 면책약관금지를 강행법적으로 확립하였다는 데 의의가 있다.

18) 채택여부는 당사자의 자치에 맡겨지는 임의규칙이었다.

한 통일규칙을 위한 국제조약(International Convention for the Unification of Certain Rules of Law Relation to Bills of Lading)"이 채택되었다. 이 조약 자체가 "Hague Rule"을 모체로 하였기 때문에 헤이그규칙으로 부르게 되었다.

헤이그규칙은 선하증권상 운송인의 면책제한을 중심으로 운송인의 기본적 의무로 내항능력(seaworthiness)에 대한 주의와 운송물의 취급·보관에 대한 주의에 대하여 정당한 노력(due diligence)을 다했다는 증거가 있어야 선주측이 면책될 수 있도록 하였다.

하터법에 근거를 둔 헤이그규칙은 운송인의 면책범위를 제한시키는 국제적인 최초의 조약이라는 데 그 의의가 있다. 그러나 헤이그규칙은 40여년이 지나는 동안 해상운송여건의 변화로 국제해사위원회에서 개정문제가 제기되어 1968년 2월 23일 브랏셀에서 채택되었다. 이것이 "선하증권조약 개정의정서(Protocol to Amend the International Convention for the Unification of Certain Rules of Law Relating to Bills of Lading)"인 헤이그-비스비규칙(Hague-Visby Rules)[19]이다.

헤이그-비스비규칙에서는 체약국에서 발행된 선하증권의 적용범위가 확장되어 지상약관(至上約款: paramount clause)[20]이 포함되고 있는 경우에는 선박운송인, 송화인, 수화인 등 일체의 이해관계인의 국적을 묻지 않고 조약이 적용된다고 하고 있고, 운송인의 책임도 헤이그규칙의 1짐짝 단위에 100스털링파운드인 것을 10,000포앙카레프랑(Poincare Franc)[21]과 운송물의 총중량 1kg당 30포앙카레프랑 가운데 많은 금액을 운송인의 책임으로 하여 운송인의 책임제한금액의 인상과 중량제를 병용하였다.

또한 헤이그-비스비규칙에서는 화물손해배상액 산정기준의 명확화, 컨테이너조항 및 책임제한 저해사유에 관한 규정 신설, 그리고 운송인의 사용인 또는 대리인의 책임 및 항변 관련규정도 신설되었다.

그러나 헤이그-비스비규칙이 채택된 후 십여 년이 지나면서 국제금융체제가 바뀌었다. 따라서 1967년 9월 새로운 국제결제수단으로 IMF에의해 특별인출권(Special Drawing Rights: SDR)이 창출되어 포앙카레프랑을 SDR로 대체하기 위하여

---

19) 개정작업소위원회의 회의를 스톡홀름 총회에서 개최할 때 스웨덴 수도 스톡흘름에서 가까운 섬에 있는 "비스비항"의 이름을 따서 명명하였다.

20) 어떤 사항에 대해 이 규정이 불충분하거나 애매모호할 때보다 구체적이고 상세한 규정에 준거하게 되는데, 그 준거규정이 이 규정에 우선 적용하는 상위규정임을 명시하는 약관이다. 따라서 헤이그-비스비규칙이 선적국에서 입법화되었으면 동 규칙이 모든 해상운송에 최우선 적용된다.

21) 프랑스 수상이었던 포앙카레의 성을 따서 붙인 명칭으로 당시 프랑스 법적 통화 1포앙카레프랑은 순도 90%의 금 65.5mg을 말한다.

1979년 헤이그-비스비규칙 개정의정서[22]가 국제해사위원회의 발의에 의해 브랏셀에서 채택되고 1984년 6월 14일부터 발효되게 되었다.[23]

## 2) 함부르크규칙

종래의 선하증권통일조약을 중심으로 해상운송인의 책임에 대한 법체계는 선진해운국을 중심으로 한 것이며 화주국인 개발도상국의 사정을 무시한 것이라고 UNCTAD에서 제기되어 유엔 국제무역법위원회(United Nations Commission on International Trade Law: UNCITRAL)가 통일조약의 개정작업을 시작하였다. 1978년 함부르그에서 개최된 유엔 외교회의에서 "유엔 해상물품운송조약(United Nations Convention on the Carriage on Goods by Sea, 1978)"을 채택하고 개최지의 이름을 따서 함부르크규칙(Hamburg Rules)이라고 부르게 되었다.

이 조약은 제30조의 규정에 따라 20개국이 비준하여 가입서를 기탁한 후 1년이 경과하여야 발효되도록 하고, 체약국에 관한 한 이 조약의 발효와 동시에 기존의 헤이그규칙은 폐기하도록 되어 있다. 현재 이 조약은 비준국이 20개국에 달하여 1992년 11월부터 발효되고 있다.[24] 헤이그규칙은 순수한 해상운송구간만 커버하지만 함부르크규칙은 컨네이너운송과 관련하여 해상운송에 인접한 육상운송까지 포함시키고 있다.[25] 함부르크규칙은 그 적용범위가 확대되어 운송인의 책임원칙도 헤이그규칙과 마찬가지로 과실책임주의원칙을 채용하고 보상금액의 현실화, 항해과실책임의 폐지, 화재면책, 면책카탈로그의 폐지, 지연손해에 대한 운송인의 책임을 명문화하고, 운송인의 책임한도의 인상, 운송인의 책임기간 및 구간의 확대 및 파손화물보상장(letter of indemnity)에 관한 규정을 신설하였다.

운송인의 책임한도로는 중량방식과 포장단위 방식을 병용하여 포장 또는 선적

---

22) Protocol Amending the International Convention for the Unification of Certain Rules of Law Relating to Bills of Lading (August 25, 1924, as Amended by the Protocol of February 23, 1968), Brussels, December 21, 1979.

23) 선적 전에 화물의 가액을 신고하여 그것이 선하증권에 기록되지 않은 화물에 대하여 운송인은 포장당 666.67SDR과 총중량에 대하여 1kg당 2SDR 가운데 많은 금액을 책임한도액으로 하고 있다.

24) 한국은 헤이그-비스비규칙에 찬성은 하였으나 서명은 하지 않았다. 헤이그규칙의 기본원칙은 상법에도 채용하고 선하증권의 약관에도 동 취지를 따르고 있다. 함부르크규칙 역시 한국은 비준하지 않았다.

25) 헤이그규칙이 운송인의 책임구간이 "from tackle to tackle"이라면 함부르크규칙은 "from port to port"로 확대된 셈이다.

단위당 835SDR(또는 12,500금프랑[26])과, 중량 1kg당 2.5SDR(드는 37.5금프랑)로 하여 계산한 총액 중 많은 쪽으로 하고 지연손해에 대한 운송인의 책임은 지연화물 운임의 2.5배를 한도액으로 하되 운송계약하에서 지급되는 운송총액을 초과할 수 없도록 하고 있다.[27] 이처럼 함부르크규칙은 운송인의 책임을 크게 강화함으로써 상대적으로 화주에게 유리한 변혁을 가져온 획기적인 조약이라고 할 수 있다.

### 3) 로테르담규칙

2008년 12월 유엔총회에서 "해상에 의한 국제물품운송계약에 관한 유엔 협약(United Nations Convention on Contracts for the International Carriage of Goods Wholly or Partly by Sea, 2008)"을 채택하였다. 이 협약은 2009년 9월 로테르담에서 서명되어 "로테르담 규칙(Rotterdam Rules)"이라고 부르고 있다.

이 규칙은 국제해상구간을 포함하는 문전운송(door-to-door carriage) 계약 하에서 화주, 운송인 그리고 수화인을 규율하는 통일화되고 현대화된 법제를 마련하는데 의의가 있다. 이 규칙은 국제해상물품운송과 관련한 기존의 협약 특히 헤이그규칙, 헤이그-비스비 규칙 그리고 함부르크 규칙을 기초로 컨테이너에 의한 화물운송의 증가, 단일계약(single contract) 하에서의 문전운송의 요청, 전자운송서류의 발전, 해상운송기술의 변화 및 상업적 발전 등이 반영된 법적 기반을 제공하고 있다.

로테르담규칙의 특징은 다음과 같다.

첫째, 컨테이너 복합운송이 보편화에 따라 국제해상운송의 경우 당사자 간의 운송계약에 따라 해상구간이 포함된 복합운송의 경우에도 적용될 수 있도록 하고 있다.

둘째, 전자상거래환경에 부응하기 위하여 전자운송기록, 즉 전자선하증권의 경우에도 전통적인 종이 선하증권과 기능적 동등성을 인정하고 있다.

셋째, 운송인의 책임부담구간은 물품수령 후 물품인도시까지 운송인의 관리 하에 있는 기간 동안 확대되어 해륙과 연계되는 연계복합운송의 경우에도 적용 가능성을 열어두고 있다.

넷째, 운송인의 과실책임에 대한 입증은 청구인 또는 수화인이 하도록 하고

26) 금프랑은 IMF 회원국이 아닌 경우 SDR을 적용하지 않는 국가에 해당된다.
27) United National Convention on the Carriage of Goods by Sea, 1978, Article 6, Limits of Liability.

있다.

다섯째, 대량화물운송계약(volume contract)에서 예외적으로 계약자유의 원칙이 적용될 수 있도록 하고 있다.

〈표 9-1〉 해상운송인의 책임에 관한 국제규칙의 비교

| 구분 | | | 헤이그규칙 | 헤이그 비스비규칙 | 함부르크규칙 | 로테르담규칙 |
|---|---|---|---|---|---|---|
| 적용범위 | 적용 가능한 해상물품운송 계약 | | 선하증권발행, 정기선운송계약 | 좌동 | 선적항, 양륙항이 다른 운송계약, 정기선 운송계약 | 수령지, 인도지가 다른 운송계약, 정기선 운송계약 |
| | 적용대상 당사자 | | 운송인, 선박, 선주, 송화인과 그 대리인 | 좌동 (운송인 이행보조자 추가) | 선박, 선주, 운송인, 실제 운송인, 송화인, 수화인, 기타 이해관계자 | 선박, 선주, 운송인, 이행당사자, 해상운송 이행자, 송화인, 수화인, 기타 이해관계자 |
| | 운송목적물 | | 재산, 화물, 상품(생동물, 갑판적 화물 제외) | 좌동 | 생동물 포함, 관습적 갑판적 화물 포함 | 화물에 대한 제한규정 없음 |
| 운송인 책임기간(구간) | | | 적재부터 양화까지 | 좌동 | 선적항에서 수령부터 양륙항에서 인도까지 | 수령시부터 인도시까지 |
| 운송인 책임원칙 | 책임원칙 | | 과실책임원칙 | 좌동 | 과실추정책임원칙 | 과실책임원칙 |
| | 손해유형 | | 멸실, 손상 | 좌동 | 멸실, 손상, 지연 | 좌동 |
| | 손해발생원인 | 항해과실 | 면책 | 좌동 | 운송인의 과실추정 | 과실책임 |
| | | 상업과실 | 과실책임 | 좌동 | 운송인의 과실추정 | 과실책임 |
| | | 화재위험 | 사실상 면책 | 좌동 | 사실상 면책 (화주가 거증책임) | 면책 |
| | | 원자력 위험 | 규정 없음 | 일체의 국제협약 적용 | 운송인면책 | 운송인면책 |
| | | 면책리스트위험 | 면책 | 좌동 | 면책리스트 삭제, 운송인의 과실추정 | 면책 |
| | 예외규정 | | – | – | – | 대량계약 특별예외 |

| | 책임한도 | 포장/단위당 100파운드 | 포장 단위당 10,000프랑(667SDR), Kg당 30프랑(2SDR) | 포장 단위당 835 SDR, Kg당 2.5SDR | 포장 단위당 875SDR, Kg당 3SDR |
|---|---|---|---|---|---|
| 이행보조자 책임 | 운송인의 책임제한이익 공유 여부 | 규정 없음 (히말라야약관 추가) | 운송인 이익의 공유 및 항변권 | 좌동 | 좌동 |
| 운송인 및 이행보조자 책임제한이익의 부정 | | 규정 없음 | 고의 | 고의, 중과실 | 고의 |
| 손해의 통지 | | 인도시 또는 3일 이내 | 좌동 | 인도익일 또는 15일 이내(지연손해 60일 이내) | 인도장소에서 또는 7영업일 이내 (지연손해 21일 이내) |
| 제소기간 | | 1년 | 좌동 | 2년 | 좌동 |

자료 : 유병욱, "로테르담규칙에서 운송인의 책임에 관한 연구," 「국제상학」, 제24권 제4호, 2009, p.116.

# 제2절 컨테이너운송[28)]

## 1 컨테이너의 의의

컨테이너(container)가 제일 처음 소개된 것은 1920년 미국의 철도운송에서였다. 컨테이너화(containerization)는 처음 무개화차(flat cars)에 의한 피기백(piggy-back)[29)]의 개발에 박차를 가하여 문전에서 문전까지(door to door) 운송하는 수단으로 시작되었다. 해상운송에서는 제2차 세계대전 중 미군(U.S. Army)의 군수물품 운송에서 이용되었고 컨테이너가 상업적으로 해상운송에 도입된 것은 1956년 미국의 Sea-Land Service, Inc.가 선박갑판을 개조하여 60개의 컨테이너를 적재한

28) 강원진, 이양기, 최신국제상거래론, 박영사, 2014, 433-446면, 이양기, 무역실무(2판), 삼영사, 2021, 328-345면을 수정, 보완함

29) 컨테이너를 철도화차에 올려놓고 운송하는 것을 말한다. 컨테이너를 컨테이너선에 의하여 해상운송하는 것을 fish-back, 항공기에 의하여 운송하는 것을 birdy-back이라 한다.

것이 시초이며, 1966년 북대서양에서 Sea-Land사의 Fairland라는 컨테이너선박이 취항한 것이 발판이 되었다.[30)]

컨테이너(container)란 물적유통부문에서의 포장·운송·적재 및 양화·보관 등 육로·해로·공로상의 모든 과정에서 경제성, 신속성 및 안전성을 최대한 충족시키고 화물의 운송 도중 이적 없이 일관운송을 실현시키는 운송용기를 말한다.

1961년 국제표준화기구(International Organization for Standardization: ISO)는 제104기술위원회(Technical Committee 104: TC 104)에서 ISO규격 컨테이너를 제정하고 이를 기준으로 컨테이너 제작을 권고하고 있는데 ISO에서 규정하고 있는 컨테이너의 정의를 보면 다음과 같다.[31)]

① 일정기간에 재사용이 가능한 충분한 내구력을 가질 것
② 운송 도중 운송경로가 변경되는 경우에 화물의 이적 없이 일관운송을 할 수 있도록 설계될 것
③ 운송경로를 변경할 때 조작이 용이할 것
④ 화물의 적입과 해체하기에 편리하게 설계될 것
⑤ 내부용적이 $1m^3$(35.3 cu.ft) 이상일 것

## 2 컨테이너운송의 필요성과 장·단점

### 1) 컨테이너운송의 필요성

컨테이너운송은 항만에서의 불필요한 비용을 줄일 수 있고, 선박회항시간을 단축할 수 있으며, 운송화물의 단위당 비용을 줄일 수 있고, 선복이윤을 증대시킬 수 있기 때문에 전통적인 노동집약적 재래선 운송 및 적·양화방식보다 자본집약적이면서 기계화된 컨테이너운송방식을 택하게 된 것이다.

30) 1970년 Sea Land사의 컨테이너선이 한국에서는 처음으로 부산항에 입항한 바 있다.

31) An article of transport equipment, ① of a permanent character and accordingly strong enough to be suitable for repeated use; ② specially designed to facilitate the carriage of goods by one or more modes of transport, without intermediate reloading; ③ fitted with devices permitting its ready handling, particularly its transfer from one mode of transport to another; ④ so designed as to be easy to fill and empty; ⑤ having and internal volume of $1m^3$(35.3 cu.ft) or more.

## 2) 컨테이너운송의 장·단점

### (1) 컨테이너운송의 장점

컨테이너운송은 일관운송체제를 갖추어 다른 운송방법보다 신속성·경제성 및 안정성을 도모할 수 있는데 그 장점을 선주의 입장과 화주의 입장으로 구분하여 본다.

선주의 입장에서는 ① 항만에 체항하는 시간(in port time)을 단축시킬 수 있다. ② 선박의 가동률(working ratio of ship)이 높아 선복생산성을 개선시킬 수 있다.

화주의 입장에서는 ① 포장비(packing cost)를 줄일 수 있다. ② 철도·트럭 등 내륙운송비(inland transport cost)를 줄일 수 있다. ③ 운송기간 단축으로 재고비용(inventory cost)을 줄일 수 있다. ④ 선박운항일정에 맞추어 재고관리가 용이하다. ⑤ 수출환어음매입을 신속하게 할 수 있어 자금회전을 빠르게 할 수 있다. ⑥ 화물의 손상을 방지할 수 있다.

### (2) 컨테이너운송의 단점

컨테이너운송은 다음과 같은 단점이나 어려운 문제가 있다. ① 컨테이너화를 위한 막대한 자본과 기술적 지원이 필요하다. ② 화물의 종류나 성질상 컨테이너에 적입하거나 운송하는 데 곤란한 화물들이 있다.[32] ③ 컨테이너화물의 적재가 상당한 부분이 갑판상에 적재되는 데 따른 할증보험료율이 적용되는 점과 컨테이너취급상의 대인·대물 배상책임보험도 보험료 증가요인이 된다.[33] ④ 노동집약적인 개도국의 경우에는 항만노무자의 실업문제 및 국제간의 컨테이너운송 관련 법체계나 제도의 수용상 어려움이 있는 나라들도 많다.

32) 컨테이너화물 중에 철강제품, 자갈이나 모래, 기타 장척화물(長尺貨物)은 부적합한 화물(unsuitable containerizable cargoes)이고 전자제품이나 의류 등은 적합한 화물(suitable containerizable cargoes)이다.

33) 보험료의 증가 이외에도 수출국과 수입국 사이에 운송화물의 불균형으로 항구간에 왕복정기운송을 할 경우 컨테이너화물을 집화할 수 없을 때에는 "항구간 빈 컨테이너운송비(Inter-Port Container Positioning Charge)"가 추가로 발생될 수 있다.

## 3 컨테이너화물의 유통경로와 운송형태

### 1) 컨테이너화물의 유통경로

물품을 컨테이너로 운송하고자 할 경우에는 우선 수출자인 송화인(shipper)은 컨테이너화물 선복예약서(booking note)를 컨테이너 야적장(container yard: CY)의 운영자(operator) 등 관련부서에 송부한다. 운송인의 지시에 따라 CY operator는 약정된 시간과 장소에 빈컨테이너(empty container)를 대출하고 화주로부터 기기수도증(equipment receipt: E/R)을 교환한다. 단일 송화인만으로 1대의 컨테이너 속에 송화인의 생산공장 등에서 채워진 컨테이너 만재화물(full container load: FCL)은 CY로 입고시키고 컨테이너내 적치표(container load plan: CLP)도 CY operator에게 전달한다.

한편 컨테이너 1대에 미달되는 소량화물(less than container load: LCL)은 컨테이너 화물조작장(container freight station: CFS)[34)]으로 반입하여 다른 송화인의 화물들과 함께 혼재(consolidation)하고 CFS operator가 CLP를 작성하여 CY operator에게 인도한다. 수출신고(export declaration: E/D) 수리가 된 FCL화물에 대해서는 CY에서 부두수령증(dock receipt: D/R)을 화주에게 교부하고 운송회사의 선적지시서(shipping order: S/O)에 의하여 본선적재작업을 한다. 만일 내륙컨테이너기지(inland container depot: ICD)[35)]가 있는 국가에서는 송화인의 화물을 컨테이너 터미널(container terminal: CT)로 직접 반입하지 않고 ICD로 집결・경유하여 철도[36)]나 도로를 통하여 컨테이너 터미널로 입고되는 경우가 일반적이다. CY로 반입된 화물에 대하여 운송인은 D/R을 참조, 선하증권(Bill of Lading: B/L)을 발행하여 송화인에게 교부하고 목적항까지 운송한다.

수입항에 도착한 선박은 적화목록(manifest: M/F)을 도착지 운송인 또는 대리인에게 인도하고 운송인은 수입자인 수화인에게 화물도착통지(arrival notice: A/N)와

---

34) CFS란 컨테이너화물을 수출시에는 적입(vanning)하거나 수입시에는 해체(devanning)하는 컨테이너 화물조작장을 말한다.

35) 컨테이너화물을 효율적으로 운송하기 위하여 내륙지점에서 컨테이너의 보관, 수리, 집결지로서의 역할을 수행한다. ICD 내에 CFS가 없는 곳도 있다.

36) 철도차대 위에 컨테이너만을 적재한 상태를 COFC(Container on Flat Car)라 하고 철도차대 위에 컨테이너를 적재한 트레일러를 그대로 싣는 방법을 TOFC(Trailer on Flat Car)라 하며 이를 Piggy-back이라 한다. ICD에서 컨테이너 터미널로 운송할 경우에는 보통 Unit Train, 즉 선사 또는 기타 운송인이 전세 계약한 열차를 이용하게 된다.

함께 화물인도지시(delivery order: D/O)를 한다.

운송인은 화물용역회사와 협조하여 도착화물을 양화(unloading)하고 컨테이너 터미널로 옮긴다. FCL화물의 경우에는 CY에서 수화인의 요구에 따라 수화인 창고까지 내륙운송(inland transportation)을 하고 수입통관 후 수화인의 원본선하증권(original bill of lading) 제시에 의하여 운송인은 화물을 수화인에게 인도한다.

한편 도착물품이 LCL화물의 경우에는 CFS에서 화주별로 해체(devanning) 작업을 완료하고 수입통관 후 수화인의 원본선하증권 제시에 따라 운송인은 화물을 수화인에게 인도한다.

## 2) 컨테이너화물의 운송형태

컨테이너화물의 운송을 수출지의 송화인(shipper)과 수입지의 수화인(receiver)의 관계에서 볼 때 다음과 같이 4가지 운송형태로 구분할 수 있다.

〈표 9-2〉 컨테이너화물의 운송형태

| 운송형태 | 송화인과 수화인의 관계 |
|---|---|
| CY/CY<br>(FCL/FCL : Door to Door) | 단일의 송화인, 단일의 수화인 |
| CY/CFS<br>(FCL/LCL : Door to Pier) | 단일의 송화인, 다수의 수화인 |
| CFS/CY<br>(LCL/FCL : Pier to Door) | 다수의 송화인, 단일의 수화인 |
| CFS/CFS<br>(LCL/LCL : Pier to Pier) | 다수의 송화인, 다수의 수화인 |

### (1) CY/CY(FCL/FCL; Door to Door)

수출자, 즉 송화인의 생산공장이나 창고에서 컨테이너에 물품이 적재되어 수입자, 즉 수화인의 창고까지 컨테이너 만재화물을 그대로 일관운송하는 형태이다.

이 경우는 단일의 송화인, 단일의 수화인 관계로 이는 컨테이너운송의 3대 요소인 신속성・경제성・안전성을 충족시키고 "문전에서 문전으로(door to door)"의 서비스로 컨테이너화물운송의 장점을 최대로 이용한 운송방법이라 할 수 있다.

### (2) CY/CFS(FCL/LCL; Door to Pier)

송화인의 생산공장이나 창고에서 1대의 컨테이너에 만재화물(FCL) 상태로 적재되어 목적항에서 여러 명의 수화인에게 전달하기 위하여 CFS에서 해체(devanning)하여 인도하는 운송형태이다. 이 경우는 단일의 송화인, 다수의 수화인 관계의 운송방법이다.

### (3) CFS/CY(LCL/FCL; Pier to Door)

선적항에 있는 운송인의 지정 CFS에서 다수의 송화인의 화물을 혼재(consolidation)하여 목적지의 단일의 수화인의 창고, 즉 문전까지 운송하는 형태이다.

이 경우는 다수의 송화인, 단일의 수화인 관계의 운송방법이다.

### (4) CFS/CFS(LCL/LCL; Pier to Pier)

선적항 CFS에서 다수의 송화인의 화물, 즉 컨테이너 1대에 미달되는 소량화물(LCL)을 혼재하여 목적항에서 다수의 수화인에게 분류하기 위하여 CFS에서 화물을 해체(devanning)하여 인도하는 형태이다. 이 경우는 다수의 송화인, 다수의 수화인의 관계로 컨테이너화물운송의 장점을 제대로 살리지 못하는 운송방법이라고 할 수 있다.

# 4 컨테이너와 컨테이너선의 종류

## 1) 컨테이너의 분류

컨테이너는 운송대상화물의 성질이나 종류에 따라 그 기능과 특성을 달리하여 개발되고 있고 재질에 따라서도 다양한 컨테이너를 제작하고 있다. 여기에서는 그 용도와 재질에 따라 구분하여 설명하고자 한다.

### (1) 용도에 따른 분류

① 건화물 컨테이너(dry container)

전자제품, 의류 등의 일반잡화를 운송할 때 많이 이용되는 컨테이너로 온도조절이 필요하지 않는 다양한 마른 화물운송에 적합하며 가장 일반적인 컨테이너이다.

② 냉동 컨테이너(reefer container)

육류, 어류, 과일 등 냉동이 필요한 화물을 운송하는데 사용되는 컨테이너로 보통 +26℃에서 −28℃까지 온도를 임의로 조절할 수 있다.[37)]

③ 펜 컨테이너(pen container)

소나 말 가축 또는 동물 등을 운송하기 위하여 통풍과 먹이를 주기에 편리하도록 만들어진 컨테이너로 “live stock container”라고도 한다. 한편 과일이나 야채 등 호흡할 수 있는 통풍구를 설치한 것은 “ventilated container”라고 한다.

④ 오픈 탑 컨테이너(open top container)

와이어(wire) 등 장척화물(長尺貨物)이나 기계류 등을 적재・운송하기에 편리하도록 천정 개방식의 컨테이너로 적・양화작업시 컨테이너 위쪽으로도 할 수 있는 것이 특징이다. 천정은 폴리에치렌타포린(P.E.Tarpaulin)으로 가릴 수 있다.

⑤ 플래트 랙 컨테이너(flat rack container)

기계류, 플랜트, 목재 등 중량・장척화물을 운송하기 위하여 보통 컨테이너 바닥과 4개의 기둥만의 형태로 사방 및 상방에서 적・양화작업하기에 편리하도록 만들어진 컨테이너이다. 또한 중량화물을 운송하는 상면(床面)의 구조로 된 플랫폼 컨테이너(platform container)도 있다.

⑥ 탱크 컨테이너(tank container)

액체 상태의 유류, 주류, 화학제품 등을 운송하기에 특별하게 만든 컨테이너이다.

⑦ 행거 컨테이너(hanger container)

신사복, 숙녀복 등의 정장, 실크, 밍크 등의 고급의류를 다림질하여 구겨지지 않게 옷걸이(hanger)에 걸어 수입지에서 그대로 판매할 수 있도록 만들어진 컨테이너이다.

### (2) 재질에 따른 분류

① 스틸 컨테이너(steel container)

강철로 만들어져 견고하여 재료비가 싸지만 무겁고 부식되기 쉽다.

---

37) 냉동품, 냉장품 등 온도관리를 요하는 컨테이너를 총칭하여 Thermal Container라고 한다.

② 알미늄 컨테이너(aluminium container)

알미늄으로 만들어져 가볍고 외관이 유연하지만 재료비가 비싸고 손상되기 쉽다.

③ 에프알피(FRP) 컨테이너(fiberglass reinforced plastic container)

스틸 프레임(steel frame)과 합판의 양면에 FRP에 부착하여 만들어 얇고 결로(結露; condensation) 현상이 없는 장점이 있으나 무겁고 재료가 비싸다.

## 2) 컨테이너의 규격

컨테이너의 규격은 ISO에 의하여 표준화된 규격으로 제작할 것을 권고하고 있다. 컨테이너는 20푯 컨테이너(twenty foot container)와 40푯 컨테이너(forty foot container) 2개의 종류가 일반적으로 많이 사용되고 있다.[38] 보통 폭은 8', 이고 높이는 8'과 8'6"으로 두 가지 종류가 있다.[39] 20'컨테이너의 규격은 내부의 길이(length)×폭(width)×높이(height)가 20'×8'×8' 또는 20'×8'×8'6" 이고 40'컨테이너의 규격은 각각 40'×8'×8" 또는 40'×8'×8'6"가 가장 일반적이다.[40]

## 3) 컨테이너선의 종류

컨테이너를 실어 나르는 선박은 그 형태와 적·양화 방식에 따라 다음과 같이 분류할 수 있다.

### (1) 선형에 따른 분류

① 세미컨테이너선(semi-container ship)

컨테이너만을 적재하지 않고 재래선(conventional ship)에 특정 선창을 개조하여

38) 종전에 Sea Land사(1999년 Maersk Line에 인수합병 됨)는 35 foot container를 사용하기도 하였다. 20'(twenty foot)란 의미는 컨테이너의 길이(length)가 20자(尺)란 뜻이다. 보통 20' 컨테이너 1대를 TEU(Twenty-foot Equivalent Unit)라 하고 TEU의 두 배인 40' 컨테이너 1대를 FEU(Forty-foot Equivalent Unit)라 하며 100TEU, 100FEU와 같이 컨테이너 단위별로 수량을 나타낼 때 쓰이고 있다.

39) ISO 규격의 높이 8'6"보다 1' 더 높은 9'6"짜리 컨테이너를 High Cubu Container라 한다.

40) 컨테이너 규격은 최대가능 내부용적(inside measurement)과 중량(weight)은 ISO에서 명시하고 있지만 보다 안전한 운송을 위하여 건화물(dry)의 경우 실무적으로 20'컨테이너는 용적이 약 25CBM 전후이면서 중량도 17,000kgs 이내로, 40'컨테이너는 용적이 약 55CBM 전후이면서 중량도 23,000kgs 이내로 적재하는 것이 좋다. 왜냐하면 포장규격 및 적입(stuffing) 상태에 따라 dead space가 발생되는 경우가 많고 안전중량이 초과될 수 있기 때문이다.

컨테이너를 적재할 수 있도록 혼합형(combination type), 겸용형(convertible type)의 다목적 선박(multipurpose ship)을 말한다.

② 컨테이너 전용선(full container ship)

대량의 컨테이너만을 적재할 수 있도록 전용화된 선박이다. 여기에는 다음에 설명하는 Ro/Ro, Lo/Lo 적・양화 방식에 따른 컨테이너 등이 있다.

③ 랫쉬선(lighter aboard ship: LASH)

컨테이너의 변형으로 규격화된 전용부선(lighter)을 갠트리 크레인(gantry crane)으로 하여금 선미로부터 끌어 올려 화물을 적재한 채로 부선을 선박에 적입하여 운송하도록 설계된 선박이다.[41)]

### (2) 적재 및 양화 방법에 의한 분류

① Ro/Ro(Roll on/Roll off) 방식

Ro/Ro선이란 본선의 선수, 선측 또는 선미에 설치된 개구부를 통하여 선내 경사로(ramp way)를 이용하여 컨테이너 트레일러(trailer)나 자동차가 굴러 들어갈 수 있도록 수평으로 적・양화할 수 있도록 제작된 선박을 말하며 이러한 선박의 적・양화방식을 보통 Ro/Ro 방식이라 한다.

② Lo/Lo(Lift on/Lift off) 방식

선상이나 육상의 크레인(crane; derrick)을 이용하여 컨테이너를 본선에 수직으로 적재 또는 양화할 수 있도록 하는 방식이다.[42)]

③ Fo/Fo(Float on/Float off) 방식

부선(barge)에 화물을 적재하고 컨테이너 대신에 크레인으로 바지선을 적재 또는 양화하는 LASH선과 같은 방식을 말한다.

---

41) LASH선은 보통 각 선창이 1~3 barge cell로 구성되어 있는데 안벽(berth) 등 항만시설이 없는 항구에서도 적・양화가 가능하다. 1965년 노르웨이에서 건조한 Acadia Forest호(36,862 G/T)가 최초의 LASH선이고, 한국에는 1971년 8월 30일 부산항에 입항한 PFEL소속의 Thomas E. Cuffe호(26,400G/T)가 LASH선이였다. 운항경비 과다 및 유통상의 난점으로 운항에 어려움이 많은 것이 단점이다.

42) Ro/Ro방식을 제외한 대부분의 건화물 컨테이너선은 Lo/Lo 방식에 의한다.

# 5 컨테이너 터미널의 구조

## 1) 컨테이너 터미널의 의의

일반적으로 부두(wharf)는 화물의 적·양화 기능에 따라 주로 재래선이 입출항하는 재래부두와 컨테이너선이 입출항하는 컨테이너 전용부두로 나눌 수 있다. 컨테이너 전용부두에는 컨테이너만을 취급할 수 있는 제반 시설과 장비를 갖춘 고도의 전문적인 전용대합실이 있어야 한다. 이처럼 컨테이너시설과 장비 일체를 갖추고 컨테이너 적·양화 기능을 담당하는 곳을 컨테이너 터미널(container terminal: CT)이라 한다.

## 2) 컨테이너 터미널의 구조

컨테이너 터미널은 컨테이너선이 자유로이 입항할 수 있는 충분한 수심과 안벽시설이 갖추어져 있어야 하고 컨테이너 적·양화에 관련된 여러 가지 기기 및 시설이 구비되어야만 한다. 또한 양화한 컨테이너와 컨테이너 야드로 출입되는 화차 등이 용이하게 유통할 수 있는 편리한 위치에 설치되어 도로운송, 철도운송에 연결이 쉬워야 한다.

### (1) 안벽(berth)

컨테이너를 접안시키는 곳으로 컨테이너선이 만적 시에도 충분히 안전하게 부상할 수 있을 정도로 간만의 차에 관계없이 수심 유지가 절대 필요하며 안벽의 길이는 약 300m 정도 내외의 길이를 요하며 안벽에는 선박의 동요를 막기 위한 계선주(繫船柱; bollard mooring bitt)가 있어야 한다.

### (2) 에이프론(apron)

안벽에는 갠트리 크레인(gantry crane)용 철로가 가설되고, 그 철로 위에는 컨테이너화물 적·양화를 위해서 갠트리 크레인이 2~3대 이동 한다. 이와 같은 지역을 에이프론이라 한다. 에이프론은 주로 컨테이너 화물의 선적, 양화 등에 필요한 기기만 출입하는 곳으로 약 30m 또는 40m의 노폭으로 되어 있다.

### (3) 마샬링 야드(marshalling yard)

선적을 위한 컨테이너를 목적지별 또는 선내의 적치계획에 따라 미리 정렬해 두는 넓은 면적을 말하며 에이프론(apron)과 인접해 있는 것이 일반적이다. 마샬링 야드 지면에는 구획선을 표시해 컨테이너 배열을 편리하게 하고 있다. 이 구획선을 슬러트(slot)라고 한다.

### (4) 컨테이너 야드(container yard: CY)

컨테이너 야드는 컨테이너를 인수 및 인도하고 보관할 수 있는 곳이며 마샬링야드(marshalling yard)에 인접해 있다.

### (5) 컨테이너 화물조작장(container freight station: CFS)

20푸터 또는 40푸터 컨테이너에 만재될 수 없는 소량 화물(Less than Container Load: LCL)을 여러 송화인(shipper)으로부터 인수하여 같은 목적지로 운송되는 화물들을 한 컨테이너에 적입(stuffing)하여 포장하거나 또는 반입된 혼재화물을 해체(devanning)하여 소량 화주에게 분산인도하는 창고형 작업장이다. 따라서 긴 창고형 작업장은 혼재완료된 컨테이너를 CY로 운반하거나 해체한 화물을 수화인이 인수할 수 있도록 하기 위하여 트럭 출입구가 여러 개 있다.

### (6) 통제소(control tower)

컨테이너 야드 내의 중심부에서 여러 작업장을 한눈에 내려다보고 컨테이너 야드에서의 작업을 신속히 수행하도록 계획, 지시 및 감독하는 곳을 말한다.

### (7) 정비소(maintenance shop)

컨테이너 야드에 있는 여러 종류의 기기 및 비품을 점검·수리·정비하는 곳을 말한다.

### (8) 컨테이너 야드 출입구(CY gate)

컨테이너화물에 대한 운송인과 송화인 간의 인도 및 인수는 정문이 경계가 되기 때문에 정문의 경비는 보다 엄격하다. 따라서 반입되는 컨테이너는 경비원이 컨테이너의 외관, 봉인(sealing) 여부와 관련서류를 검사하고 이상 유무를 확인한다.

## 6 컨테이너 화물의 운송 절차

### 1) LCL 수송화물이 육상운송절차

① 화주로부터 운송신청 접수
② 트럭회사는 운송계약에 따라 CFS나 내륙데포까지 운송
③ 화물을 행선지 별로 분류하여 컨테이너에 적입한 다음 FCL 화물과 동일한 절차를 수행

### 2) FCL 수출화물의 육상운송절차

① 운송신청접수
② 선박회사에 공컨테이너 인도 통보
③ 선박회사로부터 기기인도지시서(EDO)교부
④ 컨테이너 터미널에 EDO 1통을 제시하고 기기인수도증(E/R)반출용 1통, 공컨테이너 반입표, Seal을 수령, CY에서 관리하는 공컨테이너 수취
⑤ 컨테이너 반입표와 Seal을 동봉 후 화물 발송지로 송부
⑥ 화물반입 완료 후 Seal 부착, 컨테이너 반입표에 기재사항 기입후 컨테이너 터미널까지 운송
⑦ 컨테이너 반입표, E/R 1통을 터미널에 제출, 터미널에서는 컨테이너 검후 인수용 E/R 1통을 인도

## 7 컨테이너운송에 관련된 국제조약

### 1) 컨테이너 통관조약

"컨테이너 통관조약(Customs Convention on Container: CCC)"은 컨테이너 자체가 국경세관을 통관함에 따라 양 당사국 간의 국세와 통관방법 등에 대하여 협약할 필요성이 있어 1956년 유럽경제위원회의 채택으로 탄생되었다.

이 조약의 주요 내용은 ① 일시적으로 수입된 컨테이너는 재수출하는 조건으로 면세하고, ② 국내보세운송에 있어서 조약체결국 정부의 세관의 봉인(seal)을 존중

하는 것 등을 규정하고 있어 체약당사국 간의 컨테이너에 대한 관세 면세를 통하여 원활한 소통을 도모하게 되었다. 한국은 1981년 10월 국회의 비준 동의를 얻어 정식으로 가입하였다.

### 2) 국제도로운송 통관조약(TIR)

공식명칭은 "국제도로운송수첩에 의한 담보하에 행하는 화물의 국제운송에 관한 통관조약(Customs Convention on the International Transport of Goods under Cover of TIR Carnets)"으로 약칭하여 TIR 조약[43]으로 부르고 있다.

전술한 CCC 조약이 컨테이너 자체의 수입에 따른 관세의 특례를 설정한 것인데 비해, TIR조약은 컨테이너에 내장된 화물을 특정국가를 통하여 목적지까지 운송함에 따른 관세법상의 특례를 규정하고 있다.[44] 이 조약의 주요 내용은 ① 컨테이너에 적입되고 봉인되어 운송되는 화물에 대해서는 세관에서의 수입세나 수출세의 납부 또는 공탁을 면제하고, ② 원칙적으로 경유지 세관의 검사가 면제된다. 단, 이 경우는 봉인에 이상이 없고 국제운송수첩(TIR Carnets)에 의한 보증이 있을 것이 요구된다. 이 조약 역시 1959년 유럽경제위원회가 채택한 것으로 한국도 CCC 조약과 함께 1981년 10월 정식으로 가입하였다. 그러나 CCC 조약과 TIR 조약 이후 컨테이너 운송기술의 혁신적인 발전으로 신CCC 조약 및 신TIR 조약이 마련되었다. 그 개정의 주요 내용은 ① 면세로 일시수입되는 컨테이너 수출입에 관계되는 제서류 제출제도를 폐지하고 담보도 요구하지 않으며, ② 컨테이너에는 소유주의 국적, 회사명, 컨테이너의 자체중량, 식별번호가 표기되어야 하며, ③ 면세로 수입된 컨테이너를 1회에 한해 국내사용을 인정하는 것을 골자로 하고 있다. 신CCC 조약 및 신TIR 조약도 1975년과 1978년에 각각 발효되었다.

### 3) 컨테이너 안전조약(CSC)

컨테이너화물의 안전한 운송을 위한 이른바 "컨테이너 안전조약(International Convention for Safe Container: CSC)"이 1972년 11월 제네바에서 개최된 유엔 국제

---

43) Trailer Interchange Receipt의 약어이다.

44) TIR 조약이 컨테이너 도로운송에만 적용되는 데 비하여 관세협력이사회(Customs Cooperation Council: CCC)가 1971년 채택한 "국제운송통관조약(Customs Convention on the International Transit of Goods)"은 육·해·공의 모든 운송수단을 대상으로 하고 있다.

해사기구(United Nations International Maritime Organization: UNIMO)의 합동 국제 컨테이너 운송회의에서 채택되었다. 이는 컨테이너의 조작장치 및 운송에 있어 안전확보를 위한 국제적 안전요구사항에 대하여 규정하고 있다. 한국도 1978년 11월 4일 국회의 동의를 얻어 1978년 12월 18일 IMO에 통보되어 1979년 12월 18일부터 발효되고 있다.

## 제 3 절 국제복합운송[45)]

### 1 복합운송의 개념

#### 1) 복합운송의 의의

복합운송(multimodal transport)의 정의에 대해서는 1991년 UNCTAD/ICC의 복합운송증권에 관한 규칙(UNCTAD/Rules for Multimodal Transport Documents)에 의하면 "적어도 두 가지 이상의 다른 운송수단에 의하여 물품을 운송하기 위한 단일계약으로 이루어지는 물품운송을 의미한다"[46)]라고 규정하고 있다. 또한 1980년 UNCTAD의 유엔 국제물품복합운송조약(United Nations Convention on International Multimodal Transport of Goods)에 의하면 "국제복합운송이란 복합운송계약에 기초하여 적어도 두 가지 이상의 운송방법에 의한 운송으로서 복합운송인이 운송물품의 수령지와 인도지가 다른 두 나라 사이의 운송을 말한다"[47)]라고 규정하고 있다.

이처럼 복합운송이란 특정화물을 육상・해상・내수로・항공・철도・도로운송

---

45) 강원진, 이양기, 최신국제상거래론, 박영사, 2014, 447-459면, 이양기, 무역실무(2판), 삼영사, 2021, 345-350면을 수정, 보완함

46) UNCTAD/ICC Rules for Multimodal Transport Documents, 1991, Rule 2-1.

47) UNCTAD, United Nations Convention on International Multimodal Transport of Goods, 1980, Article 1. "International multimodal transport means the carriage of goods by at least two different modes of transport on the basis of multimodal transport contract from a place in one country at which the goods are taken in charge by the multimodal transport operator to a place designated for delivery situated in a different country."

중에서 적어도 두 가지 이상의 운송형태를 복합적으로 이용하여 출발지에서 목적지까지 운송구간을 일관운송하는 것을 말한다. 복합운송이란 이름이 등장하기까지는[48] 통운송(through transport)이란 개념으로 운송계약이 체결되어 왔다. 통운송에 있어서는 운송방식의 결합형태는 동종 또는 이종운송수단에 관계없이 각 운송구간마다 운송인이 분할하여 책임을 지면서 통선하증권(though bill of lading)이 발행되지만, 복합운송에서는 반드시 이종운송수단의 결합에 의하여 이루어져야 하고 복합운송인[49] 1인에게 전운송구간의 책임을 집중시킬 수 있으며, 복합운송증권(multimodal transport document: MTD)이 발행된다. 1960년대 이후 컨테이너가 해상운송에 본격적으로 도입되면서 육상과 해상을 중심으로 국제복합운송은 괄목하게 발전하고 있으며 이에 따른 국제상거래규칙들도 무역관행의 변화에 적극 부응시키고 있다.

### 2) 복합운송의 요건

복합운송의 개념을 종합하여 볼 때 복합운송의 요건은 다음과 같다. ① 운송에 대한 모든 책임이 복합운송인에게 집중되는 단일운송계약과 단일책임(uniform liability)을 부담한다. ② 전구간의 운송(through carriage)을 인수한다. ③ 다양한 운송수단(different modes of transport)이 이용된다. ④ 단일운임(through rate)의 청구권을 갖는다. ⑤ 복합운송증권(multimodal transport document)을 발행하여야 한다.

## 2 복합운송의 주요 경로

### 1) 복합운송경로

한국에서 복합운송이 가능한 운송경로를 목적지별로 보면 다음과 같다.

① 시베리아 랜드 브리지(SLB)에 의한 유럽향 경로

---

48) 복합운송인의 표기는 TCM조약안에서는 CTO(combined transport operator), UN조약 및 ICC에서는 MT0(multimodal transport operator), 미국에서는 ITO(intermodal transport operator)라고 하고 있다.

49) 1929년 Warsaw조약(국제항공운송통일규칙에 관한 조약)의 "Provisions Relating to Combined Transport"에서 처음 사용되었다.

② 아메리카 랜드 브리지(ALB)에 의한 유럽향 경로
③ 미니 랜드 브리지(MLB)에 의한 미국 동부 및 걸프지역향 경로
④ 태평양연안항 경유 미국 중서부향 경로(MCB; IPI)
⑤ 북태평양연안항 경유 캐나다 동부향/유럽향 경로(CLB)
⑥ 캐나다 동해안 경유 캐나다 동부지역 내 경로와 유럽향 경로
⑦ 유럽제항 경유 유럽 내륙향 경로
⑧ 오스트레일리아 항로에 의한 오스트레일리아 동부향 경로
⑨ 부관(釜關)페리에 의한 한・일 복합운송 경로

## 2) 랜드 브리지에 의한 복합운송

### (1) 시베리아 랜드 브리지(Siberia Land Bridge: SLB)

시베리아 랜드 브리지는 부산 또는 일본으로부터 대륙운송의 접점인 러시아의 나호트카(Nakhodka)나 보스토치니(Vostochny)까지 컨테이너선으로 해상운송하고 그곳에서 시베리아 철도[50)]에 의해 육상운송하여 유럽과 중동의 운송기관과 연결하여 목적지까지 운송하는 "극동-유럽-중동"간 "해상-육상-해상" 경로에 의한 국제복합운송의 한 형태이다.

SLB는 운송수단에 따라 다음과 같이 세 가지 경로가 있다.

① Trans sea(해상운송)
② Trans rai1(철도운송)
③ Tra Cons(트레일러 운송)

위의 경로 중에서 운송량면에서는 ①과 ②가 유리하고, 적・양화면에서는 ②와 ③이, 경제성과 편리성면에서는 ③이 유리하다. 또한 운송기간면에서 보면 ②가 유리하다.

### (2) 아메리카 랜드 브리지(America Land Bridge: ALB)

ALB는 1972년 미국의 Sea Train사가 처음 개설한 것으로 극동과 유럽 간의 화물운송에서 미국대륙의 횡단철도를 랜드 브리지로 한 극동-구주 간의 복합운송을 말한다. 전구간을 해상운송에 의할 때보다 ALB를 이용할 경우 운송일수는 수일이

---

50) 1926년 TSR(Trans Siberian Railroad)을 개발하였다가 1931년 만주사변으로 중단된 후 1967년에 재개되어 중국횡단철도(Trans China Railroad: TCR)가 TSR에 연결되고 있다.

단축된다.

### (3) 미니 랜드 브리지(Mini Land Bridge: MLB)

MLB란 극동에서 선적된 화물이 미국 태평양 서안항구에서 양화되어 육상운송수단인 철도나 트럭에 의하여 북미대륙을 횡단, 미국 대서양 연안의 동부 및 걸프지역 항구까지 운송되는 복합운송의 한 형태를 말한다. ALB는 목적지가 유럽이지만, MLB는 목적지가 미국 내의 항구로 랜드 브리지의 축소판이란 뜻에서 MLB라고 부르고 있다. 1972년 3월 미국 Sea Train사가 주제상무위원회(Interstate Commerce Commission: ICC)와 연방해사위원회(Federal Maritime Commerce Committee: FMC)의 승인을 받아 개설하였다.

전해상서비스(all water service)를 이용할 때보다 MLB를 이용할 경우에는 운송일수가 약 10일 정도 단축된다.

### (4) 마이크로 랜드 브리지(Micro Land Bridge: MCB)

MCB는 "IPI(Interior Point Intermodal) Service"라고도 하는데 현재 도산한 "States Steamship Lines"가 1977년 개발하여 목적지를 미국의 내륙도시로 운송하는 복합운송이다.

MCB는 미국 내륙지역의 도시까지 선사가 일관운송하므로 "문전에서 문전까지(door to door)"의 서비스가 이루어지고 있다.

### (5) 캐나다 랜드 브리지(Canada Land Bridge: CLB)

극동·유럽 간 컨테이너 일관운송에서 SLB에 대항하기 위하여 1980년에 개시된 캐나다의 복합운송경로이다.

### (6) 오버랜드 코먼 포인트(Overland Common Point: OCP)운송

OCP란 북미대륙 내에서 공통운임이 부과되는 지역을 말하는 것으로 지리적으로 록키(Rocky)산맥 동쪽의 원격지를 말한다. 태평양안의 항구에 도착된 화물 중에 화주가 OCP목적지까지의 운송을 의뢰하는 경우, OCP화물은 OCP운송인으로 하여금 철도와 트럭으로 일관운송하여 OCP목적지에 도착시키도록 하는 것을 OCP운송이라고 한다. 예를 들면, 극동에서 미주대륙으로 운송되는 화물의 선하증권에 "Sanfrancisco OCP" 또는 "OCP via Seattle"이 기재되는 경우에는 OCP지역[51]까지 운송되는 것을 뜻한다.

## 3 복합운송에 관련된 국제법규

국제복합운송은 상이한 운송수단을 결합한 운송방식이어서 특히 복합운송인의 책임관계를 중심으로 규제하여야 할 필요성이 대두되었다.

### 1) TCM 조약안

1948년에 ICC는 복합운송과 관련하여 규제의 필요성에 대하여 거론하였다. 이어서 사법통일을 위한 국제협회(International Institute for the Unification of Private Law: UNIDROIT)는 1965년에 국제복합운송조약 초안(Project de Convention Sur le Contrat de Transport International Combine de Marchandises)을 발표하였고, 1969년에 국제해법회(Committee Maritime International: CMI)가 "Tokyo Rules"을 발표하였다.

유엔 산하의 유럽경제위원회(Economic Commission for Europe: ECE)의 내륙운송위원회(Inland Transport Committee)는 두 개의 조약안의 내용을 통일하기 위하여 회의를 소집하여 1970년 1월에 복합운송조약 초안(Rome Draft)을 확정하였다. 이 복합운송조약 초안을 심의한 정부간 해사협의기구(Inter-Governmental Maritime Consultative Organization: IMCO)는 모든 이해관계자들이 이용할 수 있는 조약안을 작성해야 한다는 결론에 도달하였다. 따라서 정부간 해사협의기구와 유럽경제위원회의 합동위원회는 복합운송조약 초안을 수정하여 1971년 11월 TCM 조약안(Project de Convention Sur le Contrat de Transport International Combine de Marchandises)을 발표하기에 이르렀다. 그러나 TCM 조약안은 1972년 11월과 12월에 제네바에서 개최된 유엔과 정부 간 해사협의기구가 공동으로 주최하는 국제컨테이너운송회의(United Nations/IMCO Conference on International Container Traffic)에서 채택되지 않았다.

TCM 조약안이 채택되지 않은 주요 이유는 다음과 같다.

첫째, 복합운송조약 초안은 해상운송업계와 육상운송업계의 의견은 반영되었으나, 항공업계가 그들의 의견이 반영되지 않았다는 이유로 조약채택에 반발하였기 때문이다. 항공업계는 TCM 조약안이 와르소조약과 근본적으로 상충된다는 의견을 갖고 있었다.

---

51) OCP 지역은 Colorado, New Mexico, North Dakota, South Dakota, Nebraska 주 등이 포함된다.

둘째, 미국을 포함한 많은 국가들이 TCM 조약안이 장차 복합운송에 미칠 경제적 측면에서 충분한 연구가 이루어져야 한다고 주장하였다. 따라서 TCM 조약안에서 복합운송에 관한 새로운 법률체계를 도입하게 되었다. 즉 복합운송인이 복합운송증권을 발행하여 전운송구간에 대해서 책임을 부담하고자 한 것이다.

## 2) 복합운송증권에 관한 UNCTAD/ICC 규칙

ICC는 당초 복합운송증권에 관한 통일규칙을 준비하기 시작하여 1973년에 복합운송통일규칙(ICC Uniform Rules for a Combined Transport Document, Publication No. 273)을 발표하였다. 그러나 이 규칙은 인도지연에 관한 운송인의 책임을 규정하고 있어 많은 국가들이 이 규칙의 채택을 거부하여 1975년에 인도지연에 대한 운송인의 책임조항을 삭제한 수정안(ICC Publication No. 298)이 발표되었다.

1980년의 유엔 국제물품복합운송조약의 발효를 앞두고, UNCTAD의 해운위원회는 UNCTAD사무국이 상거래당사자 및 국제기구와 긴밀히 협조하여 헤이그규칙과 헤이그-비스비규칙은 물론 FBL이나 ICC 통일규칙과 같은 기존의 증권을 바탕으로 하여, 복합운송증권에 관한 규정을 다시 마련할 것을 지시한바 있다. 그 결과 UNCTAD사무국은 UNCTAD/ICC 합동작업반을 통하여 상거래 당사자들과 접촉을 계속하여 새로운 규칙을 마련하여 1991년 11월 파리의 ICC 이사회에서 "복합운송에 관한 UNCTAD/ICC규칙(UNCTAD/ICC Rules for Multimodal Transport Documents)"을 채택하였다.

이 규칙은 국제해사위원회(CMI)의 "Tokyo Rules"과 UNIDROIT의 노력에 의하여 성안된 TCM안으로 호칭되는 협약초안을 바탕으로 한 것으로 세계적으로 널리 호응을 받았다. 특히 이는 국제운송주선인협회(FIATA)의 복합운송증권과 발트·백해 해운동맹/국제선주협회(BIMCO/ INSA)의 COMBIDOC와 같이 널리 사용되고 있는 많은 표준운송증권에 사용되고 있다.

또한 이 규칙은 서면이나 구두 또는 기타의 방법으로 "복합운송증권에 관한 UNCTAD/ICC 규칙"이라는 준거를 운송계약에 채택한 경우에 적용된다. 이 경우 단일의 또는 복수의 운송수단을 사용하는 단일운송계약인지 또는 복합운송계약인지 여부와는 관계가 없으며, 또한 증권이 발행되었는지 여부와도 관계가 없다. 이 규칙하에서 화물에 관한 복합운송인의 책임은 화물을 인수한 시점에서 이를 인도하는 시점까지의 기간에 걸쳐 부담하며 또한 이종책임체계(network system) 및 과실책임원칙을 채택하고 있다.

이 규칙에서는 선장, 선원, 도선사, 운송인의 항해, 선박의 관리에 관한 행위, 태만, 또는 과실에 기인하거나, 또는 운송인의 고의 또는 과실로 인하여 발생한 것이 아닌 화재로 발생한 멸실, 손상 또는 인도의 지연에 대하여 책임을 부담하지 아니한다.

또한 복합운송인의 배상금액 및 책임한도는 복합운송증권에 기재한 경우를 제외하고 매 포장당 666.67SDR 또는 총중량에 대한 매 kg당 2SDR 중 많은 금액을 초과하지 아니하는 범위의 금액이다. 다만 해상 또는 내수로 운송을 포함하지 아니할 경우에는 총중량에 대한 매kg당 8.33SDR을 초과하지 아니하는 금액으로 제한한다.

그러나 이 규칙은 복합운송계약의 관습적인 내용의 일부분만을 다루고 있을 뿐이다. 따라서 이 규칙을 토대로 복합운송계약을 체결하고자 하는 복합운송인(MTO)은 필요에 따라 적부의 재량(optional stowage), 운송경로, 운임과 비용, 유치권(liens), 쌍방과실충돌, 공동해손, 재판관할과 중재 및 준거법 등의 문제에 관해 별도의 조항을 추가하여야 한다. 이는 어디까지나 이 규칙과 상충되지 않는 범위 내에서 가능한 것이다.

### 3) 유엔 국제복합운송조약

1972년 TCM조약안이 유엔과 정부간 해사협의기구가 공동 주최하는 국제컨테이너운송회의에서 정식 복합운송조약으로 채택되지 못함으로써 UNCTAD에 정부간 준비그룹(Inter- Governmental Preparatory Group: IPG)을 조직하게 하여 새로운 조약안 작성을 요청하게 되었다. 이에 따라 1973년 68개국 정부가 참여하는 정부 간 준비그룹이 이 작업에 착수하여 6차례의 회의를 거친 끝에 1979년 3월에 조약 초안을 작성하였다. 이어서 이 조약을 채택하기 위한 전권대표자회의가 1976년 11월 12일부터 30일까지 제네바에서 개최되었으나 채택되지 못하고, 1980년 5월 8일부터 24일까지의 제2차 회의에서 채택되었다. 이 조약이 복합운송에 관한 규제 및 적용을 위해서는 30개국의 비준이 있은 후 12개월 후에 발효될 수 있도록 하고 있는데 아직까지는 비준국 수가 미달된 실정이다.

이 조약에서는 절충식책임체계(flexible liability system) 채택하고 과실책임주의를 원칙으로 하지만 면책사유에 대한 열거는 없다. 또한 복합운송증권은 유통증권이 아닌 비유통증권으로도 발행가능하고 복합운송인은 증권에 기재된 수화인에게만 화물을 인도하도록 하였다. 배상금액 및 책임한도는 1 package 또는 1 unit당

920SDR 또는 1kg당 2.75SDR 중 높은 금액을 적용하도록 하고 있다.

## 4 복합운송인의 책임체계

국제운송조약에서의 논점은 운송인의 책임문제에 있다. 특히 책임에는 선량한 관리자로서의 주의의무를 태만하여 야기되는, 즉 과실에 의해 물품에 손해가 발생한 경우에만 복합운송인이 책임을 부담하는 과실책임(liability for negligence), 운송인이나 사용인의 과실을 요건으로 하지 않고 복합운송인이 책임을 부담하는 무과실책임(liability without negligence) 그리고 과실의 유무를 불문하고 운송인은 결과에 대하여 책임을 부담하며 면책을 인정하지 아니하는 엄격책임(strict liability)이 있다. 복합운송의 경우에는 특히 책임체계가 중요한 논란대상이 되고 있다. 이는 여러 가지 운송방식의 결합으로 이루어지는 복합운송의 전구간에 대하여 복합운송인의 책임을 어떠한 방식으로 정할 것인가 하는 논의 때문이다.

하나는 운송인의 각 구간 이종책임체계(network liability system)이고, 다른 하나는 전구간 단일책임체계(uniform liability system)이다. 그 외에 이 두 가지를 혼용한 형태로 절충식책임체계(flexible liability system)가 있다.

### 1) 이종책임체계(network liability system)

이 제도하에서 복합운송인의 책임은 운송물의 멸실 또는 손상이 생긴 운송구간, 즉 손해발생구간을 아는 경우(known damage)와 이를 알 수 없는 경우(concealed damage)로 나누어 각각 다른 책임체계를 적용하는 방법이다.

전자의 손해발생구간을 아는 경우에는 운송인의 책임은 운송물의 멸실 또는 손상이 생긴 운송구간에 적용될 국제조약 또는 강행적인 국내법에 따라서 결정된다. 즉 해상구간에는 헤이그-비스비규칙이, 그리고 항공구간에는 와르소조약이 적용되는 것을 말한다. 이 원칙의 기본이념은 기존 운송법상의 책임제도와 최대한도의 조화를 이룬다는 점이다. 즉 해상, 육상, 항공 등의 운송구간 또는 운송방식에 따라서 각각 고유한 법원칙이 성립되어 적용되고 있는데, 이들 법원칙을 존중하는 것이 실제에 있어서 무리가 없고, 복합운송의 이용도 원활하게 된다는 것이다.

한편 후자의 손해발생구간을 알 수 없는 경우와 또는 아는 경우라 하더라도 그 구간에 적용할 조약이나 강행법규가 없는 경우에는 그 손해가 해상구간에서 발생된 것으로 추정하여 헤이그-비스비 규칙을 적용하거나 별도로 정하여진 일반원칙을 적용한다.

일찍이 각종 국제단체에서 마련하였던 복합운송조약의 시안 중에도 이 이종책임체계에 따른 안[52]이 대부분이며, 앞에서 본 바와 같이 "복합운송증권에 관한 UNCTAD/ICC규칙"과 그리고 FIATA, BIMCO 등에서 공표한 복합운송증권이나 실제 유력한 운송인들의 운송증권들도 운송인의 책임에 관하여 이종책임체계에 따르고 있다.

## 2) 단일책임체계(uniform liability system)

이 제도하에서 복합운송인은 물품의 멸실이나 손상 등 손해가 발생한 운송구간이나 운송방식의 여하를 묻지 않고, 즉 발생장소가 밝혀진 경우나, 밝혀지지 않은 경우나 항상 동일한 책임원칙이 적용되는 방법을 말한다. 즉 복합운송인은 책임원칙, 항변의 조건(terms of defence)이나 책임의 한계에 있어서 단일방식운송(unimodal transport)의 운송인의 경우와는 전혀 다른 독자적인 책임체계에 따른 것이다.[53] 단일책임체계에서는 화주와 복합운송인 사이의 책임원칙 적용여하에 따라 복합운송인이 화주에게 배상하는 금액이 하청운송인으로부터 변제받는 금액보다 많은 경우도 있을 수 있다. 왜냐하면 복합운송인과 하청운송인 사이의 책임원칙에 대해서는 단일책임체계가 적용될 수 없기 때문에 복합운송인은 이를 위하여 책임보험을 부보하게 된다.

이 제도는 간명하기 때문에 당사자들 사이에서 분쟁을 줄일 수 있는 것으로 평가되고 있다. 즉 송화인 등 운송인으로서는 손해발생의 장소나 시기 등을 고려할 필요가 없으므로 불필요한 소송을 제거할 수 있다.

그러나 이 제도는 복합운송인으로서 여전히 실제운송인에게 보상청구를 하여야 하는 문제가 남아 있고, 오히려 절차가 복잡하여 비용이 증가한다는 반론이 있다. 단일책임체계는 무엇보다도 복합운송에서 책임수준의 통일을 기함으로써 각 운송방식별로 이미 확립되어 있는 책임수준의 통일을 깨뜨린다는 비난을 면하기 어렵다. 예컨대, 동종동량의 화물이 동일한 선박에 적재되어 같은 구간의 운송이 이루어지는 경우에 복합운송계약에 의한 경우와 해상운송계약에 의한 경우의 책임내

52) 예컨대, 1969년의 Tokyo Rules 및 1970년의 TCM 조약안 등이다.

53) UNCTAD, Document, TD/BAC. 15/29, Sep. 1977, p.4.

용이 달라지기 때문이다. 또 합리적인 단일의 책임수준을 정한다는 것도 용이한 일이 아니다.

따라서 실무적·상업적인 견지에서는 오히려 이종책임체계가 현실적인 것으로 환영을 받고 있으며, 단일책임체계는 다분히 이상주의적인 것으로 경원시되고 있다. 또한 오늘날 사용되고 있는 컨테이너 선하증권 내지 복합운송증권상의 책임은 대부분 이종책임체계에 따르고 있다.

이종책임체계가 환영을 받는 주된 이유는 이 제도가 복합운송을 구성하는 각 운송방식에 이용되어 왔던 기존의 운송질서에 대한 수정을 최소한에 그치고 급격한 변화를 피하여 복합운송의 원활한 진전을 도모시킨 점 때문이라고 할 수 있다.

#### 3) 절충식 책임체계(flexible liability system)

이 제도는 "network system"과 "uniform system"을 절충한 것으로, 복합운송인의 책임체계가 일률적인 책임원칙을 따르고 책임의 정도와 한계는 손상이 발생한 구간의 규칙에 따르는 것이다. 이 제도하에서는 책임의 한계가 기본책임하의 한계를 초과했을 때만 적용될 것인지 여부가 문제시된다. 일반적으로 선진국은 "network system"을, 개도국과 일부선진국은 "uniform system"을 선호하고 있으나 유엔에서는 절충식 책임체계를 선호하고 있다.

## 제4절 항공운송[54)]

### 1 항공운송의 의의

항공운송(carriage by air)이란 항공기의 항복(航腹; plane's space)에 여객 또는 화물을 공로를 통하여 운송하는 것을 말한다. 본격적인 항공운송은 1970년부터 점보제트기가 세계 항로에 취항하면서 현대식 운송수단으로 각광을 받기 시작하였다.

---

54) 강원진, 이양기, 최신국제상거래론, 박영사, 2014, 459-464면, 이양기, 무역실무(2판), 삼영사, 2021, 322-328면을 수정, 보완함

국제화물운송은 해상이나 육상운송이 주류를 이루고 있지만 항공산업의 발전과 화물전세기가 등장하여 세계를 일일생활권으로 하는 신속한 운송요구에 따라 항공운송의 비중이 점차 증가되고 있다. 경제의 질적인 발전과 함께 반도체, 전자제품, 시계 등 고부가가치의 소형경량화물에 대해서는 비싼 운임을 지급하여도 채산성이 있는 데다 신속한 운송의 장점 등으로 항공운송을 선호하게 되었다.

항공화물운송은 다른 운송에 비하여 야간에 집중되어 운항하게 되며, 계절적으로 화물운송량에 크게 영향을 받지 않으며 신속성과 안전성 및 정시성 등의 특성이 있다. 그러나 해상운송비보다 운임이 비싸고 항공운송에 적합한 물품이어야 하는 제약이 따른다.

항공화물의 운송은 일반적으로 송화인이 항공회사를 직접 거래하기보다는 항공운송대리업체인 항공화물대리점(air cargo agent)이나 항공화물운송주선업자(air freight forwarder)와 운송계약을 체결하고 있다.

## 2 항공화물의 운송절차

항공화물의 운송은 송화인이 항공운송인(air carrier)에게 항복예약(plane's space booking)을 하고 물품과 상업송장, 포장명세서, 수출승인서(E/L) 등의 서류를 항공운송인에게 인도한다. 항공운송인은 통관회사와 협조하여 통관수속을 마치고 수출신고필증을 수출자에게 교부한 후 항공화물운송장(Air Waybill: AWB)을 발급하고 항공운송인은 화물을 목적지까지 운송한다. 도착지 항공운송인이 수화인에게 화물도착통지를 하면 수입자는 거래은행 또는 송화인을 통하여 수령한 서류를 가지고 수입통관수속을 마치고 항공화물운송장과 교환하여 물품을 수령하게 된다.

## 3 국제항공화물의 운송업자

### 1) 항공화물운송대리점

항공화물운송대리점(air cargo agent)이란 항공사 또는 총대리점을 위하여 유상으로 항공기에 의한 화물운송계약체결을 대리하는 사업을 말한다. 항공화물운송대리점은 항공사를 대리하여 항공사의 운송약관규칙, 운임률표와 운항시간표에 의거 항공화물을 모으고 항공화물운송장(Air Waybill: AWB)[55]을 발행하며 이에 부수되는 업무를 수행하여 그 대가로 소정의 수수료(commission)를 받는다.

### 2) 항공화물운송주선업자

항공화물주선업자(air freight forwarder)는 혼재업자(consolidator)라고도 부르는데 타인의 수요에 응해 자기의 명의로 항공사의 항공기를 이용, 화물을 혼재, 운송하여 주는 사업자이다.

혼재업자[56]는 자체운송약관과 운임률표(freight tariff)를 가지고 혼재되는 개개의 화물에 대해 혼재화물운송장(House Air Waybill: HAWB)을 발행한다. 혼재화물이 항공사에 인도될 때 혼재업자는 화물집화자이면서 송화인(shipper)이 되어 항공사로부터 항공화물운송장(Master Air Waybill: MAWB)을 발급받게 된다. 수출자가 은행을 통하여 대금결제를 받는 것과, 수입자가 화물도착지에서 항공화물을 찾게 되는 것은 HAWB이다. MAWB은 항공사와 혼재업자 간의 운송계약에 따른 증빙이며 항공화물을 수화인별로 분류하여 인도할 때 HAWB와 연결시켜 업무를 수행하게 된다.

## 4 항공화물운임의 종류

항공화물운임은 IATA[57]가 제정한 운임요율표를 국제적으로 사용하고 있는데 한국도 동 운임요율에 의거 정부의 승인을 받아 사용하고 있다. 다음에는 항공화물운임의 종류를 알아보기로 한다.

---

55) 이때 발행하는 항공화물운송장은 Master Air Waybill이다.

56) 혼재업자 범주에 속할 수 있는 신종서비스인 특사서비스(courier service)업이 있다. 이는 상업서류 송달과 중량 45kgs 이하의 상품견본, 선물 등 소형경량품 송달을 door to door(desk to desk) 서비스에 의하여 웬만한 국가는 2~3일 이내에 긴급 배달하고 있다. 대표적인 것으로는 1907년 설립한 미국 최대의 UPS(United Parcel Service), 1960년 설립한 DHL(Dalsey, Hillbom, Lind 3인 변호사의 머리글자 약칭) 등이 있다.

57) IATA란 국제항공운송협회(International Air Transport Association)로 1945년 4월 설립된 순수민간단체로 본부는 몬트리올에 있다. IATA는 항공권의 약관, 운임협정, 서비스내용, 기술분야의 협력, 통신약호의 통일, 출입국절차의 간소화 등을 위하여 협력하고 있다.

### 1) 일반화물요율(general cargo rate: GCR)

이 요율은 특정물품 할인요율(specific commodity rate) 또는 품목분류 요율(class rate)이 적용되지 않는 모든 화물에 적용되는 가장 기본적인 요율이다. 일반화물요율에는 최저운임(minimum charge)인 45kg 미만 요율, 45kg 이상 요율, 100kg 이상 요율, 300kg 이상 요율 등으로 설정되어 있으며 대체로 중량이 많으면 많을수록 더 저렴한 요율이 적용되도록 되어 있다.

### 2) 특정품목할인요율(specific commodity rate: SCR)

이 요율은 특정구간에서 동일품목이 계속적으로 반복 운송되는 품목에 대하여 일반품목보다 요율을 낮춤으로써 항공운송이용을 촉진·확대하는 데 목적이 있다.

### 3) 품목분류요율(commodity classification rate: CCR)

화물의 특성, 가격 등을 고려하여 몇 가지 특정품목, 특정지역 간에만 적용되기도 한다. 이 요율이 적용되는 품목은 신문·잡지 등 정기간행물, 귀중화물, 생동물 등으로 예를 들면, 신문·잡지는 할인하고 귀금속 및 생동물 등은 기본요율에 할증하여 부과한다.

### 4) 종가운임(valuation charge: VC)

신고가격(declared value)이 화물 1kg당 US$20를 초과하면 종가운임이 부과된다. 무신고(no value declared: NVD)도 하나의 신고로 간주하며 귀금속·예술작품 등 고가품은 신고하여 할증된 종가운임을 지급한다.

### 5) 팰릿·컨테이너운임(bulk unitization charge: BUC)

팰릿 또는 컨테이너에 적입된 상태로 송화인이 항공사에 반입, 그대로 수화인에게 인도되는 화물에 적용하는 운임으로 화물의 종류에 관계없이 일정구간에 한해 팰릿·컨테이너 크기와 개수로 운임을 부과한다.

# 5 항공운송에 관한 국제조약

## 1) 와르소조약

와르소조약(Warsaw Convention)[58]은 항공운송인의 책임에 대하여 통일된 규칙을 제정하여 항공기사고로 인해 여객과 화물에 미친 손해배상의 범위와 책임한도를 설정하여 운송인과 여객 또는 화주의 이익을 조정하는 공평의 원칙을 견제하기 위한 목적으로 국제항공전문위원회의 조약초안을 중심으로 1929년 10월 12일 와르소에서 체결된 것이다.

와르소조약은 입증책임을 피해자로부터 운송인에게 전가시켜 1966년 몬트리얼 협정 이후부터는 항공운송인의 과실책임주의에서 무과실책임주의로 변경하고 손해배상한도액의 통화단위도 SDR로 변경시켰다.

## 2) 헤이그의정서

헤이그의정서(Hague Protocol)[59] 와르소조약 체결 후 25년이 지나는 동안 항공기술 등의 발달로 안전도도 많이 향상되어 운송인의 책임한도액을 현실에 적응시킬 수 있도록 1955년 9월 8일 서명하여 사실상 와르소조약을 개정, 1963년 8월 1일부터 발효하게 되었다. 이에 따라 여객에 대한 책임한도액을 100% 인상하고, 조약과 의정서를 합쳐 하나의 단일문서로 본다고 규정, 원조약 제25조의 고의(misconduct)의 개념을 구체화하고, 화물・수화물에 대한 항공과실면책조항을 삭제한 점 등이 주내용이다. 동 의정서를 비준하면 원조약의 당사국이 아니더라도 개정조약에 대한 가입효력이 있다.[60] 따라서 한국도 1967년 10월 11일부터 개정조약의 효력이 발

58) 정식명칭은 "국제항공운송에 관한 규칙통일을 위한 조약(Convention for the Unification of Certain Rules Relating to International Carriage by Air)"이다.

59) 정식 명칭은 "1929년 10월 12일 와르소에서 서명된 국제항공운송에 관한 통일규칙을 위한 조직의 개정을 위한 의정서(Protocol to Amend the Convention for the Unification of Certain Rules Relating to International Carriage by Air Signed at Warsaw on 12 October 1929)"이다.

60) 미국은 헤이그의정서에서 여객에 대한 책임한도액이 너무 낮다는 구실로 1965년 11월 폴란드정부에 와르소조약 탈퇴를 통보하였다. 이에 대해 IATA가 미국을 출발・도착・경유하는 주요 항공사들의 회의를 몬트리올에서 소집, 항공사들 간에 협정을 맺어 미국의 동의를 얻어 1966년 5월 16일 몬트리올협정(Montreal Agreement)이 발효되었다. 몬트리올협정으로 여객에 대한 책임한도는 소송비용 포함시 1인당 US$75,000, 소송비용 불포함시 US$58,000로 하였고 화물 및 위탁수화물의 멸실, 손상, 지연시에는 1kg당 250FGF에서 US$20로 하였다.

생하게 되었다.

# 제5절 철도 및 도로운송

## 1 국제철도운송의 의의

국제철도운송(international carriage by rail)이란 철도차량에 의하여 어느 항만시설국으로부터 다른 내륙지역국, 반대로 내륙지역국으로부터 항만시설국으로 국제무역물품을 운송하거나 또는 대륙구간의 물품의 국제운송을 의미한다.

국제철도운송은 해상과 육상 사이에서 교량적 역할을 주로 피기 백(piggy-back) 방식에 의해 담당하고 있으며 운송범위를 철도노선상에 한정시키는 "rail service"로 이용되고 있다.

철도운송의 장점으로는 "ton-km"당 낮은 연료비, 장거리 운송비 단위당 낮은 비용, 연중무휴의 서비스 가능, 높은 안전도 등으로 저가품 운송에 편리한 운송방법이다. 반면 단점으로는 투자규모가 크고, 단거리 운송 시 속도가 늦고, 터미널 설비에 따른 투자비용이 많고, 환적비용이 많이 들며 "door to door" 서비스 가능성이 적은 것 등을 들 수 있다.

## 2 국제철도운송조약

국제철도운송조약(Convention Internationale concernant le Transport de Marchandise par Chemin de Fer: CIM)[61]은 1970년에 제정 1975년 1월 1일부터 발효되어 유럽제국들은 이들 국제조약에 의하여 법제화 단계에 이르렀다. 국제철도화물운송의 준거법으로는 CIM이 적용되고 있다. CIM에서 인정하는 운송서류는 철도화물수탁서(Railway Consignment Note)이다.

61) 영어로는 International Convention Concerning the Carriage of Goods by Rail 1970(CIM)으로 표기하고 있다.

이 조약은 철도운송계약의 체결, 속도, 철도구간, 운임지급 등 이행에 관한 사항, 운송인의 책임, 타당사자와의 관계, 재판관할권 등에 대하여 규정하고 있다.

CIM에 의한 철도운송인의 책임한도액은 운송인이 고의적인 악행(wilful mis-conduct)이나 심한 태만(gross negligence)의 경우를 제외하고는 kg당 50 gold france의 한도로 손해배상책임을 부담하는 무과실책임주의에 근거하고[62] 무과실에 대한 거증책임은 운송인에게 있다. 그러나 심한 태만에 의한 손해발생시는 운송인의 책임한도액이 보통의 경우보다 2배가 된다. 또한 운송인에 대한 소송제기 기간도 사기(fraud)나 고의적인 악행의 경우는 2년이지만 보통의 경우는 1년으로 되어 있다. 또한 인도의 지연에 관하여 운송기간이 명시되어 있는데 만일 운송기간 종료일로부터 30일 경과 시는 그 물품은 분실된 것으로 간주한다.[63]

## 3 국제도로운송의 의의

국제도로운송(international carriage by road)이란 한 나라에서 다른 나라의 특정 장소로 국제도로운송조약에 따라 물품을 육로로 운송하는 것을 말한다. 국제도로운송은 고속도로나 일반 간선도로 등 각종 공로망의 확충과 운반차량[64]의 대형화 등으로 오늘날의 다양한 운송요구에 부응하고 있다.

도로운송의 장점은 최초 투자액의 규모가 작고, 출발과 도착시간 등 운송능력에 있어서 융통성이 많고, 단거리 운송 시 빠른 속도와 터미널 비용이 비교적 적게 들며, "door to door" 서비스가 용이하며, 이용하기에 매우 편리한 점 등을 들 수 있다.

한편 단점으로는 살물(bulk cargo)과 같은 중량화물운송시 이용도가 낮고, 장거리운송시 비용이 많이 들고, 기후, 운송차량의 고장으로 운송중단 발생가능성이 높으며 에너지 효율성이 낮은 점 등을 들 수 있다.

---

62) CIM Convention Article 31.

63) CIM Convention Article 11.

64) 도로운송 시에는 일반차량에 컨테이너화물을 운송하기 위하여 ① tractor에 견인되는 연결차량인 semi-trailer(일명 컨테이너 chassis), ② 2량을 견인할 수 있는 double bottom trailer combination, ③ 두 방면향의 화물을 트렉터나 트레일러에 분할 적재하고 도중 분리·연결하기에 편리한 full trailer combination 등이 많이 이용되고 있다.

## 4 국제도로운송조약

국제도로운송조약(Convention relative au contrat de Transport International de Marchandise par Route: CMR)은 1956년에 제네바에서 서명 제정된 조약으로 국제 도로운송을 위하여 양 당사자 중 어느 한 당사자가 이 조약의 당사자인 경우에 이 조약이 적용된다.[65] CMR은 운송경로의 일부가 해상운송이 포함되어 있는 경우라 할지라도 선상에서 육로차량(road vehicle)으로부터 물품이 적출되지 않을 때에는 모든 운송구간은 국제도로운송으로 간주된다.[66]

국제도로운송에 관련된 운송서류는 도로화물수탁서(Road Consignment Note; Road Waybill)가 사용된다.[67]

CMR에서 도로운송인은 운송 중의 멸실, 손상과 지연에 대하여 책임을 부담한다.[68] 그러나 그 사유가 청구인의 불법행위 또는 태만, 청구인의 지시사항, 물품 고유의 성질, 운송인이 피할 수 없는 환경이나 결과에 의해 발생하였을 경우에는 면책으로 규정하고 있다.[69] 운송인의 전손 및 분손에 대한 배상책임한도는 운송인이 운송물품을 인수장소와 시점에서의 물품가격에 따라 산정되나, 현재 총중량 1kg 당 8.33SDR로 한정하고 있다.

분실에 대해서는 약정된 운송완료일로부터 30일, 운송완료일에 대한 합의가 없을 경우에는 운송인이 물품을 인수한 날로부터 60일이 경과하였음에도 불구하고 인도되지 않았다면 분실된 것으로 간주하도록 하고 있다.[70]

---

65) 예외 조항에 따라 영국과 아일랜드 공화국 사이에는 이 조약이 적용되지 않는다.

66) CMR Convention Article 1~2.

67) Road Consignment Note는 운송인이 화물을 수령한 추정적 증거(prima facie evidence)이다.

68) CMR Convention Article 17-1.

69) CMR Convention Article 17-2.

70) CMR Convention Article 20.

## 연구과제

1. 해상운임(ocean freight)과 항공운임(air freight)의 산정기준은 무엇인가?

2. LED TV 600 Sets를 컨테이너 운송하고자 할 경우 어떤 규격의 컨테이너 몇 개를 복합운송인과 예약하는 것이 가장 안전하고 경제적이겠는가? (단, TV 1세트 포장 carton box의 가로・세로・깊이의 규격은 90cm x 60cm x 50cm)

3. 선적선하증권(shipped bill of lading), 본선적재선하증권(on board bill of lading) 및 수령선하증권(received bill of lading)은 각각 어떻게 구별하는가?

4. 복합운송인의 책임체계인 "network liability system"과 "uniform liability system" 중에서 화주의 입장에서 선호하는 책임체계는 어느 것이며 그 이유는 무엇인가?

5. 해상운송서류인 선하증권과 해상화물운송장의 차이점은 무엇인가?

6. 해상컨테이너운송에서의 선적과 양륙과정을 설명하시오.

7. 항공운송에 관한 다음 물음에 답하시오. (2021년도 제38회 관세사 2차 기출문제 50점)
   1) 몬트리올 협약(Montreal Convention)의 (1)제정 목적, (2)각 장(Chapter)의 제목 및 (3)제1조제1항의 적용범위를 쓰시오. (10점)
   2) 몬트리올 협약(Montreal Convention)상 (1)항공운송인의 책임원칙 3가지와 (2)면책사유 4가지를 쓰고, (3)청구기한(손상된 위탁수하물/화물, 지연된 위탁수하물/화물) 및 (4)제소기한을 구체적으로 설명하시오. (20점)
   3) 항공화물운임 중 부대요금(Other Charges) 종류 6가지를 쓰고, 설명하시오. (20점)

8. 정기선운송에서 선사들이 대외적으로 화주들을 구속(유인)하기 위한 각종 계약제도에 관한 다음 물음에 답하시오. (2020년도 제37회 관세사 2차 기출문제 10점)
   1) 계약운임제에 대해 간단히 설명하시오. (5점)
   2) 삼중운임제에 대해 간단히 설명하시오. (5점)

9. 항공운송에 대한 다음 물음에 답하시오. (2018년도 제35회 관세사 2차 기출문제 50점)
   1) 항공화물운송장(AWB)의 개념과 기능에 대하여 설명하시오. (10점)
   2) 신용장통일규칙(UCP 600) 제23조의 항공운송서류(Air Transport Document) 수리요건에 대하여 설명하시오. (15점)
   3) ①항공화물 운임요율의 종류, ②항공화물 사고의 유형, ③항공화물 사고 유형에 따른 클레임 청구 기한에 대하여 설명하시오. (25점)

10. 항공화물운송장(Air Waybill) 원본의 용도별 기능, 선하증권(B/L)과의 차이점을 설명하시오. (2016년도 제33회 관세사 2차 기출문제 10점)

11. 부정기선의 용선계약 시, 이용하는 하역비부담조건들에 대하여 설명하시오. (2014년도 제31회 관세사 2차 기출문제 10점)

12. 몬트리올 협약(Montreal Convention)상 운송인의 책임원칙과 운송인의 면책사유, 운송인의 책임한도(단, 화물의 경우만)에 대하여 설명하시오. (2014년도 제31회 관세사 2차 기출문제 10점)

# Chapter 10

# 적화보험과 무역보험

Chapter

# 10 적화보험과 무역보험

## 제 1 절 해상보험의 개념[1)]

해상보험은 보험의 목적물에 따라 여러 가지로 나눌 수 있지만,[2)] 그중에서도 적화보험(積貨保險; cargo insurance)과 선박보험(hull insurance)이 중심이 된다. 물품을 대상으로 무역거래에서는 적화물에 대하여 보험에 부보함으로써 해상위험으로부터 발생하는 손해를 줄이고 무역거래의 원활을 도모할 수 있다. 무역거래에서의 경쟁력제고는 물론 무역기업의 효율적 경영을 위하여 최근 들어 운송물품의 위험관리(risk management)에 대한 논의가 활발해지고 있다. 무역거래에서의 적화보험은 원거리의 운송과 장시간을 요하는 운송기간, 포장상태, 물품의 종류・성질 등 보험에 영향을 미치는 요인이 많기 때문에 해상적화보험에 대한 충분한 이해를 통하여 적절한 보험조건을 선택하여 보험계약을 체결하여야 한다.

이 장에서는 해상보험에 대한 개념을 정리하고, 해상적화보험을 중심으로 한 협회적화약관, 적화보험계약, 보험금의 청구 및 한국의 무역보험 등에 대하여 살펴보기로 한다.

### 1 해상보험의 의의

해상보험(marine insurance)이란 해상위험에 의해 발생하는 손해를 보상할 것을 목적으로 하는 보험으로서 손해보험의 일종이다. 영국의 해상보험법(Marine Insurance Act 1906: MIA) 제1조에서는 "해상보험계약은 보험자가 피보험자에 대하

---

1) 강원진, 이양기, 최신국제상거래론, 박영사, 2014, 473-484면을 수정, 보완함

2) 예컨대 적화보험, 선박보험 이외에도 운임보험(freight insurance), 희망이익보험(expected profit insurance), 배상책임보험(liability insurance) 등 여러 종류가 있다.

여 그 계약에 의해 합의된 방법과 범위 내에서 해상손해, 즉 해상사업에 수반되는 손해를 보상할 것을 확약하는 계약"[3]이라고 정의하고 있다. 여기서 해상보험과 해상보험계약은 그 제도와 운영적인 측면에서 볼 때 동일한 것으로 보아도 무방할 것이다.

경제적 측면에서의 해상보험이라 함은 해상사업을 영위함에 있어서 우연히 발생할지도 모를 경제적 손실을 회복하기 위하여 재산권을 가지는 다수인이 위험의 정도에 따라 합리적인 갹출을 부담하여 공동준비재산을 형성하고 사고가 발생하여 손해를 입었을 경우 이를 보상함으로써 경제상의 불안을 제거 또는 경감하는 경제제도를 말한다. 해상보험은 보험자(assurer)가 물품의 해상운송 중에 발생하는 위험을 인수하고 이들 위험에 기인한 손해가 발생하였을 경우 피보험자(assured)에게 그 손해액을 보상할 것을 계약하고 그 반대급부로서 보험계약자(policy holder)로부터 보험료(insurance premium)를 지급받게 된다.[4]

무역거래에서 해상화물운송은 많은 위험이 수반되어 해상적화보험에 의한 위험관리를 통하여 보호를 받지 않고서는 원활한 국제상거래를 영위할 수 없다. 해상보험은 국제운송 및 무역결제와 더불어 무역거래에서의 중추적 기능을 수행하고 있다고 할 수 있다.

## 2 해상보험의 당사자

해상보험에서의 당사자는 다음과 같이 ① 보험자, ② 보험계약자, ③ 피보험자로 구분된다.

### 1) 보험자

보험자(insurer; assurer; underwriter)란 보험계약의 당사자로서 보험사고가 발생한 경우에 보험금을 지급할 의무를 부담하는 자로 보험계약을 인수(underwriting)

---

3) The Marine Insurance Act 1906, Marine insurance defined 1. A contract of marine insurance is a contract whereby the insurer undertakes to indemnify the assured, in manner and to the extent thereby agreed, against marine losses, that is to say, the losses incident to marine adventure.

4) 보험계약상의 약인(consideration)이 된다.

하는 주체를 말한다. 즉 보험회사(insurance company)나 개인보험업자(underwriter)가 있다. 한국의 경우 보험자는 주식회사 또는 상호회사이어야 한다. 미국은 개인보험회사를 불인정하지만 영국은 로이즈(Lloyd's)와 같이 개인도 보험업자가 될 수 있다. 보험자는 보험사업의 사회성 내지 공공성 등의 특성에 따라 그 자격이 제한되는 경우가 많다.

## 2) 보험계약자

보험계약자(policy holder)란 보험자와 보험계약을 체결하는 자를 말한다. 보험계약자는 보험자, 즉 보험회사와 보험계약을 체결하고 보험료(insurance premium)를 납입하는 자로 보험자에 대하여 고지의무, 위험의 변경・증가의 통지의무를 부담하게 된다.

## 3) 피보험자

피보험자(assured; insured)란 피보험이익(insurable interest)을 갖는 자, 즉 손해의 보상을 받을 권리가 있는 자를 말한다.

해상적화보험에서 보험계약자와 피보험자는 동일인이 될 수도 있고 타인이 될 수도 있다. FOB 규칙이나 CFR 규칙에서는 매수인이 보험계약자이면서 자신을 피보험자로 하여 보험에 부보한다. 이 경우에는 보험계약자와 피보험자가 동일하다. 따라서 보험료 납입자와 보험금 수취권자는 동일인이 되는 것이다.

반면 CIF 규칙이나 CIP 규칙하에서는 매도인 자신을 우선 피보험자로 하여 보험계약을 체결하고 매도인이 보험료를 납입하지만 교부받은 보험증권에 배서(endorsement)하여 매수인에게 양도하는 형식을 취하여 결국 보험금 수취권은 매수인에게 귀속되기 때문에 보험계약자와 피보험자는 동일인이 아니다.

## 4) 보험대리인

보험대리인(insurance agent)란 보험회사를 위하여 보험계약의 체결을 대리하거나 중개하는 것을 영업으로 하는 독립된 상인을 말한다.

### 5) 보험중개인

보험중개인(insurance broker)란 독립적으로 보험자와 보험계약자 사이의 보험계약의 체결을 중개하는 것을 영업으로 하는 자를 말한다. 보험중개인은 보험가입을 원하는 사람을 위해 보험자와 접촉해서 자신의 고객인 보험가입 희망자에게 필요한 보험을 알선한다.

## 3 해상보험의 기본원칙

해상보험은 그 목적물에 대하여 보호를 받기 위해서는 다음과 같은 기본원칙에 따라 보험계약을 체결하여야 한다. 여기에서는 그 기본적 원칙으로 ① 최대선의의 원칙, ② 손해보상의 원칙, ③ 근인주의, ④ 담보에 대하여 살펴보기로 한다.

### 1) 최대선의의 원칙

보험계약자는 보험자에게 보험청약을 할 경우 자기가 신고하는 모든 사항에 대하여 최대선의(utmost good faith)에 의거하여 고지(告知; disclosure)하여야 한다.

해상보험계약이 최대선의의 계약이 되기 위하여 한국의 상법도 보험계약자에게 고지의무를 부담시키고 있는데, 보험계약체결 당시에 중요한 사실을 고지하지 아니하면 계약이 해지되고(상법 제651조), 통지의무 즉 계약체결 후 보험목적물의 위험이 변경 또는 증가되면 보험자에게 통지하여야 하며 통지하지 아니하면 보험자는 계약을 해지할 수 있다고 규정하고 있다(상법 제652조).

영국 해상보험법(Marine Insurance Act 1906)에서도 "해상보험계약은 최대선의에 의한 계약이며 당사자의 일방이 최대선의를 준수하지 않을 경우에는 타방은 그 계약을 취소할 수 있다"고 규정하고 있다.[5] 따라서 당사자는 상대방이 보험계약에 대하여 올바른 결론을 내릴 수 있도록 도와줄 의무를 부담하고 있다고 할 수 있다.

5) MIA 1906, Article 17; "Insurance is utmost good faith(uberrimae fidei). A contract of marine insurance is a contract based upon the utmost good faith, and if the utmost good faith be not observed by either party, the contract may be avoided by the other party."

### 2) 손해보상의 원칙

보험계약은 보험자가 우연한 사고의 발생에 따른 손해를 보상하는 점에서 사행계약(射倖契約; aleatory contract)이지만 보험에 의하여 이득을 얻지 못한다는 원칙이 적용된다.[6] 해상보험계약은 보험자가 피보험자에 대한 해상손해, 즉 항해사업에 부수하는 손해만을 보상하는 것을 약속하는 계약으로 해상손해 이외의 손해는 보상하지 않는다.[7] 이처럼 보상은 해상보험계약에서의 손해발생시 손해금액을 한도로 지급되어야 하는 원칙을 손해보상의 원칙(principle of indemnity)이라고 한다. 이러한 원칙하에서 해상보험계약은 기평가보험증권(valued policy)으로 발행되지만 손해보상계약으로 손해금액을 한도로 보상받게 되며, 손해보상계약인 해상보험은 피보험이익(insurable interest)을 회복하는 데 그 목적이 있다. 또한 보험자는 대위(代位)의 원리(doctrine of subrogation)[8]에 의해서 책임 있는 제3자로부터 피보험자에게 지급한 금액 이상을 보상받을 권리가 없다.

### 3) 근인주의

근인주의(doctrine of proximate cause)의 본질은 "근인을 보고 원인을 보지 말라(causa proxima non remota spectatur)"는 원칙에 의거 손해보상여부를 결정한다는 이론으로 여러 조건 중에서 손해발생에 직접적 효력을 갖는 것이 무엇인가를 판단해야 한다는 것이다. 손해에 대하여 보험자가 보상을 받기 위해서는 그 손해와 담보위험 사이에 인과관계가 성립되어야 하는데, MIA에서도 "보험자는 피보험위험에 근인으로 일어나는 모든 손해에 대하여 보상책임을 부담한다"고 규정하고 있다.[9]

해상보험의 손해보상여부를 결정함에 있어서 손해의 원인에도 직접원인, 간접

---

6) 피보험자가 그 사고 발생 전의 경제 상태보다 좋은 상태를 취한다고 하면 보험에 의하여 부정청구 등 또 다른 사고가 발생하여 공서양속에 반하게 될 수 있다.

7) 손해보험 중에도 화재보험, 자동차보험 등 재산보험계약은 재해발생시점의 실제 현금가치로 보상되는 미평가보험증권(unvalued policy)으로 발행되지만 해상보험계약은 기평가보험증권(valued policy)으로 발행된다. 기평가증권으로 발행되는 이유는 적화나 선박은 시간적으로 항상 이동하고 있어 장소·시간에 따라 보험가액을 측정하기가 곤란한 경우가 많기 때문이다.

8) "대위 한다(subrogate)"라는 말은 제3자가 타인의 법률상의 지위에 대신하여 그가 가진 권리를 취득하거나 행사한다는 것을 의미한다.

9) MIA 1906, Article 55(1).

원인, 위험결과의 손해 등 그 종류가 많고 연쇄적으로 발생하여 손해가 발생한 경우 보험자는 이 손해가 과연 담보위험에 의하여 발생한 손해인지 여부를 판단한다는 것은 어려운 일이다. 초기의 근인원칙에서는 시간적으로 손해가 발생한 시각에 가까운 원인이 담보위험이면 보상하는 것으로 시간적 측면을 중요시하였지만, 오늘날에는 실질적으로 손해를 유발시킨 중요한 원인이 무엇인가를 규명하려 함으로써 지배력과 효과면에서 비중이 큰 효과적 근인(causa proxima in efficiency)을 판단기준으로 해석하고 있다.[10)]

### 4) 담보

보험에서의 담보(warranty)란 일반적인 담보의 개념과는 다른 의미를 갖고 있다. 담보는 특정조건의 준수를 보증하는 보험계약자에 의한 약속이다. 즉 담보는 피보험자가 지켜야 할 약속으로서 피보험자가 담보를 위반할 경우에는 보험계약을 무효화할 권리를 보험자가 갖는다. MIA에서는 담보의 성질(nature of warranty)에 대하여 "담보라 함은 상호확약적 담보(promissory warranty)를 의미한다. 확약적 담보라 함은 특정한 일이 행하여지거나 또는 행하여지지 않을 것을 피보험자가 약속하는 담보이며 또는 어떤 조건이 충족될 것을 피보험자가 약속하는 담보 또는 피보험자가 특정한 사실상태의 존재를 긍정하거나 부정하는 담보"라고 규정하고 있다.[11)]

해상보험에서는 담보란 말은 두 가지로 사용되고 있다. 그 하나의 뜻은 전술한 바와 같이 피보험자의 약속에 대한 담보로 보험자는 이 약속위반에 대하여 면책되는 것이고 다른 하나의 뜻은 보험자의 담보책임내용을 제한하거나 제외한다는 것이다. 즉 "Warranted free from…"과 같이 적화보험약관에 사용하는 것이다.

담보에는 명시담보(express warranties)와 묵시담보(implied warranties)가 있다.

명시담보란 담보의 내용이 보험증권에 기재되거나 담보내용을 증권에 첨부하는 것으로 이에는 피보험목적물이 특정일 또는 기간 동안 언제라도 안전해야 한다는 안전담보(warranty of good safety), 보험기간 중 본선상에는 선박이나 적화가 중립국의 재산으로 증명할 수 있어야 한다는 중립담보(warranty of neutrality), 선박보험에 추가하여 선비를 부보할 때 선비의 보험금액을 선박보험금액의 일정비율

10) 근인주의에는 최후조건설, 최유력조건설, 상당인과관계설 등의 학설이 있다.
11) MIA 1906, Article 33(1).

(25%) 이상을 넘지 못하도록 한다는 내용의 선비담보(disbursement warranty), 선박이 운항을 할 수 없는 지역을 명시하고 있는 항해담보(institute warranty)가 있다.

한편 묵시담보란 보험증권에 명시되어 있으나 피보험자가 묵시적으로 제약을 받아야 하는 담보, 즉 법적으로 계약서에 포함되어 있다고 간주하는 것을 의미한다. MIA에서 규정하고 있는 묵시담보에는 항해개시시에 있어서 선박의 내항성담보(耐航性擔保; warranty of seaworthiness)[12] 와 항해의 내용에 있어서 적법성담보(warranty of legality)[13]가 있다.

내항성담보란 선박이 항해를 개시할 때에 해당 항해를 완수할 수 있을 정도로 즉, 항해에 적합하도록 내항성이 있어야 한다는 것이다. 적화보험증권의 경우에는 화주는 선박의 내항성 유무를 알 수 없으므로 화주에게 선박의 내항성을 요구하는 것은 무리이기 때문에 협회적화약관(Institute Cargo Clauses: ICC)에 동 취지를 규정하고 있다.[14]

적법성담보란 피보험자가 지배할 수 없는 경우를 제외하고는 모든 해상보험은 그 내용이 합법적이어야 한다는 것이다.

## 4 보험가액과 보험금액

### 1) 보험가액

보험가액(insurable value)이란 보험사고가 발생한 경우에 피보험자가 입게 되는 손해액의 최고한도액이며 피보험이익(insurable interest)의 평가액을 말한다. 보험가액은 보험기간 중 일정하지 않고 시간·장소·물가에 따라 변동할 수 있는 것이기 때문에 그 평가가 문제된다. 일반적으로 손해보험종목은 손해발생시점의 실제현금가치(actual cash value)로 보상해야 하는 손해보상의 원칙이 적용되어야 하는데 반해, 해상보험에서는 피보험이익인 선박과 적화는 시간적으로 항상 움직이고 있어 보험가액 측정이 어렵기 때문에 보험계약체결 시 피보험자와 보험자가 상호협의 하에 보험가액을 평가하는 협정보험가액(agreed value)으로 부보하게 된다.

---

12) MIA 1906, Article 39.

13) MIA 1906, Article 40.

14) 구협회적화약관 제8조; 신협회적화약관 제5조.

### 2) 보험금액

보험금액(insured amount)이란 손해발생 시 보험자가 부담하는 보상책임의 최고한도액이며 보험계약의 체결에 있어 보험자와 피보험자 간에 약정된 금액을 말한다.

### 3) 보험가액과 보험금액의 관계

보험계약에 있어서 보험가액과 보험금액이 동일한 경우를 전부보험(full insurance)이라 하고, 보험가액보다 보험금액이 적은 경우를 일부보험(partial insurance), 보험가액보다 보험금액이 큰 경우를 초과보험(over insurance)이라고 한다.[15]

또한 보험계약은 보험계약의 수에 따라 여러 가지 형태로 나누어진다.[16] 동일한 보험의 목적에 대하여 두 개 이상의 보험계약이 존재하고 이 두 개의 계약을 합한 보험금액이 보험가액을 초과하는 경우를 중복보험(double insurance)이라 하고 동일한 보험의 목적에 대하여 2인 이상의 보험자가 담보하는 경우를 공동보험(coinsurance)이라 한다. 또한 어떤 보험자가 인수한 보험계약상의 일부 또는 전부를 다시 다른 보험자에게 부보하는 것을 재보험(reinsurance)이라 하고, 이때 첫 번째 보험자를 원수보험자라고 한다.

보험사고 시 보상에 따른 문제에 있어서, 전부보험의 경우는 손해액 전부를 보상하게 되므로 보상에서 어려운 문제가 없다고 볼 수 있지만 일부보험의 경우에는 그렇지 않다. 이 경우 손해보상의 산출에 있어서는 비례보상방식과 실손보상방식이 있다.

비례보상방식은 보험금액의 보험가액에 대한 비율에 따라 보상한다는 의미이다. 즉 비례보상금액의 산식은 다음과 같다.

---

15) 보험가액과 보험금액의 관계
보험가액 =보험금액····전부보험
보험가액>보험금액······일부보험
보험가액<보험금액······초과보험

16) 보험계약의 수에 따른 보험형태
1개의 보험목적물: 2개의 보험계약······중복보험
1개의 보험목적물: 2인 이상의 보험자가 담보······공동보험
1개의 보험목적물: 제3의 보험자에게 부보······재보험

손해액 × (보험금액/보험가액)=보상금액

실손보상방식에 있어서는 손해액이 보험금액에 달할 때까지 손해액을 보상하며 실제손해액이 보험금액을 초과할 때는 초과부분은 보상하지 않는다.

## 5 피보험이익

### 1) 피보험이익의 의의

피보험이익(insurable interest)이란 보험의 목적물에 대하여 특정인이 갖게 되는 이해관계(interest)를 말한다. 초기단계에서는 보험의 대상으로 물체 자체가 보험의 목적물이었으나 경제제도가 복잡해지고 보험제도가 활발해지면서 보험계약의 대상을 화물이나 선박과 같은 물체 자체가 아니라 이와 같은 보험목적물에 대하여 특정인이 갖는 이해관계로 이해되고 있다. MIA에서도 "해상사업에 이해관계가 있는 자는 모두 피보험이익을 가진다"[17]라고 규정하고 있으며 "보험재산의 안전이나 도착으로 인하여 이익을 취득할 수 있고, 피보험재산의 멸실이나 손상 및 지연으로 인하여 불이익을 갖고, 또 피보험재산에 관하여 책임을 브담하는 입장에 서게 되는 사람은 특히 항해 사업에 이해관계를 갖는다"[18]고 피보험이익을 정의하고 있다.

따라서 화물의 소유자나, 화물을 보관하고 있는 창고업자, 화물운송업자, 재보험계약을 체결할 경우의 보험자, 포장업자는 모두 피보험이익을 갖는 이해관계자라고 할 수 있다.

### 2) 피보험이익의 요건

보험계약이 법적 효력을 발생하기 위하여 피보험이익은 반드시 ① 적법성, ② 경제성, ③ 확정성의 요건을 갖추어야 한다.

17) MIA 1906, Article 5(1).
18) MIA 1906, Article 5(2).

### (1) 적법성

피보험이익은 법적으로 인정된 것이어야 하며 적법한 것이어야 한다. 불법, 공서양속에 위배되는 목적물 이를테면 밀수품, 마약, 절도품, 탈세와 도박 등에 관련되거나 음란도서나 음반 등은 피보험이익이 될 수 없다.

### (2) 경제성

피보험이익이 될 수 있는 것은 경제적 이익이라야 하며 감정적, 도덕적 이익은 비경제적 이익, 즉 금전으로 평가할 수 없는 것이기 때문에 피보험이익이 될 수 없다.

한국 상법 제668조에서도 "보험계약은 금전으로 산정할 수 있는 이익에 한하여 보험계약의 목적으로 할 수 있다"고 규정하고 있으므로 이는 곧 피보험이익의 경제성을 의미하고 있다.

### (3) 확정성

피보험이익은 보험사고가 발생할 때까지는 보험계약의 요소로서 확정하거나 확정할 수 있는 것이어야 한다. 그렇게 되기 위해서는 다른 이익과 명확하게 식별할 수 있는 것이어야 한다. 이익은 현재 확정되어 있지 않더라도 장래에 있어서 확정될 것이 확실한 것은 보험의 대상이 될 수 있다. 예컨대 CIF 가격에 희망이익을 추가하여 부보하는 것도 이러한 의미에서 가능한 것이다.

## 3) 피보험이익의 종류

해상보험에서의 피보험이익은 별도 규정이 없는 한, 모든 합법적인 항해사업은 피보험이익이 될 수 있는데 주내용은 다음과 같다.

### (1) 선박(marine hull)

선박이라 함은 상행위 기타 영리를 목적으로 하는 항해에 사용되는 선박을 의미한다. 또한 선박의 구성요소는 선체, 기관, 속구, 연료, 식료, 기타 소모품 등 피보험자의 소유에 속하고, 선박을 사용하기 위하여 선박 내에 존재하는 모든 물건을 포함한다.

선박보험증권은 일반적으로 기평가증권(valued policy)으로 발행되는데, 만약 계약당사자가 사전에 보험가액을 결정하지 않았을 경우에 영국해상보험법 제16(1)조에서는 선박의 보험가액은 위험개시시의 선박의 가액이라고 규정하고 있다.

### (2) 해상적화(marine cargo)

적화란 상품의 성질을 가지는 화물을 의미하며, 사유물이나 선내에서 소비하기 위한 식료품 및 소모품은 포함하지 않는다. 적화보험의 보험가액은 선적한 때와 장소의 가액과 선적 및 보험에 관련된 비용을 말한다. 또한 영국해상보험법 제16(3)조에서는 원가에 선적비용과 보험비용을 가산한 선적한 때와 장소에 있어서의 가액이라고 규정하고 있다.

그러나 사실상 원가와 선적 및 보험비용, 희망이익 등의 계산이 번잡하므로 실무상 송장가격(CIF)에 10%의 희망이익을 부보하는 것이 관례로 되고 있다.

### (3) 운임(freight)

운임이란 화물의 해상운송에 대한 보수이며 그 종류는 선지급운임(prepaid freight)과 후지급운임(collective freight)이 있고 선지급운임은 화주의 피보험이익이고 후지급운임의 경우는 해상사고로 인하여 운송의의무를 완수하지 못하면 운임을 받을 수 없으므로 선주의 피보험이익이다. 오늘날의 운임제도는 선지급운임이 일반적이고 선하증권(B/L)에는 운송을 하지 못한 경우에도 선지급운임을 반환하지 않는다는 조항이 삽입되어 있으므로 선주가 운임을 상실당하는 경우는 없다. 운임의 보험가액은 운임에 보험비용을 가산한 금액이다.[19]

### (4) 선비(disbursement)

협의의 선비는 피보험항해를 위한 의장비용, 즉 연료, 윤활유, 식료 등을 의미하고, 광의의 선비는 의장비용은 물론이고 선원에 대한 전도급여(前渡給與)와 보험료 등이 포함된다. 영국법상의 선비는 광의의 뜻이다. 선비의 보험가액은 계약상 별도의 약정이 없는 한 보험자의 책임이 개시되는 때의 각 항목에 의해 결정된다.[20]

### (5) 희망이익(expected profit)

희망이익이란 적화의 도착으로 얻을 수 있는 이익을 말한다.[21] 희망이익의 보험가액은 장래에 기대되는 미확정이익이므로 사실상 산출하기가 어려운 일이지만

19) MIA 1906, Article 16(4).
20) MIA 1906, Article 16(4).
21) 한국 상법 제698조.

통상 CIF 송장가액의 10%가 희망이익으로 보는 것이 오늘날의 국제상거래의 관습이다.

#### (6) 희망보수(expected commission)

화물의 안전한 도착에 의하여 취득할 수 있는 중개인의 수수료, 수탁자의 구전, 기타 보수를 총칭하며, 이것의 보험가액은 당사자의 협정에 의해 정해진다.

#### (7) 모험대차채권(bottomry)

모험대차채권이란 선장이 선박의 수선비, 구조비, 기타 항해를 계속하는 데 필요한 비용을 지출하기 위해서 선박, 운임 및 적화를 저당 또는 입질(入質)로 하여 그 저당물 또는 화물이 목적지에 도착할 것을 조건으로 변제하는 금전소비대차의 일종이며, 선박이 항해를 무사히 끝내면 반환하고 도중에 손실을 당하면 채무가 면제된다는 점에서 일반적인 의미의 소비대차와 다르다. 그러므로 모험대차의 채권자는 담보물인 선박의 안전한 도착에 대하여 피보험이익을 가지며 선박의 멸실에 대하여 손실을 입게 되므로 보험의 목적물이 된다. 이 경우 보험가액은 담보권자가 담보물에 관하여 가지는 채권금액이다.

### 6) 담보의 원리

#### (1) 명시담보

보험증권에 그 내용이 기재되거나 담보내용이 포함된 양식의 문안이 보험증권에 첨부된 것이다.

#### (2) 묵시담보(Implied warranties)

① 보험증권에 명시되어 있지는 않으나 피보험자가 묵시적으로 제약을 받는 담보조건을 의미한다.

② 선박이 항해를 개시할 때 항해 수행에 충분한 내항성을 갖춰야 한다는 내항성담보(Warranty of seaworthiness)와 항해의 내용이 불법이어서는 안된다는 적법담보(Warranty of legality)가 이에 해당된다.

# 제2절 해상위험과 해상손해[22)]

## 1 해상위험

### 1) 해상위험의 의의

해상위험(maritime perils; marine risks)이란 항해에 기인하고 항해에 부수하여 발생하는 사고를 말한다. 영국해상보험법에서는 해상위험을 다음과 같이 정의하고 있다.[23)]

"해상위험이란 항해에 기인 또는 부수하는 위험, 즉 해상고유의 위험, 화재, 전쟁위험, 해적, 표도(漂盜), 포획, 나포, 공후(工候) 및 국민의 억지 또는 억압, 투화, 선원의 악행과 그리고 상기의 여러 위험과 동종의 위험 또는 보험증권에 기재되는 기타의 모든 위험을 말한다."

그러나 해상위험에 대해서는 위의 MIA의 정의 외에 "Lloyd's S.G. Policy"에서는 보험자가 담보할 위험을 해상고유의 위험 이외에 보다 구체적으로 열거하고 있으며, 협회적화약관에서도 B약관 제1조에,[24)] 협회 선박기간약관에서는 제6조에 열거하고 있다.

### 2) 해상위험의 종류

"Lloyd's S.G. Policy"상에서는 위험약관(perils clause)에서 항해에 있어 보험자가 담보하는 위험을 명시하고 있는데, 해상위험의 종류를 편의상 ① 해상고유의 위험, ② 해상위험, ③ 전쟁위험, ④ 기타 모든 위험으로 분류하면 다음과 같다.

---

22) 강원진, 이양기, 최신국제상거래론, 박영사, 2014, 484-491면, 이양기, 무역실무(2판), 삼영사, 2021, 357-363면을 수정, 보완함

23) MIA 1906, Article 3(2)(c); "Maritime perils" means the perils consequent on, or incidental to, the navigation of the sea, that is to say, perils of the seas, fire, war perils, pirates, rovers, thieves, captures, seizures, restraints, and detainments of princes and peoples, jettisons, barratry, and any other perils, either of the like kind or which may be designated by the policy.

24) 협회적화약관에서 보험자의 담보위험과 면책위험 등에 대해서는 이 장 3.2 참조.

#### (1) 해상고유의 위험(perils of the seas)

① S.S.C. 위험

- 침몰(sinking)
- 좌초(stranding)
- 충돌(collision)

② 악천후(heavy weather)

#### (2) 해상위험(perils on the seas)

① 화재(fire; burning)
② 투화(jettison)
③ 선원의 악행(barratry)
④ 해적, 표도(剽盜), 강도(pirates, rovers, thieves)

#### (3) 전쟁위험(war perils)

① 군함(men of war)
② 외적(enemies)
③ 습격과 포획(surprisal and capture)
④ 해상탈취 및 나포(taking at sea & capture)
⑤ 관헌의 강유, 억지, 억류(arrests, restraints and detainment of kings, princes and people)
⑥ 포획면허장 및 보복포획면허장(letters of mart and counter mart)

#### (4) 기타의 모든 위험(all other perils)

## 2 해상손해

### 1) 해상손해의 의의

해상손해(marine loss)란 항해사업(marine adventure)에 관련된 적화・선박 기타의 보험목적물이 해상위험으로 인하여 피보험이익의 전부 또는 일부가 멸실 또는 손상되어 피보험자가 입게 되는 재산상의 불이익이나 경제상의 부담을 말한다.

해상손해는 보험계약에 약정한 피보험이익에 한정되며 또한 그 보험사고와 인과관계가 있는 손해에 한정된다. 해상보험에 있어서의 손해는 보험목적물의 멸실 또는 손상뿐만이 아니라 책임 또는 비용도 포함되는데, 일반적으로 물적 손해(physical loss), 비용손해(expenses loss) 및 배상책임손해(liability loss)로 크게 나눌 수 있다. 물적 손해는 특정인이 특정물에 대한 이해관계, 즉 소유·취득·담보·사용·수익 등을 통한 재산상·금전상의 손해를 말하며, 비용손해는 물품의 멸실이나 파손과는 관계가 없고 보험사고의 발생으로 부득이 손해 경감이나 방지를 위해 지출된 비용을 뜻한다. 또한 배상책임손해는 피보험이익에 파생되어 발생하는 손해로 주로 선박보험에서 발생하는 손해이다. 물적 손해는 직접손해, 비용손해는 간접손해의 성질을 갖는다고 할 수 있다.

## 2) 해상손해의 종류

해상손해는 담보위험과 손해의 인과관계에 따라 직접손해와 간접손해로 구분할 수 있고, 피보험이익에 따라 물적 손해, 비용손해, 배상책임손해 그리고 손해의 정도에 따라 물적 손해를 전손과 분손으로 나눌 수 있다.

〈표 10-1〉 해상손해의 종류

| | | |
|---|---|---|
| 물적손해<br>(physical loss) | 전손(total loss) | 현실전손(actual total loss) |
| | | 추정전손(constructive total loss) |
| | 분손(partial loss) | 단독해손(particular average) |
| | | 공동해손(general average) |
| 비용손해<br>(expenses loss) | 구조비(salvage charges) | |
| | 특별비용(special charges) | |
| | 손해방지비용(sue and labour expenses) | |
| | 공동해손비용(general average expenses) | |
| | 부대비용(extra charges) | |
| 책임손해<br>(liability loss) | 선박충돌손해배상책임(collision liability charges) | |
| | 공동해손분담금(general average contributions) | |

### (1) 물적손해

#### 가. 전 손

① 현실전손(actual total loss: ATL)

영국 해상보험법에 의하면 “보험의 목적물이 파괴되거나 또는 부보된 종류의 물건으로서 존재할 수 없을 정도로 심한 손상을 받을 경우, 또는 피보험자가 보험의 목적물을 박탈당하여 회복할 수 없는 경우에는 현실전손(actual total loss)이 존재한다”고 규정하고 있다.[25)]

현실전손은 실질적인 멸실(physical destruction), 성질의 상실(alteration of species), 회복전망이 없는 박탈(irretrievable deprivation) 그리고 선박의 행방불명(missing ship)[26)] 등이 그 대표적인 경우이다.[27)]

② 추정전손(constructive total loss: CTL)

추정전손은 현실적으로 전멸한 것은 아니지만 현실전손이라고 보는 것이 불가피하다고 인정되거나 손해의 정도가 심하여 그 목적물의 용도에 사용할 수 없거나, 수리비가 수리 후 보험목적물이 갖는 시가보다 클 경우에는 추정전손으로 처리할 수 있다.[28)]

추정전손으로 처리되기 위해서는 위부(委付; abandonment) 행위가 따라야 한다. 위부란 추정전손의 사유로 전손에 대한 보험금을 청구하기 위하여 피보험자가 보험목적물에 대하여 갖는 일체의 권리, 즉 잔존화물의 소유권 및 제3자에 대한 구상권을 보험자에게 양도하는 것을 말한다.[29)] 영국 해상보험법에서는 “보험증권에

---

25) MIA 1906, Article 57(1).

26) MIA 1906, Article 58; 항해중의 선박이 행방불명되고 상당한 기간의 경과 후까지 그 소식을 모를 경우에는 현실전손으로 추정할 수 있다.

27) 현실전손의 경우에는 위부(abandonment)의 통지를 할 필요가 없다.

28) 한국 상법 제710조에서 보험위부의 원인으로는 1. 피보험자가 보험사고로 인하여 자기의 선박 또는 적화의 점유를 상실하여 이를 회복할 가능성이 없거나 회복하기 위한 비용이 회복하였을 때의 가액을 초과하리라고 예상될 경우, 2. 선박이 보험사고로 인하여 심하게 훼손되어 이를 수선하기 위한 비용이 수선하였을 때의 가액을 초과하리라고 예상될 경우, 3. 적화가 보험사고로 인하여 심하게 훼손되어서 이를 수선하기 위한 비용과 그 적화를 목적지까지 운송하기 위한 비용과의 합계액이 도착하는 때의 적화의 가액을 초과하리라고 예상될 경우라고 규정하고 있다.

29) 위부와 관련하여 대위(代位; subrogation)라는 것은 보험자가 피보험자에게 보험금을 지급할 경우 피보험목적물에 대한 일체의 권리와 손해발생에 과실이 있는 제3자에게 대한 구상권 등을 승계하게 되는 것을 말한다. 이에는 잔존물대위와 구상권대위가 있다. 위부는 전손의 경우에만 적용되지만 대위는 전손과 분손에 모두 적용된다. 대위는 전손의 경우라도 보험자가 지급한 보험금에 해당

명시의 특약이 있는 경우를 제외하고 보험의 목적물의 현실전손이 불가피한 것으로 보이거나 또는 현실전손을 면하기 위하여 비용이 발생할 경우 보험목적물의 가액을 초과하는 비용이 소요되므로 합리적으로 위부하였을 경우에는 추정전손(constructive total loss)이 성립된다"고 규정하고 있다.[30)]

영국 해상보험법은 추정전손에 대한 효과로 "추정전손이 있는 경우 피보험자는 손해를 ① 분손으로 처리할 수도 있고, ② 보험목적을 보험자에게 위부하여 그 손해를 현실전손에 준하여 처리할 수도 있다"고 규정하고 있다.[31)]

### 나. 분 손

분손(partial loss)은 손해발생원인에 따라 피보험자가 단독으로 부담하여야 하는 단독해손과 이해관계인이 모두 공평하게 부담하는 공동해손이 있다.

① 단독해손(particular average: P/A)

단독해손이란 피보험이익의 일부가 멸실 또는 손상된 손해 중에서 공동해손(general average)을 제외한 손해를 말한다.[32)] 적화의 단독해손은 주로 질적인 훼손상태, 양적인 수량부족 등으로 나타나고 선박의 단독해손은 수선비, 선원의 급여, 연료 및 저장품 등이며, 운임의 단독해손은 화물의 일부가 멸실 손상을 입어 운임의 일부를 받지 못하거나 불필요하게 지급하게 되는 경우를 말한다.

② 공동해손(general average: G/A)

공동해손이란 보험목적물이 공동의 안전을 위하여 희생되었을 때 이해관계자(the interest concerned)가 공동으로 그 손해액을 분담하는 손해를 말한다.

공동해손이 성립되기 위한 요건에 대하여 영국 해상보험법은 "공동항해사업의 수행과정에서 위험에 놓인 재산을 보호할 목적으로 고의로 또는 합리적으로 특별한 희생(extraordinary sacrifice)을 행하거나 또는 특별한 비용을 지출한 경우에는 공동해손행위가 존재한다"고 규정하고 있다.[33)] 이는 곧 위험이 현실적으로 증가하고 공동의 안전을 위하여 인위적으로 합리적인 희생 및 비용의 발생에 기인하였을

---

되는 이익만큼을 자동으로 수취할 수 있으나 위부는 전적으로 모든 이익과 채무를 보험자가 승계받으며 보험자의 재량에 따라 위부를 인수할 수도 있고 거부할 수도 있다. 보험자가 위부를 수락할 경우는 대위와 위부는 구별할 수 없으나 수락하지 않으면 구분이 확실하다.

30) MIA 1906, Article 60(1).

31) MIA 1906, Article 61.

32) MIA 1906, Article 64(1).

33) MIA 1906, Article 64(2).

때 공동해손이 성립되는 것으로 간주할 수 있다.

㉮ 공동해손보상에 관한 원칙

공동해손의 처리를 위한 상거래분쟁에 대처하기 위하여 1864년 요크(York) 회의를 기초로 수차의 수정보완을 거쳐 국제적 통일규칙의 필요성에 부응하도록 "요크-앤트워프규칙"(York Antwerp Rules :YAR), 즉 "공동해손 정산에 관한 국제규칙"을 제정하게 되면서 공동해손에 관한 YAR을 적용하는 것이 일반화되고 있다. 공동해손의 보상에 관한 원칙으로는 공동안전주의(common safety theory)와 공동이익주의(common benefit theory) 및 절충주의가 있다. 공동안전주의는 공동해손의 목적을 선박 및 적화의 공동안전 확보에 두고 공동해손의 범위는 현실적으로 공동위험을 회피한 시점으로부터 공동해손행위가 끝난 시점으로 한정하기 때문에 공동해손으로 인정되는 범위가 매우 좁다고 볼 수 있다. 이는 영국법이 채택하고 있다. 공동이익주의는 적화 및 선박의 공동이익을 확보하는 데 있으며 공동위험에 대한 구조행위에 한정시키지 않고 안전한 상태에 있게 되어도 다시 항해를 계속하여 최종목적지까지 도착하는 손해 및 비용도 공동해손에 포함되기 때문에 공동해손의 적용범위가 넓다. 이는 대륙법과 미국법이 채택하고 있다.

절충주의는 공동안전주의와 공동이익주의를 절충하는 것으로 YAR은 절충주의를 채택하고 있다.[34)]

㉯ 공동해손의 구성

i) 공동해손희생손해(general average sacrifice)

적화의 희생손해로는 ⓐ 투화(jettison), ⓑ 투화행위로 인한 해수침손, ⓒ 선박화재 소화작업중 물이나 약품에 의한 손해, ⓓ 임의좌초에 의한 손해, ⓔ 피난항에서의 적·양화작업중 발생손해, ⓕ 선박의 중량을 경감하기 위해 발생한 손해 등이 있다. 또한 선박의 공동해손, 희생손해, 운임의 희생손해가 있다.

ii) 공동해손비용손해(general average expenditure)

공동해손행위시에 비용손해로는 ⓐ 구조비, ⓑ 피난항 비용, ⓒ 대체비용, ⓓ 자금조달비용, ⓔ 정산비용 등이 있다.

iii) 공동해손분담금(general average contribution)

공동해손분담금은 공동해손행위에 의해 구조된 모든 재산의 항해종료시에 공동해손에 의해 이익을 얻는 이해관계자가 그 손해액을 공평하게 분담하는 금액이다.

---

34) YAR에서는 문자 규정은 공동안전주의, 숫자 규정은 공동이익주의의 성격을 가진다.

공동해손이 발생하면 공동해손정산인(general average adjuster)에 의해 공동해손정산서(statement of general average)가 작성되어 분담액이 결정되는데, YAR에서는 공동해손정산의 편의를 위하여 적화의 공동해손 분담가액을 CIF 가격으로 하고 있다.

### (2) 비용손해

① 구조비(sa1vage charges: S/C)

구조비란 구조계약에 의하지 않고 임의로 구조한 자가 해상법(maritime law)상 회수할 수 있는 비용을 말한다.[35] 이 비용은 보험자가 피보험자를 대신하여 구조자에게 지급한다.

구조비는 피보험자, 그 대리인 또는 보수를 받고 이들에 의하여 고용된 자가 피보험위험을 피하기 위하여 행한 구조의 성질을 띤 용역의 비용을 포함하지 않는다. 정당하게 지출된 이런 종류의 비용은 그 지출된 사정에 따라 단독비용(particular charges) 또는 공동해손손해로서 회수될 수 있다.

② 특별비용(particular charges)

보험의 목적물의 안전이나 보존을 위하여 피보험자에 의해서 또는 피보험자의 대리인에 의해서 지출된 비용으로서 공동해손비용과 구조료 이외의 것을 특별비용이라고 하여 특별비용은 단독해손에 포함되지 않는다.[36]

특별비용의 내용은 적화의 경우 긴급사태가 발생한 결과 피난항에서 지출하게 된 양륙비, 창고보관료, 재포장비용, 재선적비, 재운송비 등이 있다.

③ 손해방지비용(sue and labour charge)

보험목적물에 해상위험이 발생한 경우 이를 방지・경감하려는 목적으로 합리적으로 지출되는 비용을 손해방지비용이라 한다. 손해방지비용은 피보험자, 그 대리인, 사용인 및 양수인에 의해 지출된 비용으로 보험자가 추가 담보하는 손해이다.[37] 보험자나 피보험자는 위부에 관계없이 손해방지행위를 할 수 있다.

④ 공동해손비용(general average expenses)

공동해손비용은 공동항해에서 위험에 놓인 재산을 구조하는 데 필요한 용역이

35) MIA 1906, Article 65(2).
36) MIA 1906, Article 64(2).
37) 보험증권상 담보되지 않은 위험에 대한 방지나 경감비용은 보상되지 않는다.

나 설비를 확보하기 위한 금전의 지출을 말한다. 그 예로서 구조·피난·대체행위로 인하여 발생하는 것과 희생행위에 의하여 간접적으로 생기는 것, 예컨대 선박수리 중의 비용, 수리비조달에 필요한 비용, 공동해손정산의 비용 등이 있다.[38)]

⑤ 부대비용(extra charges)

부대비용이란 손해의 입증과 손해액 확정을 위하여 화주가 지출하는 비용으로서, 그 손해에 대하여 보험자의 책임이 있는 경우에만 보상되는 것이다. 손해의 원인이나 손해액의 증명을 위해서는 훼손물품을 감정하는 것이 보통인데, 이러한 감정료(survey fee)는 대표적인 부대비용이다. 이 밖에 본선이 악천후에 조우한 사실을 증명하기 위해 해난보고서, 항해일지 등을 첨부하기 위한 비용이 이에 해당한다.[39)]

### (3) 책임손해(collision liability)

피보험선박이 타선과 충돌로 인하여 피보험선박 자체가 입게 된 물적 손해는 물론 그 충돌로 인한 상대선박의 선주 및 그 화물의 화주에 대하여 피보험자가 책임을 부담하는 손해배상금을 보험자가 담보해 주는 손해를 말한다. "Lloyd's S. G. Policy"에는 제3자에 대한 충돌손해배상책임에 대해서는 명시가 없고 현재 사용하고 있는 협회적화약관(Institute Cargo Clause)이나 협회선박약관(Institute Time Clause-Hulls: ITC-Hulls, 1983)에는 쌍방과실충돌약관(both to blame collision clause)과 3/4충돌손해배상책임약관(3/4 collision liability clause)을 규정하고 화주와 선주의 제3자에 대한 배상책임도 보험자가 보상하는 것으로 하고 있다.

① 선박충돌손해배상책임(collision liability charges)

피보험선박이 타선과 충돌로 피보험선박 자체가 입게 된 물적 손해는 물론 그 충돌로 인한 상대선박의 선주 및 그 화물의 화주에 대하여 피보험자가 책임져야 하는 손해배상금을 보험자가 담보해 주는 손해를 말한다.

② 공동해손분담금(general average contributions)

공동해손손해는 공동해손희생손해와 공동해손비용손해를 합계한 손해로서 항해단체의 구성요소 중의 일부가 희생됨으로써 공동위험을 면했다고 볼 수 있기 때문에, 공동해손손해에 의하여 이익을 얻는 이해관계자와 공평하게 그 손해액을 분담

38) 김정수, 해상보험론(제3판), 박영사, 2003, 457면.
39) 이시환, 신무역보험론(제4판), 대왕사, 2009, 184면.

하여야 하고 이를 공동해손분담금이라고 한다.[40]

## 제3절 협회적화약관[41]

### 1 협회적화약관의 개념

해상보험에서는 1779년 Lloyd's에서 사용하기로 채택된 "Lloyd's S. G. Policy Form"이 200여 년 동안 사용되어 왔으나, 그간 동 증권양식은 중세의 고문으로 되어 있어 이해하기 어렵고 현실에 맞지 않는 점이 많았으므로 1912년 기술 및 약관위원회(Technical & Clauses Committee)에서 "Lloyd's S. G. Pclicy Form"에 첨부하여 사용하기 위한 통일된 특별약관을 제정하게 되었는바 이것이 곧 협회적화약관(Institute Cargo Clause)이다. 이 약관은 ① 단독해손부담보조건(Free from Particular Average: FPA), ② 분손담보조건(With Average: WA), ③ 전위험담보조건(All Risks: A/R)의 세 가지 종류가 있으며 그 후 이 약관은 수차의 변경을 거쳐 1963년도에 개정된 약관이 신약관과 함께 사용되어 오고 있었다.

그러나 1978년에 개최된 제2회 UNCTAD총회에서 해상보험증권과 약관 및 관습에 대한 일체의 문제를 상설작업위원회에서 검토하기로 결의하면서부터 영국에서도 협회적화약관의 현 증권 및 약관의 개정을 의뢰한 결과 1982년 약관의 명칭을 A/R, WA, FPA에서 A, B, C로 변경함으로써 과거에 약관의 명칭만을 보고 담보위험을 판단하던 문제점을 해소시켰으며, 그 이외에도 ICC(B)와 ICC(C)의 담보 차이의 확대, 소손해 면책비율조항의 삭제, 육상운송 시의 담보조항을 명시하였다. 1982년부터 도입되었던 신협회적화약관은 20여 년간 사용되어 오면서 그동안 테러행위(terrorism) 등의 새로운 위험이 등장하고 운송 및 보험 환경의 변화 등에 부응하기 위하여 런던국제보험업자협회(International Underwriting Association of London : IUA)는 로이즈보험시장협회(Lloyd`s Market Association: LMA)와 합동적화

---

40) 김정수, 전게서, 241면.
41) 강원진, 이양기, 최신국제상거래론, 박영사, 2014, 493-502면, 이양기, 무역실무(2판), 삼영사, 2021, 363-372면을 수정, 보완함

위원회를 구성하여 1982년 ICC를 개정하여 2009년 1월 1일부터 신약관을 사용할 수 있도록 하였다. 2009년 신약관에서는 면책조항의 적용범위의 축소, 담보기간의 운송조항에서 보험기간 확장, 테러행위의 위험에 대한 정의, 약관의 용어 중 "underwriters" 대신 "insurers", "servants" 대신에 "employees"와 같이 현대적 의미의 용어로 대체하였다.

〈표 10-2〉 2009 신협회적화약관의 내용구성

| 구분 | 조항 | 약관내용 |
|---|---|---|
| 담보위험<br>(Risk Covered) | 1<br>2<br>3 | 위험약관(Risks Clause)<br>공동해손약관(General Average Clause)<br>쌍방과실충돌약관(Both to Blame Clause) |
| 면책조항<br>(Exclusion) | 4<br>5<br>6<br>7 | 약관명칭 삭제 |
| 보험기간<br>(Duration) | 8<br>9<br>10 | 운송약관(Transit Clause)<br>운송계약종료약관(Termination of Contract of Carriage Clause)<br>항해변경약관(Change of Voyage Clause) |
| 보험금청구<br>(Claims) | 11<br>12<br>13<br>14 | 피보험이익약관(Insurable Interest Clause)<br>계반비용약관(Forwarding Charges Clause)<br>추정전손약관(Constructive Total Loss Clause)<br>증액약관(Increased Value Clause) |
| 보험이익<br>(Benefit of Insurance) | 15 | 약관명칭 삭제 |
| 손해경감<br>(Minimising Losses) | 16<br>17 | 피보험자의무약관(Duty of Assured Clause)<br>포기약관(Waiver Clause) |

## 2 신협회적화약관에 의한 보상범위

신협회적화약관상에서는 ICC(A), ICC(B), ICC(C) 조건으로 구분하고 보험자가 담보위험과 면책위험을 오늘날의 무역관행에 알맞도록 이해하기 쉽게 규정하고 있다.

## 1) 담보위험과 면책위험

### (1) ICC(C)

"C Clause"에서는 약관에 규정된 면책위험을 제외하고는 다음에 열거된 위험으로 인한 보험의 목적의 멸실·손상을 담보한다.

① 다음의 사유에 상당인과관계가 있는 보험의 목적의 멸실 및 손상

- 화재 또는 폭발
- 본선 또는 부선의 좌초, 교사, 침몰, 전복
- 육상운송용구의 전복 또는 탈선
- 본선, 부선 또는 운송용구와 물 이외의 다른 물체와의 충돌 또는 접촉
- 피난항에서의 화물의 적·양화

② 다음의 사유로 생긴 보험의 목적의 멸실 및 손상

- 공동해손희생손해
- 투화

한편, "C Clause" 하에서의 면책위험은 다음에 열거하는 일반면책위험외에 선박 또는 부선, 기타 운송용구의 불내항 또는 부적합으로 인한 위험의 목적의 멸실·손상 그리고 전쟁 및 공동파업위험이 있다. 일반면책위험은 다음과 같다.

- 피보험자의 고의의 비행에 귀속하는 멸실·손상 또는 비용
- 피보험목적의 통상의 누손, 통상의 중량·용량의 부족 또는 자연소모
- 피보험목적의 포장 또는 준비의 불완전 또는 부적합으로부터 야기된 멸실, 손상 또는 비용(여기서의 포장이라 함은 컨테이너 혹은 지게자동차에 적재하는 것을 포함한다. 다만 이러한 적재가 이 보험의 개시 전에 행하여지거나 또는 피보험자 혹은 그 사용인에 의하여 행하여지는 경우에 한한다)
- 피보험목적의 고유의 하자 또는 성질을 근인으로 하는 멸실, 손상 또는 비용
- 지연이 피보험위험으로 생긴 경우라도 그 지연을 근인으로 하여 생긴 멸실, 손상 또는 비웅
- 본선의 소유자, 관리자, 용선자 또는 운항자의 지급능력 또는 금전상의 채무불이행으로 생기는 멸실, 손상 또는 비용

- 피보험목적 또는 그 일부에 또는 어떤 자의 불법행위에 의한 의도적인 손상 또는 파괴
- 원자, 핵분열, 핵음합 또는 이와 비슷한 핵무기 등의 전쟁무기를 사용함으로써 일어나는 멸실, 손상 또는 비용

### (2) ICC(B)

"B Clause"에서는 "C Clause"에서 담보하는 위험에 추가하여 다음의 위험을 담보한다.

① 지진, 화산의 분화, 낙뢰와 상당인과관계가 있는 보험의 목적의 멸실, 손상
② 갑판유실로 생긴 보험의 목적의 멸실, 손상
③ 본선, 부선, 선창 부창(艀艙), 운송용구, 컨테이너, 지게자동차 또는 보관장소 해수, 호수, 강물의 침입으로 생긴 보험의 목적의 멸실, 손상
④ 본선, 부선으로의 선적 또는 양화작업 중 바닥에 떨어지거나 갑판에 추락한 포장단위당 전손

"B Clause"에서의 면책위험은 "C Clause"와 동일하다.

### (3) ICC(A)

"A Clause"는 "B Clause"와 "C Clause"가 담보위험을 구체적으로 열거하고 있는데 반하여 포괄책임주의를 채택하고 있다. 따라서 "A Clause"는 약관에 규정한 면책위험을 제외하고 보험의 목적에 발생한 멸실 및 손상의 일체의 위험을 담보한다.

"A Clause"에서의 면책위험도 "B Clause"와 "C Clause"의 면책위험과 동일하나, 다만 일반 면책위험 중 피보험목적 또는 그 일부에 대한 어떤 자의 불법행위에 의한 의도적인 손상 또는 파괴를 "A Clause"에서는 면책으로 하지 않고 있는 점이 다르다.

## 2) 각 조건별 담보위험과 면책위험의 비교

### (1) 담보위험

| 약관조항 | 담보위험 | A | B | C | 비고 |
|---|---|---|---|---|---|
| 제 1조 | ① 화산・폭발 | ○ | ○ | ○ | 좌기의 사유에 상당 인과관계가 있는 멸실・손상 |
| | ② 선박・부선의 좌초・교사・침몰・전복 | ○ | ○ | ○ | |
| | ③ 육상운송용구의 전복・탈선 | ○ | ○ | ○ | |
| | ④ 선박・부선・운송용구의 타물과의 충돌・접촉 | ○ | ○ | ○ | |
| | ⑤ 조난항에서의 화물의 양화 | ○ | ○ | ○ | |
| | ⑥ 지진・분화・낙뢰 | ○ | ○ | × | |
| | ⑦ 공동해손희생 | ○ | ○ | ○ | 좌기의 사유로 인한 멸실・손상 |
| | ⑧ 투화 | ○ | ○ | ○ | |
| | ⑨ 갑판유실 | ○ | ○ | × | |
| | ⑩ 해수・조수・하천수의 운송용구・컨테이너・지게자동차・보관장소에 침수 | ○ | ○ | × | |
| | ⑪ 적재・양륙 중에 수몰・낙하에 의한 짐꾸림 1개당의 전손 | ○ | ○ | × | |
| | ⑫ 상기 이외의 일체의 위험 | ○ | × | × | |
| 제 2조 | ⑬ 공동해손조항 | ○ | ○ | ○ | |
| 제 3조 | ⑭ 쌍방과실충돌조항 | ○ | ○ | ○ | |

주: ○표(보험자가 담보), ×표(보험자가 부담보)

### (2) 면책위험

| 약관조항 | 면책위험 | A | B | C |
|---|---|---|---|---|
| 제 4조 | ① 피보험자의 고의적인 불법행위 | × | × | × |
| | ② 통상의 누손, 중량・용적의 통상의 감소, 자연소모 | × | × | × |
| | ③ 포장 또는 포장준비의 불완전・부적합 | × | × | × |
| | ④ 물품고유의 하자・성질 | × | × | × |
| | ⑤ 지연 | × | × | × |
| | ⑥ 선박소유자・관리자・용선자 또는 운항자의 지급불능 또는 채무불이행 | × | × | × |
| | ⑦ 어떤 자의 불법행위에 의한 의도적인 손상 또는 파괴 | ○ | × | × |
| | ⑧ 원자핵무기에 의한 손해 | × | × | × |
| 제 5조 | ⑨ 피보험자 또는 그 사용인이 인지하는 선박의 내항성 결여 부적합 | × | × | × |
| 제 6조 | ⑩ 전쟁위험 | × | × | × |
| 제 7조 | ⑪ 동맹파업 | × | × | × |

주 : ○표(보험자가 담보), ×표(보험자가 면책)

## 3) 보험기간

### (1) 운송약관(Transit Clause)

이 약관은 일명 "창고간약관(Warehouse to Warehouse Clause)"이라고 하며, 해상적화보험에 있어서의 보험자의 책임의 개시 및 종료, 즉 담보기간을 규정한 약관이다.[42)]

현대의 상거래실무상으로는 화물이 선적을 개시하기 위해 운송개시 시점부터 적재작업, 해상운송, 적·양화작업, 보세창고 입고, 최종창고에 입고될 때까지의 여러 가지의 위험이 담보되어야 할 필요성이 있다.

### (2) 보험자의 담보책임개시

해상적화보험에 있어서는 운송약관에 따라 보험자의 담보책임은 "운송개시를 위하여 운송차량 또는 운송용구에 적재할 목적으로 보험계약에 명시된 장소의 창고 또는 보관장소에서 보험목적물이 최초로 이동하게 된 때에 개시된다." 그러므로 창고에서 운송용구까지 화물을 적재하는 동안이나 실제로 운송이 개시되기 이전의 기간 중에는 담보책임이 개시되지 않고 통상의 운송과정에만 담보효력이 발생된다. 그러나 컨테이너에 화물을 적부하기 위해 컨테이너 터미널로 운송을 개시하는 경우는 해상운송의 일부로 간주된다.

### (3) 보험자의 담보책임종료

운송약관에 의하면 보험자의 담보책임종료는 아래와 같이 네 가지로 구분하여 그 중에서 가장 먼저 도래하는 사유가 발생하면 그때 보험자의 담보책임이 종료되는 것으로 하고 있다.

첫째, 화물이 보험계약에 명시된 목적지의 최종창고 또는 보관장소에서 운송차량 또는 기타 용구로부터 양화완료된 때에 종료된다.

둘째, 보험계약에 명시된 목적지를 불문하고 통상의 운송과정에 있어서의 보관이외의 보관을 하거나 할당 또는 분배를 위하여 보관할 장소에서 운송차량 또는 기타 용구로부터 양화 완료된 때에 종료된다.

이 경우 피보험자가 화물이 양화된 후 목적지에 도착되기 전에 이전에 할당이나 분배를 위하여 선택한 장소를 최종목적지로 간주하게 되는 것이다.

---

42) ICC Transit Clause 8.

셋째, 피보험자 또는 그 사용인이 통상의 운송과정이 아닌 보관을 목적으로 운송차량, 기타 용구 또는 컨테이너를 사용하고자 선택한 때에 종료된다.

넷째, 본선으로부터 양화완료 후 60일이 경과된 때에 종료된다.

여기에서 60일의 기산은 부보화물전량이 양화 완료된 날을 기준으로 한다. 다만, 한국에서는 수입화물의 경우에는 화물을 통관하기 위하여 창고 기타 보관장소에 인도한 후 30일로 제한하고 있다.

또한 보험목적물이 최종 양륙항에서 외항선으로부터 양륙 후, 보험이 종료되기 이전에 부보된 목적지 이외의 장소로 운송되는 경우 운송약관의 보험종료 규정에 따라 담보책임이 계속되나 보험목적물이 목적지로 운송개시를 위하여 최초로 움직인 때에 종료된다.

#### (4) 이로 등 종기확장담보 및 종료

운송약관에서는 피보험자가 지배할 수 없는 사정으로 인한 지연(delay), 이로(離路; deviation), 강제양화(forced discharge), 재선적(reshipment), 환적(transshipment) 또는 운송계약상 운송인의 자유재량권의 행사로 인하여 위험변경사유가 발생하였을 때에는 보험자의 담보책임이 계속된다.

이러한 위험변경은 보험계약을 체결할 당시에 보험료 산출의 기초가 되는 사항이므로 원칙적으로는 보험자가 면책되어야 한다는 위험변경의 원칙이 적용되어야 하겠지만, 피보험자가 지배할 수 없는 사정으로 인한 경우에까지 이를 강행하는 것은 불합리하므로 이를 구제하기 위하여 확장담보하려는 취지를 밝힌 것이다. 한편, 위험개시 후에 목적항이 변경되었을 경우에는 이러한 사항을 보험자에게 통지하여 계속담보를 받아야 한다.

### 4) ICC(C), ICC(B) 약관 부보시의 부가위험 담보조건

구협회적화약관의 FPA, WA조건에서와 마찬가지로 신약관에서도 ICC(C)나 ICC(B) 약관으로 적화보험을 부보할 경우에는 화물의 성질이나 종류에 따라 특수위험이나 면책위험을 담보받고자 할 경우에는 보험자와 합의하여 추가보험료를 납부하고 다음과 같은 부가조건을 부보하여야 한다.[43)]

---

43) 그러나 ICC(A) 조건으로 부보하더라도 W/SRCC는 담보되지 아니한다.

### (1) 부가위험 담보조건

① 도난, 발화, 불착(Theft, Pilferage and Non-Delivery : TPND)

"theft"와 "pilferage"는 물건을 몰래 훔치는 것을 말하는데, "theft"는 포장 째로 훔치는 것이고 "pilferage"는 포장내용물의 일부를 빼내는 것을 의미한다. 한편 불착(non-delivery)은 포장단위의 화물이 송두리째 목적지에 도착하지 않은 것을 말한다.

② 빗물 및 담수에 의한 손해(Rain &/or Fresh Water Damage : RFWD)

"rain"이 "fresh water"와 나란히 표기된 경우에는 "fresh water"는 "rain"을 제외한 모든 담수이지만 "fresh water"만 있는 경우 담수는 빗물을 포함한다. 이 손해는 바닷물 이외의 민물에 젖어 발생한 손해로서, 적·양화작업중 비나 눈이 와서 젖거나 선박의 음료수가 선창에 침투하여 화물에 손해가 발생한 경우를 말한다.

섬유제품이나 잡화 등을 운송하는 경우에 보통 이 위험을 추가로 담보하게 되는데, 이 위험을 추가담보하지 않더라도 선박 등이나 또는 보관장소에 호수나 강물이 유입되어 발생한 손해는 보험자가 보상한다.

③ 유류 및 타물과의 접촉(Contact with Oil &/or Other Cargo : COOC)

선박의 연료유 등에 의해 화물이 입게 되는 유손(oil damage), 적재된 타화물에 직접 접촉함으로써 피보험화물에 흠이 생기거나 파손 또는 오손되는 등의 위험이다.

④ 갑판유실(Washing Over Board : WOB)

일반적으로 화물은 가장 안전한 적부장소로서 선창(hold)에 적재되지만 목재, 차량 등 특수한 화물은 갑판에 적재되어 운송되는 경우가 많다.[44] 그리고 갑판적재화물(on deck cargo ; deck-loaded cargo)은 선창 내 적재화물에 비하여 위험의 정도가 훨씬 크기 때문에 ICC(C) 조건으로 인수하는 것이 원칙이다. 그런데 앞에서 살펴본 바와 같이 ICC(C) 조건에서는 보험자가 갑판유실을 담보하지 않는 반면, 갑판적재화물에는 대부분 갑판유실위험이 따르므로 이를 담보받기 위하여 특약할 필요가 있다. 한편 화물이 갑판적 됨을 알고서 창내적(艙內積)으로 보험을 청약하는 것은 부실고지로서 계약자체가 무효가 되지만, 화주가 선창 내에 적재될 것을 전제로 하여 운송계약을 체결하였으나 운송계약상 운송인에게 부여된 재량권의 행사나 운송인이 계약을 위반하고 갑판적으로 한 경우가 있다. 이러한 경우에는

---

44) 보통 투화, 갑판유실(Jettison, Washing Over Board: JWOB) 조건으로 추가담보하고 있다.

ICC 제8(3)조에 의해 계속 담보되지만, 보험자의 입장에서는 자기의 책임이 증가하는 것이 된다.

갑판적은 특수한 위험성을 지닌 것으로 생각하고 있으며, 따라서 보험의 인수조건, 요율도 창내적과 갑판적은 다르다. 그런데 화물의 종류, 성질 여하에 따라서는 창내적으로 정한 인수조건을 그대로 갑판적에 적용하여 인수하는 것이 기술적으로도 매우 곤란한 경우가 많다. 그러므로 ICC 제8(3)조에 의해 계속 담보하는 한편, 보험자로서는 그 인수조건에 대하여 어떠한 제한조치가 필요하게 된다. 이러한 필요에서 작성된 약관이 갑판적약관(on deck clause)이다. 이 약관에 따르면 화물이 갑판에 적재되어 운송되는 경우에는 갑판적분에 대한 보험조건은 증권에서 정한 조건에 관계없이 보험의 시기로부터 "ICC(C), including washing over board" 조건으로 변경됨을 규정하고 있다.

⑤ 갈고리에 의한 손해(Hook & Hole)

적·양화작업 중 갈고리를 사용함으로써 생기는 손해로서, 직물이나 잡화 등을 마대 등으로 포장한 경우에는 이 위험을 추가담보할 필요가 있다.

⑥ 파손(Breakage)

도자기나 유리제품 등 깨어지기 쉬운 화물의 경우는 보통, 담보위험 이외의 사유로 인한 파손을 보상받기 위해 특약하게 되는데, 이 파손에는 통상의 손해나 성질손해와 같은 필연적 손해도 포함되므로 보험자는 excess 조항에 의해 협정한 면책비율을 초과하는 손해만을 보상하는 것이 보통이다.

⑦ 누손, 부족손(Leakage &/or Shortage)

용기의 틈 사이나 파손된 부분에서 화물이 누출하여 누손이나 내용물의 부족을 초래하는 위험으로서 주로 액체화물이나 분말류의 화물, 가스 등의 운송에서 이 위험을 추가하여 부보하여야 한다. 그런데 이 위험도 파손의 경우와 마찬가지로 excess 조항을 삽입하는 것이 보통이다.

⑧ 습기와 가열에 의한 손해(Sweat &/or Heating : SH)

"sweat"는 선창 내와 선외의 기온 차에 의해 선창의 천정 또는 내벽에 응결한 수분이 떨어지거나 또는 그러한 수분에 접촉함으로써 화물이 젖게 되거나 화물자체가 수분을 발산함으로써 젖게 되는 등의 위험이다. 한편 "heating"은 항해 중에 기온, 습도 등의 변화에 따라 쪄지는 위험을 말한다. 보통 곡물이나 피혁 등에 이러한 손해가 일어나기 쉽다.

⑨ 곡손(Denting &/or Bending)

"denting"은 우그러지는 것이고, "bending"은 구부러지는 것으로서 보통 기계류에 생기기 쉽다. 그런데 기계류는 부분적인 파손 또는 곡손으로 인하여 사용이 불가능하게 되거나 중대한 손해가 될 염려가 있으므로 "협회기계수선약관(Institute Replacement Clause)"을 삽입하여 보험자는 손해 부분의 수선비 또는 교체비 및 그 부대비용을 보상한도로 하는 것이 보통이다.

⑩ 오염(Contamination)

액체 화약품이나 유류 등이 해수 또는 담수 등의 혼입으로 입게 되는 품질 저하의 위험이다.

⑪ 자연발화(Spontaneous Combustion)

석탄, 성냥, 양모, 화약 등은 항해 중 화물 자체의 화학적 변화에 의해 자연발화하는 경우가 있다. 자연발화는 화물 고유의 하자 또는 성질에 의한 것이므로 원래 보험자가 부담하는 것은 아니다. 그러나 자연발화는 전혀 우연성이 없는 사고는 아니며 또 화재원인의 확인이 곤란한 경우도 있으므로 특약에 의해 담보된다. 다만 특약을 하지 않은 경우에도 타화물의 자연발화로 인하여 피보험화물이 입은 손해나 선박이 충돌하고 그 결과로서 석탄 등이 발화한 경우에는 보험자가 이를 보상할 책임이 있다.

⑫ 곰팡이(Mould & Mildew)

곡물이나 연초, 섬유제품 등이 습도의 증가에 따라 곰팡이가 생김으로써 손해를 입은 경우가 있다. 이 손해도 화물의 고유의 하자 또는 성질에 의한 것으로 보험자는 원칙적으로 면책되지만 특약에 의해 담보받을 수 있다.

⑬ 녹(Rust)

금속화물 등에 습기로 인하여 생기는 녹의 위험은 특약에 의하여 담보된다.

⑭ 쥐 및 벌레에 의한 손해(Rats & Vermin)

곡물이나 목재 등이 운송 중 쥐나 벌레로 인하여 손해를 입는 위험이다. 이러한 위험은 보통 담보되는 것이 아니므로 특약에 의한 추가담보를 필요로 한다.

한편 ICC(A), (B) 및 (C)의 어떠한 조건으로 부보하더라도 전쟁위험과 동맹파업 위험은 면책되므로 이들 위험을 담보받기 위해서는 특약을 필요로 한다.

### (2) 특수화물에 관한 특별약관

특수화물에 대한 특별약관은 많이 있지만 그 중 주요한 것을 들면 다음과 같다.

① 원산지손해약관(Country Damage Clause)

② 냉동화물약관(Refrigerated Cargo Clause)

③ 라벨약관(Label Clause)

④ 가축약관(Livestock Clause): 동물의 수송 중의 사망위험을 담보하나 수태에 의한 사망은 제외한다.

⑤ 고무약관(Rubber Clause): 고무무역과 관련하여 사용하고 분손담보약관으로 절도, 발화, 포장물전체의 불착, 폭발위험, 갈고리손상, 타화물에 기인한 손상 등을 담보한다.

⑥ 원당약관(Raw Sugar Clause): 원당무역과 관련하여 사용하고 분손담보약관으로 절도, 발화, 불착위험, 폭발위험과 타물 또는 유류에 기인한 손해도 담보한다.

⑦ 살적유약관(Bulk Oil Clause): 유류에 적용되는 것으로 해상운송 중 발생 가능한 전위험을 담보하나 항해의 지연으로 질 저하에 의한 시장성 상실, 핵위험, 통상적인 누손에 의한 감량 등의 위험은 보험자가 담보하지 않는다.

# 제4절 적화보험의 부보[45)]

## 1 적화보험계약의 체결

해상적화보험계약도 일반계약과 마찬가지로 그 법적으로는 불요식의 낙성계약이기 때문에 청약(offer)과 승낙(acceptance)에 의하여 보험계약이 성립된다. CIF 또는 CIP 규칙에서는 매매당사자 간에 보험조건을 약정한 대로 수출자인 매도인이 보험계약자가 되어 보험자와 보험계약을 체결하지만 FCA, FAS, FOB, CFR, CPT 규칙의 경우에는 매수인이 자기 자신을 위하여 적화보험을 부보하여야 하기 때문에 매수인이 보험계약자이면서 피보험자로 하여 보험자와 보험계약을 체결한다.

45) 강원진, 이양기, 최신국제상거래론, 박영사, 2014, 502-507면을 수정, 보완함

적화보험은 보험계약에 명시된 장소의 창고나 보관장소를 떠나기 전에 부보하여야 한다.[46] 특히 수입과 관련된 적화보험은 국외의 수출자의 출고시기 또는 선적시를 모르기 때문에 선적통지를 수입자에게 미리 통지하여 주도록 약정하여야 한다.[47]

## 2 적화보험조건의 선택방법

적합한 보험조건을 선택하고자 하면 우선 부보하고자 하는 화물의 성질, 포장상태, 운송용구, 운송방법, 운송지역, 선적항과 양륙항의 화물취급시설 등 화물손해에 영향을 미칠 수 있는 각종 요인들을 검토한 후 가장 이상적인 보험조건을 결정하도록 하여야 한다.

가장 이상적인 보험조건이라 해서 보험자의 보상범위가 가장 큰 "ICC(A) including W/SRCC"만을 의미하는 것이 아니다. 물론 보험료에 관한 문제를 고려하지 않는다면 상기조건이 가장 이상적인 조건이지만 보험료가 전체 매매가격에서 큰 비중을 차지하게 된다면 매매가격은 불가피하게 인상되지 않으면 안 되므로 가장 저렴한 보험료를 부담하고 가장 적절한 보험조건을 선택하는 것이 바람직하다. 따라서 적화보험을 청약하는 무역업자들은 위험관리면에서 적절한 보험조건을 선택할 수 있도록 해야 한다.

### 1) 위험의 발견

본건의 화물 "Staple Fibre"는 인조섬유의 일종이므로 화물 자체의 성질로 보아 파손이나 누손・부족손(Leakage/Shortage), "Sweat & Heating Damage" 그리고 "Denting & Bending"의 위험은 거의 우려되지 않는다. 따라서 과거의 손실경험으로 볼 때 손해발생 빈도와 손실강도가 큰 위험부터 나열하면 다음과 같다.

① 적재선박의 침몰, 좌초, 대화재, 충돌(S.S.B.C)

---

46) 신협회적화약관의 운송약관에서 정하고 있는 보험자의 담보가 개시되는 시기를 항상 염두에 두고 적화보험을 적기에 부보하여야 한다.

47) FOB, CFR 규칙 등으로 수입신용장을 발행할 경우는 한국의 외국환은행에서는 신용장 발행의뢰인(수입자)이 보험부보를 하고 적화보험증권을 배서(endorsement)하여 신용장 발행은행에 제시하도록 하고 있다.

② 타화물 및 유류접촉손(Contact with Oil and/or Other Cargoes: COOC)
③ 도난·발화·불착손(Theft, Pilferage and Non-Delivery: TPND)
④ 우·담수손(Rain and/or Fresh Water Damage: RFWD)
⑤ 해수침손(Sea Water Damage)
⑥ 오염손(Contamination)

### 2) 위험의 측정

적재 선박의 침몰, 좌초, 대화재, 충돌로 인한 화물의 손해는 ICC(C) 조건으로 보상될 수 있으나 상기 ②에서부터 ⑥까지의 위험은 ICC(C) 조건만으로는 보상되지 않는다. 따라서 ②에서 ⑥까지의 위험 중 가장 빈번하게 발생하거나 가장 우려되는 위험을 선택하여 이를 추가로 담보할 수 있는 부가조건을 결정하여야 한다. 이 경우 ICC(A) 조건을 선택하면 실질적으로 위험을 발견하거나 분석, 평가할 필요가 없지만 과중한 보험료를 피하기 위해서라면 기본조건에 추가해야 할 부가조건의 적용에 대한 검토가 있어야 할 것이다.

### 3) 보험조건의 선택

상기의 위험 중에서 두꺼운 종이상자(carton box)에 포장된 화물 "Staple Fibre"는 화물의 성질이나 포장방법으로 보아 유류접촉손이나 도난·불착손이 크게 우려되므로 "ICC(C) including COOC"나 "ICC(C) including COOC and TPND"로 결정할 수 있다. 또한 해수침손과 유류접촉손을 담보받고자 할 때는 보험조건을 "ICC(B) including COOC"로 결정하는 것이 바람직하다.

ICC(A) 조건으로 부보하는 경우와 그 밖의 조건으로 부보하는 경우의 보험료를 대비해 보면 〈표 11-3〉과 같다.

〈표 10-3〉 Staple Fibre 수입 시의 보험조건별 보험료부담 대비표

| 보험조건 | 보험료율(%) | 보험료(US$) |
|---|---|---|
| ICC(A) | 0.38 | US$10,000×0.38%=US$38.00 |
| ICC(C) including COOC and TPND | ICC(C) : 0.13<br>COOC : 0.034<br>TPND : 0.16<br>합계 : 0.324 | US$10,000×0.324%=US$32.40 |
| ICC(C) including TPND | ICC(C) : 0.13<br>TPND : 0.16<br>합계 :0.29 | US$10,000×0.29%=US$29.00 |
| ICC(B) including COOC | ICC(C) : 0.18<br>COOC :0.034<br>합계 : 0.214 | US$10,000×0.214%=US$29.00 |
| ICC(C) including COOC | ICC(C) : 0.13<br>TPND : 0.034<br>합계 : 0.164 | US$10,000×0.164%=US$16.40 |

## 3 해상적화보험료의 산출

### 1) 적화보험요율의 적용원칙

현재 국내에서 사용하고 있는 해상적화보험요율은 보험개발원에서 산정한 요율을 협정요율로 사용하고 있으며, 그 종류는 다음과 같다.

#### (1) 기본요율

기본요율은 신협회적화약관(New Institute Cargo Clause) 및 기타 특별약관에 적용되는 요율로써 해상운송의 경우에는 항구 간(port to port), 항공운송의 경우는 공항 간(airport to airport) 요율을 말한다.

#### (2) 통상요율

할인・할증을 적용하기 전의 화물별 담보조건요율(부가위험요율, 확장담보조건요율, 적용 특칙상의 요율 등 포함)을 말한다.

### (3) 확장담보조건요율

기본요율이 항구 간 또는 항공 간 요율로 산정되어 있어 신협회적화약관의 운송약관에 따른 화물의 전운송구간, 즉 해상운송에 연결되는 선적항 또는 양화항의 행정구역을 벗어나는 육상운송구간에서의 위험을 담보받기 위하여는 확장담보조건에 따른 보험료를 지급하여야 한다. 이러한 확장담보조건요율에는 내륙운송연장담보(Inland Transit Extension : ITE) 요율과 내륙장치연장담보(Inland Storage Extension : ISE) 요율이 있다.

### (4) 부가위험요율

ICC(B)나 ICC(C)를 기본담보조건으로 하는 경우에는 당해 위험약관에 열거되어 있는 위험만을 담보하므로 피보험목적물의 특성, 항해구간 등에 따라 특히 발생가능성이 높은 위험에 대비하여 추가담보가 요구된다. 이러한 위험을 가리켜 부가위험이라 하며 추가보험료를 부담하는 조건으로 부가위험을 담보받을 수 있다.

부가위험 중 특히 중요한 것으로는 앞에서 고찰한 바와 같이 도난·발화·불착위험(Theft, Pilferage & Non-Delivery : TPND), 우·담수손 위험(Rain and/or Fresh Water Damage : RFWD), 파손위험(Breakage), 누손·부족손위험(Leakage/Shortage), 오염위험(Contamination), 갈고리 위험(Hook & Hole), 곡손위험(Denting & Bending), 유류 및 타화물과의 접촉위험(Contact with Oil and/or Other Cargo : COOC) 등이 있다.

### (5) 화물별 특수위험에 대한 요율

ICC(A)일지라도 품목의 특성을 고려하여 ICC(B)나 ICC(C)에서 담보하는 위험을 초과하는 부가위험을 제외할 수 있으며, 이를 담보할 경우에는 해당 품목별 적용특칙에 따라 별도의 추가보험요율을 부담하여야 하는 점에 유의하여야 한다. 예컨대 유리, 요업제품 및 정밀기계류에서의 파손위험, 고체화공품에서의 포장의 파손으로 인한 부족손위험, 이사화물에서의 파손위험 등이 이에 해당한다.

## 2) 해상적화보험료의 산출

해상적화보험에서의 보험료율을 결정하는 기본요소로는 ① 적재선박,[48] ② 항

48) 협회선급약관(Institute Classification Clause)에 규정되어 있는 표준규격선, 즉 선령15년 이하의 선박

로 및 지역 등 운송구간, ③ 화물의 성질, 상태, 포장형태, ④ 손해율,[49] ⑤ 보험조건과 부가위험조건, 특수보험조건 등이 있다.

해상적화보험의 보험료는 보험금액(CIF가격×110%)에 보험료율(premium rate)을 곱하여 산출한다.

예를 들면, CIF 금액이 US$100,000이고 계약상 송장금액(invoice value)에 대하여 110%를 ICC(B) 약관(보험료율 0.2%)으로 부보할 경우에 보험료는 (US$100,000×1.1)×0.2%= US$220과 같이 산출할 수 있다.[50] CIF규칙에서 보험료를 산출하는 공식은 다음과 같다.

보험금액: S, 보험료율: R, 보험료: SR, 원가: C, 운임: F라고 하면,
보험금액은 CIF가격×110%이기 때문에

$$S = (C + SR + F) \times 1.1$$
$$S = 1.1C + 1.1SR + 1.1F$$
$$S - 1.1SR = 1.1C + 1.1F$$
$$S(1 - 1.1R) = 1.1(C + F)$$
$$S = \frac{1.1(C + F)}{1 - 1.1R}$$
$$\therefore\ S = \frac{(C + F) \times 1.1}{1 - 1.1R}$$

이 된다.[51]

예를 들면, CFR 가격이 US$10,000이고, 보험료율 0.1%이라면 위의 식에서

보험료 $= \dfrac{(C + F) \times 1.1R}{1 - 1.1R}$, 보험금액 $= \dfrac{1.1(C + F)}{1 - 1.1R}$이므로

---

으로 국제공인 주요 선급협회로부터 선급부여 받은 강철제의 동력선이어야 한다. 적재선박이 표준규격(approved vessel) 이외의 선박은 소정의 할증보험료(additional premium : AP)를 지급하여야 한다.

49) 손해율(loss rate)이란 보험회사가 1회계연도 등 일정기간에 영수한 보험료에 대한 동일기간중의 지급보험금의 비율을 말한다.

50) 한국에서 원화로 보험자에게 보험료를 지급할 경우에는 전신환매도율(T/T selling rate)을 곱하여 산출한다.

51) 이를 P. McDonald산식이라 한다. 여기에서 $\dfrac{1.1R}{1 - 1.1R}$를 보험료지수라고 한다.

$$보험료 = \frac{10,000 \times 0.0011}{1 - 1.1 \times 0.001} = \frac{11}{0.9989} = 11.01$$

CIF가격은 C + I + F 이므로

∴ CIF가격 = US$10,000 + US$11.01 = US$10,011.01

과 같이 된다.

## 제5절 무역보험[52]

### 1 무역보험의 개념

#### 1) 무역보험의 의의

무역거래에서는 계약물품을 목적까지 운송하는 과정에 발생하는 위험을 담보하기 위하여 해상적화보험을 이용하고 있지만 수입국의 정치·경제적 환경변화에 따른 수출불능이나 수출대금회수불능 등 대금결제상 발생하는 위험에 대해서는 무역보험이 이용되고 있다.

따라서 무역보험은 수출국에서 무역과 해외투자를 촉진시키기 위한 목적으로 이루어지는 정책적인 보험제도이므로 물품의 멸실·손상의 위험 및 손해를 대상으로 하는 해상적화보험과는 그 대상과 성격이 다르다.

무역보험은 수출보험과 수입보험으로 구분된다.

수출보험은 수출거래에 수반되는 제 위험 가운데 해상보험 등 통상의 보험으로는 담보할 수 없는 위험, 즉 수입국에서의 전쟁, 내란, 수입제한, 환거래제한 등으로 인한 비상위험(political risk)과 수입자의 계약 파기, 파산, 대금지급지연 또는 거절 등으로 인한 신용위험(credit risk) 등으로 수출자 또는 수출금융을 제공한 금융기관이 입게 되는 손실을 보상하여 우리나라의 수출을 촉진하고 진흥하기 위한 수출지원제도이다.

52) 강원진, 이양기, 최신국제상거래론, 박영사, 2014, 508-512면, 이양기, 무역실무(2판), 삼영사, 2021, 373-377면을 수정, 보완함

한편 수입보험은 원유, 철강, 시설재 등 국민경제에 중요한 자원이나 물품을 수입하는 경우 국내기업이 부담하는 선급금, 미회수 위험을 담보하거나 국내기업에 대한 수입자금 대출지원이 원활하도록 지원하는 제도이다. 무역보험은 수입보험보다는 비교적 수출보험에 비중을 두고 있다.

이와 같은 무역보험은 특별법에 의하여 설립된 한국무역보험공사(K-sure)가 보험자가 되어 보상함으로써 궁극적으로 무역과 해외투자를 촉진하여 국가경쟁력을 강화하고 국민경제의 발전에 이바지함을 목적으로 하는 정책보험이다.

무역보험을 이용할 경우 특히 유의하여야 할 점으로 수출자는 수입자에게 보험부보 사실을 알리면 안 된다. 왜냐하면 만일 수입자가 동 정보를 알게 된 경우 대금지급 불능 시 수출자가 K-sure를 통하여 별도로 보험금을 받을 수도 있다는 생각으로 의도적으로 대금지급을 하지 않을 수도 있기 때문이다.

## 2) 무역보험의 기능

### (1) 수출거래상의 불안제거기능

수출보험은 수입국에서 발생하는 비상위험 또는 신용위험 등으로 인한 수출불능이나 수출물품에 대한 대금회수불능으로부터 수출자나 생산자가 입는 손실을 보상함으로써 수출거래에 따른 불안을 제거시킨다.

### (2) 신용수단의 공여기능

수출보험은 수출대금의 미회수위험을 담보하므로 금융기관으로 하여금 수출환어음을 추심 전 매입할 수 있어 선적 후 여신행위를 용이하게 하고 또한 보험사고가 발생하였을 때 기업이 받는 손실을 보상함으로써 자금의 유동성을 제고시키는 등 신용수단의 공여기능을 갖는다.

### (3) 수출진흥정책수단의 기능

수출보험은 보험의 인수조건, 즉 담보하는 위험의 범위, 보상률, 보험료율 등을 조작하여 수출자의 활동을 촉진시키거나 또는 제한시킴으로써 무역관리상 간접통제방식으로 이용된다. 또한 수출자에게 저렴한 보험료의 적용과 수출자가 귀책사유가 없을 때 유리한 손실보상을 하여줌으로써 수출경쟁력강화 등 수출진흥정책수단으로서의 기능을 수행한다.

### (4) 해외 수입자에 대한 신용조사기능

수출보험은 보험인수관리 및 보험사고예방을 위하여 수입국사정 및 수입자에 대한 신용상태를 파악하여야 하므로 신용조사의 기능을 수행하게 된다.

### (5) 국내 수입자 및 금융기관의 수입손실 보상기능

해외에 소재하는 수입계약상대방에게 선급금을 지급하였으나 비상위험 또는 신용위험으로 인하여 선급금이 회수되지 못함에 따라 발생하는 손실을 보상하고 금융기관이 주요자원의 수입을 위하여 필요한 자금을 국내수입기업에 대출하였으나 국내기업의 파산 등으로 대출금이 회수되지 못함에 따라 발생하는 손실을 보상하는 기능을 수행한다.

## 2 무역보험제도의 운영

한국의 무역보험은 처음에 정부의 수출지원정책의 일환으로 수출보험법[53]에 의거 도입된 제도이다. 1969년 2월부터 업무를 개시한 이래 그간 대한재보험공사와 한국수출입은행에서 정부를 대행하여 수출보험업무를 수행해 오다가 1992년 7월 7일자로 한국수출보험공사가 공식 발족되면서 전담 체제로 운영하여 왔으며 2010년 7월 한국무역보험공사(K-sure)로 재출범하였다.

한국의 무역보험법은 "이 법은 무역이나 그 밖의 대외거래와 관련하여 발생하는 위험을 담보하기 위한 무역보험제도를 효율적으로 운영함으로써 무역과 해외투자를 촉진하여 국가경쟁력을 강화하고 국민경제의 발전에 이바지함을 목적으로 한다"고 규정하고 있다.[54] 무역보험은 보험사업의 목적을 효율적으로 운영하기 위하여 정부예산이 정하는 바에 따라 무역보험기금을 설치하여 운영하고 있으며 기금의 결산상 손실이 발생한 때에는 우선적으로 적립금에 의해 보전하고 그 적립금이 부족할 경우에는 정부가 보전하도록 하여 궁극적으로 국가의 담보력을 근거로 운영하고 있다. 따라서 무역보험에서 수출보험의 보험자는 정부가 되고 보험사고 발생 시 보험금지급의 궁극적 책임도 정부가 부담하게 된다.

53) 1968년 12월 31일 법률 제2063호로 제정되었다.
54) 한국 무역보험법 제1조.

## 3 단기무역보험

단기무역보험(일반 선적후)이란 수출자가 수출대금 결제기간 2년 이하의 수출계약을 체결하고 수출물품 선적 후, 수입자(L/C거래의 경우 발행은행)로부터 수출대금을 받을 수 없게 된 때에 입게 되는 손실을 보상하는 제도를 말한다.

단기무역보험은 다양한 종류의 무역보험 중에서도 가장 많이 활용되는 전형적인 형태의 무역보험종목으로, 수출자가 수출거래로부터 발생하는 대금미회수위험을 담보하기 위한 제도이다. 이 보험은 건전한 수출발전을 도모하는 정책적인 목적으로 수출기업이 보다 안심하고 수출계약을 체결할 수 있게 하며, 특히 대량의 수출거래를 지속적으로 하는 수출기업에 있어서 대금미회수위험에 대한 관리장치로서 중요한 역할을 수행하고 있다.

담보위험은 신용위험으로 수입기업(또는 신용장 발행은행)의 지급불능, 지급지체, 수입화물에 대한 인수거절 등이며 비상위험으로 전쟁위험, 송금위험, 환거래 제한 등이다.

가입대상 거래는 일반수출, 위탁가공무역, 중계무역 및 수출자가 해외지사(현지법인 포함)에 물품을 수출하고, 동 해외지사가 당해 물품을 현지 또는 제3국에 재판매하는 거래이다.

한국무역보험공사(K-sure)는 수입자 신용도, 결제경험 등을 심사하여 수입자별 인수한도 및 보상한도 책정하고 운영방식은 수출자와 특정 수입자와의 거래에 대하여 개별적으로 위험을 평가하여 무역보험에 부보하는 개별보험 방식 및 사전에 보험계약자(수출자)와 보험자(K-sure)가 포괄보험 특약을 체결함으로써, 특정물품 또는 결제조건 등 미리 대상 수출거래의 범위를 정하여 일괄적으로 무역보험에 부보하는 포괄보험 방식이 있다.

단기무역보험의 보험가액은 수출대금이며, 부보율은 일반수출, 위탁가공무역의 경우 중소기업은 100%, 대기업 95%, 중계무역의 경우 95% 이내로 국별 인수 방침에 따라 달라질 수 있다. 보험금액은 "보험가액×부보율"을 지급보험금은 "손실액×부보율"과 같은 산식으로 산정된다. 또한 보험료는 보험금액에 수입자 신용등급(신용장거래인 경우 신용장 발행은행 소재 국가등급), 결제조건 및 결제기간에 따라 결정된다.

단기무역보험의 이용절차는 ① K-sure에 보험가입 상담 → ② 신용조사 → ③ 인수(보상)한도신청(보험청약) → ④ 인수(보상)한도 책정 → ⑤ 보험증권 발급 →

⑥ 물품선적후 10영업일 이내 사이버영업점을 통해 수출통지(보험관계 성립) → ⑦ 보험료 납부 → ⑧ 결제통지의 과정을 거쳐야 한다.

따라서 수출자가 K-sure를 통하여 무역보험을 이용하고자 할 경우 충분한 시간을 가지고 미리 준비하여야 한다.

## 4 단기무역보험에서의 보험자의 면책사항

단기무역보험은 수출자보험으로서 약관의 면책사항에 해당하거나 수출계약 이행과정에서 귀책이 있는 경우 보상받을 수 없다. 약관은 수출자가 보상받지 못하는 경우에 대해 상세히 규정하고 있으므로(http://www.ksure.or.kr) 수출자는 동 약관의 내용을 검토하여 무역보험에 가입하고도 보상받지 못하는 일이 없도록 주의하여야 한다.

특히 보상받을 수 없는 사유로는 연속수출로 인한 손실, 물품의 멸실, 훼손 또는 기타 물품에 대해 발생한 손실, 보험계약자가 법령을 위반하여 취득한 채권에 대해 발생한 손실, 수출거래가 신용장방식 수출거래에서 신용장 조건으로 명시된 서류가 당해 신용장 조건과 일치 하더라도 그와 별도로 신용장 발행은행의 대금지급 책임이 면제 또는 경감될 수 있는 내용을 포함하고 있는 경우, 무신용장방식 수출거래에서 수출계약 등에 의하여 수출계약 상대방의 대금지급책임을 면제 또는 경감한다는 내용을 약정하고 있는 거래의 경우이다.

한편 보험자의 면책사유로는 보험계약자(수출자), 보험계약자의 대리인이나 피사용인의 고의 또는 과실로 인하여 발생한 손실, 중대한 물픔하자, 선적기일 미준수, 계약조건 위배 등 수출계약 이행과정에서 수출자의 귀책이 있는 경우, 보험계약자가 약관상 K-sure에 알려야 할 고지의무를 위반함으로써 발생한 손실, 인수한도를 책정받고 수출을 하였으나 수출통지를 하지 않은 경우, 보험료를 납부하지 않은 경우, 기타 조사에 협조할 의무 등 약관상 수출자의 의무사항을 위배함으로써 발생한 손실 등의 경우이다.

연구과제

1. 한국의 수출자 A는 미국의 수입자 B와 "CIP Chicago Terminal Incoterms® 2020" 규칙으로 매매계약을 체결하고 A의 수원공장에서 수출물품을 컨테이너운송(FCL/FCL)하기 위하여 적화보험을 부보하고자 한다. 이 경우 보험자의 담보책임 개시시점과 종료시점에 대하여 구체적으로 설명하시오.

2. ICC(A) 약관으로 적화보험을 부보하면 모든 위험이 담보되는가? 또한 신협회적화약관(Institute Cargo Clauses 2009)상 보험자의 면책위험일지라도 보험계약에 의하여 특약으로 담보될 수 있는 위험은 어떤 것이 있는가?

3. 적화보험과 무역보험의 차이점에 대하여 설명하시오.

4. 한국의 수출자 A는 미국의 수입자 B와 "D/A at 90 days after sight" 조건으로 USD100,000 상당의 매매계약을 체결하기에 앞서 D/A 결제상의 위험에 대비하기 위하여 무역보험에 부보하고자 한다. 이 경우 A가 (1) 어떠한 무역보험종목을 선택하여야 하며 (2) 무역보험부보를 위하여 준비하여야 할 구체적인 절차 및 유의사항에 대하여 설명하시오.

5. 1963년, 1982년 및 2009년 ICC의 차이점은 무엇인가?

6. 무역보험제도의 의의와 주요한 운영종목을 설명하시오.

7. 해상보험에 대한 다음 물음에 답하시오. (2019년도 제36회 관세사 2차 기출문제 50점)
   (1) 피보험이익의 의의와 요건에 대하여 각각 설명하시오. (10점)
   (2) 2009년 개정 신협회적화약관(Institute Cargo Clauses, 2009 revision)의 (B)약관에서 보험자의 면책위험을 일반면책, 선박의 불내항(Unseaworthiness) 및 부적합면책, 전쟁위험면책, 동맹파업위험면책으로 분류하여 설명하시오. (25점)
   (3) 신용장통일규칙(UCP 600) 제28조의 보험서류의 수리요건에 대하여 설명하시오. (15점)

8. 영국해상보험법(MIA)상 보험자 면책위험에 대하여 설명하시오.
   (2018년도 제35회 관세사 2차 기출문제 10점)

9. 신협회적화약관(Institute Cargo Clauses, 2009 revision)상 보험자의 책임이 개시되는 보험의 시기와 보험자의 책임의 계속, 보험자의 책임이 종료되는 종기에 관하여 설명하시오.
   (2017년도 제34회 관세사 2차 기출문제 10점)

10. 국제상거래에서 발생하는 수입업자의 대금지급 거절이나 지급불능과 같은 신용위험에 대처하기 위하여 수출업자는 수출대금회수불능에 대한 안전장치를 마련할 필요가 있다. 다음 물음에 답하시오. (2016년도 제33회 관세사 2차 기출문제 50점)

1) 이 경우 수출업자가 활용할 수 있는 우리나라 단기성 및 중장기성 무역보험을 종류별로 설명하시오. (15점)

2) 수출업자가 수입업자의 신용위험에 대처하기 위하여 국제팩터링(Factoring) 제도와 포페이팅(Forfaiting) 제도를 활용할 경우 그 효용과 한계점을 설명하시오. (35점)

11. 영국해상보험법상 해상보험 기간 중에 발생하는 위험 변경의 형태 중 이로(離路: Deviation)의 성립요건, 이로의 효과, 정당한 이로의 사유에 대하여 설명하시오.
(2016년도 제33회 관세사 2차 기출문제 10점)

12. 해상보험에서 적용되는 위부(Abandonment)와 대위(Subrogation)의 개념과 차이점을 설명하시오. (2015년도 제32회 관세사 2차 기출문제 10점)

13. 영국해상보험법(MIA)상 미평가보험증권(unvalued policy)과 선명미상보험증권(floating policy by ship or ships)에 대하여 설명하시오.
(2014년도 제31회 관세사 2차 기출문제 10점)

Chapter

11

# 국제상거래분쟁의 해결

Chapter

# 11 국제상거래분쟁의 해결

## 제 1 절 무역클레임[1)]

### 1 무역클레임의 개념

#### 1) 무역클레임의 의의

무역클레임(trade claim)이란 매매당사자 중 일방당사자가 매매계약내용의 일부 또는 전부를 불이행하거나 불완전하게 이행함으로써 상대방에게 손해를 입혔을 때 손해를 입은 당사자가 상대방에 대하여 손해배상을 청구하거나 계약의 이행을 청구하는 것을 말한다.

무역클레임을 광의로 해석하면 단순한 불만(complaint)이나 경고(warning) 등을 포함시킬 수 있다. 그러나 이는 일방당사자의 주관적인 면이 강하기 때문에 통상적인 의미에서 말하는 무역클레임은 거래에 따른 손해를 객관적인 자료와 증거에 근거해서 합리적으로 해결하려는 무역분쟁의 청구(claim for trade dispute)라고 할 수 있다.

무역거래에서는 클레임이 일어나지 않도록 예방을 하는 것이 최선의 길이라 할 수 있겠으나 종종 경미한 하자나 구실을 핑계로 가격인하 등을 요구하는 마켓클레임(market claim)을 제기하는 사례도 있다. 이러한 점에서 클레임은 슈미토프(Schmitthoff)가 지적한 바와 같이 "무역거래에 있어서 질병(disease in trade)"이라고 할 수 있다.

무역클레임은 결제와 관련하여 매도인이 제기하는 클레임을 제외하고는 대부분이 매수인 측에서 제기하는 것이 일반적이라고 할 수 있다.

---

1) 강원진, 이양기, 최신국제상거래론, 박영사, 2014, 537-544면, 이양기, 무역실무(2판), 삼영사, 2021, 411-418면을 수정, 보완함

### 2) 본질적 위반

#### (1) 계약위반

무역계약이 체결되면 양 당사자는 각각 일정한 채무를 부담하게 된다. 계약위반이란 양 당사자가 이러한 자신의 의무를 지연, 해태, 거절, 미이행 혹은 불완전하게 이행하는 것을 말한다. 일방의 계약위반이 중대한 경우에 타방은 계약을 해제할 수 있다.

계약이 해제되더라도 위반 당사자에게는 손해배상의 책임이 여전히 남아 있으며 분쟁해결조항들에 영향을 미치지 아니한다.

#### (2) 본질적 위반

당사자의 일방이 범한 계약위반이 그 계약 하에서 상대방이 기대할 권리가 있는 것을 실질적으로 박탈할 정도의 손해를 상대방에게 주는 경우에는, 이는 본질적 위반으로 한다.

다만 위반한 당사자가 그러한 결과를 예견하지 못하였으며, 또한 동일한 종류의 합리적인 자도 동일한 사정에서 그러한 결과를 예견할 수가 없었던 경우에는 그러하지 아니한다.

계약 성립 요건과 상대방의 계약위반에 대한 구제(remedies)는 인코텀즈에 명시되어 있지 않으므로 계약상의 준거법에 따른다. 즉 거래당사자 중 어느 일방이 계약을 위반할 경우 피해당사자는 준거법에 따라 구제조치를 취하면 된다.

일반적으로 준거법은 특정 국가의 국내법보다는 UN에서 정한 국제물품매매계약에 관한 UN협약(일명 비엔나협약)을 채택하는 것이 바람직하다.

## 2 무역클레임의 청구내용

무역클레임의 청구내용은 금전의 청구, 금전 이외의 방법에 의한 손해배상의 청구 또는 양자를 합해서 청구하는 것으로 대별할 수 있다.

첫째, 금전의 청구로는 ① 대금지급의 거절, ② 손해배상금 청구, ③ 해약변상금 청구, ④ 대금감액의 청구 등이 있다.

둘째, 금전 이외의 청구로는 ① 잔여계약의 해제, ② 계약이행의 청구, ③ 물품의 인수거절, ④ 대체품의 청구, ⑤ 부족분의 추가송부 등이 있다.

셋째, 금전의 청구와 금전 이외의 청구를 합하여 클레임을 청구하는 경우도 있다. 예컨대, 대체품을 송부하되 상기를 놓치거나, 현지의 수요자에 대한 인도지연에 따른 과징금을 손해배상금으로 함께 청구하는 것 등이다.

## 3 무역클레임의 종류

### 1) 클레임의 발생원인에 따른 분류

#### (1) 품질에 관한 클레임

품질에 관련된 클레임으로는 품질불량(inferior quality), 품질상위(different quality), 규격상위(different specification), 등급저하(inferior grade), 손상(damage), 변질(deterioration), 변색(discoloration) 등이 있다.

#### (2) 수량에 관한 클레임

물품의 수량에 관련된 클레임으로는 적화부족(short shipment), 착화부족(short landing), 중량부족(under weight), 감량(diminution) 등이 있다.

#### (3) 가격·결제에 관한 클레임

가격이나 대금결제와 관련된 클레임으로는 초과지급(over payment), 대금미지급(non- payment), 수선비(repairing charge), 재포장비(repacking charge), 벌과금(penalty) 등이 있다.

#### (4) 운송 및 인도에 관한 클레임

운송에 관련된 클레임으로는 선적지연(delayed shipment), 선적불이행(nonshipment), 취급불량(bad handling), 적부불량(bad stowage), 환적(transshipment), 분실(missing), 유실(drifting away), 도난(pilferage) 등이 있다.

#### (5) 포장에 관한 클레임

포장에 관련된 클레임으로는 포장불량(inferior packing), 포장불충분(insufficient packing), 불완전포장(incomplete packing) 등이 있다.

#### (6) 서류에 관한 클레임

제공된 서류에 관한 클레임으로는 송장오류(error in invoice), 기재사항 상이(misde- scription), 서류불비(lack of documents) 등이 있다.

#### (7) 기타의 클레임

그 밖의 클레임으로는 신용장 발행지연(delayed issue of L/C), 계약위반(breach of contract), 계약취소(cancellation of contract) 등이 있다.

### 2) 클레임의 성격에 따른 분류

무역클레임은 매매당사자 간에 어느 일방의 과실이나 태만에 따라 계약을 위반하였을 때 발생되는 일반적인 클레임과 가격을 깎는 구실로 고의적으로 트집을 잡는 마켓클레임(market claim) 그리고 당초부터 계획적인 술책으로 클레임을 제기하는 의도적인 클레임 등이 있다.

## 4 무역클레임 발생상의 문제점과 예방

1991년 하반기 대한상사중재원이 전국의 무역업자 및 무역대리업자 중 3,500개사를 대상으로 실시한 클레임 실태조사의 결과 분석된 문제점과 대응책을 참조하면 다음과 같다.[2)]

### 1) 무역클레임 발생의 문제점

무역클레임의 원인에 관한 문제점으로는 ① 무역클레임의 원인의 중요성에 대한 전반적 이해부족, ② 무역계약서에 대한 이해 부족, ③ 업계 간 정보의 공유 및 교환체계 미흡, ④ 해외시장조사의 미흡, ⑤ 검사제도의 비효율적 운영, ⑥ 과당경쟁으로 인한 계약상 불이익 초래 등을 들 수 있고, 무역클레임 해결상의 문제점으로는 ① 무역클레임을 담당할 전문부서 인력의 부족, ② 국제무역계약 및 실무적 국제무역관행에 대한 이해 부족, ③ 업계와 관련기관과의 협조체제 미흡, ④ 무역

---

2) 대한상사중재원, “클레임 센서스 결과분석”, 「중재」, 제243호, 1992, p.24.

클레임 예방에 대한 노력부족 등이 지적되었다.[3)]

## 2) 무역클레임의 예방

### (1) 무역클레임의 예방책

무역클레임의 원인에 관한 예방책으로는 ① 철저한 신용조사의 이행, ② 정형무역계약서의 개발 및 활용증대, ③ 업계 간 관련정보 공유 및 고환을 위한 체계 구축, ④ 검사제도의 기능강화 및 업체자율검사 기능확대 등을 들 수 있고, 무역클레임 해결에 관한 대책으로는 ① 무역클레임 해결을 담당할 수 있는 전문인력양성을 위한 교육프로그램 개발과 실시, ② 정보수집에 대한 노력, ③ 품질관리를 위한 지속적 노력 등을 들 수 있다.

### (2) 무역클레임의 사후처리대책

무역클레임이 제기되면 우선 다음과 같은 사항을 검토하여야 된다.

① 제기 원인이 계약조건상의 하자는 없는가.
② 객관적인 클레임 사실 입증자료는 충분한가.
③ 하자의 정도가 납득할 수 있는 정도인가.
④ 청구금액은 합리적인 산출근거를 가지고 있는가.
⑤ 장래 혹은 타거래에 미치는 영향은 어떠한가.

클레임에 대한 회신을 할 때는 성급한 약속은 하지 말고 의사표시를 명확히 밝혀 신속하고 공정한 처리를 통하여 대외신용도를 제고시켜야 한다.

---

3) 특히 모든 계약서상에는 클레임 발생 시의 제기기한과 분쟁의 해결을 중재에 의한다는 합의는 매우 중요하다. 클레임 제기기한에 대한 조항은 다음과 같은 요령으로 약정해 둔다. "Any claim or complaint by buyer of whatever nature arising under this contract, shall be made in E-mail within ten days after arrival of the cargo in the destination port, Full particulars of such claim shall be made in writing and forwarded by air mail to seller within 15 days cabling. Buyer must submit with such particulars as Sworn Public Surveyor's Report, when the quality and or quantity of merchandise is in dispute."

## 5 클레임의 배제

### 1) 불가항력조건

#### (1) 불가항력

① 불가항력(Force Majeure)이란 당사자의 통제를 넘어선 범위로 천재지변(Act of God), 소요, 전쟁, 내란, 정치적 몰수, 해적 등의 사유로 일방의 당사자가 계약을 이행할 수 없는 상태를 의미한다.

② 무역계약서에는 반드시 불가항력 조항을 삽입시켜야 하며, 이 경우 모든 불가항력 조항을 일일이 다 나열하여야 한다. 계약서상에 표시되지 않는 사항으로 인하여 발생된 계약 불이행에 대해서는 해당 당사자(매도인)가 책임을 져야 한다.

#### (2) 불가항력 조항의 설정

① 매매계약서상의 불가항력조항에는 발생가능한 불가항력 사태의 내용을 계약의 특성에 합당하게 구체적으로 열거한다. 하지만 기타의 모든 사유를 열거하는 것이 어렵기 때문에 기타 당사자가 지배할 수 없는 모든 사유와 같은 문언을 추가하도록 하여야 한다.

② 불가항력에 포함되는 용어는 법률적으로 명확하여야 한다.

③ 불가항력 사태가 발생하였을 경우 신속하게 통지의무를 부담하는 내용이 포함되어 있어야 한다.

④ 불가항력 사태 발생이 객관적으로 입증될 수 있도록 증명서 또는 자료 등을 제출하는 의무부담에 대하여 약정하여야 한다. 이는 일방적이고 주관적인 불가항력 사태 발생을 악의로 주장할 수 있는 것을 방지하기 위한 방법이다.

### 2) Frustration

#### (1) 개념

Frustration이란 계약 목적의 달성불능 또는 계약의 좌절, 이행불능이라 할 수 있다. 즉, 당사자의 사망, 목적물의 멸실, 후발적 위험, 사정의 본질적 변화 등의 경우가 그 예라 할 수 있으며, Frustration에 의해 계약은 자동적으로 소멸된다.

적법하게 체결된 계약이 당사자의 고의나 과실없이 발생한 후발적 사정으로 인하여 계약이 해지됨으로써 당사자가 추구했던 계약목적이 좌절되는 법리로 이행의 불능 또는 계약목적의 달성불능으로 정의할 수 있다. 즉, 계약이 체결된 후 계약이행이 완료되기 전에 매매당사자의 귀책사유 없이 목적물에 대한 물리적 파괴 또는 불가항력적 사건 발생에 기인하여 계약목적 달성이 불가능한 경우에는 계약이 자동적으로 소멸되고 당사자는 이행의무로부터 면책된다고 할 수 있다.

### (2) 불가항력과의 차이점

① 불가항력은 계약이행이 불가능하다는 점에서 Frustration와 동일하지만, 불가항력은 계약의 불이행에 대한 면책이 인정될 뿐이고, Frustration은 이에 의해 계약이 자동으로 소멸된다는 점이 다르다.

② 그러나 스스로 이행불능을 자초하거나, 계약서상 명시적 규정이 있거나, 예측된 시점, 단기간의 이행불능, 의도되거나, 대안이 있는 경우에는 Frustration이 성립되지 아니한다.

### (3) Frustration의 적용 법리

영국의 물품매매법에서는 특정물에 관한 매매의 합의가 성립된 후 매수인에게 위험이 이전하기 이전에 물품이 매도인 또는 매수인의 과실에 의하지 아니하고 멸실한 때 그 합의는 효력을 상실한다고 규정하고 있으며, 미국통일상법전에서는 우발적 사건 발생이 그 이행상 비현실성이 있어야 하고, 비엔나 협약에서는 당사자의 의무불이행이 자기의 지배를 벗어나는 장애로 기인한 의무불이행에는 면책이 된다고 규정하고 있다.

무역거래에 있어서 Frustration으로 인정되어 계약이 소멸되는 경우를 보면 다음과 같다.

① 당사자의 사망으로 특정 이행을 하지 못하는 경우에 계약이 소멸된다.

② 목적물의 멸실로 인하여 계약을 이행하지 못하는 경우이다.

③ 후발적 위법으로 계약성립 이후에 계약이행이 좌절되는 경우인데, 전쟁의 발발, 법률의 변경, 정부의 수출입 금지조치와 간섭, 수출입 허가제나 할당제 등의 제한조치가 실시되는 경우이다.

④ 사정의 본질적 변화가 있을 경우로 계약체결 시에 당사자가 예견하지 못했던 돌발사태가 계약체결 후에 발생하여, 사정이 본질적으로 변화되었을 경우 이행불능이 성립한다.

⑤ 당사자의 파산, 우발적인 상황이 발생한 경우에도 Frustration이 적용된다.

하지만, 스스로 이행불능을 자초한 경우, 계약서상에 명시된 규정이 있을 경우, 예측된 사건의 경우, 단기간의 이행불능, 이행상의 비용증가, 일방 당사자에 의해 계약목적달성불능, 다른 대안이 존재하는 경우 등은 Frustration이 배제된다.

#### (4) Frustration의 효과

Frustration이 성립되는 경우 당해 사건 발생시점으로부터 계약은 자동적으로 소멸된다. 그러나, 수출입의 금지조치가 내려진 경우에는 곧 Frustration이 되는 것이 아니라 처음에는 금지조치가 영속적인 것인지 확정되기까지 유보될 수 있다. 계약체결 후 그 이행 전에 수출입에 대한 단순한 제한조치가 실시된 경우에는 대체로 주변사정에 달려 있으며, 당사자가 허가를 취득할 수 있음에도 상당한 노력을 하지 않았다면 계약위반을 면치 못하지만, 최선을 다하였지만 허가를 얻지 못하였다면 Frustration이 될 수 있다.

#### (5) Frustration과 불가항력

무역계약을 체결하고자 하는 경우 Frustration이 성립되는 것을 고려하여 계약을 체결할 때 불가항력조건 등을 명시적으로 삽입하여야 한다. Frustration과 불가항력의 사유가 발생할 경우에는 계약이행이 불가능한 점에서는 공통점이 있으나 전자는 계약 자체를 소멸시키지만 후자는 계약조건의 불이행에 따른 면책을 인정한다는 점에서 차이가 있다. Frustration이 성립되는지의 여부는 계약법상의 원칙적으로 사건별로 판단되지만 이 원칙만으로 해결하기보다는 불가항력에 의하여 면책여부를 판단하는 것이 용이하다고 할 수 있다.

### 3) Hard-Ship Clause(사전변경조항)

① 장기간의 계약의 경우 정치/경제적인 사정의 변화로 계약이행이 곤란하게 되는 경우 계약소멸은 원하지 않고 계약이행은 하고 싶은 경우에 부응하기 위하여 Hard-Ship Clause을 설정한다.

② 불가항력적인 사태가 발생하였을 때 계약당사자가 가격조정이나 기한의 연장 등의 계약 내용을 조정하기 위하여 상호 간에 성실하게 교섭한다는 것을 약속하는 약관을 말한다.

③ 계약체결 당시에 예상지 못했던 사회적, 정치적, 행정적 여건의 변화가 초래

되어 계약대로 이행하는 것이 불가능해지는 경우 계약조항의 내용을 변경할 수 있다는 조항으로 Plant 수출입과 같이 계약의 이행에 장기간이 소요되는 거래 많이 사용된다.

④ 이 조항은 사정변경이 발생한 경우 원래의 약정사항을 당사자의 우호적인 타협에 의하여 계약을 이행하고자 하는 취지로 사정변경에 능동적으로 대응하기 위한 조항이다.

"Hardship Clause is a clause in a contract that is intended to cover cases in which unforeseen events occur that fundamentally alter the equilibrium of a contract resulting in an excessive burden being placed on one of the parties involved."

## 6 클레임의 해결방법

전통적으로 사법(私法)상의 분쟁은 대부분 법원의 판결에 의존하여왔다. 그러나 국내외의 크고 작은 상거래분쟁들은 법원의 소송제도만으로 해결하는 데는 한계가 있다. 따라서 선진국에서는 이미 오래전부터 상거래상의 분쟁을 보다 편리하고 경제적으로 신속하게 해결할 수 있는 중재제도를 발전시켜 왔다. 한국은 1966년 3월 16일 중재법(법률 제1767호)이 제정되었고 1966년 3월 22일 대한상사중재원이 설립되어 독립된 상설중재기관으로서 국내외 상거래분쟁을 해결하고 있다.

이러한 제도 하에서 상거래분쟁을 해결하기 위하여 선택할 수 있는 방법에는 여러 가지가 있으나, 일반적으로 ① 일방적 결정, ② 쌍방의 타협, ③ 제3자의 개입에 의한 분쟁해결 방법이 있다.

일방적 결정이란 불만이 있는 당사자가 분쟁에 대하여 일방적인 결정을 하는 것으로 스스로 클레임포기(waiver of claim)를 하는 것이다. 일반적으로 청구금액이 소액이거나 청구한다고 하여도 배상 가능성이 적은 경우 분쟁에 소요되는 비용과 시간, 노력 등을 감안하여 청구권을 포기하게 된다. 단순경고(warning)의 경우도 일방이 상대방에게 주의를 환기시킴으로 종국에 가서는 클레임 제기를 포기하게 되는 것이다.

쌍방의 타협이란 불만이 있는 일방이 직접 상대방과 협의나 교섭을 통하여 쌍방간에 합리적인 선에서 클레임 청구내용을 합의하는 것이다.

그리고 제3자의 개입이라 함은 당사자 이외에 제3자를 개입시켜 분쟁을 해결하는 것으로 소송(litigation)과 소송외적 분쟁해결(alternative dispute resolution: ADR) 방법이 있다.

소송은 국가의 사법기관인 법원이 주체가 되어 분쟁을 해결하는 방법이고, 소송외적 분쟁해결방법은 당사자의 합의를 기초로 사인(私人) 또는 사적기관이 주체가 되어 분쟁을 해결하는 방법으로 타협, 알선, 조정 및 중재가 여기에 해당된다.

## 1) 타협

타협(compromise), 즉 화해는 당사자가 사적 분쟁을 자주적으로 해결하는 전형적인 방법이다. 이는 분쟁을 제3자 개입 없이 우의적으로 당사자 간에 해결할 수 있는 가장 간편하고 경제적인 방법이다.

화해에는 재판외 화해와 재판상 화해가 있다. 전자는 당사자 간의 교섭에 의하여 법원 외에서 이루어지며 민법상의 화해계약으로 법원이 관여하지 않음으로 당사자 간의 순수한 자주적 분쟁해결방법이라 할 수 있으며, 상거래분쟁의 화해는 대부분 여기에 해당된다. 이러한 화해계약은 집행력이 없으므로 당사자가 이를 이행하지 않을 경우, 이행을 소송으로 청구하게 된다. 후자는 법원의 중개에 의하여 이루어지는 사법적 해결방법으로 이러한 소송상의 화해는 소송 중에 있는 소송물인 권리관계의 주장을 양 당사자가 상호 양보하여 소송을 종료시키기로 하는 합의로서 화해가 성립하면 그 해결내용은 조서에 기재되어 확정판결과 동일한 효력을 가지게 된다.

## 2) 알선

알선(mediation)은 공정한 제3자가 분쟁당사자의 일방 또는 쌍방의 의뢰에 의하여 개입하여 분쟁을 원만하게 해결하여 주는 것이다. 분쟁해결을 위해서는 당사자와 이해관계가 없는 중립적인 제3자가 개입하여 조언과 타협권유를 통하여 합의를 유도하는 것이다. 알선은 분쟁해결안을 제시하는 데 있어서 당사자 자신의 방안 제시에 비중을 두며 당사자 간의 의견 차이를 줄이는 데 중점을 두고 있다.

알선은 분쟁당사자 간의 자발적인 합의를 통하여 해결되도록 하기 때문에 법률적인 구속력은 없으나 당사자 간의 비밀을 보장하고 거래관계를 지속시킬 수 있는 장점이 있으며, 알선에 임하는 제3자적 기관(예컨대, 한국의 대한상사중재원)이 당사자에게 중립적이면서 신뢰성 등의 영향력으로 성공하는 경우가 많다. 이와 같이 알선은 조정과 매우 유사하나 구조면에서 조정보다 비형식적 성격을 가지며, 알선은 특별한 절차 없이도 가능하며 제3자가 분쟁당사자 간에 개입하면서도 경제적으로 분쟁을 해결할 수 있는 방법이라고 할 수 있다.

### 3) 조정

조정(conciliation)은 분쟁의 양 당사자가 공정한 제3자를 조정인으로 선정하고 조정인이 제시하는 구체적 해결안(조정안)에 합의함으로써 분쟁을 해결하는 방법이다. 조정은 양 당사자의 합의에 의하여 이용가능하고 조정인이 조정안을 제시한다는 점에서 일방당사자의 의사만으로 신청가능하고 양 당사자가 합의에 이르도록 협조하는 알선과는 구별된다.

오늘날 조정은 대부분 국가기관이 제도적으로 행하는 경우가 많으며, 조정인에 의하여 제시된 조정안에 대해 당사자에게 수락의무가 없으므로 일방이 조정안에 대하여 불만을 표시하면 실패하게 되므로 불완전한 해결방법이라 할 수 있다.

조정제도의 장점은 간단한 절차와 적은 비용으로 분쟁관계인의 합의에 의하여 원만하게 분쟁을 해결하는 데 있으며, 한국의 경우 당사자 간에 합의된 내용을 조서에 기재함으로써 조정이 성립하며 재판상 화해와 동일한 효력을 가진다.

### 4) 중재

중재(arbitration)라 함은 당사자 간의 합의로 사법상의 분쟁을 법원의 판결에 의하지 아니하고 중재인의 판정에 의하여 해결하는 방법을 말한다. 이는 양 당사자가 공정한 제3자를 중재인으로 선임하여 그 중재인의 판정에 복종함으로써 분쟁을 최종적으로 해결하는 방법이다. 따라서 중재의 근거는 분쟁당사자가 분쟁의 해결을 독립된 중재인에게 부탁할 것에 동의하는 것이다.

중재는 조정과 같이 제3자가 분쟁당사자 간에 개입하는 것이나 조정의 경우 제3자의 판단인 조정안의 수락여부를 당사자의 자유의지에 맡기고 있는 데 비하여 중재의 경우 제3자의 판단인 중재판정을 당사자가 거부할 수 없고 그 결과에 구속된다는 점에서 조정과는 다르다. 중재는 강제성이 있다는 점에서 소송과 유사하며 중재판정이라 하기도 한다. 중재 제도는 국내상거래분쟁, 무역거래분쟁 및 여타 국제상거래분쟁의 해결방법으로 유용성이 크기 때문에 국내외적으로 널리 이용되고 있다.

### 5) 소송

소송(litigation)은 국가기관인 법원의 판결에 의하여 분쟁을 강제적으로 해결하는 방법이다. 이는 법에 의하여 정의를 실현하려는 목적을 가지고 분쟁을 해결하려는 제도로서 민사소송 방법에 의한다. 민사소송은 분쟁의 일반당사자인 원고가 관할권 있는 법원에 소송을 제기함으로서 시작된다. 민사소송은 분쟁의 해결안에 대한 거부의 자유가 최종적 단계에 당사자에게 인정되는 화해나 조정과는 다르다. 민사소송상의 화해가 이루어지면 법원은 작성된 화해조서를 당사자에게 송달하여 주게 되는데, 이는 확정판결문과 동일한 효력이 있다.

일반적으로 민사소송은 절차의 엄격성과 판사와 변호사 등에 의한 소송수행이라는 경직성 등이 있으며 소송당사자 간에 분쟁이 해결되더라도 이후의 거래관계가 단절하게 되는 경우가 많고 하급심의 판결에 불복하여 최고심의 판결을 구하게 될 경우 그에 따른 비용과 시간이 많이 필요하다. 특히 국제상거래에서는 상대방이 법역을 달리 하기 때문에 일반적으로 재판권이 상대국에 미치지 못하거나 강제집행이 어렵다는 한계가 있다.

분쟁은 예방하는 것이 상책이다. 그러나 만일 무역거래에서 분쟁이 야기되어 타협이나 알선, 조정을 통하여 해결하지 못할 경우 소송에 의하는 것보다 신속하고 보다 경제적이면서 요율적으로 해결하는 방법을 선택하는 것은 매우 중요하다. 그러한 의미에서 상사중재를 통한 분쟁해결방법에 대하여 검토할 필요가 있다.

## 제2절 상사중재[4)]

### 1 상사중재의 의의

중재(arbitration)란 사법(私法)상의 분쟁을 법원의 판결에 의하지 아니하고, 당사자 간의 합의로 사인(私人)인 제3자, 즉 중재인(arbitrator)에게 부탁(refer)하여 구속

4) 강원진, 이양기, 최신국제상거래론, 박영사, 2014, 544-560면, 이양기, 무역실무(2판), 삼영사, 2021, 418-428면을 수정, 보완함

력이 있는 판정(award)을 구함으로써 최종적인 해결을 기하는 방법을 말한다.

한국의 중재법은 "이 법은 중재에 의하여 사법상의 분쟁을 적정·공평·신속하게 해결함을 목적으로 한다"[5]고 규정하고 있다. 상사중재(commercial arbitration)란 상행위로 인하여 발생되는 법률관계에 관한 중재를 말하며,[6] 상거래 당사자들이 사법상의 분쟁을 쌍방의 합의에 의하여 법원에 소송을 제기하는 대신에 중재인에게 그 해결을 부탁하는 방법이다.

상사중재는 분쟁을 최종적으로 심판한다는 점에서는 법원의 재판과 맥을 같이 하지만 사적자치원칙에 입각하여 분쟁의 해결을 제3자, 즉 중재인에게 맡기고 그 결정에 복종한다는 당사자 간의 합의가 있어야 한다는 점에서 소송과 차이가 있다.

## 2 상사중재와 국제소송의 비교

중재는 국제소송과 비교하여 볼 때 다음과 같은 특성과 유용성이 있다.[7]

### 1) 공통점

#### (1) 최후의 수단

상사중재와 국제소송은 화해나 알선, 조정에 의하여 분쟁을 해결할 수 없는 경우에 최후의 수단으로써 채택하는 방식으로 당사자는 상사중재와 국제소송 중 하나를 선택하여야 한다.

#### (2) 판정의 효력

상사중재와 국제소송은 상사중재원과 관할법원에 의하여 중재판정과 확정판결이 내려지지만 그 효력은 동일하며, 집행기관도 동일하다.

---

5) 한국 중재법 제1조.

6) 당사자가 자유로이 처분할 수 없는 형사사건, 비송사건, 가사심판사건 및 강제집행사건 등의 법률관계에 관하여는 중재계약 대상이 되지 않는다.

7) 한주섭 외, 「국제상사중재론」, 동성사, 1990, pp.30-32. 참조.

## 2) 차이점

### (1) 중재 합의의 자율성

중재는 분쟁의 당사자가 법원의 판결에 의존하지 아니하고, 그들의 자유의사에 의한 중재 합의에 따라 자신이 선임하는 사인인 판정자(중재인)에게 분쟁을 해결할 것을 신청함으로써 양 당사자가 판정의 결과에 복종하기로 하는 자주적인 분쟁해결 방법이다.

### (2) 단심제

중재판정은 분쟁당사자 간에 있어서는 법원의 확정판결과 동일한 효력이 있다. "확정판결과 동일한 효력"이란 불복신청을 할 수 없어 당사자에게 최종적 판단으로 구속력을 갖는다는 의미이다. 따라서 판정에 불만이 있어도 재판처럼 2심 또는 3심 등 항소절차가 없다.

### (3) 신속성

보통 소송은 3심제이므로 패소한 당사자가 상소수단을 남용하여 절차를 지연시킬 위험이 있는 데 반하여, 중재는 단심제이므로 분쟁이 신속히 종결된다. 특히 중재판정은 중재계약에서 약정된 기간 내에 또는 중재심리가 종료된 날로부터 30일 이내에 하도록 규정됨으로써 분쟁해결의 신속성이 강조되고 있다.

### (4) 저렴한 비용

소송의 경우에는 위탁 변호사수, 최고 법원까지의 소송기간 등에 따라 비용이 많이 소요되나, 중재의 경우에는 분쟁을 신속하게 해결함으로써 중재비용은 상대적으로 적다. 특히 상설중재기관의 경우에는 책정된 중재요금표가 공표되어 있어 개괄적인 예상 비용을 추정할 수 있다.

### (5) 중재인의 전문성

국제상거래는 상거래관습에 지배를 받는 경우가 많으므로 법적인 문제만이 아닌 사실상의 문제에 대하여 정통한 중재인을 참여시킴으로서 중재는 상업적 특수성이 고려된 합리적인 해결을 기할 수 있다.

### (6) 심리절차의 비공개

소송에 있어서는 재판절차나 판결문이 각각 공개되기 때문에 사업의 내용과 경영상의 기밀이 외부에 누설될 위험이 있으나 중재에 있어서의 심리절차는 비공개를 원칙으로 하는 것이므로, 특히 국제상사분쟁의 경우에 있어서 거래의 기밀이 대외적으로 누출되는 폐단을 방지할 수 있으므로 대외신용의 계속적인 유지가 보장된다.

### (7) 평화적 분위기

소송은 제소(complaint)와 소환(summons)의 수단에 의하여 다소 위압적인 분위기 속에서 진행될 수 있으나 중재는 당사자와 평등한 위치에서 상하 격식 없이 심리를 진행한다. 증인선서를 요구하지 아니하며 상호교섭과 평화로운 분위기 속에서 진행된다.

### (8) 충분한 변론기회의 부여

중재는 단심제로 운영하기 때문에 일단 내려진 중재판정은 변경될 수 없다. 따라서 분쟁당사자는 중재인에게 충분한 변론기회와 변론시간 그리고 증인 또는 증거물 제출기회를 요구할 수 있다.

### (9) 심리의 비공개

중재심리는 당사자 간의 분쟁발생 책임소재에 대한 공격, 방어과정에서 실체적 진실을 파악하는 데 있다. 따라서 당사자가 허락하지 않는 한 사건과 무관한 제3자의 심리과정 참여를 허용하지 않으며 그 절차도 공개하지 아니한다.

### (10) 중재판정효력의 국제성

재판은 국가공권력의 발동이므로 원칙적으로 국경을 초월하여 그 효력을 미칠 수 없으나, 중재판정은 민간인의 자주적인 분쟁해결방법이기 때문에 국가의 주권문제와는 관계없이 국제적으로 그 효력을 미칠 수 있다. 중재판정은 국제적으로는 "외국중재판정의 승인 및 집행에 관한 유엔협약(United Nations Convention on the Recognition and Enforcement of Foreign Arbitral Awards: 약칭 뉴욕협약)"에 의하여 국제적 효력을 인정받고 있다. 이 협약에 따라 한국에서 내려진 중재판정이 외국에서도 승인·집행되며, 반대로 외국에서 내려진 중재판정 역시 한국에서도 승인되고 집행이 보장된다.[8)]

〈표 11-1〉 중재와 소송의 비교

| 구 분 | 중 재 | 소 송 |
|---|---|---|
| 대상 | 개인(기업) 간의 상사분쟁 | 민사・상사・형사・행정・선거・비송사건 등 모든 분쟁 |
| 요건 | 반드시 당사자 간의 합의가 필요함 | 당사자의 행위능력이 필요함 |
| 구속력 | 법원의 판결과 동일한 효력(구속력을 가짐) | 법적 구속력 |
| 공개여부 | 비밀준수(당사자 및 기업의 비밀유지) | 공개가 원칙임(헌법 제27조 3항) |
| 경제성 | 단심제이므로 비용이 저렴함 | 복잡한 소송절차(3심제에 의한 과중한 비용부담 불가피) |
| 신속성 | 단심제에 의한 신속판정 가능<br>(평균 4~6개월 소요) | 3심제에 의한 항소・상소 가능<br>(평균 2~3년 소요)<br>소액사건심판제도 있음 |
| 심판자의 자격요건 | 당해 분쟁의 전문가가 중재인으로 활동<br>(중재인의 자유심증으로 판정-유연성) | 반드시 법관이 판결<br>(법조문제에 충실-경직성) |
| 변론기회 | 충분한 변론기회 보장<br>(미보장시 중재판정 취소사유가 됨) | 사실 및 증거에 따른 판결<br>(당사자의 변론기회 상대적으로 불충분) |
| 당사자 간의 관계 | 우호적인 관계 유지 가능 | 적대적 관계가 되기 쉬움(감정대립) |
| 강제집행 | 불이행시 관할법원의 집행판결을 통한 강제집행 | 법원의 판결에 의한 강제집행 |
| 국제성 | 국제적 집행가능(뉴욕협약 준수) | 국제적 집행에 많은 어려움 있음 |

자료: 대한상사중재원

8) 외국에서 받은 중재판정이 뉴욕협약에 따라 승인되면 기판력이 있으며(한국 중재법 제12조), 그 집행은 한국 중재법 제14조에 의하여 할 수 있다: 대판 1990. 4. 10. 89다카20259는 영국에서 받은 중재판정을 집행하여 준 경우이다(송상현, 「민사소송법」, 박영사, 1997, p.477. 각주3).

## 3 중재계약

### 1) 중재계약의 의의

중재계약은 중재합의라고 할 수 있다. 중재합의라 함은 계약상의 분쟁인지의 여부에 관계없이 일정한 법률관계에 관하여 당사자 간에 이미 발생하였거나 앞으로 발생할 수 있는 분쟁의 전부 또는 일부를 중재에 의하여 해결하도록 하는 당사자 간의 합의를 말한다.[9]

1985년 유엔 무역법위원회에서 채택된 표준국제상사중재법에서도 "중재계약(arbitration agreement)이란 계약상에 의한 것이거나 아니거나를 불문하고 일정한 법률관계에 대하여 당사자 간에 이미 발생하고 있거나 또는 장래에 발생가능한 모든 분쟁 또는 특정한 분쟁을 중재에 부탁하기로 하는 당사자 간의 합의이다"[10]라고 규정하고 있다. 이와 같이 중재계약은 당사자 간에 합의가 있어야 하며 법원에 의해 재판받을 권리를 포기하고 제3자인 중재인의 판정에 따라야 하는 것이 기본이 된다. 중재계약은 민사나 상사분쟁에 한하며 형사, 행정, 가사사건은 제외되며, 비송사건이나 집행사건 및 보전소송사건도 제외된다. 중재계약은 당사자가 서면에 의한 문서에 중재 합의가 포함되어 있거나 편지, 전보, 전신, 팩스 또는 그 밖의 통신수단에 의하여 교환된 문서에 중재 합의가 포함되어 있는 경우이어야 한다.[11] 특히 외국과의 중재계약을 체결할 때는 중재지, 중재기관 및 적용할 준거법 등을 명확히 명시하는 것이 좋다. 중재계약이 있는 경우에는 법원에 소송을 하지 못하는 직소금지의 효력이 있고, 법원의 확정판결과 동일한 효력이 발생되기 때문에 최종해결의 효력이 있게 되고, 후술하는 뉴욕협약 체약국 간에는 당해국의 중재판정은 외국중재판정의 효력이 승인되고 집행도 보장받게 된다.

### 2) 중재계약의 방법

중재계약에서의 중재 합의는 사전합의, 즉 매매계약을 체결할 때에 할 수도 있

9) 한국 중재법 제3조 2항.
10) UNCITRAL Model Law on International Commercial Arbitration, as adapted by the United Nations Commission on International Trade Law on June 21, 1985, Article 7(1).
11) 한국 중재법 제8조; 미국 중재법, 영국 중재법, 외국중재판정의 승인과 집행에 관한 유엔협약에서는 "서면에 의한 합의"를 중재계약의 방법으로 정하고 있다.

고 매매당사자 간 분쟁이 발생된 후, 즉 사후합의도 할 수 있지만 사후합의는 이해관계에 얽매여 어려운 경우가 많다. 중재계약의 방법은 크게 중재조항을 매매계약서에 삽입하는 방법과 별도의 문서에 의한 계약방법이 있다.

### (1) 계약서상 중재조항의 삽입방법

중재조항(arbitration clause)의 삽입이란 매매계약서상에 만일 본 계약과 관련하여 분쟁이 발생되면 중재로 해결한다는 조항을 설정하는 것을 말한다. 여기에서도 계약서상에 중재조항을 두어 중재는 어느 지역, 어느 기관의 중재에 따른다는 등 구체적인 중재조항이 직접 삽입되는 경우와 중재조항이 있는 제3의 서류 및 문서명칭을 간접 인용하여 계약서상에 간단하게 중재의 취지를 언급하는 방법이 있다.

대한상사중재원이 모든 국제매매계약서상에 중재계약의 취지를 삽입하도록 권고하고 있는 이른바 "표준중재조항(standard arbitration clause)"은 다음과 같다.[12)]

"이 계약으로부터 또는 이 계약과 관련하여 또는 이 계약의 불이행으로 말미암아 당사자 간에 발생하는 모든 분쟁, 논쟁 또는 의견 차이는 대한민국 서울특별시에서 대한상사중재원의 상사중재규칙 및 대한민국법에 따라 중재에 의하여 최종적으로 해결한다. 중재인(들)에 의하여 내려지는 판정은 최종적인 것으로 당사자 쌍방에 대하여 구속력을 가진다."

"All disputes, controversies, or differences which may arise between the parties, out of in relation to or in connection with this contract, or for the breach thereof, shall be finally settled by arbitration in Seoul, Korea in accordance with the Commercial Arbitration Rules of the Korean Commercial Arbitration Board and under the Law of Korea. The award rendered by the arbitrator(s) shall be final and binding upon both parties concerned."

### (2) 별도의 문서에 의한 중재계약방법

별도의 문서(separate document)에 의한 중재계약방법은 매매당사자의 계약서상에는 중재조항을 삽입하지 아니하고 별도의 양식에 의거 독립계약(separate agreement) 또는 중재부탁합의서(submission to arbitration)를 작성하는 것을 말한다.

12) 국내계약서상에도 중재조항을 다음과 같이 합의하도록 권하고 있다; "이 계약으로부터 발생되는 모든 분쟁은 대한상사중재원에서 상사중재규칙에 따라 중재로써 최종해결 한다."

별도의 문서나 보통 중재기관의 소정의 양식을 이용하는 중재부탁합의서의 내용에는 어느 기관의 중재규칙에 의하여 중재에 따르기로 한다는 취지가 합의되므로 적법한 중재계약으로 인정된다.

중재부탁합의서의 예는 다음과 같다.

SUBMISSION TO ARBITRATION

We, the undersigned parties, hereby agree to submit the below dispute to Korean Commercial Arbitration Board for arbitration in accordance with the Commercial Arbitration Board and under the Law of Korea with impeccable understanding that the arbitral award to be rendered on the dispute shall be final and binding upon all the parties concerned.

(1) Points of Dispute:

(2) Further References: Number of Arbitrators desired(one, three)

Party(A) Party(B)

Enclosure: A power of attorney in case where the submission is made by an agent.

### (3) 중재협정과 중재협정상의 중재조항

중재계약을 체결하는 당사자 간에 중재를 할 장소 등에 관하여 원활한 합의가 이루어지지 못하여 계약체결이 지연되거나 계약 자체가 이루어지지 않는 경우가 있다. 즉 외국무역업자는 자국의 중재기관에서 중재할 것을 고집하고 한국의 무역업자는 한국에서 중재하기를 희망하기 때문이다. 따라서 이러한 점을 보완하고 구제하기 위하여 중재원에서는 각국의 중재기관들과 중재협정을 맺어 이 협정의 내용에 따라 중재하도록 권고하고 있다. 대한상사중재원은 여러 국가의 기관들과 중재협정을 맺고 있는데 대부분의 경우 중재장소의 결정은 피신청인의 나라에서 하도록 정하고 있다.

타국의 중재기관과 중재협정을 체결하여 중재협정상의 중재조항, 즉 피고지주의 중재조항(한・일기업 간 거래의 경우)의 예는 다음과 같다.

"All disputes in relation to this contract shall be finally settled by arbitration in the country of the respondent. In case the respondent is a Korean enterprise, the arbitration shall be held at the Korean Commercial Arbitration Board. In case the respondent is a Japanese enterprise, the arbitration shall be held at the Japan Commercial Arbitration Association."

## 4 상사중재의 절차

중재절차는 중재법의 강행규정에 반하지 아니하는 한 당사자들은 중재절차에 관하여 합의할 수 있으나 당사자의 합의가 없는 경우에는 중재판정부가 이 법의 규정에 따라 적절한 방법으로 중재절차를 진행할 수 있다. 이 경우 중재판정부는 증거의 능력, 관련성 및 증명력에 관하여 판단할 권한을 가진다.[13)]

한국의 중재법규를 중심으로 중재절차를 살펴보면 다음과 같다.

### 1) 중재계약

중재는 중재계약이 있어야만 한다. 앞에서 설명한 바와 같이 당사자의 계약서상에 또는 별도의 문서로 중재합의 문언이 분명하게 약정되어 있어야 한다. 중재계약은 민법상의 계약의 성립[14)] 및 능력, 즉 유효조건[15)]의 적용을 받는다. 중재계약이 중재조항을 포함한 문서를 인용하고 있는 경우에는 중재합의가 있는 것으로 본다.[16)]

### 2) 중재신청

상사분쟁이 야기되어 중재에 의하여 해결하려고 할 때에는 대한상사중재원에 ① 중재규칙에 의한 중재의 합의를 인증하는 서면의 합의서, ② 중재신청서, ③ 청구의 근거를 입증하는 서증(documentary evidence), ④ 대리인이 신청하는 경우에는 위임장을 제출하고 소정의 중재요금 및 중재인의 보수를 미리 납부하여야 한다. 중재요금은 신청요금(request fee)과 중재요금(arbitration fee)으로 구분되며, 중재인 보수는 중재절차를 담당하는 중재인에게 지급하는 것이며, 기타 비용, 즉 증인, 감정인, 조사비용, 속기, 번역 등의 일체의 비용도 포함된다.

---

13) 한국 중재법 제20조.
14) 한국 민법 제527조~제535조.
15) 한국 민법 제3조~제17조.
16) 한국 중재법 제8조 4항.

중재신청을 받은 중재원은 신청접수내용의 적합성 여부를 확인하고 쌍방당사자에게 수리하였음을 통지한다. 만일 제출된 문서가 외국어의 문서일 경우에는 번역문을 첨부하여야 하며 중재신청의 접수등록 통지를 받은 피신청인은 답변서를 등록통지일로부터 국제중재의 경우는 30일 이내, 국내중재일 경우는 15일 이내에 제출하여야 한다.

### 3) 조 정

조정(conciliation)은 분쟁의 자치적 해결방법 중의 하나로 중재절차에 의한 판정을 거치지 않고 당사자 상호의 양보 아래 분쟁을 해결하기 위하여 조정인을 개입시켜 분쟁을 해결하는 방식으로 중재절차를 밟기 전에 당사자 쌍방의 우의에 의한 조정을 시도하게 된다. 대한상사중재원에서 조정이 개시되면 중재인단 명부(panel of arbitrators)에서 선정하는 1인 또는 수인의 조정인을 선정하게 되고 조정인은 양당사자의 주장을 듣고 조정안을 제시한다. 조정인이 선정된 날로부터 30일 이내에 조정이 성립되어야 하며 그 이후는 조정절차가 종료되고 중재절차가 개시된다. 만일 조정이 성립하면 그 효력은 중재판정의 효력과 동일하며 법원의 확정판결과 동일한 효력을 갖는다.

### 4) 중재지

중재지(place of arbitration)란 중재절차 및 중재판정이 행허지는 국가 또는 지역을 말하며, 중재지 내에서 심문절차 및 실제 중재가 행하여지는 특정장소를 중재장소라고 할 수 있다.

중재지의 결정은 분쟁당사자 간에 보통 합의하여 결정된다. 그러나 중재지가 정하여지지 않는 경우에 대하여 유엔 국제무역법위원회(UNCITRAL)의 중재규칙에 의하면 중재지에 관하여 당사자가 합의하지 아니하였을 경우에는 중재판정부는 중재 주위상황에 유의하여 당해 중재지를 결정하여야 하는 것으로 규정하고 있다.[17]

또한 국제상업회의소 중재규칙에는 중재지는 당사자 간 별도 합의가 없는 한 중재재판소가 이를 결정한다고 규정하고 있다.[18] 따라서 매매계약에서 준거법을 한

17) UNCITRAL Arbitration Rules, Article 16-1.

18) ICC Rule of Conciliation and Arbitration 1988, Article 12; "The place of arbitration shall be fixed by the Court, unless agreed upon by the parties."

국법, 대한상사중재원을 중재지로 합의하였을 때에는 대한상사중재원의 중재판정을 받을 수 있다.

## 5) 중재인의 선정

중재인(arbitrator)이란 당사자의 합의로 중재판정을 내리는 권한이 부여된 사인(私人)인 제3자를 말한다. 중재인은 중재판정에 중요한 역할을 담당하므로 그 선정에 신중을 기하여야 한다. 중재인을 선정하는 방법은 당사자가 직접 선정하는 방법과 중재판정부가 선정하는 방법이 있다. 전자의 방법은 분쟁당사자가 중재인을 직접 선정하기 위해서는 양 당사자가 직접 선정한다는 합의가 있어야 가능하다. 또한 후자의 방법은 당사자가 중재인을 선정하지 않거나 당사자가 정하기로 하고 당사자가 소정의 기간[19]에 선정하지 아니하거나 당사자가 선정방법을 정하지 아니한 경우에는 대한상사중재원에서 선정하는 방법이다.

중재인의 수는 당사자 간의 합의로 정하며 합의가 없는 경우에는 중재인의 수는 3인으로 한다.[20] 중재인이 수인(數人)인 경우 중재판정부의 모든 결정은 과반수의 찬성으로 한다. 다만 절차에 관한 사항에 관하여 다수결이 이루어지지 아니하는 경우에는 의장중재인이 정한다. 중재에서 가장 중요한 의의를 갖는 것은 중재인이므로 중재인의 윤리성과 도덕성이 강조된다. 따라서 중재인은 중재절차가 공정하고 정당하게 진행되도록 노력하여야 하며, 신뢰관계를 유지하고, 성실하게, 자주적으로 신중하게 판정하여야 한다.

## 6) 심 리

심리(conduct of hearings)는 중재인이 결정하는 것이 원칙이다. 중재판정부는 심리의 일시, 장소 및 방식을 결정하고 늦어도 심리개시 국내중재의 경우 10일, 국제중재의 경우 20일 전까지 동 결정을 통지하도록 하고 있다.

또한 심리에의 출석은 중재에 직접 이해관계가 있는 자는 출석할 권리가 있으

19) 중재인을 선정하도록 통지 후 국제중재는 30일 이내, 국내중재는 15일 이내에 중재인을 선정하여야 한다.

20) 한국 중재법 제11조; 당사자의 국적이나 거주하는 국가가 다른 경우 대한상사중재원사무국이 중재인을 선정함에 있어서는 단독중재인이나 의장중재인은 당사자의 어느 일방의 요구가 있으면 당사자의 어느 편에도 속하지 아니하는 제3국인 중에서 선정하여야 한다.

며, 중재판정부는 필요하다고 인정할 때에는 증거의 제출이나 증인 또는 감정인에 대하여 임의의 출석을 요구할 수 있다. 상사중재에서 중재인은 제출된 증거의 신빙성과 유용성을 자유심증으로 판단한다고 규정하는 자유심증주의[21]가 채택되어지고 있다. 중재판정부는 당사자가 주장 및 입증을 다하였다고 인정할 때는 심문의 종결을 선언하게 된다.

## 7) 중재판정

### (1) 중재판정의 의의

중재판정(award)이란 중재계약의 당사자가 부탁한 분쟁의 해결을 위하여 중재인이 내리는 최종적 결정(final decision)을 의미한다. 중재판정은 중재인이 분쟁해결에 있어 내리는 최종결정이며 양 당사자를 구속하기 때문에 공평하고 정당하면서 확정적으로 판정되어야 한다.

중재판정부는 당사자의 합의 또는 법률의 규정 중 다른 정함이 없는 한 심문종결일로부터 30일 이내에 판정하도록 규정하고 있다.[22] 중재판정은 서면으로 작성하고, 중재인 전원의 서명, 판정의 근거가 되는 이유, 작성일자, 중재지를 기재하고 서명・날인하여 정본은 각 당사자에게 송부하고, 중재판정의 원본은 그 송부사실을 증명하는 서면을 첨부하여 관할법원에 송부・보관하게 함으로써 중재절차는 종결된다.[23]

21) 자유심증주의는 법관이나 중재인의 양심과 이성을 전적으로 신뢰하여 그 자유로운 심증에 의하여 행할 수 있는 원칙을 말한다. 그러나 자유심증주의는 중재인이나 법관의 임의대로 허용하는 것은 아니다. 그 판단은 논리법칙과 경험법칙에 따라야 하고, 사회정의와 형평의 이념에 입각할 것이 필요한 것이다.

22) 그러나 신속절차에 의한 중재판정은 당사자 간에 신속절차에 따르기로 별도 합의가 있는 중재사건 또는 신청금액이 2천만 원 이하인 국내중재의 경우는 심문종결일로부터 10일 이내에 판정하도록 하고 있다.

23) 한국 중재법 제32조.

### (2) 중재판정의 효력

중재판정은 당사자 간에 있어서는 법원의 확정판결과 동일한 효력을 가진다.[24) ] 중재판정에 대한 불복은 법원에 제기하는 중재판정 취소의 소에 의하여만 할 수 있다.[25)] 그러나 다음과 같은 경우에는 중재판정 취소의 소를 제기할 수 있다.[26)]

첫째, 중재 합의의 당사자가 그 준거법에 의하여 중재합의 당시 무능력자이거나 중재 합의가 무효인 사실,

둘째, 중재인의 선정 또는 중재절차에 관하여 적절한 통지를 받지 못하였거나, 변론을 할 수 없었던 사실,

셋째, 중재판정이 중재 합의의 대상이 아닌 분쟁을 다룬 사실,

넷째, 중재판정부의 구성 또는 중재절차가 당사자 간의 합의에 따르지 아니하거나 이 법에 따르지 아니하였다는 사실의 경우이다.

중재인은 자기가 내린 중재판정을 철회하거나 변경할 수 없다. 다만 중재판정문에서 숫자 계산의 착오나 서기 또는 타자원의 과실 기타 이와 유사한 사유로 인하여 발생한 명백한 오자 또는 오류를 발견하였을 때는 중재인의 결정으로 이를 정정할 수 있다.

중재판정에 대한 국제적 효력에 관한 문제는 각국의 법과 상관습이 다르기 때문에 중재판정에 대한 집행상 어려운 문제가 야기되었다. 이에 따라 1958년 이른바 뉴욕협약이라 불리는 "외국중재판정의 승인 및 집행에 관한 유엔협약"이 채택되어 체약국인 경우에는 이 협약을 적용함으로써 국제상사분쟁의 해결을 용이하게 하고 있다.

---

24) 상기법 第35조.

25) 상기법 第36조 1항.

26) 상기법 第36조 2항.

그림 11-1 중재진행절차

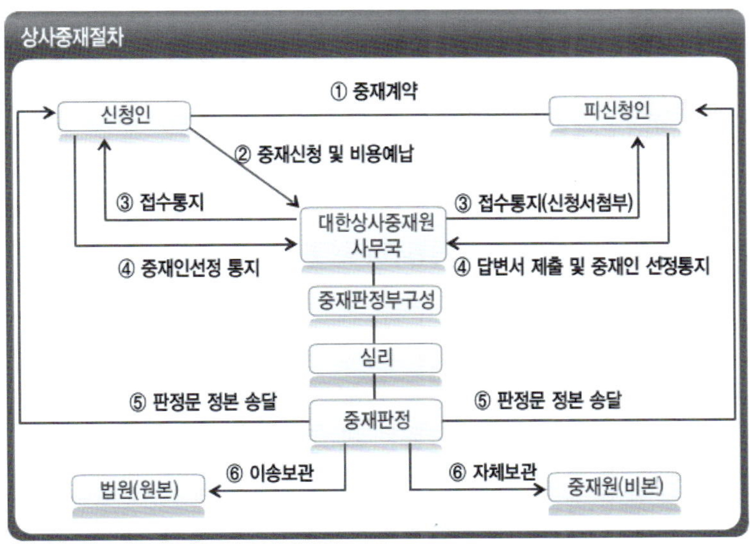


1. (1) 계약 시 삽입된 중재조항
   (2) 사후 합의
2. (1) 제출서류(단독중재인의 경우 3부, 3인 중재인의 경우 5부)
   (2) ① 중재합의서
       ② 중재신청서
       ③ 각종 서증
       ④ 위임장(대리인이 신청하는 경우)
   (3) 중재예납금 납입
3. 당사자들이 신청하는 경우에만 실시(30일 이내에 조정이 안 되면 다시 중재절차 속행)
4. (1) 당사자 합의로 결정
   (2) 사무국에서 결정(당사자가 합의 못하는 경우)
   (3) 합의가 없는 경우 중재규칙에 따라 선정 (3인)
5. 심리개시일 이전에 당사자에게 통지(심리 순서, 일시, 장소)
   (1) 서면심리(양 당사자가 합의한 경우)
   (2) 구두심리

6. (1) 서면으로 작성하여야 함(구술선고 불가)
   ① 당사자 성명 또는 명칭과 주소
   ② 대리인이 있는 경우 대리인의 성명과 주소
   ③ 판정주문
   ④ 판정이유와 요지
   ⑤ 작성연월일
   ⑥ 중재인 전원의 기명날인
   (2) 중재판정은 법원의 확정판결과 동일한 효력

## 5 외국중재판정

### 1) 뉴욕협약

#### (1) 뉴욕협약의 의의

뉴욕협약(New York Convention)이란 "외국중재판정의 승인과 집행에 관한 유엔협약(The United Nations Convention on the Recognition and Enforcement of Foreign Arbitral Awards)"을 약칭하는 것으로 1958년 6월 10일 뉴욕에서 채택되었다고 하여 이렇게 부르게 되었다.[27] 뉴욕협약은 각국의 중재법제가 상이하고 외국중재판정에 대해 집행력이 확보되는 중재판정의 범위를 확대시키고 중재판정승인 및 집행에 관한 요건을 간명하게 함으로써 국제무역발전에 이바지하려는 목적으로 국제상업회의소는 국제중재판정의 집행에 관한 초안을 작성하여 유엔경제사회이사회(The United Nations Economic and Social Council)에서 검토하도록 하였다. 동 이사회에서 여러 의견을 참조하여 1958년 5월 20일부터 6월 10일 사이에 뉴욕의 유엔본부에서 정식으로 뉴욕협약을 채택・성립하게 되었다. 이 결과 각 체약국에서는 외국중재판정의 승인 및 집행을 보장받을 수 있게 되었다.

한국은 1973년 2월 8일 42번째 국가로 이 협약에 가입, 동년 5월 9일부터 그 효

27) ICC Brochure No. 174; 이 협약은 "중재조항에 관한 제네바 의정서"(Protocol on Arbitration Clauses, open at Geneva on September 24, 1923)와 "외국중재판정의 집행에 관한 제네바협약"(Convention on the Execution of Foreign Arbitral Awards, Signed at Geneva on September 26, 1927)을 대신하는 것으로 뉴욕협약 가입국 간에는 제네바협약의 효력은 상실되고 뉴욕협약을 적용하게 된다.

력이 발효됨에 따라 대한상사중재원에서 내려진 중재판정도 협약체약국 간에서는 그 승인 및 집행을 보장받게 되었다. 또한 이 협약 가입 시에 뉴욕협약 제1조 제3항 규정의 유보조항에 따라 한국법상 상사분쟁에 한하여 이 협약을 적용할 것과, 외국중재판정에 대하여서는 외국이 이 협약의 체약국인 경우에 한해서 이 협약을 적용할 것임을 각각 유보 선언하였다.

#### (2) 뉴욕협약의 적용범위

뉴욕협약에서는 "이 협약은 중재판정의 승인 및 집행의 요구를 받는 국가 이외의 국가의 영토 내에서 내려진 판정으로서, 자연인 또는 법인 간의 분쟁으로부터 발생하는 중재판정의 승인 및 집행에 적용한다. 이 협약은 또한 그 승인 및 집행의 요구를 받는 국가에서 내국판정이라고 인정되지 아니하는 중재판정에도 적용된다"[28]고 규정하고 있다.

이는 뉴욕협약의 적용을 받는 외국중재판정의 범위를 정함에 있어 "중재판정이 내려진 영역을 기준으로 삼을 것을 원칙"으로 하되, 그 승인 및 집행을 요구받는 국가에서 "내국판정이라고 인정되지 아니하는 중재판정"에 대하여는 뉴욕협약을 적용할 수 있는 여지를 마련하였다. 따라서 중재판정이 비록 국내에서 성립되었다고 할지라도 뉴욕협약을 적용할 수 있음을 인정하는 것이다.

또한 뉴욕협약의 심의 당시 영미법계 국가 및 독립국가연합 등은 판정이 내려진 곳에 따라 외국중재판정을 정할 것을 주장하고 대륙법계 국가대표들은 준거법에 의하여 이를 정할 것을 주장하여 서로 대립되던 중 모두 외국중재판정에 포함시키는 쪽으로 타협이 이루어진 결과로 뉴욕협약은 그 적용되는 범위가 상당히 확대되었다.

### 2) 외국중재판정의 승인과 집행

#### (1) 승인과 집행의 의의

승인(recognition)이란 특정한 법률관계 또는 사항에 대하여 공적인 권위 또는 권한(authority)에 의하여 그 존부(存否) 또는 정부(正否)를 확인(confirm)·비준(ratify) 또는 시인(acknowledge)하는 행위를 의미한다.[29] 따라서 뉴욕협약에서 말하는 외국

28) 뉴욕협약 제1조 1항.

29) Black's Law Dictionary, 1979, p.1143.

중재판정의 승인 또는 중재합의의 승인이란 "동 협약의 체약국에 의한 승인"을 지칭하고 있는 것이다. 또한 집행(enforcement)이란 사법(私法)상의 청구권을 국가권력의 행사에 의하여 만족시킬 것을 목적으로 하는 법률상의 절차를 말한다. 일반적으로 일단 중재판정이 내려지면 이행의 의무가 있는 자는 상대방으로부터의 최고(催告; demand)가 없더라도 능동적・자발적으로 그 이행의 의무를 완수하여야 하는 것이나 만약에 그러한 "자발적인 변제가 이루어질 가망이 없는 경우"에는 부득이 법원에 의한 어떤 형태의 강제집행의 방법에 의존할 수밖에 없게 된다.

### (2) 외국중재판정의 승인과 집행의 요건

외국중재판정의 승인과 집행을 받기 위하여 승인 및 집행신청인에게 부과되는 적극적 요건은 중재판정문과 중재합의서만 제출하면 되고 그 순간부터 승인과 집행을 거부할 수 있는 제규정에 관한 거증책임은 그 상대방에게 있는 것이다.

중재계약이 법원에 의해 집행되기 위한 요건은 다음과 같다.[30)]

① 중재계약이 뉴욕협약의 적용범위 내에 들어가야 한다.
② 분쟁이 일정한 법률관계에 관련하여 발생하되 동 분쟁은 중재계약의 범위 내에 있어야 한다.
③ 중재계약의 서면성 요건이 구비되어야 한다.
④ 중재계약이 무효, 실효 또는 이행불능이 되지 않아야 한다.
⑤ 외국판정의 승인이나 집행이 그 국가의 공공의 질서에 반하지 않아야 한다.

### (3) 외국중재판정의 승인과 집행의 효과

한국은 뉴욕협약에 가입하고 있기 때문에 뉴욕협약의 가입국에서 내려진 외국중재판정은 헌법의 정신에 따라 체결 공포된 조약과 일반적으로 승인된 국제법규는 국내법과 같은 효력을 갖게 되므로 중재판정의 효력 또한 체약국 간에는 외국중재판정의 효력이 승인되고 그 집행도 보장받게 된다. 한편 뉴욕협약 비가입국에서 내려진 외국중재판정의 경우에는 이 협약이 적용되지 않기 때문에, 외국판결의 경우에 준하여, 그 승인 및 집행을 결정해야 할 것이다.

외국중재판정의 승인과 집행의 청구인은 중재합의서와 중재판정문을 집행국의 해당 법원에 제출하면 입증책임이 면제된다.[31)]

---

30) 뉴욕협약 제2조 및 제5조.
31) 뉴욕협약 제4조.

그러나 중재판정의 승인과 집행은 당사자가 다음과 같은 증거를 제출할 때는 거부될 수도 있다.[32)]

① 당사자가 무능력자이거나 중재합의가 무효인 경우
② 당사자가 중재인의 선정이나 중재절차에 관하여 적절한 통고를 받지 아니하였거나 기타 사유에 응할 수 없었던 경우
③ 판정이 중재부탁사항에 규정되어 있지 아니하거나 그 범위를 벗어나는 사항의 경우
④ 중재기관의 구성이나 중재절차가 당사자 간의 합의와 일치하지 아니하거나, 합의가 없거나, 중재를 행하는 국가의 법령에 합의하지 않는 경우
⑤ 분쟁의 대상인 사항이 그 국가의 법률하에서는 중재에 의한 해결을 할 수 없는 경우
⑥ 판정의 승인이나 집행이 그 국가의 공공의 질서에 반하는 경우.

외국중재판정의 승인과 집행의 절차는 집행판결을 구하는 소송제기에 의하여 개시되고 집행판결을 받음으로써 그 승인 및 집행이 가능하게 된다. 또한 중재계약에 관한 준거법, 중재절차에 대한 준거법의 선정은 당사자자치 의사를 우선적으로 적용한다.

## 제3절 국제소송[33)]

### 1 국제소송과 국제재판관할

#### 1) 국제소송의 의의

무역클레임을 대체적 분쟁해결 방식이 아닌 소송으로 해결할 경우에는 무엇보다도 재판관할권(jurisdiction)과 당해거래에 적용할 준거법, 즉 저촉법(conflict of laws)의 문제, 그리고 법정지국의 관할법원에서 내린 판결을 어떻게 승인하고 집행

32) 뉴욕협약 제5조.
33) 강원진, 이양기, 최신국제상거래론, 박영사, 2014, 560-565면을 수정, 보완함

(recognition and enforcement)할 것인가의 문제가 발생한다.

무역클레임은 초국가적으로 공정하게 판단해 줄 국제법원이 없기 때문에, 특정 국가의 법원에 국제소송을 제기하여 해결하여야 한다. 그러나 외국법원에 소송을 제기하면 익숙하지 않은 법률 환경과 의사소통의 문제, 소송비용의 부담과 불편, 외국인에 불리한 판결 등이 발생할 우려가 높아 당사자들은 각자 유리한 법원을 선택하고자 한다.

국제소송의 경우에 발생할 수 있는 이러한 어려움으로 인하여 국제상거래에서는 대부분 중재를 선호하지만, 중재는 당사자 간의 자율적인 분쟁해결방법이기 때문에 중재합의가 없는 경우에는 역시 소송에 의지할 수밖에 없다. 그리고 중재절차에 따르더라도 법원이 개입할 소지가 많기 때문에 무역클레임의 주요 해결방법으로서 국제소송의 의의도 크다고 할 수 있다.

## 2) 국제재판관할

"국제재판관할권(Jurisdiction)"이란 국제거래분쟁이 발생한 경우 어느 국가의 재판기관이 재판관할권을 가지는가의 문제를 말한다. 현재 국제재판관할에 대하여는 브뤼셀협약을 제외하고는 국제적으로 널리 적용되는 통일기준은 마련되어 있지 않다. 이에 따라 각국은 국내법에 의해 독자적으로 관할기준을 정하고 있어 그 구체적인 적용결과도 다양하게 나타난다. 재판관할권 문제는 일반관할권과 특별관할권으로 나누어 볼 수 있다.

국제재판관할권에 관한 세계 공통의 원칙은 피고의 주소지국의 관할권과 부동산 소재지국 관할권이다. 브뤼셀 협약도 자연인의 경우 주소지 국가의 법원에 관할권을 인정하고 있다. 한국의 민사소송법도 피고주소지법주의를 원칙으로 하고, 다만 원고의 편의를 위하여 다음과 같은 특별관할권을 인정하고 있다.

첫째, 재산권에 관한 소를 제기하는 경우에는 거소지 또는 의무이행지 국가의 법원에 제기할 수 있다.[34] 계약상의 의무이행지국에서 채무자를 상대로 소를 제기하는 것은 피고의 주소지 국가에서 소를 제기하는 경우와 마찬가지로 본래의 취지에 합치한다.

둘째, 청구의 목적물인 재산소재지 국가의 법원에도 소를 제기할 수 있다.[35] 청

34) 한국 민사소송법 제8조.
35) 한국 민사소송법 제11조.

구의 목적물인 재산 자체뿐만 아니라 청구의 내용과는 관련 없는 피고의 일반 책임재산이 소재하는 경우에는 재산소재법원의 관할이 인정된다.

셋째, 청구가 객관적으로 병합된 경우에는 청구 사이에 일정의 관련성이 있으면 한국 법원에 국제적 재판관할권이 인정된다.[36)]

넷째, 불법행위에 관한 소에서는 불법행위지 국가의 재판관할권이 인정된다.[37)] 왜냐하면 불법행위지는 사건과 근접한 지역이기 때문에 증거수집이 용이하여 재판의 신속성과 경제성을 기대할 수 있고, 가해자와 피해자에게 공통적으로 부당하지 않기 때문이다.

① 국제계약에서 미리 법정지 선택조항(forum selection clause)을 합의한 경우에는 그 합의관할지 국가의 재판관할권이 인정된다.[38)]

② 피고가 관할위반임을 주장하지 아니하고 본안에 응소한 경우에는 그 응소 관할지 국가의 법원에 재판관할권이 인정된다.[39)]

## 2 소송절차

### 1) 적용절차법

무역클레임분쟁에 대한 국제소송에 있어서 실체적 권리·법률관계(실체문제)에 관한 법원의 판단은 법정지의 국제사법에 의하여 결정되는 준거법에 의하여 행해진다. 또한 소송절차에 관하여 발생하는 문제(절차문제)에 대한 법원의 판단은 세계적으로 널리 승인되어 있는 "절차는 법정지법에 의한다"는 원칙에 의하여 법정지의 소송법에 의하여 이루어지는 것으로 해석되고 있다.[40)]

### 2) 국제사법공조

무역클레임의 소송절차에 있어서 외국에 소재한 당사자의 출석이나 자료의 제

---

36) 한국 민사소송법 제25조, 국제사법 제2조.
37) 한국 민사소송법 제18조.
38) 한국 민사소송법 제29조.
39) 한국 민사소송법 제30조.
40) 강이수, 「국제거래분쟁론」, 삼영사, 2002, p.455.

출, 외국에서 증거수집 등의 절차가 절대적으로 필요하지만, 만약 해당 국가의 사법기관이 협조하지 않는다면 그 진행이 불가능하다. 이에 각국은 섭외적인 서류송달과 증거조사를 위한 상호 간의 협력, 즉 국제적인 사법공조를 도모하고 있다.

대표적으로 UNIDROIT의 1954년 "민사소송절차에 관한 협약", 1965년 "민사와 상사에 관한 재판상 및 재판외의 문서의 외국에 있어서의 송달 및 고지에 관한 협약(Convention on the Service Abroad of Judicial and Extra-judical Documents in Civil or Commercial Matters: 송달협약)"과 1970년 "민사와 상사에 관한 외국에서의 증거조사에 관한 협약(Convention on the Taking Evidence Abroad in Civil or Commercial Matters: 증거협약)"이 있다. 그러나 우리나라는 이들 조약에 가입하거나 외국과 쌍무협정을 체결한 바 없다. 따라서 현재로는 외국이 우리나라의 촉탁에 호의적으로 응하지 아니하면 국제적으로 공시송달방법에 의할 수밖에 없고[41] 외국에서의 증거조사는 불가능하다.

한편 우리나라도 자체적으로는 1991년에 국제민사사법공조법을 제정하여 민사사건에서 외국으로의 사법공조촉탁절차와 외국으로부터의 사법공조촉탁에 대한 처리절차를 규정하고 있다.

① 외국으로의 송달은 재판장이 그 국가에 주재하는 대한민국의 대사, 공사, 영사 또는 그 나라의 관할공공기관에 촉탁, 송달한다. 외국으로 촉탁하는 재판장이 속한 법원의 장은 법원행정처장에게 촉탁서 기타 관계서류를 송부할 것을 요청하고 법원행정처장은 외교상의 경로를 통하여 촉탁의 상대방에게 송달할 것을 의뢰한다.

② 촉탁송달을 할 수 없거나 이에 의하여도 그 효력이 없을 것으로 인정되는 경우에는 재판장은 직권으로 또는 당사자의 신청에 따라 공시송달을 할 수 있다. 공시송달의 방법은 법원사무관들이 송달할 서류를 보관하고 그 사유를 법원게시판에 게시하거나 그밖에 대법원 규칙이 정하는 방법에 따라서 하여야 한다. 외국으로의 송달에 대한 (공시송달에 대한) 공시송달은 실시한 날부터 2월이 경과하면 그 효력이 발생한다.

③ 외국으로부터의 촉탁은 송달을 할 장소를 관할하는 제1심법원이 관할한다. 송달에 관한 촉탁을 실시한 경우에는 수탁법원의 장이 송달결과에 관한 증명서를 외국법원에 송부하여야 한다.

④ 해외에서의 증거조사는 국제적인 사법공조나 외국 정부의 임의적인 협조에

41) 한국 민사소송법 제179조 제1항.

의하여 할 수 있다. 외국에서 시행할 증거조사는 해당 국가의 대한민국대사, 공사, 영사 또는 그 국가의 관할공무소에 촉탁하며, 이러한 증거조사는 국내법에 위배하지 아니하는 한 효력이 있다.

## 3 외국판결의 승인과 집행

외국판결을 피고의 재산지 국가에서 집행하고자 할 경우에는, 당해국의 승인과 집행에 대한 협조 없이는 불가능하다. 대부분의 국가는 사법성을 지닌 민사나 상사의 동일한 사안에 관하여는 외국판결을 존중함으로써 무익한 소송의 경합을 피하고 권리의 실현에 이바지하고자 한다.

### 1) 외국판결의 승인과 집행의 기준

국제소송과 관련된 외국판결의 승인과 집행에 관한 세계적인 통일규범은 없다. 또한 상사중재분야의 외국중재판정의 승인과 집행에 관한 UN협약(뉴욕협약)과 같은 세계적인 조약도 존재하지 아니한다. 따라서 각국 판결의 외국에 있어서의 승인 및 집행은 승인 및 집행을 요구받은 외국의 법규범에 의하여 판단되고 있으며, 한국의 판결도 마찬가지이다.

### 2) 외국판결의 승인 요건

외국판결의 승인이나 집행을 위한 요건은 그것이 확정판결이고, 판결국에 재판관할권이 있고, 피고의 방어권이 충분히 보장되고, 판결의 집행이 승인국의 공서에 반하지 아니하며, 상호의 보증이 있어야 한다.[42]

① 외국판결은 재판관할권을 가진 외국의 권한 있는 법원이 내린 확정판결이어야 하며, 그 입증은 승인과 집행을 구하는 당사자의 책임이다.

② 승인국의 법령이나 협약에 비추어 판결국의 재판관할권을 부인하지 아니한 것이어야 한다. 여기서의 재판관할권은 승인국에서 판결국의 재판관할권 유무를 가리는 문제로서, 이는 국제재판관할권의 문제와는 구별된다.

42) 한국 민사소송법 제203조.

③ 피고의 방어권이 보장된 상태에서의 외국판결이어야 한다. 즉, 피고가 공시송달에 의하지 아니하고 이의 없이 응소한 경우이어야 한다.
④ 승인국의 공서양속에 반하지 아니한 것이어야 한다. 이는 우리의 공서양속에 반하는 외국판결로부터 국내의 법질서를 보존하고자 함이다.
⑤ 판결국이 협약이나 국내법에 의하여 한국판결의 효력을 인정하는 상호보증이 있어야 한다. 이는 판결국에서 한국판결을 승인한 구제적인 사례가 있어야 한다는 것이 아니라, 승인을 기대할 수 있는 정도이면 충분하다.

### 3) 외국판결의 집행

외국판결의 집행은 해당 외국법원의 급부판결이 외국판결의 승인요건을 갖추고 있다는 것을 전제로 하고 있다. 그리고 외국판결이 확정판결로서 기판력과 형성력을 구비하고 있다 하더라도, 이를 집행하기 위해서는 한국 법원이 이것을 판단하여 집행판결로 그 적법함을 선고한 때에만 집행기관에 의한 집행이 행하여진다.[43] 예컨대 외국법원의 판결이 확정된 것을 증명하지 아니하거나 외국판결이 대한민국의 법령이나 조약에 따른 국제재판관할의 원칙상 그 외국법원의 국제재판관할권이 인정되지 않거나, 패소자가 적절한 통지나 명령을 적법한 방식에 따라 방어에 필요한 시간적 여유를 두고 수령하지 못하였거나 또는 외국인 판결이 대한민국의 선량한 풍속이나 사회질서에 어긋나는 경우 등에서는 집행이 각하된다.

집행판결의 관할법원은 피고의 보통재판적 소재지의 지방법원이고 보통재판적이 없는 경우에는 재산소재지의 특별재판적 규정에 의하여 채무자에 대한 소를 관할하는 법원이 된다.[44]

한편 집행판결은 외국판결의 내용에 대한 실질적인 심사를 할 수 없고 그것이 승인요건의 구비 여부에 대한 형식적인 심사에만 그쳐야 한다.

43) 한국 민사소송법 제476조.
44) 한국 민사소송법 제476조.

## 연구과제

1. 상사중재의 대상을 구체적으로 들고 상사중재를 통하여 상거래분쟁을 해결하려면 어떻게 하여야 하는가?

2. 중재판정의 효력은 어떠하며, 중재판정에 대한 취소의 소를 제기할 수 있는가?

3. 외국중재판정의 승인과 집행의 요건은 무엇이며 그 효과는 어떠한가?

4. 대체적 분쟁해결방법인 상사중재제도의 장점에도 불구하고 소송을 제기하는 경우가 있는데, 그 이유는 무엇이며, 상사중재와 비교할 때 장점은 무엇인가?

5. 국제소송에서 외국판결의 한국에 있어서의 승인과 집행의 요건은 무엇인가?

6. 국제상거래분쟁을 예방하고 효율적으로 해결하기 위한 종합적인 대책은 무엇인가?

7. 한국 중재법상 임시적 처분 전의 잠정적 처분의 내용과 임시적 처분의 요건을 각각 설명하시오. (2019년도 제36회 관세사 2차 기출문제 10점)

8. 한국 중재법에서 규정하고 있는 중재판정의 취소사유를 설명하시오. (2017년도 제34회 관세사 2차 기출문제 10점)

# Chapter 12

# 무역서류

Chapter

# 12 무역서류

## 1 상업송장

### 1) 의의

송장[1)]은 매도인이 매수인 앞으로 작성해 보내는 선적화물의 내용명세서로 계산서 및 청구서 역할을 하는 서류로 수출상이 매매계약의 조건을 적합하게 이행하였음을 수입상에게 증명하는 서류로서 상거래상 선하증권과 함께 필수적인 선적서류로 사용된다. "Invoice"는 불어의 "Envoyer"(Send)에서 유래된 것으로, 물품의 거래가 원격지간에 행하여지는 경우 매도인이 매수인 앞으로 해당물품의 특성과 내용명세를 상세하고 정확하게 작성하여 송부하는 선적화물의 계산서 및 내용명세서이다.

국내 상거래에 이용되는 송장은 단순히 물품의 적요서나 안내장의 역할을 하지만 국제무역거래의 경우에는 적요서나 안내장의 역할 뿐만 아니라 매매당사자의 이름과 주소, 발행일자, 주문번호, 계약물품의 규격 및 개수, 포장상태 및 화인 등이 표시된 구체적인 매매계산서인 동시에 대금청구내역서이기도 한다.

송장은 무역거래상의 필수서류로 모든 신용장에서 요구하고 있으나 유가증권인 선하증권이나 보험증권과 같이 그 자체가 청구권이 있는 서류는 아니다.

송장은 이러한 성격 때문에 어떤 경우에는 그 거래계약의 존재 및 계약이행의 사실을 입증하는 자료가 된다. 또한 수입물품의 정확성 및 진실성을 입증하기 위한 세관신고의 증명 자료가 되기도 한다.

---

1) 매도인이 매수인 앞으로 발행하는 물품에 대한 대금수령서, 물품의 명세서, 견적서 등 선적안내서로 사용되는 상용문서이다. 상업송장은 대금청구서의 기능 이외에도 매매계약상 매도인의 의무 이행 사실을 입증하는 중요한 서류이다. 인코텀즈에서는 각 거래조건별 매도인의 의무조항(A.1)으로 매도인은 매매계약조건에 일치하는 물품과 상업송장을 함께 제공하여야 함을 규정하고 있다. 이는 상업송장이 일치증명으로서의 중요한 기능을 수행하는 것으로 이해할 수 있다. 강원진・이양기, 국제상거래론, 박영사, 2014, 347면.

## 2) 기능

### (1) 선적물품 명세서

송장은 선적물품에 대한 명세서 역할을 한다. 따라서 기재사항에서는 물품의 명칭, 종류, 품질, 화인, 수량, 중량, 용적, 단가, 총금액, 송하인, 수하인 기타 물품 매매에 필요한 사항을 모두 기재해야 한다.

### (2) 매매물품의 계산서 및 대금청구내역서

송장은 매매되는 물품의 계산서 및 대금청구서 역할을 한다. 송장상의 금액은 수출금액을 표시하므로 환어음(Bill of Exchange)의 발행금액과 일치하여야 한다. 또한 추심결제방식인 D/P 및 D/A조건에서는 송장 자체가 대금지급청구내역서의 역할을 하게 된다.

### (3) 무역금융 담보물 명세서

송장은 무역금융에서 담보물의 명세를 밝히는 중요한 서류이다. 수출업자가 발행하는 환어음을 매입은행이 매입할 때나 수입지 거래은행이 수입업자에게 화물대도(Trust Receipt : T/R)를 통해 화물을 인도할 때에도 운송서류에는 송장이 필히 포함되어야 한다.

### (4) 과세가격산정 기준서류

송장은 수입업자에게 화물수령 안내서가 되고 수입지 세관에서는 과세가격산정에 필수서류가 되고 있다. 종가세(Ad Valorem Duties)가 적용되는 화물일 때는 송장금액이 과세가격 산정의 기준이 되고 종량세(Specific Duties)가 적용되는 경우에는 송장에 명시된 수량, 중량, 용적에 따라 관세가 정해지므로 송장에 기재되는 가격이나 수량 등은 정확하게 기재하여야 한다.

**송장의 기능**

① 송화명세서로서 국내 상거래에서 사용되는 송장과 달리 국제무역에서는 구매서의 역할을 하므로 거래물품의 주요사항인 계약상품의 정확한 규격(Specification of Goods) 및 개수, 포장상태 및 화인(Cargo Marks) 등이 상세하게 표시되어야 한다.

② 매매계산서 및 대금청구서로서 물품의 대금 및 제비용 등 주요한 가격구성요소를 구체적으로 명시하고 있으며 수하인의 입장에서는 수입화물의 매입서이다.

③ 세관신고의 증명자료로서 과세표준 산정의 기초 자료이다. 따라서, 수입지에서 화물수령 안내

서와 수입물품의 진실성 및 정확성을 입증하기 위한 세관신고의 증명자료가 된다. 따라서 모든 송장은 과세표준액 산정에 가장 중요한 자료가 되므로 수입통관시 수입업자에게 불이익이 초래되지 않도록 정확히 작성되어야 한다.

④ 무역금융의 필수 서류로 화환어음의 담보물권인 선적서류에는 반드시 이들의 명세서 및 계산서 역할을 하는 송장이 포함되어야 한다.

⑤ 송장은 C.I.F나 C.F.R의 경우 선하증권이나, 보험증권이 계약과 일치되었음을 증명하는 등 특정 거래계약의 존재 및 이행의 사실을 입증하는 증거자료가 된다.

⑥ 계약상품의 순단가, 부대비용, 할인료, 지불방식, 지불시기 등을 구체적으로 명기한 매매계약서 및 대금청구서로서 송장상의 발행금액은 환어음(Bill of Exchange)의 발행금액과 일치하여야 한다.

⑦ 송장은 모든 무역거래의 필수서류이다. 무역결제는 대부분이 환어음으로 이루어진다. 수출지 은행에서 환어음을 매입할 때나 수입지 은행에서 대도(T/R)로 수입물품을 수입업자에게 인도할 때 화환어음의 담보물권이 되는 서류들 중에 이들 담보물의 명세서 및 계산서의 역할을 하는 송장이 포함되어야 한다.

## 3) 종류

### (1) 상업송장(Commercial Invoice)

① 선적송장(Shipping invoice)

일반적인 의미의 송장으로 수출업자가 계약물품 선적후 발행하여 환어음, 선적서류 등과 함께 수입업자에게 보내짐. 상업송장에는 물품명, 화인, 수량, 단가, 금액 등 물품 관련사항과 적재선박명, 선적항, 목적지, 출항일 등 운송 관련사항이 상세하게 기입되며 수출입의 통관시에 신고서류의 일부로서 반드시 세관에 제출하도록 되어 있다.

**수출송장(Export Invoice)**

수출상이 자기의 위험과 비용으로 해외의 수입상에게 상품을 송부하여 판매하는 경우 사용되는 송장을 말한다.

**매입위탁 송장(Indent Invoice)**

수입상이 수출상에게 상품매입을 위탁하는 경우 수출상이 수입상의 매입대리인으로서 당해 상품을 선적할 때 작성하는 송장을 말한다.

② 견적송장(Pro-forma Invoice)

견적용(Quotation)으로 사용하기 위하여 작성되거나, 수입상이 자기나라의 수입허가(Import! Permit), 외환사용허가(Foreign Exchange Permit)를 얻기 위하여 수출상에게 요구하는 송장으로 주로 수입물품의 가격을 견적한다. 초기 소량주문거래 또는 신뢰할 수 있는 거래당사자간의 거래인 경우 계약서로 활용함으로써 계약절차를 단순히 하여 편의를 제공할 목적으로 사용된다.

## (2) 공용송장(Official Invoice)

① 영사송장(Consular invoice)

수입관세의 포탈, 외화도피 등을 방지하기 위하여, 또는 수출국 소재 수입국 공관의 사증료 수입을 증대시키기 위하여 수입국에서 요구하며, 수출국 주재 수입국 영사에 의해 인증, 사증된다. 영사송장의 서식은 각국 특정의 양식을 사용하므로 수출상은 그것을 취득하여 소정사항을 기입하고 영사의 증명을 받는다.

또한 국가에 따라서는 특정서식을 사용하지 않고 상업송장에 영사가 사증(Visa)한 것을 대용하며, 이것을 영사사증부 상업송장(Visaed Commercial Invoice ; Legalized Commercial Invoice)이라고 한다. 이는 주로 몇몇 후진국에서 이용되고 있으나 점차 폐지되는 추세이다.

② 세관송장(Customs invoice)

수입화물에 대하여 과세가격의 결정기준 또는 외국 수출상의 덤핑유무를 확인 또는 쿼터품목 통관기준량 계산 또는 전반적인 수입통제를 위하여 수입지 세관이 요구하는 송장으로 수출상이 직접 작성한다.

PROFORMA INVOICE

# ① CS NETWORKS TRADING CO.

11-2, NamChun-Dong, SuYong-Gu, Busan, Korea
TEL.82-51-611-9625, FAX.82-51-612-9625 e-mail : lky210@naver.co.kr

② Messrs. Dream Auto
OSAKA, JAPAN

③ Offer No. : As-8456-005
④ Date : May 13, 2013

## PROFORMA INVOICE

We are pleased to quote the under-mentioned goods as per conditions and details described as follows

| ⑤Items No. | ⑥Commodity | ⑦Description | ⑧Quantity | ⑨Unit price | ⑩Amount |
|---|---|---|---|---|---|
| ED-001 | PASSENGER CAR (SONATA) | ALL NEW | 8 UNITS | USD8,500.00 | USD68,000.00 (CIF Osaka, Japan) |

⑪ Origin : Republic of Korea(R.O.K.)
⑫ Packing : Standard packing for export with 40FT HQ
⑬ Shipment : On or about June 25, 2004
⑭ Shipping port : Busan, Korea
⑮ Inspection : Shipper's inspection to be final
⑯ Destination : Osaka, Japan
⑰ Payment : Irrevocable at sight L/C
⑱ Validity : May 30, 2013
⑲ Remarks : Transhipment are allowed

Looking forward to your valued order for the above offer.

yours faithfully,

Leeky

**Dasagawa**
PRESIDENT

Leeky
PRESIDENT

### 4) 송장 작성 방법

## COMMERCIAL INVOICE

| Shipper/Seller | Invoice No. and date<br>L/C No. and date |
|---|---|
| Consignee<br>Departure date | Buyer(if other than consignee)<br>Other references |
| Vessel/flight From<br>To | Terms of delivery and payment |

| Shipping Marks | No.&kind of packages | Goods description | Quantity | Unit price | Amount |
|---|---|---|---|---|---|
| | | | | | |

Signed by

① Shipper/Seller

매수인에게 상품을 판매하는 개인 또는 법인의 이름과 주소를 기재하며, 대미 상업송장에는 우측상단에 Manufacturer's I.D. Code를 기재하여야 한다.

MID Code 기재

우리나라의 주요 수출국은 미국인데 미 정부는 외국상품에 대한 수입동향을 효율적으로 감시하기 위해 1987년 2월 2일부터 수입상품의 통관시 수출업체의 고유코드(Manufacturer's ID Code)를 통관서류인 상업송장에 기재토록 조치하였다.
이에 따라 미국에 수출하고 있는 우리 업체는 상업송장(Commercial Invoice)에 반드시 MID Code를 기재하여야 하는데 만약 이 코드를 기재치 않거나 부정확하게 기재할 경우엔 통관 지연이나 통관 거부 등의 사태를 당할 수 있으므로 주의를 요한다.

① 기재장소 및 방법
MID Code는 송장상의 Seller란의 우측 상단에 기재하되 영문 대문자 만으로 띄어쓰기 없이 알기쉽게 기록하여야 한다.

② 작성요령

- 국명(최대한 2자)
  국제표준화기구(ISO)에서 제정한 기준에 따라 기재하여야 하며 우리나라의 경우는 「KR」로 표시된다.
- 제조업체명(최대한 6자)
  업체명의 처음 2단어(영문)에서 각각 최초의 3자를 인용하여 작성하여야 하고, 업체명이 1단어일 경우 3자로만 작성한다.

예) KOREA TRADING Co.는 KORTRA로 작성
DONG YANG TRADING Co.는 동양을 1개단어로 분류해야 의미상 타당하기 때문에 DONTRA로 작성 YOUNG Co.는 YOU로 작성한다.

- 주소(최대한 4자)
  거리명 또는 사서함 번호가 있는 주소 중 가장 큰 숫자를 찾아 4번째까지의 아라비아 숫자를 인용하여 작성한다.

예) 1145 MAIN STREET SUITE 9999의 경우는 1145로 CHONGRO GU 249의 경우는 249로, 주소에 숫자가 없을 경우는 생략한다.

- 도시명(최대한 3자)
  도시명의 처음 3자를 인용하여 작성한다.

예) SEOUL은 SEO로 BUSAN은 BUS로 작성

- 기타 유의사항
  본사가 지방에 있고 서울사무소에서 모든 수출입 업무를 담당하는 경우에는 지방 본사의 MID Code를 기재하여야 하고, 대행수출의 경우에는 대행사인 수출상의 MID Code를 기

재하여야 한다.
또한 MID Code작성시 모든 구두점은 생략되어야 하고 뛰어쓰기도 없어져야 하며, 한 글자로 된 영문 머리글자와 정관사, 부정관사, 전치사, 접속사 등은 생략한다. 작성된 코드번호가 총 15자를 초과하여서도 안된다.

※ 작성예
KOREA TRADING CO., 1-2 Chongro Gu 813, Seoul Korea
→ KRKORTRA813SEO
SEOUL CONSTRUCTION CO., 159, Samsung Dong, Kangnam Gu, C.P.O Box 1621, Seoul, Korea
→ KRSEOCON1621SEO

② Consignee

수하인을 기재하되 신용장상의 선하증권에 관한 조항에 나오는 조건에 따라서 기재한다. 결국 선하증권상의 consignee와 상업송장상의 consignee는 동일하다. 신용장 조건에 Bill of Lading made out to order로 되어 있으면 to order로 기재하고, Bill of Lading made out to order of shipper로 되어 있으면 to order of shipper로, 그리고 to our order로 되어 있으면 to order of 다음에 개설은행명을 기재한다.

③ Departure date

화물을 적재한 선박이나 비행기가 출발하는 년, 월, 일을 기재하며 통상 B/L이나 Air Waybill상의 선적일자와 일치시켜야 한다. 그러나 송장 작성시점에서는 선적일자를 정확히 알 수 없으므로 예상되는 선적일자의 7일 전후로 기재하면 된다.

④ Vessel/flight

운송에 사용되는 선박/비행기 명칭을 기재하며, 여러 가지 운송수단을 사용하는 경우에는 주된 운송수단을 기재하면 된다.

⑤ From

운송수단이 출발하기로 예정된 항구, 공항 등의 명칭을 기재하며 이는 신용장에 또는 계약서상의 적재지(Place of loading)와 일치해야 한다.

예) Busan Korea, Kimpo Korea

⑥ To

운송수단의 최종 목적지인 항구, 공항 등의 명칭을 기재하며 신용장 또는 계약서 상의 도착지와 일치하여야 한다.

⑦ Invoice No. and date

매도인(Seller)이 상업송장에 부여한 참조번호 및 송장 발행일을 기재

⑧ L/C No. and date

신용장 번호 및 발행일을 기재

⑨ Buyer(if other than consignee)

상품을 구매한 개인 또는 법인의 이름과 주소를 기재한다. 신용장 거래방식의 경우 신용장 개설의뢰인이 Buyer가 되며 Buyer와 Consignee가 같은 경우에도 Buyer의 이름과 주소를 다시 기재한다. 한편 매수인(Buyer)과 수하인(Consignee)이 다른 경우, 신용장 개설 의뢰인이 은행융자로 신용장을 개설하여 은행이 Consignee가 되는 경우 또는 매수인이 물품과 송장을 각각 다른 주소로 보내도록 요구하여 Consignee란에 창고등의 물품수령인의 주소를 기재하는 경우에도 Buyer란에는 실제 물품대금 지급의 의무가 있는 Buyer의 이름, 주소를 기재하여야 한다.

⑩ Other references(또는 Remarks)

기타 참조사항 기재 란으로서 거래 상대방이 신용장이나 계약서에서 별도로 요구한 사항을 기재한다. 보통 원산지표시(Country of Origin)나 관련 계약서나 오퍼 번호와 발행일자 등이 기재된다.(As per Sales Note No. 586 dated July 15, 2001)

⑪ Terms of delivery and payment

인도조건과 지불조건을 기재하여야 하며 지불조건은 INCOTERMS와 같은 정형화된 조건을 사용하여 정확하게 기술하고 사용통화도 US$ 등으로 명확히 표기한다.

예) FOB Busan, At sight L/C in US$~

⑫ Shipping marks

화인은 관련서류와 포장 상품의 대조 점검을 용이하게 하고 화물을 도착지까지 신속하고 안전하게 운송할 수 있도록 간단하게 표시하여야 한다.

⑬ No. &Kinds of Pkgs

포장 종류당 포장화물의 개수와 각 물품의 포장형태를 drum, bale, box, case,

bundle 등으로 기재한다.

⑭ Goods description

물품명세란에는 규격(Specification), 품질(Quality), 등급(Grade) 등 해당물품에 대한 정확한 명세를 기재하여 다른 어떤 물품과도 명확히 구별할 수 있어야 한다. 그리고 동 물품명세서는 신용장상의 표현과 완전히 일치하여야 한다.

상업송장 이외의 기타서류에는 일반적인 용어(general term)로 표시할 수 있으나 상업송장에는 신용장상의 물품 명세와 일치되도록 하여야 한다.

⑮ Quantity

송장금액 계산의 기초가 되는 최소단위당 수량을 기재하며 수량의 계산단위는 일반적으로 다음과 같이 개수 혹은 도량형에 의하여 계산된다.

개수(상품수) : 갯수(Piece), 조(Set), 다스(dozen)등
포장수 : 상자(Case), 포(Bale), 부대(Bag) 등
도량형－중량 : 톤(ton), 파운드(Lb, libra), 킬로그램(kg) 등
용적 : 입방 피이트(Cft : Cubic feet), 용적톤(M/T : Measurement Ton) 등
길이 : 야아드(Yard), 미터(Meter) 등
면적 : 평방 피이트(SF : Square Feet) 평방미터(SM : Square Meter) 등
과부족 용인조건(More or Less Clause)에 유의할 필요가 있으며 가능한 구체적이고 정확한 문언으로 표시해야 한다. Unit Price 단위 수량당 가격을 기재
예) ⓐ US$ 3.50/kg

⑯ Amount

단위당 단가에 수량을 곱하여 총금액을 계산한다. 그러나 제반비용을 첨가하여야 한다. 대량 구입에 따르는 할인이 있으면 차감하여 송장상의 금액(Amount)은 수입업자가 꼭 부담하여야 할 실채무액이 표시되어야 한다. 그리고 L/C상의 금액은 상업 송장에 기재될 수 있는 최고금액을 의미한다.

⑰ Signed by

권한 있는 송장 작성자가 서명란(Signed by)에 서명한다.(실서명(Handwriting) 뿐만 아니라 스템프 날인 서명 등도 가능함)

# 2 운송서류[2)]

## 1) 선하증권

### (1) 의의

선박회사가 화주로부터 위탁받은 화물을 선적, 또는 선적을 목적으로 수탁한 사실과 화물을 지정된 목적지까지 운송하여 이 증권의 소지자에게 증권과 상환으로 운송화물을 인도할 것을 약속한 수령증권이자 유가증권이다. B/L은 반드시 그 사실을 기록해야한다. 그러므로 B/L은 도착지를 기록해야 하고 정확해야한다.[3)]

### (2) 기능[4)]

① 화물 수령증(Receipt for Goods)

선박회사나 그 대리인이 매도인(송하인)으로부터 계약물품을 인수했다는 화물영수의 증거로서 수령증의 기능을 수행한다.

② 화물에 대한 권리증권[5)](Document of Title)

선하증권에 기재된 물품을 대표하는 권리증권으로서 증권의 소유자는 증권면에 기재된 물품을 자유로이 처분할 수 있음. 또 소지인의 법적 권리, 배서양도인의 권리를 함축하므로 물품에 대한 권리, 소유권(Title, ownership, property)이 B/L의 배

---

2) 운송서류(transport document)란 무역결제서류 중 임의서류(원산지증명서나 검사증명서 등)가 아닌 기본서류로 본선적재, 발송 또는 복합운송의 경우 수탁을 나타내는 서류를 총칭한다. 강원진·이양기. 국제상거래론. 박영사, 2014. 350면.

3) 선하증권의 법정기재사항은 물품의 명세, 중량, 용적, 화인, 선적항, 양륙항, 선박명, 국적, 선장명, 송하인, 수하인, 운임, 발행부수, 작성지 및 작성연월일 등이다. 반면 임의기재사항(항로번호, 화물착화통지처, 운임지급 및 환율, 스템프조항 등)은 대부분 운송인의 면책사항이다. 강원진·이양기. 국제상거래론. 박영사, 2014. 357면.

4) 선하증권은 일반적으로 세 가지 기능을 수행한다. 첫째, 선하증권에 기재된 물품이 수령 또는 운송인에 의해 실제로 운송이 이루어졌다는 것을 증명하며 둘째, 운송계약의 증거서류로서 역할을 하며 마지막으로 양도가능한 권리증권으로서 상인들의 관습에 따라 배서를 통해 양도가 가능하고 양수인에게 물품의 소유권이 이전되도록 서류를 인도하는 역할을 한다. 비유통선하증권은 상기 기술된 기능 중 앞의 두 가지만 해당할 뿐 권리증권으로서의 역할은 하지 못한다.

5) 상법상 유가증권은 私法상의 재산권을 표창한 증권으로서, 권리의 발생·이전·행사의 전부 또는 그 일부에 증권을 필요로 하는 것을 말한다. 유가증권은 그 목적상 여러 가지로 분류될 수 있으나, 선하증권은 채권을 표창하는 채권적 유가증권 중 물품인도채권을 표창하는 물품증권으로 분류될 수 있다, 박승룡외, 「상법Ⅱ」, 한국방송통신대학교출판부, 265-266면.

서(Endorsement)나 양도에 의해 타인에게 이전(Convey, transfer)이 가능하다.

권리증서의 자격을 충족시키는 서류에 대한 매수인의 실제적인 요구는 매도인이 서류제시에 앞서 증권을 담보하거나 매수인이 운송인으로부터 물품을 수령하기 위해 은행으로부터 증권을 받거나, 은행이 증권의 안전성을 금전으로 대체하려는 은행의 의향에서도 볼 수 있다.

* 대도(Trust Receipt)

수입상이 일람출급결제조건이나 지급인도 결제조건으로 물품을 입수하였으나 수입지은행으로부터 그 수입물품에 대한 선적서류를 인수할 자금이 없는 경우 또는 은행의 자금으로 수입상을 위해서 발행된 신용장 하에서 물품이 수입되었을 경우 물품의 담보권을 가지고 있는 은행과 물품인수를 위하여 체결하는 제도

* 수입화물선취보증서(Letter of Guarantee : L/G)

수입화물은 도착했으나 아직 관계서류가 도착하지 않아 화물의 인도가 불가능한 경우 수입상과 신용장발행은행이 연대보증한 증서를 선박회사 앞으로 선하증권의 원본 대신에 제출하여 수입화물을 인도받을 수 있는 보증서

③ 운송계약조건의 증거서류

운송인과 화주사이의 운송조건을 표시한다. 특히 계약서가 작성될 필요가 없는 개품운송계약의 경우 B/L 자체가 운송계약의 증빙역할을 한다.

☞ 배서, 양도의 의미

(1) 일반적인 경우 B/L상 Consignee는 신용공여은행(신용장 발행은행 등)이 되고, Notify Party는 수입상, 관세사 등이 된다. 따라서 은행은 자신이 수하인으로 된 선하증권을 발행의뢰인(수입상)에게 지급, 인수, 매입받은 후 배서에 의해 양도하는 형식을 취해야 한다.

(2) 이처럼 선적서류는 권리증권이면서 배서에 의해 양도가 가능한 유통증권이므로 은행에 제시될 경우 1통 이상의 원본이 발행되었다면 중복사용의 위험을 방지하기 위하여 '전통(Full set)이 제공되어야 하고 하나가 사용되면 나머지는 무효가 된다.'는 취지의 문언(One of which being accomplished, the others to be void)이 B/L상에 기재된다.

### (3) 종류

① Shipped B/L(선적 선하증권)[6]

화물을 본선에 적재한 후 발행한 선하증권으로 "Shipped in apparent good order and condition" 이라는 문언이 기재되어 있으며, 선적선하증권의 발행일자가 본선 적재일자가 된다. 선하증권의 성질과 법적요건이 모두 갖추어진 운송서류이다.

② Received B/L(수령식 선하증권)

화물이 선적을 위하여 수령되었다는 문언이 "Eeceived for Shipment"와 같이 증권면에 기재된 것이 수령식 선하증권이다. 수령식 선하증권이 발행된 후 선박회사가 선적 완료하고 실제 선적일이 이루어진 날을 기입하고 "Loaded(Laden) on board"와 같이 적재부기(On Board Notation)하면 선적식 선하증권과 동일한 효력을 가진다.

* 본선적재선하증권(on board B/L)

① 수령선하증권 양식에 "Loaded on board dated August 5, 20xx"와 같은 본선적재 또는 선적완료라는 문구가 있고 서명형식을 갖춘 것으로 선적선하증권과 동일한 효력이 있다.

② FOB, CIF 조건의 경우에는 선적선하증권 또는 본선적재선하증권을 요구하며, 신용장상에 허용되지 않는 한 수령선하증권은 거절된다.

③ Clean B/L[7](무사고 선하증권)

Clean B/L은 무사고 선하증권으로 본선에 양호한 상태로 적재되어 B/L의 비고(Remarks)란에 사고문언이 없는 선하증권이다.

《 Clean B/L 》

① 매도인의 추정적 의무는 'Clean' B/L의 제출이다.

② 매수인은 일치하는 제시에 대하여 대금을 지불하여야 하고, 매도인이 물품의 물리적 특성과 관련된 계약 위반에 있는 사건이 발생하면 매도인이 손해를 이행해야 한다.

③ 매도인에 의해 계약위반이 나타나진 서류를 매수인은 수락할 필요가 없기 때문에 매도인이

---

6) 강원진・이양기, 국제상거래론, 박영사, 2014, 352면.

7) Clean on board B/L(무사고 선하증권) : 화물이 외관상 양호한 상태로 선적 완료된 후 발행되는 것을 말한다. B/L면에 "Shipped in apparent good order and condition by..."라는 문언이 기재된다.

Clean B/L을 제출해야한다.

④ Clean B/L은 증권면에 'Shipped on board in apparent good order and condition'라고 표시되어 있다.

④ Foul / Dirty B/L(사고부 선하증권)

사고부 선하증권은 선적 당시 화물의 포장상태나 수량 등에 어떤 결함이 있는 경우 이러한 사실이 B/L의 비고란에 기재되어 있는 선하증권. 은행은 별도 명시가 없는 한 이를 수리하지 않는다(will not accept).

☞ L/I(Letter of Indemnity : 파손화물 보상장)

사고부 선하증권은 은행에 의해 수리가 거절되는 것이 보통이다. 이 경우 수출업자는 선사와 교섭하여 선사에 파손화물 보상장을 제공하고 무사고 선하증권을 교부받을 수 있다. 선사는 이에 의해 사후 파손화물에 대한 모든 책임에서 면책되며, 보험회사도 해당 파손물에 책임을 지지 않아, 결국 최종 보상은 보상장을 써 준 수출업자의 몫이 된다(L/I를 받은 선사는 이를 보험자에게 통보해 주는 것이 상례이다).

⑤ Straight B/L(기명식 선하증권)

기명식 선하증권은 선하증권 상의 수하인(Consignee)이 특정인으로 기입되어 있는 것을 말한다. 이 선하증권은 배서양도를 금지하고 있지 않는 한 배서에 의해 양도가 가능하나 대부분 특정 수하인에게 인도 목적시 사용한다.

⑥ Order B/L(지시식 선하증권)

지시식 선하증권(Order B/L, Negotiable B/L)은 "consignee"란에 특정수하인이 기재되어 있지 않고 지시인의 지시에 따라 양도할 수 있는 선하증권이다(ex. "to order of shipper", "to order of ABC bank").

⑦ Stale B/L(기간경과 선하증권)

운송서류는 신용장에서 정한 서류제시일(즉 유효기일) 내에, 또는 선적 후 서류를 제시해야 할 일정기간 내에 은행에 제출되어야 하는데 이 만기일(Expiry date)이 경과해서 제출된 선하증권을 말한다. 만일 신용장 상에 이 만기일이 명시되어 있지 않으면 운송서류의 발행일자 이후 21을 경과한 선하증권을 Stale B/L로 간주한다.

⑧ Charter party B/L(용선계약 선하증권)

화주가 특정항로 또는 일정기간 부정기선을 용선화는 경우 선박회사와 화주 간에 체결된 용선계약(Charter party)에 의거 발행된 선하증권을 말한다. 이 선하증권은 은행이 수리하도록 규정하고 있다.

⑨ Short form B/L(약식 선하증권)

절차상의 간소화를 위해 B/L 이면에 기재된 약관을 생략한 선하증권을 말한다. 보통 Short form B/L에는 Long form B/L의 약관에 의한다는 문언(즉 Long form B/L과 동일한 효력을 가진다는 문언)이 기재된다. 이는 Long form B/L과 마찬가지로 은행에서 수리된다.

⑩ Groupage B/L(집단 선하증권)

컨테이너 선박회사가 같은 목적지로 가는 여러 소량화물(LCL Cargo)을 한 그룹으로 만들어 선적할 때 발행하는 선하증권이다. 이 경우 운송대리점(Forwarding Agent)은 선박회사와 화주 사이에 선박회사로부터는 Groupage B/L을 받고 화주에게는 House B/L을 발급해 준다. 이 선하증권은 포장비 및 운송비를 절감할 수 있어 유럽대륙에서 많이 이용된다.

⑪ Red B/L(적색 선하증권)

선하증권 면에 보험부보 내용을 표시하는 문언이 적색으로 표시되어, 항해 중 해상사고로 입은 화물손해를 선박회사가 보상해 주는 선하증권이다.

적색선하증권은 선사가 보험회사에 일괄보험으로 가입하게 되며, 개별화주에게는 운임에 보험료까지 포함하여 징수함. 결과적으로 송하인이 보험료를 부담하며, 손해부담은 보험회사가 지고, 적색선하증권에 대한 운임을 보통선하증권보다 고액이다.

⑫ Combined Transport B/L(복합운송 선하증권)

수출국의 화물인수장소로부터 수입국의 인도장소까지 육상, 해상, 항공 중 적어도 두 가지 이상의 다른 운송방법에 의해 복합운송 될 때 발행되는 선하증권을 말한다. 이 증권은 선박회사나 그 대리인이 아닌 Forwarding Agent에 의해 발행되는 경우도 있다.

⑬ Through B/L[8)](통 선하증권)

운송화물을 목적지까지 운송하는데 선주가 다른 선박을 이용하는 경우나, 육상운송이나 해상운송을 이용하여 운송될 경우 최초의 운송업자가 전구간에 대하여 일괄 발행하여 모든 책임을 지는 운송증권이다.

통운송인 경우, 즉 한 사람의 운송인이 둘 이상의 운송수단을 이용하는 경우와 둘 이상의 운송인 공동으로 운송할 경우, 운송업자간에는 연결운송계약이 체결되는데 이때 최초의 운송인이 전구간의 운송에 대하여 책임을 지고 서명하여 화주에게 발행한 선하증권을 말한다.

통선하증권은 보통 1차 운송인만 서명하지만 2차 이후의 운송인은 각각 독립해서 자기 담당구간의 운송을 인수(부분인수)하는 것이기 때문에 연대책임을 지는 것은 아니며, 또한 2차 이후의 운송인이 하청의 지위에 있는 것도 아니다. 때문에 2차 이후의 운송인에 대한 1차 운송인의 지위는 송하인의 단순한 운송대리인에 불과하며, 2차 이후의 운송수단과의 계약체결 등 접속수배로서 의무가 완료된다. 미국에서는 해상과 육상운송을 겸한 선하증권을 Overland B/L이라고 한다.

⑭ Third Party B/L(제3자 선하증권)

B/L상에 표시되어 있는 송하인은 신용장의 수익자인 수출업자인 것이 보통이나, 수출입거래의 매매당사자가 아닌 제3자(Third Party)가 송하인이 되는 경우의 선하증권[9)]을 말한다. 이 선하증권은 주로 중계무역 등에서 이용된다.

⑮ Container B/L(컨테이너 선하증권)

컨테이너 적재설비가 되어 있는 선박에 선적한 경우 발행되는 선하증권이다. 컨테이너 화물은 화주가 포장 및 봉인하고 선박회사는 인수받은 화물의 내용을 잘 알지 못하므로 대부분의 컨테이너 B/L 표면에는 "Shipper's load and count" 또는

---

8) Through B/L이란 다수의 운송인이 관여한 선하증권으로 한 사람의 운송인이 둘 이상의 운송수단을 이용하는 경우 둘 이상의 운송인이 공동으로 운송할 경우 운송인 간에는 연결운송계약이 체결되는데, 이때 최초의 운송인 전구간에 대하여 통운송계약에 의해 발행되는 선하증권이다. 이에 대하여 어느 특정항구에서 다른 항구까지의 한 구간에 대하여 발행되는 선하증권을 단일선하증권(single B/L)또는 직행한다고 하여 직행선하증권(direct B/L)이라고도 한다. 강원진·이양기, 국제상거래론, 박영사, 2014, 356면.

9) 선하증권 상에 송하인은 일반적적으로 신용장상의 수익자로 작성이 되나 중계무역의 경우에는 제3자를 송하인으로 하여 선하증권을 발행하는데, 이와 같은 경우의 선하증권을 의미한다. 신용장통일규칙(UCP 600, 제14조-k)에서는 은행은 신용장 수익자 이외의 어떤 당사자를 물품의 송하인으로 명시한 서류에 대해서도 수리할 수 있음을 규정하고 있다

"Said by shipper to contain"과 같은 문언을 기재한다.

⑯ Negotiation B/L(유통 선하증권)

은행에 제출하여 유통시킬 수 있는 B/L 원본(Original)을 말한다. 대개 유통 선하증권은 전통(Full set)이 발행되고 나머지는 "Non-Negotiable"이라고 찍은 유통불능으로 발행된다.

⑰ Contersign B/L(부서부 선하증권)

선하증권에 운임이 도착지에서 지급되는 것으로 명기되어 있거나 이외의 다른 채무가 부수되어 있는 경우, 수하인은 운임이나 기타의 채무억을 선박회사에 지급하고 화물을 인수한다. 이때 선사에서는 수하인의 채무변제가 끝난 것을 증명하기 위하여 선하증권 상에 부서하는데, 이와 같이 선사의 책임자가 부서한 선하증권을 부서부 선하증권이라 한다.

⑱ Port B/L(부두 선하증권)

선적될 화물이 부두의 운송인의 보관 하에 있고 지정된 선박이 입항은 되었으나 화물이 본선에 적재되지 않은 경우 발행되는 일종의 수령식 선하증권이다. 이 선하증권은 은행이 수리하도록 규정하고 있다.

⑲ Custody B/L

선적될 화물이 운송인에게는 인도되었으나 지정된 선박이 화물이 준비되어 있는 항구에 도착되지 않았을 때 발행되는 선하증권이다. 이 선하증권은 은행이 수리하도록 규정하고 있다.

⑳ Intended clause B/L[10](예정표시선하증권)

선하증권 발행시에 선박, 선적항, 양륙항이 확정되지 못하여 'Intended' 것으로 증권 상에 표시되어 발행되는 선하증권으로 본선적재부기와 실제 선적항이 표시되어 있는 경우와 양륙항에 관련하여 최종목적지가 양륙항과 다른 지점인 경우에는 별도명시가 없는 한 은행이 수리할 수 있도록 하고 있다.

㉑ Transhipment B/L(환적선하증권)

환적(換積) 표시가 기재되어 있는 선하증권이다. 목적지까지 직항하는 선박이 없어 중간 항에서 화물을 다른 선박에 환적하여 운송할 경우 발급된다. 환적할 때마

10) 강원진, 무역결제론, 박영사, 2007, 199면.

다 각 운송회사는 처음 발행된 선하증권에 연쇄적으로 서명을 하여 공동으로 책임을 진다.

본래 환적은 화물이 손상될 가능성이 크고 시간이 지연되며 비용도 발생되므로 신용장 상에 금지하는 문구가 기재되는 것이 보통이지만, 금지 문구가 없을 경우에 신용장통일규칙에 의하여 허용하는 것으로 간주된다. 환적이 금지되는 상황에서 UCP에서는 전체의 해상운송이 '하나 또는 동일한 선하증권'에 의해 부보될 것을 요구[11)]한다.

### (4) 선하증권의 발행방식

선하증권은 그 자체로 권리증권이자 유가증권의 특성을 가진다. 따라서 누구를 수하인으로 하느냐에 따라서 소유권의 문제가 발생된다. 수하인(Consignee)이 누구로 표시되느냐에 따라 다음의 발행방식으로 나뉘어진다.

① 기명식(Straight B/L)

수하인란에 특정인(상호, 주소)을 기입한다.(예 : ABC Inc. Seoul)

② 지시식(Order B/L)

㉠ 단순 지시식 : To order로 표시(Shipper의 order로 결정된다)

㉡ 기명 지시식 : To order of A로 표시. A의 Order에 의하여 수하인이 결정된다.

㉢ 선택 지시식 : A or Order로 표시. 수하인이 A가 되거나 Shipper의 Order로 결정된다.

③ 소지인식

㉠ 단순 소지인식 : 수하인란에 Bearer로 표시되며 B/L 소지자가 수하인이 된다.

㉡ 선택 소지인식 : A or Bearer로 표시. A나 B/L 소지자가 수하인이 된다.

④ 무기명식

수하인란을 공란(Blank)으로 두는 것으로 소지인식과 동일하게 취급된다.

---

11) 환적의 표시방법도 분할선적처럼 허용/금지로 표시된다. 그러나 시용장상 환적이 금지되더라도 운송인이 환적유보 인쇄약관이 있는 서류나 전항로가 단일운송증권으로 커버되는 경우 등 복합운송이 이루어지는 대부분의 경우에는 환적이 발생할 가능성이 있으므로 은행은 그러한 운송서류를 수리하도록 함으로써 환적문제에 대한 시비는 많이 줄어들고 있다. 강원진, 신용장론, 박영사, 2007, 147면.

《 지시식 선하증권(order B/L) 》[12]

신용상상의 운송서류 요구조항에 선하증권의 수하인(consignee)으로는

① "to order"

② "to the order of A" 또는

③ "to the order of X Bank"로 표시하여 발행하도록 요구되는 선하증권으로 ①과 ②의 경우에는 대개는 무기명배서의 요구가 있는데 선하증권 원본 이면에 송하인인 수출상이 배서를 하고 권리를 양도한다. 이 경우 선하증권의소지자가 화물에 대한 담보권을 취득하게 된다.

《 기명식 선하증권(straight B/L) 》

화물의 수령인인 매수인의 상호와 주소를 수하인 란에 기재된 선하증권으로 화물의 소유권은 특정인에게 귀속된다. 따라서 송금환방식이나 선수금을 받는 Red clause 신용장에 의한 거래가 아니면 수하인을 매수인으로 기재된 기명식 선하증권을 발행하지 않는 것이 안전하다.

### (5) 선하증권의 배서

선하증권은 권리증권이자 유통증권으로 배서에 의해 양도 가능하다. 선하증권의 배서는 증권, 증권에 대한 권리(Title)를 타인에게 양도할 때 하게 된다. 배서는 신용장상 선하증권 조항의 발행방식에 따라 선하증권의 이면에 한다.

① 기명식 배서(Full Endorsement, Special Endorsement)

피배서인(endorsee)의 성명 또는 상호를 명기하여 배서인(Endorser)이 서명한다.

② 지시식 배서(Order Endorsement)

피배서인으로 "Order of A" 또는 "A or Order"와 같이 기재하는 방식이다.

③ 무기명식 배서(Blank Endorsement)

피배서인은 기재하지 않고 배서인이 단순히 자신만 서명하는 방식으로 백지배서라고도 한다.

④ 선택무기명식 배서

특정의 '피배서인 또는 본권 지참인(-or Bearer)라고 기입하고 배서인이 서명하는 방식이다.

12) 강원진・이양기, 국제상거래론, 박영사, 2014, 353면.

☞ 선하증권의 발행과 배서

선하증권을 보면 Consignee란에 누가 기재되는가가 발행방식의 문제이다. 즉 to order (of A)라 기재한다면 선하증권 발행 후에 shipper(to order의 경우)나 A(to order of A)가 수하인을 결정해 주겠다는 뜻이 된다. 전자는 매수인이 운송 중 물품의 전매를 예상하고 이용하는 방식이고 후자는 신용공여은행(발행은행 등)이 발행의뢰인 등에 의한 상환 이전까지 물품에 대한 담보권을 상실하지 않도록 하기 위해서 이용하는 방식이다. 이때 수하인을 결정해 주는 방식이 배서이다. 즉 order of ABC bank라 발행하고 ABC bank가 후에 증권 이면에 Deliver to ABC Co. ltd.(보통 수입상)라 기재하고 서명권자가 서명하면 기명식 배서가 이루어지게 된다.

### (6) Negotiability of Bill of Lading

선하증권은 유통가능 또는 비유통가능한 형태로 발행될 수 있을 것이다. 유통가능증권에는 두가지 특징이 있다. 첫째, 증권에 화체된 권리는 소지인(bearer)에게 대금을 지급하는 경우 인도에 의해, 그리고 지시(order)로 대금이 지급되는 경우 배서 및 인도에 의해 이전될 수 있다. 이러한 특징은 물품의 운송이 선하증권의 제시로 인도될 때까지 유지된다. 둘째, 비록 양도인이 정당한 권리자가 아니거나 무권리자라 하더라도 유효한 증권을 선의로 취득한 양수인(bona fide transfee)은 물품 및 증권에 대한 완전한 권리 그리고 증권에 화체된 권리까지 모두 획득하게 된다.

국제거래에서 사용되는 유통가능선하증권은 매매와 관련한 업무의 수행 및 금융 그리고 격지자 간의 물품운송에 있어서 필수불가결한 것이다. 선하증권의 유통성 및 권리증권이라는 특성은 신용장기반 대금결제에서 담보로서 수리될 수 있는 서류, 또는 담보를 기반으로 한 여신제공에 있어서 필요서류를 은행에 제공하게 한다.

선하증권의 점유는 물품의 점유에 해당하는 것으로 간주되기 때문에 선하증권의 양도는 통상적으로 물품 그 자체를 인도하는 것과 동일한 법적 효력을 가진다.

선하증권의 도착지연은 화물의 선적시에만 선하증권을 발행하는 관행의 결과로 이로 인해 선하증권은 수출거래에서는 가장 최후에 요구되는 서류인 반면에 수입거래에서는 가장 우선적으로 요구되는 서류[13]가 되게 된다.

13) 선하증권은 증권의 소유자나 피배서인이 물품의 인도를 주장할 수 있다. 또한 물품인도의 증거 및 운송계약의 증거가 된다. 강원진, 신용장론, 박영사, 2007, 282면.

《 선하증권의 원본회수와 관련된 문제 》

① 운송계약 상 B/L이 발행된 경우 운송인은 화물을 B/L 원본과 상환으로 DO[14)]를 발행하여야 한다.

② 은행의 보증 외에 수하인의 L/G 등으로 DO를 발행하였을 경우, 문제가 되면 거의 대부분이 선사가 법적인 책임을 저야 한다.

《 매매계약 조건 하에서 권리와 의무의 이전 》

해상화물운송장과 화물인도지시서(Ship's delivery order)는 운송인과 매수인사이의 계약상의 관계로부터 매도인을 배제하기 위하여 매수인에게 권리와 의무를 이전하기 위해 제공될 수 있다.

### (7) 전자선하증권

① The CMI Rules for Electronic Bills of Lading

전자선하증권에 관한 CMI규칙(이하"CMI규칙")이 1990년 채택되었다. CMI규칙은 法源으로서의 힘은 가지고 있지 않았지만 당사자 간의 합의를 통해 CMI규칙을 적용할 수 있다. SEADOCS시스템과 달리 CMI규칙은 이를 활용하는 상거래당사자에게 개방된 형태이다. 운송인, 송하인, 구매자는 동 CMI시스템의 회원일 필요는 없으며 단순히 등록비만 지불하면 이용가능하다. 다만, 메시지를 전송할 수 있는 기술은 서로 간에 요구된다.

CMI규칙은 "개인키(Private Keys)"라는 시스템을 구축하였는데, 이것이 선하증권을 대신한다. CMI규칙 제2조에서 개인키를 "전송의 진정성과 무결성을 담보하기 위한 목적으로 당사자가 합의한 숫자 및 문자의 조합과 같은 기술적으로 적절한 모든 형태"라고 정의하고 있다. 그러나 지금까지 개인키가 상이한 국내법상에서 선하증권의 적합한 대체물로서 적절한지 여부는 의문스럽다. 개인키의 소지인만이 수하인을 지정할 수 있고, 이미 수하인이 지정된 경우라면 이를 대체할 제3자를 지정할 수 있는 권리를 소유한 유일한 당사자이다.

---

14) 화물인도지시서(Deliverly Order) – 운송인이 운송한 화물을 항만(또는 ICD)의 화물보관 장소에 보관하도록 하였다가 수하인이 화물을 인수해가고자 할 때, 수하인은 운송인으로부터 화물인도지시서인 Deliverly Order(이하 DO)를 교부받아 보관 장소에 가서 이 DO를 제시하면 보관업자가 수하인 또는 그의 대리인에게 화물을 인도한다. 이 DO는 운송인과 화물보관업자간의 화물보관계약이 체결된 것을 전제로 보관된 화물을 수하인에게 인도하도록 화물의 보관을 위탁한 운송인이 교부하는 사적문서로서 B/L이나 창고증권과 같은 유가증권은 아니다. 그러나 이 DO는 종종 운송계약에 의하여 발행 교부되는 유가증권인 선하증권과 관련하여 아주 중대한 문제를 발생시키는 경우가 많다. 강원진・이양기, 국제상거래론, 박영사, 2014. 72면

CMI규칙상, 선하증권과 달리 개인키는 연속된 각각의 소지인마다 달라지며 운송인만이 이를 발행할 수 있기 때문에 이전도 불가능하다. 그러므로 운송인은 선하증권의 이전 때마다 매입과정에 관여하게 된다. 따라서 운송인은 물품의 인도청구권을 소유한 연속된 소지인의 신원을 모두 알 수 있게 된다.

일단 전자선하증권이 매입되어지면 운송인은 자신이 물품을 최종적으로 인도해야 할 수하인의 신원을 파악하는 것이 굉장히 중요하다. CMI모델이 기존의 종이기반선하증권의 매입과정과 구별되는 가장 중요한 특징은 기존선하증권이 당사자와 당사자간에 직접적으로 이전되고, 서류의 이전으로 서류의 정체성이 바뀌지 않는 단일서류이며, 물품이 수하인에게 인도될 때까지 선하증권이 운송인에게 귀속되지 않는 반면에 CMI전자선하증권은 매입과정마다 운송인에게 선하증권이 귀속되고 연속된 각각의 정당한 소지인은 선박으로부터 새로이 전송된 운송서류를 발급받는다는 점이다.

CMI규칙은 SEADOCS와 마찬가지로 유통가능전자선하증권의 창출에 있어서 본원적 문제를 해결하지 못함으로써 무역거래에서 각광을 받지는 못하였다. CMI규칙은 다음과 같은 이유로 상거래당사자로부터 널리 수용되지 못하였다.

(1) CMI규칙은 서류의 이전에 따라 발생하는 계약상의 권리와 의무의 이전에 관한 규정이 없다.

(2) 물품의 통제 및 이전할 수 있는 권리를 획득한 소지인이 계약상 의무를 이행하지 못하였을 경우에 발생한 문제에 대해 명확히 규명하지 못하였다.

(3) 운송물의 재산권이전에 관한 규정이 없다.

(4) CMI규칙을 적용하고 동모델을 관리할 시스템의 부재

(5) CMI모델은 비밀번호가 암호화되지 않았기 때문에 보안유지가 되지 않았다.

② 볼레로(Bill of Lading Electronic Registry Organisation)

전자식 선하증권 소지인 등록 기구를 의미하는데, 선하증권 등 수출입관련 선적서류를 전자화하여 그 데이터를 중앙 등록 기구에 일괄 등록하고, 인증의 절차를 거침으로써 전자적 문서의 유일성과 선하증권 소지인 등록 및 인증을 통하여 전자식 선하증권의 유통성을 실현을 목적으로 하고 있다. 볼레로 시스템은 기존 무역절차를 인정하는 대신 선하증권 등의 모든 무역서류를 전자문서화 함으로써 무역업자, 은행, 보험사, 선박회사, 세관, 항만당국 등의 모든 무역관련 당사자들이 무역관련 서류나 자료를 인터넷을 통하여 디지털 전송방식으로 교환할 수 있도록 하고, 이에 따른 안정성 및 신뢰성을 검증해 전자무역거래를 뒷받침해주는 국제전자

무역시스템이다. 현재는 선하증권 뿐만 아니라 모든 무역서류를 전자적으로 유통시킬 수 있도록 네트워크를 제공하고 전자서명의 인증기관역할을 담당하는 것으로 발전되어 있다.

## (8) 선하증권 기재 사항

선하증권의 양식 및 기재사항은 컨테이너와 재래선 벌크 사이에 다소 차이는 있으나 대동소이하며, 여기서는 복합 선하증권을 중심으로 서술한다.

① shipper

송하인의 성명 또는 상호를 기재하며 혼동이 예상될 때는 주소를 명기하여 명확히 하는 것이 좋다.

② Consignee

신용장에 명기된 문구를 기재한다.

③ Notify Party

대개 신용장에 Notify Accountee라 기재되어 신용장 개설의뢰인 즉, 수입업자 또는 수입업자가 지정하는 대리인이 통지선으로 기재된다.

④ Pre-carriage by

당 운송인이 화물을 인수하기 전의 운송인을 기재한다. 통상 기재되지 않는 경우가 많다.

⑤ Ocean Vessel과 ⑧ Voyage No.

전자에는 화물을 수송하는 해상운송 선박명이 기재된다.

후자에는 운송선박의 운송회수로 선박회사가 임의로 정한 일련번호가 기재되는데 1항차는 출발항에서 목적항을 거쳐 출발항에 회항하는 것으로 하며 수출, 수입을 구별하기 위하여 East, West, South, North 등을 표기한다.

⑥ Port of Loading

화물을 선적하는 항구명 및 국명이 표시된다. 예) “Pusan, Korea”, “Incheon, Korea”

⑦ Place of Receipt

송하인으로부터 운송인이 화물을 수령하는 장소로 “Pusan CY” “Pusan C.F.S” 등으로 표기된다.

⑨ Port of Discharge

화물의 양륙항 및 국명이 기재된다.

## BILL OF LADING

| | | | |
|---|---|---|---|
| ① Shipper | | | ⑩ B/L No. |
| ② Consignee | | | |
| ③ Notify Party | | | |
| ④ Pre-carriage by | ⑦ Place of Receipt | | |
| ⑤ Ocean Vessel | ⑧ Voyage No. | ⑪ Flag | ⑬ Place of Delivery |
| ⑥ Port of Loading | ⑨ Port of Dischsrge | ⑫ Final Destination | |

| ⑭ Container No. | ⑮ Seal No. Marks & Nos. | ⑯ No. of Con-tainers or Pkgs. | ⑰ Description Goods | ⑱ Gross Weight | ⑲ Measurement |
|---|---|---|---|---|---|
| | | | | | |

⑳ Total Number of Containers or Pakages (in words)

| ㉑ Freight & Charges | ㉒ Revenue Tons | ㉓ Rate | ㉔ Per | ㉕ Prepaid | ㉖ Collect |
|---|---|---|---|---|---|
| | | | | | |

| | | |
|---|---|---|
| ㉗ Freight Prepaid at | ㉙ Freight Payable at | ㉛ Place of issue |
| ㉘ Total Prepaid | ㉚ No. of Orignal B/L | ㉜ Date of issue |

| Laden on Board the Vessel | |
|---|---|
| ㉝ Date<br>㉞ By | ㉟ |

⑩ B/L No.

선사가 임의로 규정한 표시번호를 기재한다. 통상 선적항과 양륙항의 알파벳 두 문자를 이용하고 번호는 일련번호로 쓴다. "Bo-5001" : Pusan-Osaka, "HMBU-9001" : Hamburg-Pusan 등으로 표시된다.

⑪ Flag

vessel의 국적을 기재한다.

⑫ Final Destination

화물의 최종목적지를 표시하나 선하증권에 운임이 계상되어 있지 않는 경우는 운송인의 운송운임이 없고 단지 참조사항에 불과하며 또는 복합운송이 아닌 경우에는 기재 되지 않는 경우가 많다.

⑬ Place of Delivery

운송인이 책임지고 운송하여 수하인에게 인도하여 주는 장소를 명기한다.

⑭ Container No.

화물이 적재되는 Container No.를 표기한다.

⑮ Seal No.

Container에 적재된 화물에 봉인을 한 Seal No.를 표기한다.

⑯ No. of Containers or Pkgs.

화물이 적재된 Container의 개수 및 중량(Pkgs.)이 기재된다.

⑰ Description of Goods

Packing List 및 Invioce에 기재된 상품의 내용을 열거 기재하며 B/L No.도 통상 표시되어진다.

⑱ Gross Weight, ⑲ Measurement

등록검량회사에서 검측된 중량 및 용적이 명기되어 Packing List, Invoice와 일치되지 않는 경우 Remark를 부기하여야 하고 화물에 이상이 있으면 송하인에게 파손화물 보상장(Letter of Indemnity : L/I)을 첨부시킨다. 수출입의 경우 Packing List와 B/L이 상이한 경우 통관되지 아니하므로 세심히 작성되어야 한다.

⑳ Total Number of Container or Packages(In Words)

상품의 수량 또는 Full container의 개수를 영문으로 표시하여 명백히 나타내며, In words의 의미는 선하증권 발행자가 직접 상품을 확인하지 못하고 발행하므로 수량이 틀림없을 것이라는 추측의 의미로 삽입된 단어이다.

㉑ Freight and Charge

상품의 운송에 따른 제반비용의 명세로 Freight, C.A.F., B.A.F., C.F.S.

Charge, Wharfage 등이 통상 표시되며 Through B/L인 경우는 Inland Charge가 표시된다.

㉒ Revenue Tons

중량과 용적 중에서 운임이 높게 계산되는 편을 택하여 표시한다. 즉, 총중량과 총용적에 각각의 운임단가를 곱하여 총중량의 운임이 총용적보다 클 경우는 HK/Tn를, 총용적이 클 경우는 "CBM"을 표시한다.

㉓ Rate

Revenue ton 당의 운임단가 및 C.F.S. Charge, Wharfage, B.A.F., C.A.F.의 Percent 등이 표시된다. Wharfage의 경우 국내에서는 톤 이하 무조건 올림으로 산정하고 있어 만일 7.001 CBM이라면 8 CBM으로 계산된다.

㉔ Per

용적당 또는 중량당, Full Container의 경우는 Van당을 표시한다.

㉕ Prepaid, ㉖ Collect

C.I.F 조건의 수출일 경우는 Prepaid란에 운임을 계산하여 표시하며, F.0.B. 조건의 수출일 경우는 Collect란에 계산 표시한다. 또한 운임의 지불조건은 Description of Goods란에 "Freight Prepaid" "Freight Collect"라고 통상 표시되므로 혼동은 되지 않으나 간혹 기재되지 않는 경우도 있으므로 구별하여 각각의 난에 기재하는 것이 좋다. 또한 복합운송의 경우는 각 구간마다의 운임을 표시하여 계산하는 것이 복합운송을 명백히 표시하는 것으로 구간표시를 하고 구간운임계산을 나타내는 것이 좋다.

㉗ Freight Prepaid At

C.I.F. 수출조건인 경우 운임이 지불되는 장소를 나타낸다. 즉, 화물이 부산에서 선적운송되어도 서울에서 운임이 지불되는 경우는 "Seoul, Korea"라고 기재한다. Freight Prepaid의 경우 운임이 지불되지 않으면 B/L 발행자는 특별한 상거래가 없는 한 B/L을 발행 교부하지 않는다.

㉘ Total Prepaid

선불로 받은 운임의 합계를 기재한다.

㉙ Freight Payable At

F.O.B. 수출조건으로 운임이 수하인 부담인 경우 수하인의 운임 지불장소가 기재되며 운임이 지불되지 않으면 운송인 또는 대리점은 화물인도지시서(D/O : Delivery Order)를 발행 교부하지 않는다.

㉚ No. of Original B/L

Original B/L의 발행통수를 기재한다. Original B/L은 통상 3통을 한 세트로 발행하는데 그 숫자에는 제한이 없다. Original B/L에는 "Original", "Duplicate" "Triplicate" 등의 문구가 있고 은행과의 거래를 위하여 "Negotiable"이라는 문구도 표시된다. Original B/L의 경우는 발행통수에 관계없이 그 한 장이라도 회수되면 나머지는 유가증권으로서의 효력을 상실한다(상법 제816조). B/L Copy의 경우는 "Copy Non-Negotiable"이라 기재되며 B/L Copy는 유가증권으로서의 효력이 없고 단지 참조적인 서류에 불과하다.

㉛ Place of Issue

B/L의 발행장소가 기재된다.

㉜ Date of Issue

B/L의 발행일자가 기재된다.

㉝ On Board Date ㉞ By

B/L의 On Board Date가 기재되며, 이는 Date of Issue와 보통 일치되며 Date or Issue가 On Board Date 보다 늦을 수는 있으나 빠른 경우는 B/L의 선발행이 되므로 은행에서 매입을 거절당한다. On Board Date의 하단에는 B/L 발행자의 Sign이 기재 된다.

㉟ Carrier Name

B/L 발행권자의 Sign이 기재된다. B/L 발행권자는 은행에 Sign을 등록하고 있으며 일단 발행권자가 Sign을 한 후에 B/L을 수정할 경우에는 재발급을 하든가 또는 "Correction" 도장을 날인한 후 Sign 하여야 한다. 그러나 중량 및 용적 등 상품의 가격에 영향을 미치지 않는 부분에는 Correction 도장만 날인해도 유효하다.

## 2) 해상화물운송장(Sea Way Bill)[15]

### (1) 의의

해상운송에 있어서 운송계약의 증빙서류이며, 화물의 수령증으로서, 기명식으로 발행되어 운송장 상의 수하인에게 본인임이 증명만 되면 물품을 인도하는 운송증권이다.

15) 화물수령증과 같으며, 수하인의 성명, 주소를 명기하여 유통금지문언이 부기되어 있다. 단순한 화물수령을 표시한 증거증권이며, 유가증권이 아니다. 본지사간의 거래, 이사화물 등에 이용되는 운송서류이다. 강원진, 무역실무, 박영사, 529면.

### (2) 특징

① 단순한 화물의 수령증(권리증권 아니다, 유가/유통증권 아니다)이다.
② 양륙지에서 화물과 상환으로 제출되는 것을 조건으로 하지 않는다.
③ 기명식으로 발행된다(기명된 본인임만 확인되면 물품 수령).

### (3) 효용

① B/L을 이용하는 것에 비해 수하인이 물품을 신속하게 인도할 수 있는 장점이 있다.

② 견본송부와 같이 금융이 개입되지 않은 선적이나 다국적 기업의 본・지사간 거래 그리고 송하인과 수하인간의 두터운 신뢰관계가 있는 경우에 효용이 있다.

③ 운송 중 전매가 이루어지기 쉬운 산화물의 경우는 사용이 부적절하다.

## 3) 항공화물운송장

### (1) 의의

① 송하인과 운송인 사이에 운송계약이 체결되었다는 것을 나타내는 증거서류인 동시에 송하인으로부터 화물을 운송하기 위해 수령하였음을 나타내는 화물수령증이다.

② IATA(International Air Transport Association : 국제항공운송협회)의 표준양식과 발행방식에 따라 동일한 운송장 사용이 의무화된다.

### (2) 기능

① 운송계약의 증빙서류
② 단순한 화물의 수령증(권리증권 아니다, 유통증권 아니다)
③ 요금계산서(운임요금의 청구서)
④ 보험증명서(항공사가 보험부보시)

### (3) 항공화물운송장의 구성

① 원본 3장, 부분 6장을 원칙으로 한다(IATA).

② 항공회사 Air Way bill 대리점 Air Carrier로 구분하기 위해 MAWB, 대리점, 개별화물은 HAWB로 표기한다.

③ 지급 인수, 매입을 위해 은행에 제시되어야 할 원본은 당연히 송하인용 원본 1부가 된다. cf) 선하증권 → Full set

〈표 12-1〉 항공화물운송장의 구성

| 분류 | 색 | 용도 | 기　　능 |
|---|---|---|---|
| 원본 1 | 녹색 | 발행항공사용 | 발행한 항공사가 운임, 기타 회계처리를 위해 사용하며, 또한 송하인과 항공사간에 운송계약이 성립함을 증명하는 서류 |
| 원본 2 | 적색 | 수하인용 | 화물과 함께 목적지에 보내 수하인에게 인도 |
| 원본 3 | 청색 | 송하인용 | 출발지에서 송하인으로부터 항공회사가 화물을 수령하였다는 수령증 및 운송계약을 체결하였다는 증거서류 |
| 부본 4 | 황색 | 화물인도 항공사용 | 도착지에서 수하인이 화물 인수시에 서명하고 인도 항공회사에 돌려주는 화물인도증명서 및 운송계약이행 증거서류 |
| 부본 5 | 백색 | 도착지 공항용 | 화물과 도착지 공항에 보내져(도통 세관관계 업무를 위해서 ) 사용됨 |
| 부본 6 | 백색 | 운송참가 항공사용 | 운송에 참가한 항공회사가 운임 정산을 위하여 사용함 |
| 부본 7 | | | |
| 부본 8 | | | |
| 부본 9 | 백색 | 발행대리점 | 발행대리점의 보관용 |
| 부본 10~11 | 백색 | 예비용 | 필요에 따라 사용 |

## (4) B/L과 AWB의 차이점

① B/L은 물권적 권리를 표시하는 유가증권, 권리증권이자 배서에 의해 양도 가능한 유통증권인 반면 AWB는 단순한 화물수령증에 불과하다.

② B/L은 기명식, 지시식, 무기명식 중 하나로 발행되나 항공운송장은 항상 기명식으로 발행된다.

③ B/L은 권리증권으로 화물수령을 위해 반드시 제시되어야 하나, AWB는 기명식으로 발행되므로 수하인용 AWB와 대조, 기명된 본인임이 확인만 되면 물품수령이 가능하다.

④ B/L은 선적식 발행을 원칙으로 하는 반면 AWB는 수령식으로 발행된다.

⑤ B/L의 서명 발행권자는 운송인/선장(그 대리인)이 되나, AWB은 운송인(대리인)이 된다.

⑥ AWB는 신속을 요하므로 원칙적으로 환적을 전제로 한다(따라서 신용장에 환적금지 조항이 있는 경우(Transhipment is Prohibited)라도 환적될 것이라는 표시 있는 서류는 수리된다).

〈표 12-2〉 선하증권 VS 항공운송장 VS 해상화물운송장

| | 선하증권 VS 항공운송장 VS 해상화물운송장 | | |
|---|---|---|---|
| 권리증권여부 | 유가증권, 권리증권 | 단순한 화물수령증<br>(유통불능) | 단순한 화물수령증<br>(유통불능) |
| 발행방식 | 기명식, 지시식,<br>무기명식 중 하나 | 항상 기명식 | 항상 기명식 |
| 매매양도 가능성 | 배서, 교부에 의해<br>양도가능(negotiable) | 매매, 양도 불능<br>(물권적 처분증권이 아님) | 매매, 양도 불능<br>(물권적 처분증권이 아님) |
| 발행시기 | 선적식<br>(수령식도 있음) | 수령식 | 선적식<br>(수령식도 있음) |
| 제시원본수 | 전통(Full set) | 송하인을 위한 1통 | 전통 |

※ IATA, FIATA

① IATA(International Air Transport Association : 국제항공운송협회)은 순수민간단체로 국제선을 가지고 있는 항공회사는 정회원이 될 수 있다. 이 협회는 주로 국제간의 운임, 운항, 정비 등 상업적, 기술적 활동을 지원한다. 대표적으로 IATA는 항공회사가 사용하는 화물운송장의 서식을 표준화하였고 표준운송약관도 제정하였다.

② FIATA(International Federation of Forwarding Agent's Association : 국제운송주선인 협회)는 운송주선인의 이익을 옹호하기 위해 설립된 비영리단체이다. 주로 운송주선인의 업무에 대한 인식을 높이고, 운송주선업무를 보급하고, 정보교환과 직업훈련 등을 실시하고 있다 정회원과 준회원으로 구성되는데, 각국의 운송주선인으로 구성된 단체는 정회원이 될 수 있고 통관업자 등이 준회원이 된다. 과거 UCP에서는 FIATA가 발행한 운송서류를 우대 취급한다는 규정이 있었으나 개정시 삭제되었다.

항공화물운송장

# Air Way bill

Shipper's Name and Address | Shipper's Account Number

Not negotiable
**Air Waybill**
*issued by*
KOREAN AIR

Copies 1, 2 and 3 of this Air Waybill are originals and have the same validity.

Consignee's Name and Address | Consignee's Account Number

Telephone :

It is agreed that the goods described herein are accepted in apparent good order and condition (except as noted) for carriage SUBJECT TO THE CONDITIONS OF CONTRACT ON THE REVERSE HEREOF. THE SHIPPER'S ATTENTION IS DRAWN TO THE NOTICE CONCERNING CARRIER'S LIMITATION OF LIABILITY. Shipper may increase such limitation of liability by declaring a higher value for carriage and paying a supplemental charge if required.

Issuing Carrier's Agent Name and City

Accounting Information

Agent's IATA Code | Account No.

Airport of Departure(Addr. of First Carrier) and Requested Routing

| TO | By First Carrier | Routing and Destination | to | by | to | by | Currency | CHGS Code | WT/VAL PPD | WT/VAL COLL | Other PPD | Other COLL | Declared Value for Carriage | Declared Value for Customs |
|---|---|---|---|---|---|---|---|---|---|---|---|---|---|---|

| Airport of Destination | Flight/Date | For Carrier Use Only | Flight/Date | Amount of Insurance | INSURANCE-If Carrier offers Insurance, and such insurance is requested in accordance with conditions on reverse hereof, indicate amount to be insured in figures in box marked 'amount of Insurance'. |
|---|---|---|---|---|---|

Handling Information

| No. of Pieces RCP | Gross Weight | kg lb | Rate Class / Commodity Item No. | Chargeable Weight | Rate / Charge | Total | Nature and Quantity of Goods (incl. Dimensions or Volume) |
|---|---|---|---|---|---|---|---|
| | | | | | | | |

| Prepaid | Weight Charge | Collect | Other Charges |
|---|---|---|---|
| | Valuation Charge | | |
| | Tax | | |
| | Total Other Charges Due Agent | | Shipper certifies that the particulars on the face hereof are correct and that insofar as any part of the consignment contains dangerous goods, such part is properly described by name and is in proper condition for carriage by air according to the applicable Dangerous Goods Regulations. |
| | Total Other Charges Due Carrier | | Signature of Shipper or his Agent |
| Total Prepaid | | Total Collect | |
| Currency Conversion Rates | | CC Charges in Dest. Currency | Executed on(date) at(place) Signature of Issuing Carrier or its Agent |
| For Carrier's Use Only at Destination | | Charges at Destination | Total Collect Charges |

**ORIGINAL 3(FOR SHIPPER)**

## 4) 복합운송증권

### (1) 의의

UN 국제물품복합운송협약에서는 "복합운송서류(Multimodal Transport Document)란 복합운송계약, 복합운송인에 의한 화물의 수령 및 그 계약의 조건에 따라 복합운송인이 화물을 인도한다는 확약을 증명하는 서류를 의미한다."라고 규정하고 있고, UNCTAD/ICC의 복합운송서류규칙에서는 "복합운송서류란 복합운송계약을 증빙하는 서류이며, 유통성 또는 비유통성 서식으로 발행할 수 있다"라고 규정하고 있다. 따라서 복합운송서류란 두가지 이상의 다른 운송수단에 의해 이루어지며, 운송인이 물품의 수령을 증명하고, 운송계약의 증거가 되는 서류를 의미한다.

이러한 복합운송서류는 유통성 복합운송서류(Negotiable Multimodal Transport Document)와 비유통성 복합운송서류(Non-negotiable Multimodal Transport Document)로 나눌 수 있다. 유통성 복합운송서류인 경우 지시식(to order)과 소지인식(to bearer)으로 구분된다.

### (2) 종류

복합운송증권에는 기존의 선하증권을 변형한 선하증권형 복합운송증권과 국제규칙에 따라 새롭게 창안된 복합운송증권이 있다.

① 선하증권형태의 복합운송증권

현재 일반적으로 사용되고 있는 복합운송증권으로서 보통 복합운송의 의미를 그 명칭에 포함하여 B/L형식으로 발행된다.

② 국제 규칙에 의한 복합운송증권

㉠ Combined Transport Document(CTD)

복합운송증권에 관한 통일증권규칙에서 사용되는 복합운송증권으로서 유통 가능한 것과 유통이 불가능한 것으로 발행되며 화주에 대해서 단일책임원칙을 채택하고 있다.

㉡ Multimodal Transport Document(MTD) : 국제복합운송조약에 의해 창안된 복합운송증권

#### (3) 복합운송증권의 특징

① 복합운송이 상이한 운송인에 의하여 이루어지더라도 복합운송증권은 처음부터 끝까지 구간을 책임진다.

② 어느 구간에서 발생된 물품의 멸실 또는 손상인지의 관계없이 복합운송인이 책임진다.

③ 복합운송인이 물품을 수탁 또는 수령한 상태에서 발행된다.

④ B/L과는 달리 운송인뿐만 아니라 운송주선인에 의해서는 발행된다.

## 3 보험서류

### 1) 해상보험증권

#### (1) 의 의

해상보험증권은 1779년 로이즈보험자총회에서 채택한 Ship and Good Form 증권을 시발로 Lloyd's S.G. Form과 ILU 회사용 보험증권을 거쳐 현재의 협회적하약관(ICC Clause)에 이르게 된다.

#### (2) 기재사항

① 피보험자의 성명(Name of Assured)

② 선적항과 도착항(Port of Shipment & Destination)

③ 선박명(Name of Vessel)

④ 출항예정일(Sailing Date)

⑤ 보험금액(Insured Amount)

⑥ 보험의 목적물(Subject-Matter Insured)

#### (3) 본문약관

① 준거법약관

모든 해상보험의 클레임에 대한 보험자의 책임유무와 클레임의 정산에 관한 사항은 영국의 법률과 관습에 따르도록 규정하고 있다.

② 타보험약관(Other Insurance Clause)

다른 보험과 중복관계에 있는 경우 다른 보험증권에 의하여 보상될 금액을 공제한 나머지 손해부분만 보상한다는 내용이다.

③ 약인약관(Consideration Clause)

보험료(Premium)를 지급하여야만 보험금(claim)을 지급받을 수 있음을 규정하고 있다.

④ 선서약관(Attestation Clause)

보험증권 제일 끝에 보험자, 즉 해상보험의 이름, 보험증권의 발행 연월일, 작성지 등이 기재되고 계약체결의 증거로서 보험회사 책임자가 보험증권에 서명하였음을 나타내는 것을 의미한다.

⑤ 중요약관(Important Clause)

클레임 발생시 피보험자가 취해야 할 각종 조치 및 절차 등을 일괄 규정하고 있다(Red Line Clause).

## 2) 해상보험 증권의 해석원칙

해상보험증권이라 함은 보험자와 보험계약자사이에 보험계약이 체결되었음을 증명하는 서류인바, 이러한 해상보험증권을 해석함에 있어서 수기문언의 우선원칙, POP 원칙 및 문서작성자의 불이익 원칙이 적용되어 진다.

### (1) 수기문언의 우선원칙

해상보험 증권은 본문약관, 난외약관, 협회특별약관, 스탬프약관, 수기문언 등으로 구성되는데, 동일한 증권의 각 약관의 내용과 기타 문언이 서로 다른 경우 수기문언을 가장 우선적으로 적용해야 한다는 원칙을 말한다. 이러한 경우 적용상의 우선 순위는 다음과 같은 차례이다.

① 수기문언 (Handwritten Wordiong)
② 타자문언 (Typing Wording)
③ 인쇄문언 (Printing Wording)
④ 스탬프약관 (Stamp Clause)
⑤ 특별약관 (Institute Clause)
⑥ 난외약관 (Marginal Clause)
⑦ 증권본문약관 (Body Policy)

### (2) POP원칙

보험약관이나 조항은 학문적 · 이론적으로 해석하려고 해서는 안된다. 따라서 평범한 방법(Plain Method), 통상적인 방법(Ordinary Method) 및 통속적인 방법(Popular Method)을 기준으로 해석되어야 한다.

### (3) 문서작성자 불이익(Contra Proferentem)의 원칙

보험약관은 보험자 또는 그와 관련있는 전문인에 의해 일방적으로 작성된 것이기 때문에 애매모호한 문언이나 약관으로 피보험자와 보험자의 의견이 대립되는 경우에는 보험자에게 불리하게 해석되어야 한다는 원칙이다.

## 3) 보험서류

① 보험증권(Insurance Policy)

보험계약에 관한 조건을 완전하게 기재하고 있는 보험계약의 증빙서류이자 유가증권이다.

② 보험확인서(Insurance Certificate)

보험계약에 관한 조건을 약식으로 기재하고 있으며 보험계약의 증빙서류로 인정되지 않는다. 단 포괄보험예정증명서에 의해 발행될 때는 보험확인서만으로도 수리 가능하다.

③ 포괄예정보험 증명서(Open Cover)

포괄보험이란 정기적으로 수출/입을 하는 경우 동일한 부보조건으로 부보할 수 있는 최대금액을 정해두고 매번 선적시마다 자동적으로 부보되는 형식이다. 따라서 포괄보험증명서에 의한 보험을 들면 개별 보험증권 없이 보험확인서, 확정통지서(Insurance Declaration)만으로도 배상청구가 가능하며 은행에서 수리된다.

④ 보험인수증(Cover Note)

보험증권과 확인서는 보험인/보험회사가 자기책임 하에 발행하는 것임에 반해 보험인수증은 보험중개인이 발행한다. 보험중개인은 보험인수증 발행 후 다시 보험회사와 정식 보험계약을 체결한다. 따라서 보험인수증만으로 보험회사에 손해배상을 청구할 수 없으므로 은행은 수리 거절한다.

《 보험서류의 종류[16] 》

① 보험증권(insurance policy) – 확정보험에 근거하여 발행되는 증권으로 무역거래에서 대부분 통용되고 있는 전형적인 보험서류이다.

② 보험증명서(certificate of insurance) – 포괄예정보험이 체결되어 있는 경우에 개개의 적화에 대하여 포괄보험에 부보되어 있음을 증명하는 서류로 일정기간에 걸쳐 특정화물이나 특정항로에 운송되는 화물에 대하여 일괄적으로 보험에 부보되어 있음을 증명한다.

③ 보험승낙서(cover note) – 보험중개업자가 증명하는 일종의 보험부보각서이다.

## 4) 보험서류 기재사항

① 보험증권번호

보험자가 피보험자에게 보험증권을 교부할 때 붙이는 일련번호이다.

② 피보험자(또는 보험계약자)명

수출입상사명을 기재하는데 CIF계약의 수출인 경우 피보험자에 대하여 별도의 약정이나 지시가 없으면 수출업자 자신을 피보험자로 하여 수출환어음 매입시에 백지배서(blank endorsement)에 의해 양도하면 된다.

③ 참조번호

보험자가 업무상 참조하기 위한 번호로써 통상 수출의 경우에는 신용장 또는 수출허가서의 번호를, 수입의 경우에는 상업송장 또는 수입허가서의 번호를 기재한다.

④ 보험금액

보험계약자가 부보한 금액으로써 보험사고가 발행하였을 때 보험자가 손해보전액 즉, 보험금(Loss or Claim Paid)으로써 지불하는 최고한도액이다. 보험금액은 당사자의 합의에 의하여 정해지지만. 보험금액은 보험가액과 동액 또는 그 이하가 되지 않으면 안된다. 보험금액과 보험가액이 동액인 경우를 전부보험, 보험금액이 보험가액의 일부인 경우를 일부보험이라고 하는데, 대부분의 해상보험은 전부보험이다. 보험금액이 보험가액을 상회하면 초과보험이 되는데 초과분은 무효가 된다. 보험금액은 보통 물품의 CIF 가격에 10%를 가산한 금액이 된다(신용장 통일규

16) 강원진・이양기, 국제상거래론, 박영사, 2014, 367면.

칙 37조 b항). 즉, 보험금액={원가(C. 즉, FOB 가격)+보험료(I)+운임(F)}×1.1이 된다. 그리고 표시통화는 신용장상에 별다른 명시가 없는 한, 신용장과 동일한 통화로 표시되어야 한다.

⑤ 보험조건

어떠한 보험조건을 선택하느냐 하는 문제는 보통 수출입계약을 체결할 때에 매매당사간의 합의에 의해 결정된다. 그리고 그 내용은 매매계약서나 신용장에 기재된다. 그런데 이 보험조건은 화물의 종류, 포장, 운송방법, 예상항해기간 등을 감안하여 이상적인 조건으로 결정하도록 하여야 한다. 즉, 구체적으로 어떠한 기본조건을 선택하고 또 화물과 수송의 특수사항을 고려하여 어떠한 부가위험을 추가할 것이며 전쟁위험과 동맹파업위험 등은 어떻게 할 것인가를 결정하지 않으면 안된다.

⑥ 보험금

지불지 일반적으로 수출의 경우에는 화물의 최종목적항이 기재되고 수입의 경우에는 당해보험자명이 기재된다.

⑦ 손해사고 통지서

피보험화물에 손해가 발생하였을 때 지체없이 통지하여야 할 곳인데 수출의 경우에는 최종목적항에 있는 보험자의 대리점의 상호 및 주소가 명시되고, 수입의 경우에는 보험자명이 기재된다.

⑧ 출하지

화물의 출하지와 선적지가 다른 경우에 출하지로부터 선적지까지의 운송화물에 대한 부보시 기재하게 되는데, "Local Vessel or Conveyance"는 국내운송 용구이며, "From"은 출하항 또는 출하지이다.

⑨ 선박명

화물을 적재하는 선박명이 기재된다.

⑩ 출항일자

적재선박이 선적항을 출항하는 연월일 또는 예정 연월일을 기재한다. 특히 수출의 경우에는 선하증권상의 내용과 일치하도록 하여야 한다.

⑪ 선적항

⑫ 환적항

⑬ 양륙항

⑭ 최종목적지와 운송용구

최종목적지가 내륙지방에 있어 양륙항과 목적지가 상이한 경우, 운송약관에 따라 양륙항에서 최종목적지까지의 운송화물에 대하여 부보할 때 최종목적지와 운송용구를 기재한다. 예를 들어 양륙항이 New York이고 최종목적지가 Chicago인데 철도화차를 이용하여 운송한다면, thence to Chicago by rail과 같이 기재하고 운송용구를 불명할 때에는 land conveyance 또는 any conveyance 라고 기입한다.

⑮ 화물의 명세

피해보험화물의 명세 화물의 품명, 수량, 화인 등을 신용장이나 선하증권상의 기재내용대로 기입한다.

⑯ 보험증권의 발행지와 발행일

발행일은 선하증권 발행일보다 이전이 되지 않으면 안된다.

⑰ 보험증권의 발행매수

보통 2통이 발행되는데 보험자가 1통에 대하여 변제하면 나머지 1통은 무효가 된다.

⑱ 보험자의 서명

해상보험증권은 보험자 또는 보험자의 대리인에 의하여 서명되지 않으면 안된다. 다만 보험자가 법인인 경우에는 법인의 인장으로 충분하다. 우리나라에서는 보험회사의 해상보험부문의 책임자가 서명하는 것이 보통이다.

⑲ 본문약관

개정된 보험증권의 신양식의 본문약관은 종전양식의 본문약관보다 아주 간결하게 되어 있는데, 그 내용은 준거법약관, 타보험약관, 약인약관, 선서약관으로 되어 있다.

Condition Notwithstanding anything contained herein or attached to the contrary, this insurance is understood and agreed to be subject to English law and practice only as to liability for and settlement of any and all claims. This insurance does not cover any loss or damage to the property which at the time of the happening of such loss or damages is insured by or would but for the existence of this Policy be insured by any fire or other insurance policy or policies except in respect of any excess beyond the amount which would have been payable under the fire or other insurance policy or policies had this insurance not been effected. We, THE MARINE INSURANCE CO., LTD. hereby agree, in consideration of the payment to us by or on behalf of the assured of the premium as arranged, to insure against loss damage liability or expense to the extent and in the manner herein provided. In witness whereof, I the undersigned of THE MARINE INSURANCE CO., LTD. on behalf of the said Company have subscribed My Name in the place specified as above to the policies, the issued numbers thereof being specified as above, of the same tenor and date, one of which being accomplished, the others to be void, as of the date specified as above For THE MARINE INSURANCE CO., LTD.

⑳ 난외약관

종전양식에 있던 이탤릭서체약관과 대치된 것으로서 Important Clause(중요사항약관)라 하는데 클레임 발생시에 피보험자가 취해야 할 각종 조치 및 절차 등을 일괄 규정하고 있다.

IMPORTANT PROCEDURE IN THE EVENT OF LOSS OR DAMAGE FOR WHICH UNDERWRITERS MAY BE LIABLE LIABILITY OF CARRIERS, BAILEES OR OTHER THIRD PARTIES It is the duty of the Assured and their Agent, in all cases, to take such measures as may be reasonable for the purpose of averting or minimising a loss and to ensure that all rights against Carriers, Bailees or other third parties are properly preserved and exercised. In particular, the Assured or their Agents are required ; 1. To claim immediately on the Carriers, Port Authorities or other Bailees for any missing packages. 2. In no circumstances, except under written protest, to give clean receipts where goods are in doubtful condition. 3. When delivery is made by Container, to ensure that the Container and its seals are examined immediately by their responsible official. If the Container is delivered damaged or with seals broken or missing or with seals other than as stated in the shipping documents, to clause the delivery receipt accordingly and retain all defective or irregular seals for subsequent identification. 4. To apply immediately for survey by Carriers' or other Bailees' Representatives if any loss or damage be apparent and claim on the carriers or other Bailees for any actual loss or damage found at such survey. 5. To give notice in writing to the Carriers or other Bailees within 3 days of delivery if the loss or damage found at such survey. NOTE : The Consignees or their Agent are recommended to make themselves familiar with the Regulation of the Port Authorities at the port of discharge. INSTRUCTIONS FOR SURVEY In the event of loss or damage which may involve a claim under this insurance, immediate notice of such loss or damage should be given to and a Survey Report obtained from this Company's Office or Agents specified in this Policy or Certificate.

DOCUMENTATION OF CLAIMS To enable claims to be dealt with promptly, the Assured or their Agents are advised to submit all available supporting documents without delay, including when applicable ; 1. Original policy or certificate of insurance. 2. Original or Certified copy of shipping invoices, together with shipping specification and/or weight notes. 3. Original or certified copy of Bill of Lading and/or other contract of carriage. 4. Survey report or other documentary evidence to show the extent of the loss or damage. 5. Landing account and weight notes at port of discharge and final destination. 6. Correspondence exchanged with the Carriers and other Parties regarding their liability for the loss or damage. ☞In the event of loss or damage arising under this policy, no claims will be admitted unless a survey has been held with the approval of this company's office or Agents specified in this policy.

# 4 부속서류

## 1) 포장명세서

포장명세서(Packing List)란 적재화물의 포장 및 단위별 명세, 순중량(Net Weight), 총중량(Gross Weight), 용적(Measurement), 화인(Shipping Marks), 포장개수(Number of Packages) 등을 기재한 상업송장의 보조서류로 수출상이 수입상 앞으로 작성하는 서류이다. 특히 포장명세서 총중량과 용적은 선하증권(Bill of Lading)의 그것과 각각 일치되어야 한다.

포장명세서에는 중량 외에도 수출화물의 용적(Measurement)을 표시함으로써 선박회사와 운송계약을 체결할 때 운송료 및 운송부대비용 산출의 일차적인 기준이 된다. 따라서 선적 후 수출상이 수입상에게 보내는 운송서류의 사본에는 반드시 이 포장명세서를 동봉해야 한다.

## 2) 검사증명서

검사증명서(Inspection Certificate)란 물품의 품질에 대하여 매매계약시 품질의 결정방법과시기 등을 고려하여 수입상의 요청에 의하여 수출상이 제공하는 검사결과에 대한 증명서이다.

## 3) 중량 및 용적증명서(Certificate of Weight and Measurement)

중량 및 용적증명서(Certificate of Weight and Measurement)란 수출화물을 선적화기에 앞서 공인검량인(Public Weigher ; Sworn Measurer)에 의해 화물의 순중량, 총중량, 용적을 계량하여 발급해 주는 서류로 선박회사측은 총중량과 용적을 자료로 하여 선하증권을 발급하게 된다. 이외에도 위생증명서와 검역증명서 등의 부속서류가 있다.

# PACKING LIST

| Shipper/Seller | Invoice No. and date |
|---|---|
| Consignee | Buyer(if other than consignee) |
| | Other references |
| Departure date | |
| Vessel/flight From | |
| To | |

| Shipping Marks | No.&kind of packages | Goods description | Quantity or net weight | Gross-Weight | Measurement |
|---|---|---|---|---|---|
| | | | | | |

Signed by

## 4) 원산지 증명서

원산지증명서(Certificate of Origin : C/O)란 수출물품의 원산지를 증명하는 서류이다. 원산지 증명서는 수입상이 물품을 수입할 때 관세협약 등에 의해 협정관세율을 적용 받거나 덤핑방지 등 무역정책상 또는 무역통계를 목적으로 요청하게 된다. 우리나라에서는 상공회의소에서 발행하고 있다.

### (1) 원산지증명서의 의의

원산지증명서(Certificate Origin : C/O)란 수출물품의 원산지를 증명하는 국적확인증서를 말하며, 원산지증명서에는 물품의 가치와 수량 뿐만 아니라 물품이 제조되거나 생산된 국가가 기재된다.

원산지증명서는 수입물품에 관세를 부과할 경우 양허세율이나 국정세율을 결정하기 위한 기준으로 이용되며, 일부 국가에서는 적성국의 생산물인가를 판별할 목적으로 이용하는 경우도 있다.

우리나라의 원산지표시제도는 공정한 무역거래질서를 확립하고 불법수입행위를 근절하며, 궁극적으로 수입상을 보호하기 위하여 수입물품에 대해 원산지표시를 보완・강화하고, 국제적으로 용인된 원산지 적용기준을 마련 1991년 7월 1일부터 시행하고 있다. 우리나라는 원산지표시품목과 원산지확인물품의 2가지로 구분하여 관리하고 있다.

수입하는 모든 물품에 대해 그리고 모든 국가에서 원산지증명서 제출을 요구하는 것은 아니다. 우리나라 현행 원산지증명서 발급규정은 GATT 관세면허품목, Kennedy Round 관세양허품목, 개발도상국간의 무역협정에 의한 관세양허품목 등을 양허대상 지역으로부터 수입할 때 관세 양허혜택을 받기 위해 스스로 제출하는 것을 제외하고는 일체의 원산지증명서 제출을 요구하지 않는다.

### (2) 원산지증명서의 종류

원산지증명서는 크게 두 가지로 구분된다. 그 하나는 수출국 주재의 수입국 영사 또는 수출지의 상공회의소가 송화물의 원산국 또는 제조원산지를 증명하는 양식(Form No. CCI-1)이고, 다른 하나는 UNCTAD의 일반특혜관세제도(GSP)에 의거하여 발행되는 원산지증명서(GSP C/O Form A)이다.

〈표 12-3〉 원산지증명서의 종류

| 구 분 | 원산지증명서의 종류별 특징 |
|---|---|
| 일반 원산지증명서 | • 상공회의소 또는 세관의 규격양식으로 발행한 원산지증명서 |
| 제조업자 원산지증명서 | • 수입자 요청에 의하여 수출자 또는 제조업자 양식으로 작성한 원산지증명서<br>• 수출자(제조업자)가 반드시 서명필 요망<br>• 상공회의소 발급신청시에는 수입자 요청사항에 대한 내용이 기재된 신용장 사본이나 계약서 사본과 상업송장을 첨부 |
| 특혜관세 원산지증명서 | • 관세인하 특혜를 받기 위한 원산지증명서로 상공회의소 또는 세관에서 발급<br>• 수출국, 품목 등에 따라 발급여부 결정<br>• GSP, GSTP, GATT, ESCAP 원산지증명서 등 |

### (3) 원산지표시 대상물품

원산지표시 대상물품은 일반소비자가 직접 구매, 사용하는 물품이며, 원산지표시를 할 범위는 당해 수입물품 및 부장품이다. 여기서 부장품이란 재사용이 가능한 포장용품 또는 당해 부분판매가 가능한 부속품 및 부분품 등을 말한다.[17)]

우리나라에서는 교토협약에 따라 다음 물품에 한하여 원산지를 대한민국으로 판정한다. 단, 수출대상국(수입국)이 별도의 원산지 판정기준이 있을 경우에는 예외로 적용할 수 있다.

① 대한민국 영토내에서 채굴한 광물
② 대한민국 영토내에서 수확된 농·임산물, 사육생산된 축산물, 포획물
③ 대한민국 영해에서 포획 또는 채취한 수산물
④ 대한민국 영해밖의 해상이나 지층에서 채취한 광물 및 수산물
(단, 대한민국이 당해 해상이나 지층개발 점유권이 있는 경우에 해당)
⑤ 공해상에서 대한민국 국기를 달고 있는 선박이 포획한 수산물(가공물)
⑥ 대한민국에서 생산된 재료를 사용하며 가공, 제조한 물품
⑦ 외국산 원자재를 사용하여 가공, 생산된 물품으로서 가공과정에서 새로운 물품적 특성이 부여된 물품

17) 대외무역관리규정, [별표 6-1] 참조.

### (4) 원산지표시방법

가) 원산지표시 기본원칙

① 한글, 영문 또는 한문으로 표시해야 한다. 한글로 표시할 경우에는 "제조국 국명"을, 영문으로 표시할 경우에는 "Made in" 또는 "Product of"로 표시하고 영문으로 된 국명을 표시하며, 한문으로 표시할 경우는 국가명 뒤에 "産"을 붙인다.

② 최종구매자가 용이하게 판독할 수 있는 형태와 방법으로 식별하기 용이한 위치에 유통의 과정에서 쉽게 제거되지 않게 영구적으로 보존될 수 있는 방법으로 표시해야 하며, 쉽게 제거할 수 있는 라벨 등의 부착에 의한 원산지표시는 인정하지 않는다.

③ 국내의 제조업자, 유통업자, 무역업자의 상호・상표가 표시되어 있거나, 상표 등이 한글 등으로 표시되어 국산품으로 오인할 우려가 있는 수입물품은 당해 물품의 전면에 원산지를 표시한다.

④ 원산지를 오인・혼동시킬 우려가 있는 상호・상표・지명・국명・국기 또는 언어 등이 표시된 물품을 수입하거나 수입후에 표시하는 경우에도 당해 물품의 전면에 원산지를 표시한다.

⑤ 수입후 최종구매자가 구매하기 전에 다른 물품과 결합되는 물품은 당해 물품만이 그 원산지의 것임을 명확히 하여 원산지를 표시한다.

⑥ 수입후 분할・재포장(분할・재포장에 준하는 단순 제조・가공 포함)하여 판매하는 물품은 당해 분할・재포장된 물품에 원산지를 표시한다.

⑦ 수입후 해포하여 재포장하지 않고 낱개 또는 살물거래되는 물품은 판매시 당해 물품 또는 판매용기 및 판매장소에 스티커 부착, 푯말 부착, 안내판 게시 등의 방법으로 원산지를 표시한다.

나) 원산지 표기요령

품목의 제조과정에서 주형조각, 주물활자 또는 음각 및 금속철판, 특수인쇄 등의 방법으로 표시하는 것이 원칙이며, 타물품과 결합 후 유통되는 물품의 경우에는 당해 수입물품만이 그 원산지의 것임을 명백히 하여야 한다.

① 손목시계 : 시계판에 원산지를 명료하게 특수 인쇄하여 표시

② 질기나 자기제품 : 가마구이 과정에서 원산지 표시

③ 종이제품 : 인쇄과정에서 표시

④ 의류제품 : Label 또는 Tag를 이용 표시

⑤ 의류제조용 직물 : 직물의 끝부분에 재직, 날염, 금도탁, 접착식 스티커 또는

Tag부착 방식으로 표시

⑥ 합성수지제 젓가락 : 10매(20pcs)들이의 포장에 표시

다) 수입물품의 포장・용기에 표시하는 물품

당해 수입물품의 현품에 표시하는 것이 원칙이나 다음의 경우에는 당해 물품의 포장・용기 등에 수입물품의 원산지표시를 할 수 있다.

① 당해 물품에 원산지를 표시하는 것이 불가능한 경우(예 : 냉동 옥수수, 밀가루 등)

② 원산지표시로 인하여 당해 물품이 크게 훼손되는 경우(예 : 당구공, 콘텍트렌즈, IC칩 등)

③ 수입후 실질적 변형을 일으키는 제조공정에 투입되는 물품

④ 수입신고수리후 완성가공을 거쳐 판매될 물품으로서 가공시 원산지표시가 제거 또는 은폐되는 물품(예 : 미완성가구, 연필, 분필 등)

⑤ 기타 상거래관행상 최종구매자에게 포장된 상태 또는 용기 등에 담아 봉인한 상태로 진열 및 판매되는 물품(예 : 합성수지제, 건축용 내장재, 비디오 테이프, 일회용 종이, 알루미늄 그릇 등)

### (5) 원산지표시 면제대상물품

다음의 경우에는 원산지표시가 면제된다.

① 수출용원재료

② 비영리 목적으로 수입하는 것으로서 세관장이 타당하다고 인정하는 경우

③ 수입후 실질적 변형을 일으키는 제조공정에 투입되는 부품 및 원재료로서 실수요자가 직접 수입하는 물품

④ 제조업자가 판매 또는 임대목적이 아닌 직접 제조에 사용할 목적으로 제조용 시설 및 기자재(부분품 및 예비부품 포함)를 수입하는 경우

⑤ 연구목적으로 사용하는 학술연구 대상물품 및 기자재를 실수요자가 수입하는 경우

⑥ 견본품(전시용이나 판매용이 아닌 것에 한함) 및 수입된 물품의 하자보수용 물품

⑦ 개인에게 무상 송부된 탁송품, 별송품

⑧ 당해 물품의 경제적 가치에 비하여 원산지표시 비용이 과다하여 원산지표시가 불가능한 물품

⑨ 우리나라로 수입되기 20년 전에 생산된 물품

⑩ 단순히 우리나라를 경유하는 통과화물

⑪ 우리나라에서 수출된 후 재수입하는 물품

⑫ 재수출조건부 면세대상물품 등 일시 수입물품

⑬ 외교관 면세대상물품

⑭ 수입된 물품의 종류, 성질, 형상 또는 그 상표, 생산국명, 제조자 등에 의해 원산지 인정이 가능한 물품으로 세관장이 인정한 경우

### (6) 원산지확인물품

원산지표시 대물품목, 통합공고에 의해 특정지역에서 수입이 제한되는 품목 등이다. 원산지확인대상물품은 수입신고시 세관에 필히 원산지증명서를 제출하여야 한다.

① 수출용원재료로 수입승인을 받아 수입된 물품

② 과세가격(종량제의 경우에는 이를 관세법 규정에 준하여 산출한 가격)이 10만원 이하인 물품

③ 우편물(관세법 제152조 제2항에 해당하는 것을 제외한다)

④ 개인에게 무상송부된 탁송품, 별송품 또는 여행자의 휴대품

⑤ 재수출조건부 면세대상물품 등 일시 수입물품

⑥ 보세운송, 환적 등에 의하여 우리나라를 단순히 경유하는 통과화물

⑦ 수입된 물품의 하자보수용 물품

⑧ 물품의 종류, 성질, 형상 또는 그 상표, 생산국명, 제조자 등에 의해 원산지가 인정되는 물품

### (7) 원산지증명서 발급절차

① 서명등록업체 확인

서명등록은 서류의 공증을 위한 사전절차로서 서명권자의 등록을 통해 서류의 진실성 확인에 차질이 없도록 하기 위한 것이며, 업체는 서명등록을 함으로써 상공회의소의 공증을 요하는 제반 무역서류의 신청시 불필요한 관련 서류의 제출없이 편리하게 증명을 받을 수 있는 근거를 상공회의소에 제공하게 된다.

상공회의소 무역증명을 발급받고자 하는 업체는 사전에 반드시 서명등록을 하여야 하며 기존 서명등록업체인 경우에도 서명등록 유효기간을 확인후 신청하여야 한다.

등록한 서명의 유효기간은 서명등록일로부터 2년이며, 유효기간 마감일 전에 갱신하여야 한다. 원산지증명서 출력 프로그램을 상공회의소 홈페이지(http://www.korcham.net)

에서 다운로드 받아 사용하면 신속하고 간편하게 원산지증명서를 작성할 수 있다.

② 원산지증명서와 신청서 작성

원산지증명서 용지는 규격용지이므로 반드시 상공회의소 소정양식을 구입하여 작성해야 한다. 또한 원산지증명서의 각 항에 해당되는 내용을 반드시 타자하여야 하며 관련 상업송장상의 내용과 일치되도록 작성한다.

원산지증명서 작성이 완료되면 신청서류를 구비하여 가까운 상공회의소를 방문하여 신청한다. 원산지증명서 발급을 신청하면 창구에서는 신청자가 상공회의소 서명등록업체인지 확인하고 원산지증명서상의 기재내용과 상업송장에 나타난 수출자, 품명, 수량 등 내용 일치 여부와 증명서 작성요령에 따라 신청자가 기재하였는지를 심사한다.

원산지증명서는 상공회의소의 홈페이지에 게재된 원산지증명서 출력프로그램 '원산지증명 관리'를 다운받아 사용하면 보다 신속하고 간편하게 원산지증명서를 작성할 수 있다.

③ 상공회의소의 공증

서류심사 후 하자가 없을 경우에는 상공회의소의 공증인을 증명서의 원본과 사본에 날인하고 발급번호를 부여한다. 증명서 발급에 따른 수수료는 상공회의소 회원인 경우 무료이며, 비회원인 경우 소정의 수수료를 수납한 후 세금계산서를 교부받는다.

④ 발급서류 확인

신청자는 교부된 원산지증명서 원본과 사본에 상공회의소의 공증인이 정확히 날인되었는지와 세금계산서의 내용이 정확한지 여부를 확인하여야 한다. 이때 세금계산서는 당일 발행건에 한해서 수정이 가능하다는 점에 유의해야 한다.

⑤ 원산지증명서 정정

정정이 가능한 내용은 선적관련 사항 변경 및 오타 정정의 경우에 한정하고 있으며, 이 경우에도 세 군데 이상의 정정은 불가능하다. 그리고 수출자, 원산지, 품명, 수량 등은 어떠한 경우에도 정정이 불가능하다. 당일 정정시에 추가적인 수수료는 없으나 1일 이상 경과 후 정정은 재신청과 동일한 수수료를 부담해야 한다.

### 원산지증명발급신청서 작성요령

① Exporter : 매도인 또는 송하인

수출자의 상호명, 주소, 국가를 기재한다. 신청서상의 신청자와 수출자는 반드시 일치하여야 한다. 신용장 또는 계약서상에 Exporter(seller, shipper)를 별도로 지정한 경우에는 "on behalf of"를 사용하여 기재할 수 있으며, 이 경우 관련 신용장 또는 계약서를 제출해야 한다.

> 예) Jane Doe Hong Kong Ltd.(지정업체)
> on behalf of Hong Kil Dong Co., Ltd.(수출업체), Seoul, Korea

② Consignee : 수하인

수탁자명을 기재하며 신용장거래일 경우 일반적으로 수탁자는 신용장 개설은행이지만 수입자가 될 수도 있다. 신용장상에 'To our order'라고 지시된 경우, 'our'는 신용장 개설은행을 지칭하는 것이므로 반드시 신용장 개설은행명을 기재해야 한다.

신용장이나 선수출계약서(D/A, D/P)상에 수하인(consignee)을 매수인(buyer)으로 별도 명시하도록 요구하지 않았을 경우에는 운송서류인 선하증권(B/L)이나 항공화물운송장(AWB)의 내용을 참조하여 기재한다.

> 예) 선하증권의 경우 : To Order
> To the Order of Bank of America
> To the Order of Jane Doe Hong Kong Ltd.
> 예) 항공화물운송장의 경우 : Bank of America
> Jane Doe Hong Kong Ltd.

③ Country of Origin : 원산지

해당 상품의 원산지국명을 기재한다. 한국에서 생산 또는 제조된 물품인 경우에는 'The Republic of Korea'라고 기재해야 한다. R.O.K, South Korea, Korea 등으로 표시하였을 경우 원산지를 명확하게 기재하지 않은 것으로 인정하여 원산지증명서가 발급되지 않는다. 원산지가 한국이 아닌 경우에는 제3국의 원산지를 명확하게 기재하며, 신청시 첨부서류로 제출되는 상업송장상에도 물품의 원산지를 반드시 기재해야 한다.

④ Transport details : 운송에 관한 사항

상품의 선적지(국명, 지명), 최종도착지(경유지가 있는 경우에는 경유지도 기재), 선박 또는 항공기 등 운송수단의 명칭, 선적일자 등을 기재한다.

> 예) From : Busan, Korea
> To : Jeddah, K.S.A.
> By : KINDIA 021W
> On : April 1, 2004

선적일정이 결정되지 않았을 경우에는 'By Seafreight' 또는 'By Airfreight' 등으로 기재하며, 선적일은 'On or about'라고 표기한 후 예상선적일을 기재한다.

> 예) From : Busan, Korea
> To : Jeddah, K.S.A.
> By : Seafreight
> On or about April 1, 2004

⑤ Remark : 비고

원산지증명서상의 항목 외에 추가사항을 표기하는 항으로 신청자가 자유롭게 기재할 수 있다. 추가사항 기재시에는 기재내용의 제목을 명기해야 한다.

> 예) Buyer : Alamo Co., Ltd.
> 350 Fifth Avenue Suite 8020
> New York, N.Y. 10118 U.S.A.
> Invoice No. & Date : ABC 12-1, April 1, 2004
> L/C No. & Date : HKBC0102, March 1, 2004

⑥ Marks & numbers : 상품명세

당해 화물의 포장표면 또는 용기 등에 표시된 화물 Mark 및 화물번호를 기재하며, Container로 운송되어 특별한 Mark가 없을 경우에는 'In Container', 특수포장 없이 선적된 경우에는 'In Bulk' 또는 'No Mark(N/M)', 우편발송인 경우에는 'As Addressed'라고 기재하는 등 포장명세서(Packing List)에 기재된 내용과 동일하게 표기해야 한다.

⑦ Quantity : 수량

상품의 수량 및 무게(중량) 등을 기재한다. Piece, Set, Dozen, Metric Ton, Yard, Meter 등 상품의 수량단위를 정확하게 기재해야 하는데, 원산지증명서의 수량단위와 상업송장상의 단가 기준단위는 일치해야 한다.

⑧ 수출국

수출품의 최종도착지 국가명을 기재한다.

⑨ 대행업체 및 서명번호(세금계산서 발행시)

증명발급 신청시 세금계산서를 신청업체가 아닌 제3의 업체로 발행을 요하는 경우에 관련 업체의 사업자등록번호 및 업체명을 정확하게 기재하여 제출한다.

⑩ 신청자 관련사항

신청업체의 사업자등록번호, 명판, 등록된 사용인감을 기재 및 날인하여 신청한다. 신청업체와 원산지증명서 ①항의 Exporter와 상이할 경우에는 증명서 발급이 불가능하다.

⑪ Declaration by the Exporter : 수출자 선서

수출자가 ③항의 원산지 국가에서 생산 또는 제조하였다는 사실을 선서하는 난으로 서명등록시 상공회의소에 등록된 서명권자의 서명과 서명자의 영문성명, 직위 등을 기재한다. 을지 서식을 사용하였을 경우에는 을지에도 동일한 서명이 있어야 한다.

서명고무인을 등록하였을 경우에는 고무인으로도 가능하나, 고무인에 서명자의 영문성명, 직위 등이 없을 경우에는 이를 추가로 기재해야 한다.

⑫ Certification : 공증

상공회의소의 공증인 및 발급번호가 부여되는 난이므로 공란으로 신청해야 하며 동 난이 훼손될 경우에는 증명서가 발급되지 않는다.

## 5) 화물인도지시서(DO)

### (1) 화물인도지시서(DO)

운송인이 운송한 화물을 항만(또는 ICD)의 화물보관장소에 보관하도록 하였다가 수하인이 화물을 인수해가고자 할 때, 수하인은 운송인으로부터 화물인도지시서인 Deliverly Order(이하 DO)를 교부받아 보관장소에 가서 DO를 제시하면 보관업자가 수하인 또는 그의 대리인에게 화물을 인도한다.

이 DO는 운송인과 화물보관업자간의 화물보관계약이 체결된 것을 전제로 보관된 화물을 수하인에게 인도하도록 화물의 보관을 위탁한 운송인이 교부하는 사적 문서로서 B/L이나 창고증권과 같은 유가증권은 아니다. 그러나 DO는 종종 운송계약에 의하여 발행교부되는 유가증권인 선하증권과 관련하여 아주 중대한 문제를 발생시키는 경우가 많다.

### (2) 선하증권의 원본회수와 관련된 문제

운송계약 상 B/L이 발행된 경우 운송인은 화물을 B/L 원본과 상환으로 DO를 발행하여야 한다. 이것은 기본원칙이고, 이 원칙만 철저히 지킨다면 DO와 관련된 문제는 거의 발생하지 않는다고 단언할 수 있다.

그러나 실제 운송 실무에서는 여러 가지 사정으로 이 원칙을 철저하게 지킬 수 없는 경우가 발생한다. 가장 먼저 문제는 여러 가지 사정으로 수하인이나 그로부터 운송물을 양수한 자가 B/L 원본을 제시하지 못하는 경우다. 특히 신용장에 의한 대금결제과정에서 B/L이 화물보다 늦게 도착하거나, 은행과 신용장 개설의뢰인 사이의 복잡한 사정으로 인하여 은행이 B/L 원본을 수하인이나 그 지정인에게 교부하지 않는 경우다.

이런 경우, DO를 발행해서는 안된다. 그러나 이러한 케이스 중에는 은행으로서 불가피하게 수하인이 화물을 인수하도록 할 필요가 있게 된다. 대표적인 사례가 화물보다 늦게 B/L 원본이 도착하는 경우다. 이런 때 은행으로부터 L/G(Letter of Guarantee)로 지칭되는 화물인도보증서를 교부받아 운송인에게 제시하면, 운송인은 이 은행의 보증을 믿고 화물을 인도한다. 이 경우, 문제가 발생하면 은행이 그 책임을 전적으로 지게 된다. 그러나 은행도 파산하여 책임질 수 없게 된다면 그래도 운송인의 책임이다. 은행의 L/G에 의한 인도는 해운관행상 특별한 문제가 없는 것으로 일반적으로 인식되고 있다. 그러나 은행의 보증 외에 수하인의 L/G 등으로 DO를 발행하였을 경우, 문제가 되면 거의 대부분이 선사가 법적인 책임을 져야 한다.

### (3) 자가장치장의 운송물 보관과 DO 문제

주요 원자재와 같이 대량으로 운송되는 화물의 경우, 수하인의 자가장치장에 양하하여 보관하는 경우가 많다. 이 경우, 실질적인 화주가 자기물건을 자기관리하에 둔 것이므로 DO 없이도 화물을 꺼내다가 사용하는 경우가 많다. 옛날 동남아에서 원목을 수입하여 합판을 만들던 시절, 합판공장은 해안가에 자리잡고 수제선에 저목장(貯木場)을 두고, 운송된 원목을 여기에 하역한다. 이때 실질적인 보관인 겸 소유주인 합판공장이 DO 없이 사용해 버리는 경우가 많다. 이런 경우, 유가증권인 B/L이 공중에 떠버리는 결과가 된다. 이에 대한 안전장치가 필요하다.

### (4) DO와 세관간의 관계

우리나라에서는 DO와 세관업무와 밀접한 관계가 있는 것으로 알고 있는 경우가 많다. 그것은 무역이 정상궤도에 오르기 전 초창기의 세관행정 관행 때문이다. 1969년까지만 해도 항만관리와 수입화물의 보관에서 세관이 막강한 권한을 행사하였다. 즉 외국에서 수입한 화물을 양하하면 세관이 그 화물을 항만내의 어느 위치에 보관할 것인가 하는 보관창고(혹은 야적장)를 지정한다. 밀수방지가 이유라지만 실제는 권한의 남용이라고 할 수 있다. 어쨌든 일단 세관이 어디에 보관하라고 지정하였으니, 화물의 보관을 위탁받은 사람은 세관이 내주라고 할 때만 내준다. 수화주가 통관절차를 다 마치고 나면, 세관은 수하인에게 운송인으로부터 DO를 받아오라고 하고, 이 DO를 받고 세관은 통관서류를 떼어준다. 수하인은 통관증을 가지고 보세창고업자를 찾아가서 통관증을 내놓고 수입상품을 찾아간다. 이것이 1969년까지의 DO와 관련된 통관실무관행이었다.

그러던 중 1969년에 세관이 수입화물의 보관장소를 일일이 지정하는 것은 위법이고 비효율적이라고 해서 이 제도를 전면 폐지하였다. 그렇게 되면 당연히 수하인이 DO를 운송인에게서 받아다가 통관하면서 이를 세관에 제시할 필요가 없다. DO를 받아가지고 창고업자에게 가서 DO와 상환으로 화물을 찾아가면 그만이다.

그런데 여기에 착오가 생겼다. 창고업자로서는 운송인과 세관간의 관계는 모르고 통관증만 보고 화물을 수하인에게 인도하던 관례를 그대로 답습하여 DO와는 관계없이 통관증만 보고 화물을 수하인에게 인도함으로서 B/L이 공중에 떠버리는 사고가 종종 일어났다. 1969년 이전의 관행은 세관이 보관장소를 지정하였으니 세관의 인도허가서인 통관증으로 화물을 인도해도 별문제가 없었지만 세관이 더 이상 보관장소를 지정하지 않게 되었다면 운송계약에 의하여 점유권을 가진 운송인의 지시(DO)없이는 화물을 인도할 수 없음에도 불구하고, 옛 관행을 그대로 믿는데서 이런 사고가 자주 발생하였다.

또 이 제도 폐지 이후 화물보관장소 지정권을 놓고 논란이 일었을 때, 경제장관회의에서 50톤 이상의 화물은 선사가 지정하도록 하고, 50톤 넘는 화물에 대하여는 화주가 지정하도록 지침을 내렸는데 화주가 지정하는 경우에 사고가 더 많았다. 이러한 착오가 발생한 것은 운송계약의 성질, 선하증권의 법적성질 등을 제대로 파악하지 못한데서 온 행정상의 혼선이었고, 그로인한 피해가 엄청나게 컸고 지금도 심심치 않게 대소 사고가 일어나고 있으니 주의해야 한다.

## 6) Credit Note

### (1) 수출대금의 일부를 수입자에게 되돌려 주는 방안

우리나라 외국환거래법 상 1만달러 이상이 해외로 유출되는 경우 거래 추적 대상이 되기 때문에 수출 대금 중 일부를 수입상에게 지불할 비용이 있는 것으로 처리하는 방법으로 BACK MONEY로 많은 기업들이 유사한 상황에서 거래를 하고 있다.

즉, credit note 작성하여 수출대금의 일부를 수입자에게 되돌려 준다. 그리고 수출국이나 수입국에 수입자의 대리점을 설치하고 수입자 내부 거래로 처리하는 방법이 있다.

### (2) Credit Note의 작성

수출상이 일부 수출물품 반송이나 수입상이 대지급한 금액 등에 대하여 수입상에 대하여 지급계정이 있음을 통지하는 Credit Note를 이용하여 대금을 송부하는 방법이 건전한 처리 방법이다.

Credit Note의 작성은 제목을 쓰고, 돈을 받는 회사, 돈을 보내는 회사, 금액, 적요란에 거래내역 간단히 적고, 아래 부분에 회사명, 은행명 및 구좌번호 등을 적어 보내면 된다.

## 7) 수입화물선취보증서

수입화물선취보증서(Letter of Guarantee : L/G)란 수입물품은 이미 도착하였으나 운송서류가 도착하지 않았을 경우 운송서류 내도 이전에 수입상과 발행은행이 연대하여 보증한 보증서를 선박회사에 선하증권 원본 대신 제출하고 수입화물을 인도받는 보증서[18]이다.

이러한 수입화물선취보증서(L/G)는 형식적으로는 수입상이 선박회사 앞으로 발행하는 것으로서 인도받을 화물의 명세를 기재하고 화물선취에 관한 약정을 하며 발행은행은 보증인으로 서명하는데 실질적으로는 발행은행이 발행하는 증서로 간주되고 있다. 수입화물선취보증서(L/G)를 발급 신청하는 경우 발행은행은 제출서류의 기재내용과 신용장과의 일치 여부를 확인한 후 보증서를 발급한다.

그러나 수입화물이 부패 변질 등의 우려가 있는 화물로서 상대은행으로부터 선적사실을 확인한 통지가 왔을 경우에는 발행은행은 발급신청서, 화물도착통지서만을 받고서 수입화물선취보증서(L/G)를 발급할 수 있다. 발행은행은 수입화물선취보증서 발급분에 대해서는 클레임을 제기할 수 없으며, 또한 원본서류가 이미 도착되어 있으면 수입화물선취보증서(L/G)를 발행할 수 없다. 일단 수입화물선취보증서(L/C)가 발행되면 차후에 원본서류가 발행은행에 도착되어 만일 서류상의 하자가 있다 하더라도 지급을 거절할 수 없다.

수입화물선취보증서(L/G)를 발급한 후 운송서류의 원본이 내도되면 보증서의 회수(Redemption)를 위하여 선하증권의 원본에 발행은행이 배서하고 수입화물선취보증 회수요청서(Redemption of Letter of Guarantee)와 함께 선박회사 앞으로 발송하여 보증서를 회수하는 것이 원칙이다.

### 8) 파손화물보상장

파손화물보상장(Letter of Indemnity : L/I)은 물품운송계약에 있어서 운송화물이 손상되었을 경우 운송인이 고장부선하증권(Foul B/L ; Dirty B/L)을 발행하지 않고 무고장선하증권(Clean B/L)을 발행함으로써 부담하게 되는 책임을 송하인(Consignor)이 부담하겠다고 하는 송하인의 서면상의 약속 증서를 말한다.

파손화물보상장은 본선 상에 화물을 선적할 때 화물의 결함상태에 대하여 무사고선하증권을 발급받기 위하여 화주가 결함화물에 대한 모든 책임을 지겠다는 화주가 선주에게 제출하는 각서다. 따라서 선주가 인수한 화물이 다소 결함상태가

---

18) 선하증권이 매수인에게 도착할 때까지 배가 정박한다면 비용이 많이 발생할 것이다. 결과적으로 수입화물선취보증서를 제공하는 관행은 화물의 이른 양도에 대한 허용을 발생시켰다. 한명이상의 당사자는 선하증권에 대하여 인도가 이루어지지 않을 위험에 놓이게 된다. 운송인은 선하증권의 법적 소지인이 아닌 자에게 화물이 잘못 인도한 경우 횡령의 불법행위를 범하게 되는 것이다.

있다 하더라도 거기에 대해서는 화주가 모든 책임을 지겠다는 보상장이 있기 때문에 사고부선하증권 대신에 무사고선하증권을 발급하게 된다.

《 Letter of Indemnity 》

① 선하증권은 수출과정에서 마지막서류이지만 수입과정에서 첫 번째 서류이다.
② 보상장(Letter of Indemnity)을 제공하는 관행은 화물의 이른 양도에 대한 허용을 발생시킴.
③ Indemnities(보상장)은 선하증권이 유통가능한 형태일 때 필요하다.

* Letter of Indemnity(Letter of Guarantee : 보상장)[19]

서류의 도착이 지연되거나 중도에 분실된 경우 운송인이 통상적으로 수하인의 거래은행이 발행한 보상장(Letter of Indemnity : Letter of Guarantee)을 근거로 물품을 인도하게 된다.

* Letter of Indemnity(파손화물보상장)[20]

물품운송계약에 있어서 운송화물이 선하증권에 기재된 내용과 다를 때, 운송인이 고장부선하증권을 발행하지 않고 무고장선하증권을 발행함으로써 부담하게 되는 책임을 송하인이 부담하겠다고 하는 송하인의 서면상의 약속, 즉 부실기재(파손화물 등에 대한 무고장선하증권의 발행)으로 인하여 운송인이 제3자에 대하여 장래에 부담하게 될 손해에 대하여 배상하겠다는 증서로 수출상이 선박회사에 파손화물보상장을 제공하고, 무사고선하증권을 발급받게 되면 매입은행에 수출환어음보증장부매입(under indemnity negotiation)을 면할 수 있다.[21] 이때 도착지에서의 사고내용에 대한 보상과 모든 책임은 당연히 수출상인 매도인이 부담하게 된다.

파손화물보상장은 선적화물 중 파손되었거나 결함이 있는 부분에 대해서 수출업자가 책임을 지겠다는 보증장이다. 따라서 파손화물에 대해서 선박회사는 물론 보험회사도 책임을 지지 않으며 결국 최종 보상은 파손화물보상장을 작성한 수출업자가 모든 책임을 진다.

수출업자가 파손화물보상장을 작성하게 되면 이러한 사실을 먼저 수하인(수입업자)에게 통보하고, 파손된 화물에 대해서 변상을 약속하고 변상방법과 시기에 대해서 상의하여야 한다. 왜냐하면 파손화물보상장은 어디까지나 수출업자 일방이 작성한 것이지 결코 수입업자와 상의하여 또는 동의하에 작성된 것이 아니기 때문이다.

---

19) Dubovec, The problems and possibilities for using electronic bill of lading as collateral, Arizona Journal of International and Comparative Law, Spring 2006.

20) 강원진, 김철호, "파손화물신용장의 효력과 관계당사자의 책임", 부산상대논집, 제68집, 67-84면.

21) 이 경우 보험회사는 파손화물에 대하여 보상책임이 없기 때문에 수출상은 보험회사에 동 사실을 고지하여야 한다. 그렇지 않으면 사기로 간주될 수 있다. 강원진, 신용장론, 박영사, 2007, 285면.

그리고 수출업자는 파손화물보상장을 발급한 사실을 반드시 보험자에게도 알려야 한다. 그렇지 않으면 사길 간주되어 보험금지급거절의 사유가 될 수 있다.

### 9) 대도(대도 각서)[22)]

수입화물의 대도(Trust Receipt : T/R)란 수입상은 어음대금을 결제하기 전이라도 수입화물을 처분할 수 있도록 하는 동시에 발행은행은 그 화물에 대한 담보권을 상실하지 않도록 하는 제도이다.

신용장거래가 기한부어음조건인 경우는 수입상이 환어음을 인수함으로써 운송서류를 인도받아 수입화물을 처분하여 그 판매대금으로 만기일에 어음을 결제할 수 있으나, 일람출급어음조건(at Sight)인 경우는 수입상이 어음대금을 결제하지 않으면 운송서류를 인도받을 수 없다.

이와는 반대로 일람출급어음조건(at Sight)인 경우 수입상이 신용장 발행은행에 대해 수입화물대도신청서를 제출하고 발행은행은 자기 소유 하에 있는 수입화물을 수입상에게 대도(T/R)하여 그 화물을 적기에 처분하도록 함으로써 그 판매대금으로 수입대금을 결제할 수 있도록 하고 있다.

22) 무역실무통합교재, 이기영 공저, 부산경진진흥원, 2008, 250면.

CREDIT NOTE

KWE TRADING CO., LTD.

ROOM1234 KWE BLDG, #21 BUKCHANG-DONG, CHUNGGU, PUSAN, KOREA

TEL : 82-51-300-2345 FAX : 82-51-300-2346

TO : WORLD TRADING

FM : LEE KY

# CREDIT NOTE

CREDIT NO. : HTC-024587 Date : JAN.30,2010

M.B/L NO. : ABC0569842

H.B/L NO. : HCSCBULA05011234

VESSEL : HANKOOK 012E

ETD : 20010. 1. 01. BUSAN

ETA : 20010. 2. 10. L.A.

ITEM : CERAMIC WAERS

Q'TTY : 1000CARTONS / 10000KGS / 20.000CBM

| Description | AMOUNT(US$) | Rate(USD) | Commision(USD) |
|---|---|---|---|
| COMMISION FEE | 100,000.00 | 5% | 5,000.00 |
| Total amount for this shipment | | | 5,000.00 |

*IN FAVOR OF KWE : US$5,000.00

(U.S DOLLORS FIVE THOUSAND ONLY)

YOUR TRULY,

BANK'S ACCOUNT : KOREA EXCHANGE BANK

ACCOUNT NO. : 063-JSD-11234

BENEFICIARY : KWE TRADING CO.,LTD

파손화물보상장

# LETTER OF INDEMNITY

2003.____ . ____

S.S.M.V. " __________ " Voyage No. ________ Sailed

Dear Sir,

In consideration of your handling us clean Bill of Lading for our shipment by the above vessel as described below, the mate's receipt at which bears the following clause :

We hereby undertake and agree to pay on demand any clean that may thus arise on the shipment and/or the cost of any consequent reconditioning and generally to indemnify yourselves and/or agents and/or the owners of the said vessel against all consequences that may arise from your action.

Further, should any claim arise in respect of this goods, we hereby authorize you and/or agents and/or owners of the vessel to disclose this Letter of Indemnity to the underwriters concerned.

Your faithfully,

B/L No.

| Marks & Nos. | No. of Packages | Description | Destination |
|---|---|---|---|
| | | | |

수입화물선취보증서

# LETTER OF GUARANTEE

To ______________________ L/G No. ______________________

[Shipping Company] Date ______________________

| Vessel Name/Voyage No. | | L/C No. | Date of Issue |
|---|---|---|---|
| Port of Loading | | Invoice Value | |
| Port of Discharge(or Place of Delivery) | | Description of Cargo | |
| B/L No. | Date of Issue | | |
| Shipper | | No. of Packages | Marks & Nos. |
| Consignee | | | |
| Party to be delivered | | | |

Whereas you have issued a Bill of Lading covering the above shipment and the above cargo has been arrived at the above port of discharge(or the above place of delivery), we hereby request you to give delivery of the said cargo to the above mentioned party without production of the original Bill of Lading.

In consideration of your complying with our above request, we hereby agree as follows :

1. To indemnify you, your servants and agents and to hold all of you harmless in respect of liability, loss, damage or expenses which you may sustain by reason of delivering the cargo in accordance with our request, provided that the undersigned Bank shall be exempt from liability for freight, demurrage or expenses in respect of the contract of carriage.
2. As soon as the original Bill of Lading corresponding to the above cargo comes into our possession, we shall surrender the same to you, whereupon our liability hereunder shall cease.
3. The liability of each and every person under this guarantee shall be joint and several and shall not be conditional upon your proceeding first against any person, whether or not such person is party to or liable under this guarantee.
4. This guarantee shall be governed by and construed in accordance with Korean law and the jurisdiction of the competent court in Korea.

Should the Bill of Lading holder file a claim or bring a lawsuit against you, you shall notify the undersigned Bank as soon as possible.

Yours faithfully,

For and on behalf of
[Name of Requestor]

For and on behalf of
[Name of Bank]

Authorized Signature ______________________

Authorized Signature ______________________

(외환22호)(2–2)(99.8.2)(210×297)

수입화물대도신청서

| 계 | 대 리 | 차 장 | 부점장 |
|---|---|---|---|
| | | | |

# 수입화물대도(T/R) 신청서

__________앞

본인은 아래 신용장 등에 의하여 도착된 수입화물을 대도 신청함에 있어서 은행여신거래기본약관, 따로 제출한 수입거래약정서 및 양도담보 계약서의 모든 조항에 따를 것을 확약합니다.

| ①선하증권 기 타 | 번 호 :<br>발행인 : | 발행인 : |
|---|---|---|
| ②대 도 (T/R)금액 | 금 액 : US$ | (원화 : ) |
| ③신용장등 | 번 호 :<br>금 액 : US$ | 발행인 : |
| ⑦물 품 명 세 | 물품명 :<br><br>수 량 :<br>단 가 :<br>금 액 : US$ | 화물표시 및 번호 : |
| | 선적항 :<br>도착항 :<br>도착(예정일) : | 선 명 : |

| ⑧선적서류 | 선화증권 | 항공화물운송장등 | 상업송장 | 보험서류 | 포장명세서 | 원산지증명서 | 중량 용적 증명서 | 검사 증명서 | 기타 |
|---|---|---|---|---|---|---|---|---|---|
| 통 수 | | | | | | | | | |

년 월 일

신청인 ㊞

주 소

| 인감대조 |
|---|
| |

## 연구과제

1. 다음은 UCP 600에 규정된 내용이다. 이 내용의 특성을 설명하고 이와 같은 관행에 따라 사기행위(fraud)가 발생되는 경우, UCP 600의 입장과 UCC의 규정에서의 적용기준을 참조하여 설명하시오.

   > "A credit by its nature is a separate transaction from the sale or other contract on which it may be based. Banks are in no way concerned with or bound by such contract, even if any reference whatsoever to it is included in the credit......... Banks deal with documents and not with goods, services or performance to which the documents may relate."

2. 상업송장의 의의와 종류를 설명하시오.

3. 선하증권, 항공화물운송장, 해상화물운송장을 비교하여 설명하시오.

4. UCP 600하에서 복합운송증권의 수리요건에 대하여 설명하시오.

5. 해상보험서류의 종류를 설명하고, UCP 600하에서의 수리여부와 요건에 대하여 설명하시오.

6. 보증신용장의 개념과 보증신용장의 거래절차를 설명하시오.

7. 내국신용장과 구매확인서를 비교하여 설명하시오.

8. 수입화물선취보증서와 파손화물보상장을 설명하시오.

# 참고문헌

## [한국문헌]

강원진, 이야기 최신국제상거래론, 박영사, 2014.
강원진, 『국제상무론』, 법문사, 2007.
______, "국제상업회의소의 UCP 600 완성초안에서 제시된 주요 내용의 검토", 「국제상학」 제21권 제2호, 한국국제상학회, 2006.
______, 『무역계약론』, 박영사, 2008.
______, 『무역실무』, 박영사, 2008.
______, 『무역결제론』, 박영사, 2007.
______, 『신용장론』, 박영사, 2007.
______, 『전자결제시스템』, 삼영사, 2000.
______, "전자무역거래 활성화를 위한 전자결제시스템의 요건과 과제", 「국제상학」 제17권 제3호, 한국국제상학회, 2002.
______, UCP 600 상의 불일치서류의 권리포기 요건과 적용에 관한 연구", 「무역학회지」 제32권, 제2호, 한국무역학회, 2007.
강원진, 김철호, "파손화물신용장의 효력과 관계당사자의 책임', 부산상대논집, 제68집.
김철호, 『전자상거래』, 삼영사, 2011.
______, 『전자상거래 시스템 운영 및 관리』, 삼영사. 2000.
관세법, 대외무역법 등 관련 법률(법제처), 2013.1.1.
나성길, "현행 관세제도에 대한 평가 및 발전방안 연구", 「한국관세학회지」 2000년 창간호.
노승혁, 『관세론』, 형설출판사, 1997.2.
대한상공회의소・부산은행, 『신용장 국제표준은행관행』, 2004.
미래와 경영연구소, 『NEW 경제용어사전』, 미래와 경영, 2006.4.7,
박석재, "제6차 개정 신용장통일규칙(UCP 600)의 주요 내용에 관한 연구", 「한국무역상무학회지」 제33권 제1호, 한국무역상무학회, 2007.
서정두, "ISBP의 특징과 문제점 및 UCP 600의 주요과제", 「무역상무연구」 제22권 제1호, 한국무역상무학회, 2004.
신동수, 『대외무역법』, 법경사, 1997.
양영환, 『신용장론』, 삼영사, 1997.
오세창, "국제전자계약에 관한 유엔 예비협약 초안의 제정현황과 과제", 「국제상학」 제19권 제3호.
요하네스 짜안 저, 강갑선 역, 『무역결제론』, 법문사, 1977.
윤광운, 『국제무역상무론』, 삼영사, 2001.

이기영, 『무역실무통합교재』, 부산경진진흥원, 2008.
______, 『A+무역영어』, 서울고시각, 2013.
이양기, 이기영, Incoterms®In2020 선적매매 규칙의 실무적용상 유의점, 「국제상학」 제34권 제4호, 한국국제상학회, 2019.
이양기, 무역실무(2판), 삼영사, 2022.
______, 무역관계법, 박영사, 2023
정완용, "UNCITRAL 전자계약 협약(초안)의 검토 및 대응방안에 관한 고찰", 「國際法務硏究」 제9호.
최재선, "미국, 외국 컨테이너 화물 보안검사제도 시행", 「해양수산동향」 제1088호, 한국해양수산개발원, 2003.1.
최명근, 『세법학총론』, 세경사, 2004.
한재필, "UCP 600을 위한 주요개정내용에 관한 연구", 「국제상학」제21권 제2호, 한국국제상학회, 2006.
허문구, 『수출입물류운송실무』, 한국재경경제연구소, 2005.
강원진, 이양기, 최신 국제상거래론, 박영사, 2014.
이양기, 김진수, 수출입 절차의 이론과 실무, 두남, 2025.

## [외국문헌]

미국 통일상법전(UCC).
Banks S. L.(2002). Impact of the U.S. customs compliance improvement plan. Multinational Business Review, Spring 2002.
Donald R, Smith, "Standard Banking Practice approved", ICC DCINSIGHT, 2002, p.1.
Dubovec, The problems and possibilities for using electronic bill of lading as collateral, Arizona Journal of International and Comparative Law, Spring 2006.
Goods..Reproduced with permission from 8 Journal of Law and Commerce (1988) 11-51.
John E. Murray, Jr. An Essay on the Formation of Contracts and Related Matters under the United Nations Convention on Contracts for the International Sale of
ICC, International Banking Practice(ISBP). Pub. No. 645, 2003.
International standby Practices ; ISP98, ICC publication No. 590.
WCO, "International Convention on the Simplification and Harmonization of Customs Procedure(Kyoto Convention)," SG 0113 E2, 2001.
WTO, "Agreement on Implementation of Article Ⅶ of GATT 1994."
WTO, "Ministerial Conference-Ministerial Declaration Adopted on 14 November 2001", WT/MIN(96)/DEC/1, 20 November 2001.

## [Website]

관세청, http://www.customs.go.kr/
국세청, http://www.nts.go.kr/
대법원, http://www.scourt.go.kr/
법무부, http://www.moj.go.kr/
Cornell University Law School, http://www4.law.cornell.edu/uscode/
WESTLAW, http://web2.westlaw.com
UNI-PASS, http://portal.customs.go.kr/

## [학습 자료 사이트]

cafe.naver.com/tradeteacher
trade.pusan.ac.kr

# 찾아보기

## ㄱ

## ㄴ



## ㄷ



## ㄹ



## ㅁ



## ㅂ

ㅅ

ㅇ

ㅌ



ㅍ



ㅎ

## 이 우 영

- 부산대학교 대학원 무역학과 졸업(경제학 박사)
- 영국 University of Portsmouth, 방문교수
- 한국무역학회, 한국무역통상학회, 한국국제상학회 부회장
- 경성대학교 글로벌무역전문가 양성사업단장 역임
- 현, 경성대학교 국제무역통상학과 교수

### 주요 저서 및 논문

- 무역계약론(공저)(삼영사, 2021)

외 관련 저서 및 연구논문 다수

## 이 양 기

- 부산대학교 대학원 무역학과 졸업(경제학 박사)
- 중국 對外經濟貿易大學, 방문교수
- 한국무역통상학회 고문, 한국통상정보학회 수석부회장, 한국무역학회, 한국무역상무학회, 한국국제상학회, 한국관세학회, 한국중재학회 부회장
- 부산대학교 홍보실장, 입학부본부장 역임
- 현, 부산대학교 무역학부 교수

### 주요 저서 및 논문

- 수출입통관과 관세법의 이해(공저)(삼영사, 2024)
- Global Business English(Cheong Ram, 2023)

외 관련 저서 및 연구논문 다수

## 이 기 영

- 부산대학교 대학원 무역학과 졸업(경제학 박사)
- 한국무역통상학회 상임이사, 평생회원, 한국무역학회 평생회원
- 제15회 관세사 일반고시 합격(관세사)
- CS Networks 대표
- 현, 경성대학교 국제무역통상학과 초빙교수

### 주요 저서 및 논문

- 수출입통관과 관세법의 이해(공저)(삼영사, 2024)
- A+무역영어(삼영사, 2023)

외 관련 저서 및 연구논문 다수

저자와의
협의하에
인지생략

국제상무론

2026년 2월  2일 1판 1쇄 인쇄
2026년 2월 13일 1판 1쇄 발행

저　자　이우영 · 이양기 · 이기영
발행인　고　　　　성　　　　익

05027
발행처 서울특별시 광진구 아차산로 335 삼영빌딩
도서출판 三 英 社
등 록 1972년 4월 27일 제2013-21호
전 화 737-1052 · 734-8979 FAX 739-2386



정가 35,000원

ISBN 978-89-445-0560-7-93320